长安望

唐人命运与
唐朝兴衰

陈志坚——著

BEHOLD
CHANG'AN

The Fate of the People of
Tang and the Vicissitude of the Tang Dynasty

北京联合出版公司
Beijing United Publishing Co.,Ltd. · 旧音

图书在版编目（CIP）数据

长安望：唐人命运与唐朝兴衰 / 陈志坚著.
北京：北京联合出版公司，2024. 9（2025.9重印）
-- ISBN 978-7-5596-7738-9

Ⅰ. K242.09

中国国家版本馆CIP数据核字第2024BC2391号

长安望：唐人命运与唐朝兴衰

陈志坚　著

出　品　人：赵红仕
出版监制：刘　凯　赵鑫玮
选题策划：联合低音
责任编辑：蔺　鑫
封面设计：今亮後聲 HOPESOUND 2580590616@qq.com
内文制作：聯合書莊

关注联合低音

北京联合出版公司出版
（北京市西城区德外大街83号楼9层　100088）
北京联合天畅文化传播公司发行
北京美图印务有限公司印刷　新华书店经销
字数331千字　880毫米×1230毫米　1/32　15.5印张
2024年9月第1版　2025年9月第3次印刷
ISBN 978-7-5596-7738-9
定价：78.00元

前　言

提起唐朝，人们脑海里出现的第一个词，大概就是"盛唐"。人们还经常会讲"梦回唐朝"，这个梦，要追忆的正是那个雄风烈烈、气魄宏伟的中国鼎盛时代。唐朝，毫无疑问是中国人记忆中最辉煌的一抹亮色。

说到盛世，那么什么算盛世呢？其标准可以简化为两条：一是政治军事上强大，二是经济文化上繁荣。合起来，就是两个字：富强。以此为标准给中国历代王朝排名，唐朝每个单项未必是第一，但综合而论，肯定是冠军。

先和汉朝比一下，毕竟若说盛世，总是汉、唐并举。但是，汉代几乎全倚仗北方的黄河流域，其经济基础自然比不上有黄河、长江两大流域同时发力的唐朝。再隔空比较一下军事成就，汉代到了汉武帝的鼎盛之时，才以倾国之力勉强击败匈奴，而唐朝在贞观四年（630）就轻松灭了东亚霸主东突厥，堪称是举重若轻。

再来看看宋朝，若论经济之繁荣、文化之昌盛，唐与宋各有所长，唐甚至还稍逊一筹。不过若论政治军事，宋代的战绩就不必提了。

元代武功赫赫，号称没有任何外患，鞭锋所及，世界称霸，确实是武功了得！但元朝的内忧格外严重，政治经济、社会文化都有严重倒退，以致元代统治不足百年，在大一统王朝中仅胜于秦、隋而已。

说到明朝，从明朝拼命修筑万里长城就可见其军事上的守弱之势，更不要提当年九十来个倭寇就足以耀武扬威于南京城下的不堪往事了。

清朝实控疆域空前广大，不是唐代羁縻制度下的范围可比。至于经济，清朝巨大的人口数字足以让唐朝瞠乎其后。但为什么今人很少提所谓的"康乾盛世"了呢？因为作为后人，我们可以清楚地看到，唐代和清代的"盛世"在世界范围内的地位有巨大差异。唐朝无疑是世界级的霸主，政治、经济、文化都居于世界领先地位，与唐并存的时代里，只有阿拉伯帝国可堪敌手。清军于1644年入关，而此前不久，在遥远的西方，英国开始了资产阶级革命。几百年后，清政府已经输得十分彻底，此前的"盛世"，不提也罢。

为什么偏偏是唐朝成了中国的鼎盛时代呢？

对于这个问题，历史学家有无数的长篇大论，就是普通人也有着五花八门的脑洞和精彩见解。在这里，可以提供一个最简明扼要的答案，只需要三个词：天时、地利、人和。天时地利，主要影响到的层面是经济的富裕，而人和，则为唐朝带来政治军事的格外强大。

天时，所指的并不是捉摸不定的老天爷，而是实实在在的

"天"——天气、气候。对于以农业立国的古代中国而言，经济对天时的依赖是非常强的。浙大永远的老校长竺可桢先生是气象学家，他写过一篇伟大的论文——《中国近五千年来气候变迁的初步研究》，被学界推为中国 20 世纪百大地理发现的第二位。他指出，中国近五千年来，气候上下浮动是相当明显的，而且有一定的规律性，并画出了一条气候变化的曲线，被称为"竺可桢曲线"。让我们特别感兴趣的一个论断是：在殷、周、汉、唐这几个历史时期，气温是高于现代的。也就是说，这三个历史时期，是温暖湿润的气候。我们立刻就会发现，这三个时期，也正好是中国历史上中原王朝比较强盛的时代。可以说，气候对于人类历史，是一只看不见的巨手。别的且不论，就唐朝而言，这绝对是个重大的利好消息。实际上，黄河流域在唐代依然强劲，甚至出现了大面积的水稻种植；黄河中上游的黄土高原也得到了相当开发，以至于《资治通鉴》在讲到开元盛世的时候，甚至说"天下富庶者无如陇右"。陇右就是今天的甘肃一带，在唐朝居然呈现出了"桑麻翳野""闾阎相望"的景象。没有气候条件的加持，是不可想象的；此外，温暖湿润的气候也直接导致了农牧分界线的北移，这恐怕也是唐朝边界线远在长城一线以北的背后重要因素。

地利，指的是唐朝实现了"两河流域"——黄河流域、长江流域的共同发力。同为盛世的汉朝，其基本经济区局限在黄河流域，当时广大的长江流域开发还不充分，是十足的边缘地区。汉朝之后约四百年间，长江流域埋头苦干，奋起直追。到了隋朝再度统一之后，隋炀帝发现，他要开通大运河的时候，必须有一个方向是直通杭州的。这个事实说明，此时的长江流域已经是帝国不容忽视的命脉之一。唐代坐拥两大流域，笑傲古今：如果说唐代的黄河流域正值其壮年的巅峰期，那么，唐代的青年长江则是生机勃勃，前途无量。实际上，唐以后的长江流域固然是更上层楼，不断突破，但唐以后的黄河流域却是一落千丈，黄土高原生态破坏、水土流失严重，而黄河中下游的华北平原更是几乎年年遭受黄河决堤之苦。黄河已经提早步入老年，日渐蹒跚。可以说，中国历史上，唯一一个独享健康的"两河流域"的时代，只有唐朝。这也许是何以盛唐的第二个重要原因吧。

天时地利，不如人和。最重要的因素，当然还是人。家和万事兴，人和国家兴。人和，又可以分两个方面看。从大的方面说，人和就是人民团结和谐。对于唐朝而言，人和有一个特殊之处，那就是唐朝充分享受到了民族大融合的果实。唐朝人，并不仅仅是四百年后的汉朝人，而是"新唐人"！新唐人，不仅混合了南人和北人，也糅杂了汉人和胡人。历史上，曾有过所谓的"五胡乱华"，五胡就是匈奴、鲜卑、羯、氐、羌五族（其实还有更多），这些族群进入中原，建立了很多政权，也发生过很多冲突。但是到了唐朝，这些民族似乎都不见了。当然，他们的血统并没有消失，而是因为他们已经完成了族群认同，都是"唐人"了。比如唐代著名诗人李白、白居易、元稹，他们的祖先大概都不是汉族，但他们俨然已是汉文化的代表人物了。正如陈寅恪所说的："取塞外野蛮精悍之血，注入中原文化颓废之躯，旧染既除，新机重启，扩大恢张，遂能别创空前之世局。"陈寅恪说的是文化，我们从民族角度理解，也未尝不可。

唐朝的第一家族的血统，也符合"新唐人"之新。唐皇李家，据陈寅恪研究，他们祖先真的就是汉人，但一则父系祖先就有过鲜卑化的经历，二则从母系血统而言，家族已经有了鲜卑血统。所以，李世民曾宣称："自古皆贵中华、贱夷狄，朕独爱之如一，故其种落皆依朕如父母。"恐怕只有唐代皇帝这么说，才足以让人信服。民族融合带来的影响是深远的，也是多方面的。我们特别关注其中的一点，那就是对军事的影响。奠定大唐王朝辉煌战绩的大唐军队，其中很多不是汉族人，一批将领，唐人称其为蕃将；还有很多和大唐军队并肩作战的游牧部族骑兵，正是这些游牧部族"城傍子弟"主动与大唐军队协同作战，充分发挥了步骑协同的优势，才使得唐军对草原民族实现了压倒性军事优势，取得了辉煌战果。可以说，大唐的军功章，也有他们的一半。

至于"人和"的第二个侧面，则是指英雄人物。这也是《长安望》本书的主题。

历史当然首先是人民群众创造的，但英雄（领袖）也有着重要地位，有时候甚至会起到关键性作用。只不过皇皇二十四史，所载几乎都是帝王将相，普通人并未留下多少痕迹，于是我们的历史，泰半只能由帝王将相们来解说，这也是无可奈何的事情了。

《长安望》一书的前身，是多年前出版的《大唐：如此江山》。彼时曾经许愿，想再写一部《大唐风流人物》，可惜十多年来蹉跎岁月，计划还停在计划。只是旧版在坊间已经逐渐不见踪影，有时候自己想买也无处可觅。正好有机会再出一个修订版，也就欣然厚颜答应。新版改头换面为《长安望》，内容大体如旧，不过也有一些修订。首先是两个人物的内容有较大调整，即"李世民篇""狄仁杰篇"；其次，增加了一个人物——高骈，算是给唐朝三百年结个尾巴。每一篇文字，都经过了反复琢磨，多次修订。

最后想说，如果你想追梦大唐，那么请你乘上我这艘小船，而我，愿意撑一支长篙，向历史更深处漫溯；愿你，"满船清梦压星河"，那大唐的满天星斗入梦来。

目　录

第一章

李世民：大唐奠基人

破阵秦王，拨乱之主

大唐的开国之君是高祖李渊，没错。但是，若说当得起大唐奠基人地位的，非太宗李世民莫属。所谓奠基人，是指太宗对整个唐朝国策方向性的影响，甚至对整个时代气质的塑造。可以说，正是李世民，在文武两个方面，深刻地塑造了大唐。

先说文，"贞观之治"正是出自李世民之手。唐代及唐以后的整个中国古代史后半期，都将贞观之治视为黄金时代，是传统政治的标杆。玄宗时的史官吴兢对当时的开元盛世颇不以为然，于是写了《贞观政要》，表示要给玄宗朝君臣做个示范。此后，《贞观政要》也就成了最正宗的帝王教科书。对整个唐朝颇有微词的宋人，唯独很看得起贞观君臣，乃至于"文正"谥号在宋代成了文臣顶级荣誉，就因为魏徵谥"文贞"。[1] 既然魏徵是文臣第一楷模，那唐太宗想必是皇帝第一榜样了。实际上，唐太宗的谥

---

1 宋仁宗时避赵祯讳，"文贞"改"文正"。

号就是"文"，其后的唐代人多习惯称他为"文皇帝"。只不过，"文皇帝"的谥号却掩盖了李世民真正的雄武性格。[1]实际上，李世民是真正不世出的名将，他奠定了大唐雄武的性格，是大唐雄风的开创者。

今天我们为大唐自豪，视大唐为盛世，大半是因为唐朝气势恢宏，风格剽悍。一个朝代和一个人一样，有其独特的气质。比如，宋代更像一个文士，唐代则是一名气吞山河的武将。历史学家陈寅恪曾经说"华夏民族之文化，历数千载之演进，造极于赵宋之世"，也说过"唐代武功可称为吾民族空前盛业"。陈寅恪的总结，和我们普通人的认识是一致的。

那么，朝代的个性又是如何形成的呢？我们常说"三岁看老"，意思是，看一个人三岁时的言行举止，大致就可以判断他将来会是一个什么样的人。对于朝代来说，童年时代，自然就是开国之君统治的时代。

比如，宋代就经常讲祖宗之法，把宋太祖、宋太宗时代的做法，看作不可动摇的祖制。我们就用宋代来做个比较吧。宋代开国之君是赵匡胤，他虽然也是武将出身，但似乎缺了点气概。宋人的最痛，就是燕云十六州被辽国割占，以至于辽国就像悬在宋人头上的达摩克利斯之剑。但赵匡胤想到的解决之道，首先是拿钱买。他曾说，把每年的财政结余都存起来，叫"封桩"——等

1　李世民谥号"文"，自然是贞观之治的功劳。若是按称刘彻为汉武帝的习惯称呼李世民，应是"唐文帝"。

攒得足够多了，就用来向辽国购买燕云十六州。倘若换了李世民，必是第一时间杀将过去，跃马扬鞭，大破契丹。套用一句话，剽悍的朝代不需要解释。反过来看，剽悍的唐朝也印证了开创者的剽悍雄武。这个开创者，显然李世民是有资格一争的。

说到李世民的武，首先就是开国之功。大唐开国的首功——晋阳起兵，显然是李渊的功劳。但是攻下了长安，唐朝也只是隋末的群雄之一，对一统天下的目标而言，只能算万里长征走完第一步。而接下来的长征之路，几乎是李世民一个人扛着走完的。攻克长安之后，皇帝李渊、太子李建成就一直坐镇长安，李世民则马不停蹄，四处征战——西定盘踞甘肃的薛举，北驱入侵山西的刘武周，东征河南王世充，并生擒来援的河北窦建德。四年间，北方大定，天下一统。比较李渊和李世民父子二人，在开国功劳、领袖魅力等等方面，差距都是不可以道里计的，李世民显然更配得上开国之君的称号。实际上，李世民自己也是这么认为的。

贞观六年（632），李世民回到自己的出生地——武功县的"李家别馆"，此时其已被赐名"庆善宫"。李世民当场写就一首长诗《幸武功庆善宫》，随从官员立即为其谱曲，名《功成庆善乐》，并当场安排了此曲的乐舞表演。在全场人员且歌且舞中，李世民的还乡之旅达到了高潮。这一番还乡之旅，看似与民同乐而已，其实并不简单。且看《幸武功庆善宫》的末尾二句："共乐还乡宴，欢比《大风歌》。"说起《大风歌》，那可是西汉开国之君刘邦的名作。如果说这里李世民版的"大风歌"还只是委婉的暗示（毕竟，此时太上皇李渊还在世），那到贞观九年（635），李世民就毫无顾忌地自比开国之君了："朕观古先拨乱之主皆年逾四十，惟光武年三十三，但朕年十八[1]便举兵，年二十四定天下，年二十九升为天子，此则武胜于古也。"所谓"拨乱之主"，就是开国之君。

　　开国之君的认定，当然不能仅凭自我认知。实际上，将李世民视为大唐开国之君，几乎是后人的共识。比如，正史《新唐书》中欧阳修给李世民写的论赞，即有"其除隋之乱，比迹汤、武"之语。杜甫的《重经昭陵》，开头就是"草昧英雄起，讴歌历数归。风尘三尺剑，社稷一戎衣"。[2]乃至司马光在《资治通鉴》里写到玄武门之变时，也不由为李世民辩护说："立嫡以长，礼之正也。然高祖所以有天下，皆太宗之功。"

　　如果说《功成庆善乐》代表了李世民文德建设的目标，那么能代表李世民武德的，就是著名的《秦王破阵乐》！这首雄壮的乐曲本身就是一首军歌。且让我们来看看演奏《秦王破阵乐》的场景吧！[3]

1　李世民自称十八岁起兵，后来白居易写诗也说"太宗十八举义兵"。其实李世民出生于开皇十八年岁末（599初），李渊晋阳起兵则是在大业十三年（617），其时论虚岁李世民已是二十，所以也有二十起兵的提法。

2　昭陵就是李世民的陵墓。昭陵是以山为陵，即把九嵕山给挖空了，把棺椁和陪葬品埋入。整座山即是一座天然陵墓，气势雄伟。这开启了唐代帝王陵墓依山为陵的习惯。比如高宗和武则天的乾陵，也是如此。

3　唐代的乐、舞是合一的，有乐即有舞。《秦王破阵乐》属于健舞，其实就是模拟军阵，堪称军演。

关陇¹ 贵族俱乐部

大唐贞观七年（633）正月，皇宫北门玄武门。

皇帝大宴群臣。只见高官显贵、地方刺史、蛮夷酋长，济济一堂。觥筹交错间，突然响起了巨大雄浑的鼓声，与此同时，一支军队风一般冲了过来，铠甲鲜明，刀枪雪亮。眨眼之间，他们摆开了战斗阵势，立刻冲杀打斗起来。鼓声也变得激越，伴随着武器击打在一起的声音，整齐有力，节奏分明。接着又响起了高亢的呼喊声："秦王破阵！""秦王破阵！"一阵高过一阵，各种声音混合在一起，震耳欲聋，惊心动魄。

现场所有的人都不由得目眩心摇，扼腕踊跃。大家忍不住一起高呼"万岁！"，蛮夷酋长们按捺不住，伴随音乐节奏，开始手舞足蹈。武将们更是血脉偾张，兴奋得端起酒杯，不停向皇帝献酒，大声喊道："这正是表现了皇帝陛下百战百胜的光荣啊！"狂欢的气氛达到高潮，音乐声震荡山谷，传得很远很远，也持续了很久很久。

与其说这是一次超级音乐会，不如说是一次战场实景的再现。而这独一无二的乐舞，就是大唐第一曲——《秦王破阵乐》。这个乐舞要表现的，就是李世民不畏生死的英勇和他的赫赫战功。这首乐曲，其实不仅仅是军歌，某种意义上更是大唐的国歌。它的名声都传到了遥远的印度，玄奘去印度的时候，还有一

1　关是关中，现在的陕西关中地区；陇是陇右，现在的甘肃东部地区。

位国王向他问起《秦王破阵乐》呢。

李世民的家族世代簪缨，而且手握军权，他出身于"关陇军事贵族集团"，这注定了他有一个极高的起点。

李世民，这个名字看起来很普通，其实挺有内涵。李世民刚出生三天，就有个会相面的书生自己上门来，看了还在襁褓中的孩子，说这孩子有"龙凤之姿"，以后必是非常之人，二十岁时将"济世安民"。于是，李渊就给他取名叫"世民"。而二十岁，正是晋阳起兵时候，李世民从此开始了以武力一统天下的征程。

二十岁的李世民，形象已经很威武了，长着一副大胡子，即"虬髯"[1]。唐人甚至给他取外号"髭圣"，意思是"大胡子皇帝"。

说到虬髯，就不得不让人怀疑唐朝皇室有胡人血统——有一种说法，胡人之所以称"胡"，就是因为长着络腮胡子——这是一个明显的外貌特征。不过，根据官方说法，唐皇室出自陇西李氏，不仅是汉人，还是高门贵族。[2]西魏时，李家曾被赐姓大野，今天听起来像日本姓，其实是个鲜卑姓。[3]那么，李家祖上真的有可能是胡人吗？朱熹说过"唐源于夷狄，故闺门失礼之事，不以为异"这样的话，不过据陈寅恪的研究，他们祖上应该还是汉

1　虬髯是英豪人物的典型标志。唐代传奇"风尘三侠"中就有"虬髯客"，这也是一个意欲争夺天下的豪侠。这个人物，可能就是以李世民为原型塑造的。

2　按陇西李氏一脉上溯，李唐祖先可以追到"飞将军"李广。当然，附会而已，不必当真。

3　大野是宇文泰赐给李世民曾祖父李虎（西魏八柱国之一，相当于开国元帅）的姓。当时的将帅普遍被赐鲜卑姓氏，比如杨忠就赐姓普六茹，后来他的儿子普六茹坚建立隋朝，又尽复汉姓。李渊小时候可能就叫大野渊，李世民则幸运地躲过了"大野世民"这样奇怪的名字。

人。因为李氏先祖墓地在赵郡，赵郡李氏是李氏第一郡望[1]（比陇西李氏还要显赫）。陈寅恪不无揶揄地说，李唐或是赵郡李氏的"假冒牌"，或是"破落户"。

不过，若从母系来说，李氏家族肯定有鲜卑血统。比如李世民母亲姓窦，祖母姓独孤，都是典型的鲜卑姓。说起独孤氏，我们知道隋文帝的皇后也姓独孤，叫独孤伽罗。没错，她和李世民的祖母是亲姐妹。也就是说，李渊就是隋炀帝杨广的姨表哥，而隋炀帝是李世民的表叔。

宇文家、李家、杨家、独孤家……他们都是一个"贵族俱乐部"的成员，这个俱乐部，我们可以称为"关陇军事贵族集团"。这些人先后开创了三个朝代——北周、隋、唐，是当时最厉害的一个"政治俱乐部"。

这个俱乐部的贵族都是军人出身，而且一直是军事传家。比如李渊，虽然史书对他颇有些丑化，实际上他堪称英雄了得，年轻时身手极佳。他能够娶窦氏为妻，就是凭借高超的箭术，这也是"雀屏中选"成语的由来。

说起来，这位窦夫人，也就是李世民的母亲，从小就是不凡人物。她的母亲是北周公主，也就是说，她的舅舅是北周皇帝。她还是小女孩的时候，舅舅家被杨坚夺了皇位，她很生气，发狠说："要是我是个男儿，一定要替舅舅报仇！"这样一个奇女子，

1　所谓郡望，是六朝贵族时代的一个文化传统，就是把籍贯冠于姓氏之前。其实就是一个姓氏中最高贵的那支，为了彰显自己的荣光，而特别加的一个识别标签。比如王氏，有两个最著名的郡望——琅琊、太原，王羲之就出身琅琊王氏。

父母就想着给她找个英雄丈夫，于是给那些求婚者出了一道难题：用一个画了孔雀的屏风当作箭靶，射中孔雀眼睛者中选。结果李渊一上来，嗖嗖两箭，正中孔雀两只眼睛。于是皆大欢喜，英雄抱得美人归。

李世民的父亲李渊虽然勇武，性格还是偏于谨慎稳重，母亲窦氏的性格则坚强而激烈。曾有人评价李世民"性刚且烈"，他很可能更多地继承了母亲的性格，这也符合一个武将的气质吧。

除了具备武将气质，李世民还有统帅之才。史书上说李世民"幼聪睿，玄鉴深远，临机果断，不拘小节，时人莫能测也"。虽然有吹嘘之嫌，但也能反映出李世民并不是有勇无谋之辈。"聪睿"，是聪明，但不是小聪明，而是大聪明；"玄鉴深远"，一般指城府很深、稳重、喜怒难辨，说明李世民能较好地控制自己的情绪，考虑问题比较周全；"临机果断"，就是敢做决定，敢负责；"不拘小节"，即不会瞻前顾后、受人束缚，这显然也是做大事的气概；"时人莫测"，大概是说李世民的聪睿和成熟，超出了人们的想象。总之，李世民是一个比较早熟的人，综合素质极高。

更重要的是，李世民还是一个天生的领袖。史书上说他年轻时"折节下士，推财养客，群盗大侠，莫不愿效死力"，这是典型的领袖风范。如房玄龄、尉迟敬德等人对李世民都是一见如故，终身相随。李世民身边，这样的文臣武将比比皆是。善于团结人，是一个领袖人物的关键长处，如汉高祖刘邦，虽然自己才能普通，但他善于用人，萧何、张良、韩信，"三者皆杰，吾能用之，此吾所以取天下者也"。而这也是李世民最关键的长处。

不仅是在打天下的时候，后来争夺帝位，危难之际，李世民的班子中也没有一人叛变。李世民的领袖魅力，在贞观之治中更是发挥得淋漓尽致，为后人津津乐道。正是因为善于团结人，善于用人，所以李世民在文治武功两方面都获得了巨大成功。

十八举兵

隋炀帝大业十三年（617），李渊在晋阳起兵，兵锋直指长安，自此拉开了大唐建国征程的序幕。这次进军，李世民和李建成分领左右军，夹着汾河两岸分头前进，一路势如破竹，担当了急先锋的角色。虽然此时李世民仅仅二十岁（实岁十八），但在各方面已经相当成熟，不仅是个少年英雄，更是一个深孚众望的少帅！所以，历史也把一个又一个重担压在了他的肩上。

坐稳关中之后，李世民才真正开始了他统率千军、横扫天下的辉煌。当上皇帝之后，李世民说过一番自我评价的话，其中第一段是："朕年十八便为经纶王业，北剪刘武周，西平薛举，东擒窦建德、王世充，二十四而天下定。"他列举了自己最得意的几次战役。这几次战役，也是唐朝一统天下的关键节点。很有趣的是，这几次战役针对的是北方几大割据势力，而这几大势力的割据范围刚好跟今天中国的几个省份大致吻合。我们就按照今天的省级区划来看看李世民的征战版图。

隋失其鹿，天下逐之，远在西北一隅的力量也不甘寂寞。在李家占据长安、克定关中的时候，兰州富豪薛举趁机占据西北地区，而且打出了称帝大旗，自称秦。

薛举争天下并非痴心妄想，他也是兵强马壮的一方豪强。所谓"兵强"，是因为这一带有相当多游牧民族混杂居住，民风剽悍，历史上就是出良将的所在。汉武帝时代的皇帝禁军精锐，就是在这一带拣选"六郡良家子"；所谓"马壮"，是因为隋朝的马监就在这块区域，马匹数量很多，质量更佳。而军马，正是当时第一要紧的战争资源。

单纯从军事角度看，薛举确实有资格说话。不过他的弱点也是明显的，地盘狭小，经济实力相当弱；地处边缘，缺乏政治号召力。薛举要争天下下一步只能是东向争夺关中。因为他往西进军，就进了沙漠，几个绿洲显然不在他眼里。所以，夺取关中地区，是薛举必须要走的一步。

与此同时，抢先一步夺得关中的唐朝，也把矛头对准了西北。此时的天下，烽火连天，唐朝地盘的东边诸强林立，所以坐山观虎斗是上策；西边的形势则相对简单，只有薛举一个劲敌，双方没有什么花样好玩，不是你死，就是我亡。搞定薛举，一则能够稳定大后方，二则可以获得更多的良马。

所谓先下手为强，于是李世民领兵出征薛举，这也是李世民第一次当方面军的统帅。

但是这个第一次，却给了他当头一棒，一上来就吃了大败仗。唐军和秦军在高墌对垒，唐军虽然人数占优，但轻敌，战术上也落了下风。秦军充分利用了骑兵的机动性，调集精锐兵力，绕道后方偷袭唐军，前后夹击，一下子就冲垮了唐军。唐军损失大半，还有数位大将被俘，可算是一次名副其实的大败。后来史官为了给李世民遮羞，推说当时李世民病了，没有亲自指挥战斗，把失败归罪于刘文静和殷开山的错误指挥。

其实失败并不可耻，谁能不犯错？关键在于能否"不贰过"，及时吸取教训，不再犯错。在这一点上，李世民堪称模范。这次失败，给李世民上了非常好的一课。首先，打消了他的骄傲情绪；其次，也是更重要的，李世民从薛举那里学到了一个非常有效的骑兵战术——前方用大军吸引敌军主力，然后运用骑兵的高度机动性能，绕到敌军背后或侧翼发动冲击，前后夹击，冲垮敌阵。这一战术后来几乎成为李世民最拿手的绝招，而且屡试不爽。之所以后来凯旋之曲叫"秦王破阵"，主要就是针对这个战术而言。

我们可以说，这次失败之于李世民，来得正是时候，它甚至比一次胜利作用更大。

天佑唐朝！薛举本来可以乘胜进军的，可这当口他居然生病，一命呜呼了。其子薛仁杲继位，其智勇、人望都远远不如薛举。而唐军仍然由李世民率领，卷土重来。

这次，李世民充分扬长避短，先是坚守壁垒六十多天，和对方比耐性，比后勤，比消耗。终于，秦军粮食吃尽，甚至有将领投降唐军。李世民一看时机成熟，于是准备决战。

他先是派一支军队外出驻扎，引诱秦军。秦军大喜，主力尽出。在秦军主力移动的时候，唐军主力也从浅水原出击。李世民亲率精骑，从侧翼率先冲入敌阵。唐军"表里奋击"，敌军大溃。

李世民终于一雪此前败军之耻。

更精彩的还在后头！硝烟未尽，李世民立刻率精骑两千直扑薛仁杲的老巢折墌城。夜幕降临的时候，唐军已兵临城下。不知所措的薛仁杲在纠结了一夜之后，居然就乖乖出城投降了。

胜利来得太快了！当时力劝李世民不要孤军深入的部将此时都一脸惊讶。李世民给他们解惑：虽然秦军野战大败，但主力军队都逃跑了。如果这时候不及时赶过去，散兵很快就会入城，薛仁杲心里有底，就不容易投降了。而如果能够抢先一步扼住归路，秦军就只好四散逃亡，薛仁杲既无信心，也无实力守城，就只好投降。什么叫抓住转瞬即逝的战机？这就是经典一例！

所有将官都用崇拜的目光看着李世民，这大概也是当年"背水之战"胜利后将官们望着韩信的目光吧。

值得一提的是，这一战也是"李世民战术"的开端。此后每逢大战，李世民都是运用这样的模式：先是固守，消耗敌军，寻找战机；然后是决战，奇兵突袭，前后夹击；最后是乘胜追击，一鼓作气，大获全胜。这套战术可以说屡试不爽。

这一战，我们可以总结出李世民的很多优点，最突出的一点就是善于学习。

按照既定方针，原本接下来是要向东征战中原，可此时一个意外打断了李世民的计划。

这个意外就是刘武周。刘武周本来是山西北部的一个小官，被突厥看中，打算让他成为傀儡政权的代理人。此外，他还得到了一支来自河北的精兵，队伍里有猛将宋金刚、尉迟敬德等。

山西本是李唐的根据地，基础相当牢固，不过守将太不争气。先是李元吉，有勇无谋；后是裴寂，全无将略。而且两人都贪生怕死，一触即溃，几乎一夜之间就把山西送给了刘武周，只剩下西南一角的蒲州。而李世民就凭借这一角之地，上演了一出精彩无比的绝地反击。

夺回山西，李世民可谓受命于危难之际。如果他失败了，那么刘武周就会重现唐军的作为，渡过黄河，直指长安。李渊也认识到这点，他几乎让李世民带上了全部关中精兵。此战只能成功，不许失败！

李世民第一时间渡过黄河，直达最前线的柏壁，唐军像一座大坝，坚定地截住了洪水般涌来的宋金刚军。但随后双方并没有决战，而是互相坚壁不出，两军对垒整整五个月之久。

这种战术是有利于唐军的。虽然唐军要跨越黄河，但其驻地紧邻关中地区，后勤供给线非常安全，而且很方便。相反，宋金刚的后勤补给要从晋阳运过来，路线很长不说，中间还要经过浩州。浩州是唐军控制下的一个孤岛，此地的唐军时常袭扰宋金刚的补给粮道。现代战争打的是后勤，其实古代战争也是如此。

这样对峙了五个月之后，宋金刚终于要撤了。这一战就像两个高手过招，双方对峙时不能有破绽，一旦露出破绽，就会全盘皆输。宋金刚大军刚一撤退，李世民大军就像影子一样贴了上去，丝毫不给对手喘息的机会。

李世民一旦出击，就勇猛决绝。他身先士卒，一口气猛追了一昼夜，行程二百多里，中间交战数十次。手下大将刘弘基都看不下去了，执辔进谏说："咱们等大军跟上来，吃饱饭再追击不迟。孤军深入，太过危险啊！"然而这个建议被毫不犹豫地拒绝了。等李世民在雀鼠谷追上宋金刚时，已经是"不食二日，不解甲三日"。当时军中只有一羊，他与将士分而食之。恼羞成怒的宋金刚将二万之众布阵七里，准备决一死战。但气势如虹的唐军怎么可能被打败？于是宋金刚只能继续败退。

此处提一句，宋金刚手下有一员悍将，叫尉迟敬德，就在这里降了李世民。虽然是降将，但李世民爱其骁勇，对他坦诚相待，甚至与之同卧起，让他贴身保护自己，而尉迟敬德也对李世民死心塌地，多次在生死之间救其性命。后来有人诬告尉迟敬德谋反，尉迟敬德立刻脱下衣服，露出满身伤痕，每一道伤疤都记录了一次生死之战。李世民当场为之落泪。实际上，在玄武门之变中，尉迟敬德就扮演了一个至关重要的角色——他全身披挂，入宫逼迫李渊退位；他眼里没有皇帝，只有主子。可以说，尉迟敬德是李世民第一心腹武将。

当李世民一路追击，终于来到浩州城下时，已是满身硝烟，满脸征尘。为了让城上的守军相信自己就是秦王，李世民不得不脱下甲胄，扬起脸来。这一刻，经过了漫长等待和艰苦战斗的唐军，爆发出了最热烈的欢呼，声震云霄，接着又纷纷哭起来，他们一直绷紧的弦终于可以放松了。因为他们看到的，是秦王！是希望！是胜利！

就是在这次战争中，军中首次响起了一首凯旋之歌，也是一首将士自发唱起来的歌。这就是《秦王破阵乐》最初的版本。

这一战，李世民一口气把宋金刚、刘武周都赶到了草原上，整个山西都重新回到了唐的版图。这一战对李世民来说，意义更为重大，因为他已经获得了唐朝军队的真心拥护。

这一战可讲的也很多，不过李世民让人印象最深的一点还是：坚决。

从关陇到天下

解决了刘武周这个插曲，唐朝兵锋再次对准了中原——这是争夺天下的必经之地。而这里的敌人是洛阳王世充。

王世充也是乱世枭雄，才智非凡，口才极佳。王世充出身低微，有胡人血统，天下大乱给了他机会，让他脱颖而出。他最辉煌的战绩，就是击败了瓦岗寨的李密——在我看来，李密可能是李唐的头号劲敌，只不过王世充提前帮唐朝扫除了这个强大的敌人。

在包围洛阳大本营之前，唐军十分艰苦地逐个攻拔了河南的城垒，而李世民也曾屡次陷入危机。因为李世民这个最高统帅，时时亲自化身斥候，去探察敌情。他在每次作战之前，都要亲上前线侦察，甚至行至敌军大营前。这种行为的危险性可想而知，因为每次都是轻骑简从，一旦遭遇大批敌军，就很容易陷入重围，必要浴血苦战。只不过李世民对于侦察的热情却从未减弱。中国著名的武打电影《少林寺》就是以"十三棍僧救唐王"的故事改编的。说起来，电影里跑龙套的李世民才是最有资格当主角的人呢。除了本身就是英雄之外，李世民还是真正的武林高手。

有一次，在洛阳西部的慈涧，李世民被敌军发现，陷入重围。眼看寡不敌众，左右都很害怕。李世民淡定地让手下先回，自己亲自殿后。只见他左右开弓，敌人"皆应弦而毙"，经过血战，李世民终于杀出重围。这里提一句，其父李渊也有过类似的壮举，在重重包围中，箭无虚发，连毙七十人，可谓英雄了得。

祖传的箭术，到李世民这里尤其出彩。他所用的弓箭就与众不同，尺寸上比普通弓箭都大不少，而且箭的尾端装有四支白色羽毛（一般的箭尾是两支羽毛），能保证箭支能飞得更远更稳。李世民一箭之威，能在百步之外"射洞门阖"，就是能把门给射穿。我们常说"强弩之末势不能穿鲁缟"，而李世民能射穿百步之外的门户，力道之强，实在令人惊异。也难怪，此后唐代在祭天时，都要特别陈设李世民遗留的"大弓一、长矢五"，用于彰显武功。

李世民对自己的箭术是颇为自负的。身边人经常劝他别亲身犯险，他却对贴身保镖尉迟敬德说："我的箭，加上你的槊，天下何人能当？怕什么！"我们似乎可以看到李世民年轻的脸上那睥睨天下的骄傲——这是一个足够自信可以开辟新世界的年轻人。

还有一次，是在洛阳北部的邙山。李世民率五百轻骑，在前线遭遇了王世充军万余人。结果双方一场苦战，李世民率军脱围，并且杀敌三千。这看起来就像一场神话，不过也未必不是真的。当时就有相似的战例，王世充派两名将领攻掠唐境，唐将王君廓以策击退。事后，李渊特别下诏敕慰劳，说："卿以十三人破贼一万。自古以少制众，未之有也。"看来十三人破贼一万，居然也是真实发生的。虽然用了计谋，那也是不可思议。由此来看，李世民率军五百，大败万人，并非不可能。也正是这样剽悍的唐军，才能开创让人神往的大唐雄风啊！

只要是李世民领兵，他每次都是身先士卒，陷阵冲杀。有一次他持双刀，深入重围杀敌，刀上的血一直流到了双肘上，真可谓杀气腾腾。李世民经常以身犯险，一半是奇兵侧翼战术的需要，另一半大概出于爱好冒险刺激——那种疾风卷残云般摧毁敌方军阵的感觉，绝对比任何游戏或运动都要刺激。而且，对李世民来说，在战场冲锋陷阵，或许真的就是一场可以不断重复的游戏——他无数次亲冒锋镝，却从来没有受过伤，堪称奇迹！创造这个奇迹的，不是上天，而正是他身边的"玄甲军"[1]。每当李世民一马当先、勇往直前的时候，他的旁边总是有一片黑色盾牌——一支堪称天下精锐的黑甲精骑，替他挡住了如林的刀枪、如雨的箭镞。如果说他是宝剑的尖，那么这支玄甲军就是宝剑的刃，这整支精骑就是一把无坚不摧的宝剑。这种作战方式不由得让人想起了西方一位相似的英雄帝王——亚历山大。他面对拥有绝对优势的波斯军队时，没有任何犹豫，直奔着大流士冲了过去，而他身边的人都紧紧跟着，拼死替他挡住所有的攻击。大流士看到这个场面，不由得胆怯了，转身逃跑，于是失败也就不可避免。总之，李世民在战场上无往不胜，源于他有一支精悍且绝

---

[1] 李世民身边卫队身披黑色盔甲，史书上称"玄甲"。李世民的卫队分为四队，分别由骁将秦叔宝、程知节（程咬金）、尉迟敬德、翟长孙统领。

对忠诚的核心队伍。一只雄狮率领一群狼，结果只有一个——所向披靡！

唐军定鼎中原之战发生在虎牢关，李世民在此战中拿下了最强大的对手窦建德。

唐军兵临洛阳城下，但面对孤城却久攻不下，战局就像是按下了暂停键。洛阳城固若金汤，并非虚言，要知道隋炀帝一上台就在东都洛阳大兴土木，他有迁都洛阳的计划。另一方面，攻取坚城，恰是李世民战术短板。他擅长机动灵活的骑兵战术，更适合野战。后来东征高句丽，同样暴露了李世民不善攻城这一弱点，唐军被阻坚城之下，铩羽而归。

当时，出征已经十个月之久的唐军出现了动摇，"疲弊思归"，请求班师。而且李世民还听到了一个很不好的消息——窦建德来了，是王世充搬来的救兵，这对唐军来说，可谓雪上加霜。

王世充被困洛阳，求援信雪片般飞往河北。而对"河北王"窦建德来说，此时出兵，一是有唇亡齿寒的危机感，二来也有"坐山观虎斗"之后准备下山摘桃子的心态。在河北已经建立"夏"政权的窦建德，与明初的陈友谅类似，雄才大略，资本雄厚，绝对有资格逐鹿中原。河北军一过黄河，山东一带的割据力量就纷纷望风投降，窦建德一路凯歌，直奔洛阳，可谓是来者不善。

此刻摆在李世民面前的，是真正的两难抉择。内有久攻不下的洛阳王世充，外有气势如虹的窦建德新锐之军，稍有不慎就会腹背受敌，大军溃败。当时唐军内部，如屈突通等老将，还有封德彝等老臣，多持撤军的意见。但李世民力排众议，不退反进，他决定赌一把，来一个围点打援。他第一时间率精兵赶到最前线 [1]，扼守咽喉之地虎牢关 [2]，硬生生顶住了窦建德大军。

窦建德被堵在虎牢关之外长达月余，耽误了战机，也损失了锐气。李世民则趁夏军出现懈怠，果断出击。当唐军冲到夏军军营的时候，窦建德召集众将议事刚刚散会，夏军一下子阵脚大乱，在一片混乱中，窦建德居然也被击伤，而且在仓皇逃窜中不幸被俘。

窦建德被擒，河北也就不战而降了。而当囚车中的窦建德出现在洛阳城下时，一直坚守的王世充也崩溃了，俯首出降。至此，关东再无李唐劲敌。之前三足鼎立的局面，至此由大唐收官。虎牢关一战，堪称大唐统一的决定性战役。

不久之前，唐政权还处于危机重重之中，结果转眼就赢了天下。统帅李世民孤注一掷，实现了一次超级大翻盘。实际上，敢于铤而走险，置之死地而后生，正是李世民性格中很鲜明的一点，也是他后来敢于发动"玄武门之变"的原因。

李世民虽然是个"赌徒"，但并不鲁莽，心中其实有相当大的把握。他的如意算盘是，洛阳已是唾手可得，如果能堵住窦建德一阵子，抓紧时间攻下洛阳，那么河南尽入唐朝，如此再回头全力对付窦建德，就有把握了。实际上，从概率上来说，这种结果的可能性更大。所以，这一战表面上看起来比较冒险，李世民

1　史书上提到，当时李世民率三千五百精骑，白日东去。王世充登城望见，却不敢出兵，眼睁睁地看着唐军绝尘而去。

2　虎牢关，又称汜水关，唐代避先祖李虎讳，称武牢关。刘项争天下，也曾在这里长期对峙。虎牢关前有一座广武山，阮籍曾经登此山而慨叹"时无英雄，遂使竖子成名"。

胜得侥幸，但从概率上看，李世民的赢面是最大的。

李世民敢拼敢赌，又有强大的实力，所以最终取得了胜利。

虎牢关一战，大唐赢得了天下，作为武将的李世民，历史使命已经完成。作为秦王的李世民，则有了新的目标——再次赢得整个天下，登上皇帝宝座。这是一个从胜利走向胜利的过程，也是一个充满刺激惊险的冒险之旅。

李世民从虎牢关回到长安的时候，处境微妙，因为他已经是功高难赏。在此之前，李世民已经是尚书令，这是中央官员中品级最高者；他还担任陕东行台大总管，这是地方官员中权力最大的官了。但虎牢关一战的战功如此耀眼，不可能不赏。开心又烦恼的李渊只能为他新造了一个头衔——"天策上将"（这是为李世民个人打造的官位，终唐一代，未再封授他人）。天策上将位极人臣自不必说，重要的是可以开府。所谓开府，就是可以设置府衙机构，建一套属于自己的工作班子，府中官吏，也都算朝廷官员。[1]

天策上将已经是超级赏赐了，但李世民会满足于此吗？谁都知道，不会！对李世民而言，此时另一个战场刚刚拉开序幕。李渊诸子最终血溅玄武门，上演了一出经典的宫廷政变，其实是必然结局。这个结局，一方面是因为李渊的不作为（没有及早解决矛盾），一方面原因则是李世民战功太高，难居人下。

开国之赫赫战功给李世民带来了什么呢？

---

[1]　此外，作为秦王，李世民也是可以开府的，称秦王府。齐王李元吉也有齐王府。王府除了官吏，还有卫队，皆是精锐，有些类似于明初的藩王。

首先，不可避免地使得李世民有了更大的野心。战场上那种叱咤风云的感觉，绝对会让人欲罢不能。如李世民这样天生的领袖人物，以后只做一个庸庸碌碌、谨守本分的顺臣，那是不可想象的。天策上将已经是不世勋荣，但毕竟还是臣，和皇帝相比，还是有本质区别。君臣如天隔！但跨过这一道天堑，对李世民来说，不仅有可能，而且是必要的。李世民虽然排行第二，但他在团队中只能当老大。

其次，李世民拥有了巨大的威望，有了争夺皇位的资格。魏徵早就说过"秦王功盖天下，中外归心"。特别值得一提的是，他也获得了军心。这一点非常重要。

最后，多年征战使得李世民有了一个强大的团队，这是一个完全忠于秦王的班底。文臣有长孙无忌、房玄龄、杜如晦等，武将有尉迟敬德、侯君集等。这些人追随李世民，都立下了大大小小的功劳。毫无疑问，首领和追随者已经连成一体，所谓一荣俱荣，一损俱损。李渊在位的时候，他们日子应当都不难过，毕竟打天下的功劳是实实在在的。但如果太子建成继位，这个功臣集团（包括李世民在内）的下场是可以预见的。他们总不能期待李渊活到一百岁吧？有一个特别有趣的事，凌烟阁上挂着的大唐开国功臣，基本上是秦王班底，而不是晋阳起兵时的功臣班底。长孙无忌等人能否千古留名，完全取决于"玄武门之变"能否成功。

本来，这个问题也不是不能和平解决——李渊完全可以让李世民来做太子嘛。实际上，各种野史都有类似的暗示，说李渊多次想让李世民当太子。其实李渊并没有这个打算，而且也不可能。

　　唐朝一开国，李建成就被立为太子，他比李世民大十多岁。作为嫡长子，当太子是理所当然的。而且，李建成品质不错，才能优秀，一直也没有什么过失，是称职的太子。李渊没有换储君的必要。

　　其实，诸子夺嫡，关键还在于李渊没有一个皇帝的自觉，没有做皇帝的意识和经验。他看到了两个儿子的明争暗斗，但他大概还是用一家人的眼光来看待儿子们的争斗。但是这个时候，他们已经是天家了。皇子争的，不是家产、爵位，而是整个天下！所以，李渊最终也成了玄武门之变的失败者。说不好听一点，这是李渊咎由自取。说得深一点，政治永远是这么残酷和肮脏，不够狠，就不能笑到最后。也许李渊是个好父亲，但他肯定不算一个足够优秀的皇帝。

　　接下来，我们换个历史场景看一下。这相似的一幕，在太宗的孙辈、曾孙辈又出现了。在睿宗李旦登上皇位的过程中，其三子李隆基立下大功。李旦的长子李成器，主动让贤，建议立李隆基为太子[1]；不久之后，睿宗李旦也主动退位，当了太上皇。就这样，最高权力顺利过渡到了李隆基手里，避免了更多的风波和流血事件。这个结果，未尝不是玄武门之变的另一种可能。或者可以说，有玄武门之变的鲜血在前，李宪、李旦就成熟得快了。

　　可惜，李渊和李建成没有这样做，也没这么幸运。六月四

1　后来李隆基追谥生母为昭成皇后，李成器避讳改名李宪，封宁王。李隆基对大哥宁王一直非常客气，宁王死后还得了一个"让皇帝"的谥号。

日，李世民手里的大箭再次破空而出，一切尘埃落定。这一回合，李世民再次胜出，这回，他获得的是真正的大唐天下。

从《秦王破阵乐》到《七德舞》

李渊从臣子到皇帝的角色转换，很失败。但李世民在身份转变上却非常成功（也许是最成功的）。关键一点在于，李世民能够与时俱进。

《秦王破阵乐》在唐代官方的名字其实叫《七德舞》。所谓七德，是指武有七德。这个名字是李世民亲自改的，其含义何在？首先当然是纪念自己的无上武功，更深一层含义则是偃武修文。

李世民曾经在奏《七德舞》时说："朕虽以武功兴，终以文德绥海内。"封德彝上前说："陛下以神武平海内，岂文德之足比！"李世民很清醒："戡乱以武，守成以文，文武之用，各随其时。卿谓文不及武，斯言过矣。"于是德彝磕头谢罪。这段对话清楚地表明，当上皇帝的李世民清醒地认识到时势变了，统治重心应转到文治，而非之前那般宣扬武威。正是这个认识，让李世民开创了"贞观之治"。

马上得天下，马下治天下。每个成功的开国皇帝，都会意识到这点。但做到如唐太宗这般极致的，绝对不简单。为什么会出现贞观之治？往远了说，是吸取隋炀帝亡国的教训；往近了说，是得位不正带来的巨大压力，而且压力转化成了动力。从臣子的角度说，有魏徵、房玄龄等一大批治世能臣；从君主角度说，李世民能力卓绝，而且善于总结经验教训。

早在征战天下的时候，李世民已经意识到了"以德服人"的重要性。说起来，这也来自一次"失败"，他不是败在敌人手里，而是败在自己人——李建成手里。这就是"再平河北"事件。

我们先把时间线拨回一点。虎牢关下，窦建德战败身亡，他的夏政权也就垮台了，河北自然纳入了唐朝统治。但是，一来唐军胜得有些侥幸，河北军败得憋屈，很是不服；二来，唐朝对河北的统治一开始相当强硬，更导致了普遍不满。所以，河北很快就爆发了叛乱，窦建德麾下悍将刘黑闼振臂一呼，响应者如云，叛乱一下子就席卷了河北全境。刘黑闼叛军势头凶猛，唐军损失严重，连名将李勣也吃了败战。当然，只要李世民出马，战局就不会有第二种结果，于是河北再平。

再平河北一战，看起来只是唐朝建国过程中意外小插曲，但在李世民的战争生涯中，却算得上最硬的一块骨头了。举个例子，李世民的"昭陵六骏"中，骏马身上多有中箭，最多的就是拳毛䯄，前中六箭，背中三箭，共九箭。拳毛䯄正是李世民平定刘黑闼时所乘，这足以说明战斗之激烈。[1] 冒着箭雨冲锋的李世民当然不会害怕，但他也深知，河北的对手有多么悍勇和倔强。尤其是不久之后，刘黑闼卷土重来，河北再度"沦陷"。李世民知道自己遇到了难题，有些人也许会被击败，但他不会屈服。武力征服确实有效，但似乎效果并不持久。怎么办？

---

[1]　虎牢关一战中，李世民所乘骏马青骓身上中了五箭。

给出答案的不是别人，正是他的对手太子建成。太子的谋士叫魏徵，没错，就是名臣魏徵。魏徵一针见血地指出，太子地位不稳，必须要建立功勋，这是一次良机。太子听从他的建议，决定率军出征河北。到了河北后，又是在魏徵建议下，实施怀柔政策，安抚民心，而且发出公告：首恶严惩，从犯不究。这些措施效果出奇的好，最后刘黑闼是被自己人绑了送到李建成跟前的。刘黑闼死后，河北再也掀不起波澜了，局面彻底稳定下来。

李建成这一招举重若轻，赢得非常漂亮，赢了刘黑闼，更赢了李世民。《孙子兵法》云："百战百胜，非善之善者也；不战而屈人之兵，善之善者也。"李世民固然战无不胜，但百战百胜只是军事家，是将才；不战而胜才是政治家，是皇帝之才。李建成用怀柔政策安定河北，显然比李世民的武力征服来得高明，高了不止一筹。

这次双方的暗中较量，肯定给李世民留下了非常深刻的印象。所以，玄武门之变后，他第一个召见的就是魏徵，虽然魏徵并没给他好脸色，他也忍了。他知道，眼前这个人，在治国方面有大才。李世民对魏徵的信任，恐怕在三平河北的那一刻就已经开始了，坚定不可动摇。

成功的人往往会迷信自己的经验，过于自负，尤其是李世民这样建立了不世功勋的人。不过李世民并没有迷失自己，而是实现了自我突破，最终开创了贞观之治。古往今来，天才豪杰并不少见，但他们往往只在某一方面有所成就，李世民则是文治武功都彪炳千秋，真可谓千古人杰。

贞观之武

秦王变成了唐太宗，也早定下了以德治国的国策，但这并不意味着从此就刀枪入库，马放南山了。李世民的高明之处在于，他不仅实现了自我突破，而且突破后并没有完全抛弃之前的道路——要走文治之途，但也不能偏废武安之道。

多年以后，李世民为太子李治写了一本帝王心术，叫《帝范》，开篇就说："文武二途，舍一不可，与时优劣，各有其宜。武士儒人，焉可废也。"意思是，文武二途，缺一不可，关键是要做到"因时制宜"。李世民不仅是名将，更是优秀的政治家，优秀的皇帝。

事实上，贞观年间并非不言兵事。皇帝李世民继续纵横沙场，而且战果辉煌。下面是贞观年间几次重大战事发生的时间。

贞观四年（631），灭东突厥；

贞观九年（636），定吐谷浑；

贞观十四年（641），平高昌；

贞观十九年（646），征高句丽。

可以看出，贞观年间，唐朝一直没有停止战争。从空间来看，北部、东部、西部都有战事，可谓多方出击，拓地千里。可以说，贞观之治的背后，还有一个"贞观之武"。

只不过，李世民文武并重，二者相得益彰，他几乎将战争的压力化解于无形，以至于人们只记住了贞观之治，却忘了贞观之武。贞观之武的成功，关键在于"把钢用在刀刃上"。具体分析，则有三点：

一、抓住时机，速战速决。几乎每次战争都是事半功倍。

二、控制节奏，掌握主动。每隔四五年，发动一次大规模的军事行动，这就不会过分耗费国力。

三、统筹全局，各个击破。充分利用外交、结盟等手段来配合战争。

凡此种种，无不显示了李世民高超的军事天才。总之，贞观之武"功大无形"，是因为李世民用最小的代价，获得了最大的收益。

李世民善于把握机会，最典型的就是平定突厥一战。

他踏着血迹登上了皇位，接下了大唐这副沉甸甸的担子。除了百废待兴的内政之外，他面临的最大外敌是强大的草原之主——突厥。

隋朝很好地抑制了突厥，成功诱导突厥内部分裂，形成了东、西突厥对立的局面，使其实力大为衰落。但在隋末动荡中，突厥重振雄风。尤其是中原群雄逐鹿时，各方势力都争先结交突厥，以求得强援。突厥也学会了"以其人之道，还治其人之身"，用上了让各方势力互相牵制的招数。比如突厥曾支持李渊起兵，让李渊无后顾之忧，全力攻取长安；但唐朝建立之后，突厥转而支持刘武周等势力，以此牵制唐朝。

只不过，唐朝有李世民这样的天纵奇才，能够迅速地削平群雄，再次统一。此时，突厥对唐边境的骚扰也突然频繁起来。从武德七年（624）开始，几乎是每个月都有突厥入侵的记载，真是不胜烦扰。作为游牧部族的突厥，他们习惯于劫掠农耕地区，这几乎和打猎没什么区别。可能唯一的区别就是，劫掠的利润更大更丰富。

两强的直接交锋，无可避免，决战只是时间的问题。但谁也没有料到，决战会来得这么快。李世民继位的第四年，就一举消灭了强大的东突厥。

其实对于李世民来说，这天的到来并不太意外。因为他时刻期待着，日夜盼望着。他的动力来自——雪耻！

这个耻辱，先是来自他的父亲李渊。李渊在起兵之初，为了获得突厥支持，曾对其称臣。突厥使者也十分嚣张跋扈，甚至登坐大唐皇帝御榻。这是称臣之耻。

李世民自己也尝过突厥的羞辱。他刚刚继位，颉利可汗就想来个下马威，亲率大军长驱直入，兵临长安城下。李世民亲征，在渭河便桥，和颉利可汗会面，最后谈判成功，突厥退兵。虽然史书上说李世民是大义凛然，把颉利可汗说服了，但显然能说服突厥人的只能是大量的金帛财物。所以，这是一次赤裸裸的政治讹诈，是一次标准的"城下之盟"。骄傲的李世民大概是把钢牙都咬碎了吧！

当时的情形是，唐朝立国不久，军队精悍，堪与突厥一战。而且，突厥此举其实是军事冒险，深入唐境，漏洞很多。于是就有武将咽不下这口气，提出要在突厥归途中来个伏击，夺回财宝。但唐朝不能一战彻底击溃突厥，所以，一旦撕破脸开战，无疑会迎来一个漫长的对峙过程。唐朝建国才九年，统一才三年，"国家未安，百姓未富"，这种大消耗的战争实在吃不消。李世民清醒地认识到，此刻应该隐忍，等待时机。不出手则已，一出手就要一招致命。总之，时机未到，实力不足，那就不能轻易让自己陷入战争的泥潭。最终李世民拒绝了要求出击的将领，硬生生地把这口气给忍下来了。这说明他已经是个很成熟的政治家了！

　　当然，等待时机，并不是一味坐等，而是要积极地等。国家实力不够，那就把军队这把刀给磨得锋利些，再锋利些。城下之盟后，李世民立刻着手训练军队。他的思路很清晰，对付突厥，一定要训练精兵，兵不在多而在精。他甚至让将士们到宫殿前习射，以便亲自指导。这一来，可把臣子们吓得不行，万一有人对皇帝不利，可怎么得了？[1] 有个过分焦虑的刺史甚至骗了一匹驿马，跑到长安来切谏。不过这些建议，李世民一概不纳。他说：“这些将士，都是我绝对信得过之人，怕什么呢？”将士们听到这话，个个热泪盈眶，手下不由都更加了几分劲道。于是，军队很快“悉为精锐”。

　　机会总是青睐有准备的人，击破东突厥的机会，很快就到来了。贞观三年的冬天特别冷，乃至突厥的牛羊冻死了大半。这就是畜牧经济的一大弱点，不稳定，比农业更容易受到气候影响。而且，突厥内部也出现严重的矛盾和分裂，臣属部族开始反叛，可谓出现了衰相。当时有个唐朝使臣，从突厥回来后向李世民报告了这一“敌情”，并且说，我看三年之内突厥就要完蛋了。李

1　历朝都有严格的法律，禁止任何人携带武器出现在皇帝面前。允许重臣带剑上殿，是极高的荣誉。有一次长孙无忌见李世民，甚至因为忘记摘掉佩剑而遭到了惩罚。

世民摇摇头说："不，时机已到！"他大手一挥，唐朝精锐尽出，于是直捣黄龙，一招制敌。不可一世的颉利可汗被俘虏，东突厥就此画上句号。

"趁你病，要你命。"这个机会转瞬即逝，李世民比使者高明的，就在于他能迅速抓住对手最虚弱的时刻，一击致命。史书上说自此"漠南皆空"，漠南就是今内蒙古地区。"漠南无王庭"，往往标志着草原民族的大失败。

这个故事的尾巴很值得一提。太上皇李渊听到俘虏了突厥可汗后，不由叹道："当年汉高祖被困白登山，终身不能报仇；现在我儿子能灭突厥，大唐江山我算是托付对人了啊！"在这样的辉煌功勋面前，李渊也不得不承认，二儿子做皇帝，其实是更合适的。

所以，这次战争是军事的胜利，也是政治的胜利，是外部的胜利，更是内部的胜利。李世民给自己皇位的合法性，增加了重重的一个砝码。

汉、唐作为盛世，都面临北方草原劲敌，汉为匈奴，唐为突厥。只不过，汉代从高祖的平城白登山之围，到汉武帝的卫、霍扬威，间隔七八十年之久。而唐代灭东突厥的时候，立国才短短十三年。这个差距，恐怕主要是李世民一人硬生生拉开的。

灭东突厥五年之后，也就是贞观九年，唐朝又大举用兵，平了吐谷浑。事实上，李世民每次主动出击，与上一次都是相隔四五年时间。

贞观年间的战争当然不止四五年一次的大战，其他大小战役还有不少。不过有些是被动应战，或者是小型战争，无关大局。五年一次的大战，是大规模的、主动的作战行动。我们也许可以推断，这个明显的五年之期，正是李世民有意识控制的战争节奏。其原因有二。

第一，间隔五年用兵一次，有时间积累物资，不会过分劳民伤财。战争，伴随着巨大的物资和人力消耗。贞观虽然号称盛世，但毕竟刚刚经历过一个乱世，人口锐减，经济总量很低。而贞观时期的战争基本都在边疆地区，很多时候都是劳师远征，这样后勤供给的需求往往成倍增加。这对国力是个很大的考验。我们可以回顾一下汉朝。虽然汉武帝时期国力鼎盛，汉初七八十年都在休养生息，储备了巨大的财富。但和匈奴打了几次大战，就国库空虚，要额外增税，"海内虚耗，户口减半"，地方骚动，反叛不断。

所以，贞观初期并不适合大规模用兵。如果必须用兵，也得有个缓冲时间。积累五年左右，差不多可以支持一次大型战役。

第二，五年左右打一次大战，也是练兵的节奏。刀不磨就会生锈，军队也是如此。我们以贞观九年平吐谷浑为例。吐谷浑原本是在青海一带的游牧政权，比较安分守己，虽然跟突厥一起打劫过唐朝，不过都是些小摩擦。李世民要出兵吐谷浑，从战略上看，是保障河西走廊安全。另外，他也要借此来锻炼军队，特别是长途的艰苦行军能力。

唐军进攻的时候，吐谷浑可汗坚壁清野，把野草都烧掉了，让唐军的马无草可吃；然后轻装逃入沙碛深处，避免会战。但唐军坚定地追击，侯君集、李道宗不畏艰险，一路率军深入。吐谷浑所在的青海海拔很高，盛夏降霜，天气恶劣，又有"无人之境二千余里"，地理条件也很艰苦。但是唐军"人龀冰，马啖雪"，终于追上了可汗伏允，大胜而归。

　　其实这次作战，正是五年之后唐军灭高昌的一次彩排。因为高昌地处西域的东部，在今吐鲁番盆地。从唐朝边境（敦煌）到高昌，要渡过千里沙碛[1]——当年玄奘就在这里历尽艰辛，一路上只能跟着累累白骨指示的路线前进。所以，高昌国王麹文泰曾经很放心地说："唐去我七千里，沙碛居其二千里，地无水草，寒风如刀，热风如烧，安能致大军乎！"两千里的沙碛确实是个巨大的困难。可他忘了，五年之前，唐军深入高原，也是跨越"无人之境二千余里"的戈壁击溃吐谷浑的。那次行军的主将侯君集，恰好就是灭高昌的主帅。

　　唐太宗灭吐谷浑，并不是为了将版图扩展到青海高原上去。实际上，李世民虽然平了吐谷浑，但继续让吐谷浑可汗之子统帅本族本地，羁縻服属而已，并没有将其纳入中央的统辖。

　　平吐谷浑，更像是练兵，因为李世民没有吞并它的兴趣。但对高昌，大唐的态度却完全不同，这是两者的战略价值不同所致。事实上，平高昌，是李世民"开发大西部"大计划的第一步。

　　中原王朝对西域的开拓，从汉武帝开始。仰慕汉武帝的隋炀

1　沙碛，不是沙漠，更接近今天所说的戈壁。这处戈壁，唐代叫莫贺延碛。玄奘西行
　　路上的磨难，基本都集中在这里了。

帝对西域也极有兴趣，为此还收集了大量的资料，如他手下的宠臣裴矩为此特地写过一部《西域记》。后来唐太宗也让玄奘写了一部《大唐西域记》，本质上，这是一部西域地区各个国家政治军事经济的情报汇总。李世民开拓西域的野心，不言而喻。

开拓西域一事，传统儒家文臣向来反对，比如魏徵就是坚定的反对派。李世民虽然内政上对魏徵十分倚重，但在军事战略上却自有主张。

魏徵看到的是经济利益的账。用魏徵的话说："今若利其土地以为州县，则常须千余人镇守，数年一易，往来死者什有三四，供办衣资，违离亲戚，十年之后，陇右虚耗矣。陛下终不得高昌撮粟尺帛以佐中国，所谓散有用以事无用。臣未见其可。"花费巨大，但收益极少，这其实也是儒家一贯反对开疆拓土的传统思路。

而李世民算的是军事战略的账。唐朝欲进军西域，高昌是第一站。高昌故国在今吐鲁番一带，与唐朝最西的敦煌隔了千里沙碛，可谓隔着地理大鸿沟。所以，高昌正是扼控丝绸之路咽喉。对唐朝来说，拿下高昌，就拿下了跨越沙碛的桥头堡，战略意义非常重要。

问题是，唐朝为什么一定要拿下高昌？是为了进一步控制丝绸之路，为了丝路贸易的顺畅吗？其实这不是一笔经济账，而是政治安全的账。

对此，陈寅恪指出：关中是唐朝统治的核心区域，要保障关中的绝对安全，就须保证河西走廊的绝对安全；要保证河西走廊的安全，就需要控制整个西域。从这段话可知，控制西域，乃是"拒敌于千里之外"，最终是为了保证关中的绝对安全。

　　基于这样的布局思路，在侯君集拿下高昌国后，李世民在此地设置了"西州"，显然是要直接控制西州地区。[1] 从此之后，西州就成了唐朝进军西域的桥头堡。唐朝以此为基点，一路向西，逐步扩大势力范围。到贞观二十二年（648），首次出现"安西四镇"的布局。此后的高宗、玄宗时代，唐朝在西域不断开拓，一直达到葱岭，达到了历史高光时刻。[2] 而这一切，其实都发端于唐太宗破高昌，设西州。从战略布局的角度来看，李世民的眼光是超过了魏徵的。

　　除了整体布局稳步展开，唐朝在军事的微操上也十分成熟。且举一例来说明，贞观后期，唐军对战争的控制力有多么惊人。《资治通鉴》记载，贞观十八年（644）九月辛卯这天，李世民对身边人说道："郭孝恪前两天报告，说八月十一日去打焉耆。二十日应该就能到了，那么二十二日肯定可以破敌。朕算一下路程的话，传捷报的使者今天肯定要到了！"话音未落，捷报已至！

　　此时的李世民，确实有资格将天下视为掌中之物。渐渐地，他也产生了视天下英雄于无物的傲慢，而失败的阴影也在悄悄展开。

1　这种州名为单字的州，唐代称为正州。正州由中央政府直辖，区别于自治性质的羁縻州（州名往往是两个字）。

2　唐玄宗时，唐朝的控制区已经达到葱岭以西的中亚一带，这也是唐朝控制力的极西点。

失败的收官之战

开国之战，李世民百战百胜；登基之后的历次战争，也是无往而不利。但是他对胜利的渴望永不停歇，因为他要不断地证明自己。他要在自己前任（高祖李渊）面前证明自己，所以灭掉了东突厥；他还想要在前前任（隋炀帝）那里证明自己，所以决定出征高句丽。[1]

但是，李世民的收官之战，失败了。

当皇帝之后，李世民再也没有亲征过。贞观年间所有的大战，他都只是制定基本方针，具体战役交给将领们去完成。而这次亲征高句丽，一则说明他对此重视，二则他有充分的信心，三则这是他最终证明自己的机会。总之，此战他志在必得，但是，最后他都没能越过鸭绿江。当然具体战果还是有的，但离征服高句丽的战略目标相去太远了。

后人对此也多持批评态度，认为李世民没有吸取隋炀帝的教训，重蹈覆辙，实在不该。这个意见不无道理。一来房玄龄临终前上了唯一的谏表，想阻止征高句丽；二来李世民回来之后重新竖起了魏徵的碑，并说，要是魏徵还在，肯定不会让我出征。不过李世民从未放弃过灭高句丽，后来李治和李勣继续用兵高句

1　高句丽的地域范围，主要在今天中国的辽宁、吉林南部，以及朝鲜半岛北部。唐以后，朝鲜半岛出现了一个王建开创的新政权，沿用高句丽之名。为了区别，多称前面这个政权为"高句丽"，而后面这个称为"高丽"。

丽，其实正是李世民之遗愿。[1]

　　李世民的问题在于，战术上轻敌了。隋炀帝时，国富兵强，但倾国之力也没有拿下高句丽，甚至连像样的成果都没有。原因有很多，首先是缺乏"地利"，距离太远。高句丽地处东北，而隋唐首都在西北关中，相距数千里。其次缺乏"天时"，这个地区，雨季在农历六七月间，从农历八九月至来年二三月，又是寒冻天气。所以，适宜作战的时间相当短暂，这就要求战事不能拖太久，必须速战速决。最后是缺乏"人和"，高句丽国力之强悍，也是不容忽视的。高句丽堪称举国体制的战争机器，经验非常丰富，而且特别擅长固守，坚城众多。高句丽的重要城市都有两套布局，平时筑城在平原，但一遇到战争就撤到山上，称为"山城"。总之，高句丽绝对是一块非常难啃的硬骨头。

　　唐军的物资动员肯定有压倒性优势，军队素质更是天下无双。但是李世民恐怕没有充分意识到，以往唐军在攻打坚城方面，并没有太好的成绩。当年攻打洛阳孤城，就久攻不下。贞观年间的战争，也都是针对草原民族，打的都是野战，唐军可以凭借比草原民族更强大且灵活机动的骑兵，配合强大的步兵协调作战，所以屡战屡胜。而征高句丽之战，唐朝是以己之短，攻人之长。失败毫不奇怪。

　　李世民是个明白人，高句丽虽是小国，但极难攻打，那他为什么还要力排众议，坚持亲征高句丽呢？

1　后人对李勣灭高句丽多加赞美，却苛求李世民亲征之举，颇有"成王败寇"之嫌。

替他辩护的，大多认为，李世民是为了"无贻子孙忧"。贞观十七年（643），李世民立李治为太子，担心李治过于仁弱，若是由他来打高句丽，恐怕会落得隋炀帝一样的下场，后患无穷。这个看法也有一定道理，毕竟高句丽当时已经有坐大的趋势。中国历史上，在东北崛起的政权往往会给中原带来巨大的威胁。前有鲜卑的北魏，后有契丹、女真等。也许李世民正是要将危险消灭于萌芽之中。不过，从李世民每隔五年发动一次大战的规律来看，打高句丽很可能早在他的计划之中。

此外，李世民攻打高句丽，可能也与隋炀帝的失败有关。李世民做皇帝，有个很好的反面教材，那就是隋炀帝。内政方面，他的做法几乎都与隋炀帝相反，于是有了贞观之治。但是在对外开拓的野心上，李世民其实和隋炀帝颇有相通之处。内政外战的双丰收，无疑增长了李世民的自信和骄傲。

亲征高句丽一战，若单从战争的结果来看，唐朝其实获得了相当可观的阶段性成果：跨过了辽河，攻占了高句丽的大片地方，大大压缩了高句丽国的生存空间。李世民自认失败，只是因为没有彻底征服高句丽——他对标的是隋炀帝。大家都知道，征高句丽是隋炀帝最大的败笔，最终导致国破身亡。恐怕李世民也非常希望拿下高句丽，最后一次证明自己，证明自己确确实实比隋炀帝英明出色！所以，我认为李世民征高句丽，内心就是要和隋炀帝比高下。

房玄龄临终给李世民上表："向使高句丽违失臣节，诛之可也；侵扰百姓，灭之可也；他日能为中国患，除之可也。今无此三条而坐烦中国，内为前代雪耻，外为新罗报仇，岂非所存者小，所损者大乎！"房玄龄是最理解李世民的人，他就认为，真正的原因在于"内为前代雪耻"。也就是说，李世民要为表叔杨广报仇。这看似惊人的结论，未尝不是李世民内心真正的想法呢！

总之，李世民征高句丽之举，固然有其政治、军事层面的考虑，但他争强好胜的心理，也许是更主要的因素呢！有了私心，有了傲慢，失败也就真的不远了。

强人的情感

李世民是个超级强人，这也体现在他的性格上面，颇有好胜心态，甚至小事也是如此。有一次，西国进贡了一个胡人，善弹琵琶。他自己创作了一支曲子，弹起来极为华丽复杂。李世民不想输了场面，于是就办了一场宴会，在宴会上让胡人音乐家现场演奏。其实李世民已经安排好了，让宫里一个叫罗黑黑的音乐高手隔着帷幕旁听。胡人演奏完之后，李世民对他说："这个曲子不稀奇，我宫里的人都会啊！"然后叫罗黑黑出来弹。罗黑黑居然一个音节都没遗漏，从头到尾，给重奏了一遍。不知那位胡人音乐家听完罗黑黑的演奏之后，有什么感想？这样的李世民，其实和一个好胜的男孩并没有什么区别吧！

虽然是超级强人，虽然贵为皇帝，但李世民一样有普通人的情感，而且他的情感更为夸张浓烈。因为他本来就是性格张扬的人，喜怒常形之于外。所以，我们其实常可看到李世民的喜怒哀乐。

那就讲讲他的哭吧。他的结发妻子长孙皇后死后，他很思念她，常登楼眺望陵墓。有次他和魏徵一起登楼，魏徵假装看不见，然后故意说，我还以为你给我看高祖的陵呢。李世民为此痛哭一场，之后不再登楼。

他也为女儿哭过。李世民有很多子女，其中长孙皇后生的二女儿晋阳公主是他最喜欢的一个。公主小名兕子，意思是小母犀牛。这样一个名字用在娇俏可爱的女孩身上，可以想象这个女孩是多么可爱。而这个小犀牛也特别聪明乖巧，她能写一笔极佳的飞白，甚至拿去和太宗的亲笔书法放在一起，别人也分辨不出来。而且她还心地善良，脾气很好，常常能让父亲转怒为喜。可惜的是，晋阳公主年仅十二岁就病故了。李世民几乎不能接受这个事实，一个多月都没有正常饮食，哀伤无法抑制。不论何时何地，他只要想到或看到任何与晋阳公主相关的事物，都泪水长流，多的时候甚至一天就哭上几十回。这个太不正常了！于是大臣们就劝皇帝节哀。李世民叹道："你们说的那些道理，其实我都明白。我也知道，人已经没有了，再怎样悲伤都于事无补，也换不回我的女儿。但是不知道为什么，我就是控制不住这种悲伤啊！"这时候的李世民，不是强人，也不是皇帝，就是一个伤心欲绝的父亲。

除了为亲人哭，他也为大唐将士哭。特别是在征高句丽之战后，李世民下令收集阵亡将士的尸骨埋葬，并用最高级的太牢礼祭奠。他亲自写了祭文，到灵位前哭祭，痛切非常。作为一代名将，这一刻的李世民，一定非常难过。这么多的大好男儿，慷慨从军，最终却葬身异乡，实在是一大悲事。

　　李世民不仅对人重情感，对于那些和他一起出生入死的骏马，他也有极深的感情。所以在昭陵的祭坛边，他下令雕刻了六匹曾经与他一起驰骋沙场却最终战死的骏马，这就是著名的"昭陵六骏"，并亲笔撰写《六马图赞》。直到一千多年后的今天，这些骏马依然雄姿矫健。而透过昭陵六骏，我们似乎能够看到那位意气风发的年轻人，他乘骏马，手持长弓利箭，身披黄金战甲，喊出一句穿过历史长河的命令："杀！"

第二章

房玄龄：大唐第一相

裴郎中来，玄龄不死矣

贞观末年的某一天，尚书省各部司的大小官员都聚在都省大堂，吵吵嚷嚷，显得非常嘈杂。[1] 原来，尚书省最高长官房玄龄最近重病，已经卧床好几天了。这不，正在商量着要去集体探望呢。

房玄龄时任尚书左仆射，是尚书省最高长官，也是大唐第一高官。[2] 可以说，这个职位总领全国政务。

贞观三年（629），房玄龄任尚书左仆射，此后一直在这个位子上，快二十年了，没有挪过窝。大家都很羡慕皇帝对他的信任。而且重病之后，皇帝也是三天两头派宦官来探望。为了方便来往，李世民甚至还特地在宫墙上开了一道门，可见探望之频繁。

尚书省的官员早就想着去探望了，一直以来，房玄龄对属下都很照顾，大家都觉得这是个好上官，只是不知道这回能不能挺

1　尚书都省，总管本省事务，相当于尚书省办公厅。

2　尚书仆射分左右，左仆射地位比右仆射要高一点。唐代官员分左右的，一律是左比右高。这个左右的排名，历代有所不同，比如汉代，右丞相就比左丞相高一点。

过去。大家议论纷纷，也忧心忡忡。眼看气氛不佳，户部郎中裴玄本站起来，打了个哈哈："仆射病如果会好的话，我们一定得去看看；如果真的就好不了了，那也无须去探望了吧。"[1] 这么一打岔，气氛轻松不少。

过了两天，郎官们集体去宰相府看望房玄龄，裴玄本自然也同去。众人来到了病床之前，看到老宰相虽然尚有病容，但精神不错。没想到，当房玄龄看到裴玄本时，就笑道："哎呀，裴郎中来了！这下好了，看来我不会死了呀！"于是满堂哄笑。

都说宰相乃是"一人之下，万人之上"，一个宰相，既要做到与这"一人"互相信任，也要做到与"万人"相处和谐，方可称为良相。房玄龄不是大唐的第一个宰相，但毫无疑问，在相处和谐方面，他是做得最好的一个。所以，一直以来，提起大唐名相，人们想到的第一个名字就是房玄龄。从这个方面讲，说一句"大唐第一相"，并不为过。

见识无双细眼奴

房玄龄，字乔松。[2] 房玄龄的相貌，史书上说是"龙目凤睛"，看起来很惊人，其实就是丹凤眼罢了。在他小时候，有个大儒王通，叫他"细眼奴"。"奴"相当于小鬼，是个亲昵的称呼。而

1　尚书省分六部，每部又分四司，共二十四司。六部长官为尚书，副长官为侍郎。二十四司的长官为郎中，副长官为员外郎。户部下分户部、度支、仓部、金部四司。

2　也有记载说，他是名乔，字玄龄。可能房玄龄是以字行。

"细眼"就是小眼睛了。一般都说小眼聚光，正与他"心细多谋"的形象相吻合。

房玄龄是齐州（今济南）人，出生于北周宣帝大成元年（579）。[1] 这时候，正是北周灭北齐（577）而北方宣告统一不久。等他年满十八岁，谋得本州贡举出身时，已经是隋朝的开皇十六年（596）。再过两年，李世民就出生了；再过二十年，李世民随父亲在晋阳起兵，敲响了隋朝的丧钟。北齐、北周、隋、唐如走马灯一般，这真是一个风云变幻的时代。

房玄龄出身官宦世家，房家还是山东大族。房玄龄的叔祖房豹，在济南历城修了一处园林，人称"房家园子"，可与石崇的金谷园媲美，可见其豪华。房玄龄的父亲房彦谦也是一个名臣，与名臣薛道衡[2]是好友。他还曾因政绩出色被评为"天下第一能吏"。看来房玄龄也是继承家风，并且发扬光大了。

顺便提一句，唐朝是承认隋朝资历的。也就是说，隋代的任官经历，唐代一概认可。所以，从官僚自身而言，隋唐换代似乎并没有什么天翻地覆的感受，堪称平稳过渡。隋唐之际，固然有烽火连天的战争，但某些方面来看，也仅仅是"城头变幻大王旗"而已。

1　两《唐书》说他是"齐州临淄"人，故有人误以为是今淄博市。其实这里的"临淄"是指临淄郡，齐州的郡称（唐代几乎每个州都有一个郡名，都是正式称呼）。房家的祖坟就在今济南，可证。

2　薛道衡是著名诗人，隋炀帝因妒忌将其杀害。隋炀帝还酸溜溜地说："看你还能写出'空梁落燕泥'这样的句子来不？"

　　房玄龄从小就很聪敏，又喜欢读书，因而博览经史，善写文章。当然了，这些都是基本功，不值一提。关键在于，他的见识眼光高人一等。房玄龄年轻时候曾随父亲到长安，当时天下太平，国富民安，长安更是锦绣繁华。但他却从鼎盛中看到了乱世征兆，悄悄地对父亲说："隋朝皇帝不为后代做长久打算，继承问题重重，朝廷风气骄奢淫逸。现在虽然清平，但离灭亡并不遥远。"见微知著，可见他很有见识。

　　这样的人才其实是掩藏不住的。房玄龄初入官场，是在秘书省担任校雠，整理国家图书。素以知人见称的吏部侍郎高孝基见了他，就走下台阶，很客气地请他一起吃饭。并对裴矩说："我观人多矣，还没见过这样的人物，以后一定会是国家重臣。只是很遗憾我看不到他飞上云霄这一天了啊。"

　　值得一提的是，高孝基也曾对杜如晦青眼有加，勉励他说："你有应变之才，将来必当成为国家栋梁，希望你能保持美好的品德。"杜如晦，字克明，京兆杜陵（今陕西西安）人，生于隋开皇五年（585），小玄龄六岁。房杜两人，可能在大业初年就相识并定交，可谓相识于未达，携手于秦王之时，并肩于贞观，堪称一生挚友。

　　房玄龄在隋朝当了近二十年的官，却一直沉于下僚。先是做隰城（今山西汾阳）尉，后受政治牵连被贬，辗转任职上郡（今陕西富平）。这些经历，看起来似乎没有出头之日。当然，也许房玄龄故意韬光养晦，等待时机，好一展身手。这个时机，就如他预言的，已经不远了。

人生从四十岁开始

　　房玄龄在遇到李世民的时候，已经四十岁了。但好饭不怕晚，他的后半生会无比辉煌。因为他终于找到了他的"真命天子"。

　　这对君臣相遇是在唐军兵临长安城时。史书上说，房玄龄"杖策上谒军门"，这说明，当时是房玄龄直接找到李世民的军营之中求见的。所谓"杖策"并不是说房玄龄老得要拿拐杖走路，而是用了汉代郦食其主动求见刘邦的典故。这个典故的关键点，就是臣下主动去投奔主子。历代君臣相遇的模式，"三顾茅庐"类的会比较出名，这属于明君求贤型，其实更多的还是"杖策谒军门"这种贤臣投奔明主型的。当时房玄龄可以投奔的对象，其实有很多，单就唐军阵营，不说李渊，李建成作为嫡长子，地位也比李世民要高，看起来更有前途。但房玄龄主动找上了李世民，想来是他独具慧眼，认定李世民必有潜龙腾渊的一天吧。

　　李世民和房玄龄可谓"一见如故"，此后房玄龄一直追随李世民，忠心耿耿，鞠躬尽瘁。李世民也一直信任他，重用他，从未动摇。二人也是中国历史上君臣相得的一个典范。

　　其实两人不仅年纪差了二十岁，而且性格、经历都很不同。恰恰因为如此，两人形成了绝佳的互补。作为主子的李世民极具领袖风范，朝气蓬勃，勇往直前；而作为追随者的房玄龄才能出众，心思缜密，是一流的谋士。两人堪称最佳拍档。

　　李世民一开始就任命房玄龄为"渭北行军记室参军"，这相当于机要秘书，是心腹之人。房玄龄对军事并不精通，他在秦王府近十年，主要负责秘书文字工作。遇有军书表奏，他总是一挥而就，明白晓畅，但他的真正作用，却远不止于此。

房玄龄在李世民手下，除了参与核心决策之外，还有个特别要紧的任务，那就是招揽人才。每次战胜敌人，将士们都争先恐后地寻求财宝，房玄龄则"独先收人物，致之幕府"，如果有特别出色的谋臣猛将，他更是"潜相申结，各致死力"，即暗中结交，使他们死心塌地地效忠李世民。"聪明识达，王佐之才"的杜如晦，"倜傥有智谋"的张亮，才思敏捷的薛收，有"王陵、周勃节，可倚大事"的李大亮等人才，都是经房玄龄举荐后，受到李世民重用的。秦王府拥有一个人才济济的班子，房玄龄居功至伟。

说起来，要招揽人才，这是谁都明白的道理，但房玄龄有其独到之处。一是他有识人之明。有一则有趣的故事，说贞观末年，李世民在外，任命李纬为民部[1]尚书。当时房玄龄在京城留守，刚好有人从长安过来，李世民就问他，房玄龄对这个任命，可有说什么吗？那人回答，房玄龄只说了一句"李纬的大胡子，生得可真好啊"。结果李世民立刻改任李纬为洛州刺史。可见李世民对房玄龄的识人之明是无条件的信任。

二是房玄龄能起到团队黏合剂的作用。秦王府中人才济济，但有才之人往往性格张扬，自视甚高，甚至与他人有一些意气之争。房玄龄是个低调而谨慎的人，而且性格温和，具有非常好的亲和力。另外，房玄龄的表达能力非常好。李渊曾经夸他说：

1　民部，后来避李世民的讳，改称户部。

"每为我儿陈事，必会人心，千里之外，犹对面语耳。"意思是房玄龄每次替李世民写奏章，都很能站在对方的角度考虑问题，所以虽然在千里之外，仍像面对面交谈，如沐春风。总之，房玄龄是一个非常难得的人才，而且他可能是最早"从龙"之人，所以在秦王府中资历也是首屈一指。他的老资格也能镇得住新人。

总之，房玄龄的特殊地位和才能，使得他能够在秦王府班底中调和各方分歧，化解矛盾，这样就能把大家的力量变成合力，避免无谓的内耗。从这个角度来说，房玄龄是李世民手下最不可或缺的人物。李世民对此深有体会，他曾感慨说："汉光武得邓禹，门人益亲。今我有玄龄，犹（邓）禹也。"这句典故，来自孔子夸颜回的话，"自吾有回，门人益亲"。孔子感慨，自从颜回做了我的弟子之后，所有学生都更加亲近团结了。后来刘秀用此话夸邓禹，而后李世民用来夸房玄龄，都可谓一语中的。

所以，到了贞观时期，秦王府的班子转化为朝廷百官，房玄龄自然成为百官之首。因为在威望、资历、地位、作用、才能等各方面，都无人能出其右。

房谋杜断

说房玄龄，就不能不提到杜如晦。"房谋杜断"是一个经典的宰相组合。

房、杜两人是好友，而且两人的经历也很相似。一样出身官宦家庭，甚至一样得到过吏部侍郎高孝基的赏识，在隋朝也一样仕途不顺。不过，两人的才能和性格却很不一样。史书上说杜如晦是"以风流自命，内负大节，临机辄断"，是一个才气纵横，又能当机立断的人，性格张扬。这种性格才华，倒是和李世民颇为相近，但与房玄龄是相反的。房玄龄和李世民可以互补，他和杜如晦自然也能达成互补效果。

所谓"房谋杜断"，就是房玄龄善于谋划，杜如晦则擅长拍板做决定。贞观初年，君臣商议国家大事的时候，房玄龄总是说："不是如晦，不能裁断。"等杜如晦来了，也总是会选用房玄龄的策划。这两人，一个能谋，一个善断，而且是知己至交，同心同力，实在是最佳拍档。而将"房谋杜断"发挥得淋漓尽致的，恐怕首推"玄武门之变"。

李世民刚一登基，就封赏群臣，其中第一等功劳有房玄龄、杜如晦、长孙无忌、尉迟敬德、侯君集（排名不分先后）。确定封赏名单时，李世民让大家提提看法。他的叔叔李神通站出来表达了不满，说："现在房玄龄等以刀笔吏居第一，我不服。"李世民回答："今玄龄等有决胜帷幄、定社稷功，此萧何所以先诸将也。"于是李神通惭愧而退。

其实李世民这番话，颇值得商榷。因为这次封赏的标准，完全是以玄武门之变中立功大小来定的。这五人的共同点，就在于他们都是玄武门之变的核心参与者。比如长孙无忌和侯君集这两人，如果以大唐统一的功劳论，实在不值一提。李世民拿萧何的

"功人"身份来比喻房玄龄，也有不实之处。[1] 因为房玄龄在武德年间的地位不高，对国家的功劳也无法比肩汉朝之萧何。

在李世民的眼里，房、杜在玄武门的功劳，恐怕要胜过李神通等人战场拼杀的功劳。因为对李世民来说，玄武门之变才是他真正夺天下的生死之役。朝廷上的生死相搏，大概远胜战场上的刀光剑影吧。

从这个功臣名单不难推断，在李世民与李建成夺太子位，乃至最后发动玄武门之变的过程中，"房谋杜断"发挥了关键性的作用。

在这五人核心班子中，尉迟敬德、侯君集是武将，他们是具体执行任务的人。长孙无忌是李世民大舅子兼发小，绝对是第一心腹，与李世民的亲密程度要超过房玄龄，但他的才干似乎不怎么样。李世民曾评价他说："应对机敏，善避嫌，求于古人，未有其比；总兵攻战，非所善也。"说起来，长孙无忌的父亲长孙晟，文武双全，还是个了不得的射雕英雄。[2] 但长孙无忌应该没有学到父亲的武艺；"善避嫌"，是说他不仗势欺人，人品不错[3]；

1　在汉初群臣论功时，刘邦将萧何排第一，并说，你们都是"功狗"，萧何才是"功人"，萧何虽然没有具体战功，但你们的战功都有萧何的一份。萧何最大的功绩，在于后勤，即"镇国家，抚百姓，给饷馈，不绝粮道"（刘邦论萧何之评语）。与其说房玄龄是萧何，不如说是张良（"运筹帷幄之中，决胜千里之外"）更合适。

2　长孙晟曾去突厥送婚——为北周皇帝送千金公主到突厥和亲。他因为箭术了得，能一箭射下双雕，突厥可汗对他非常看重，以至留他住了一年之久。而长孙晟也乘游猎之机，察知了突厥山川形势及部众强弱。后来隋文帝重用他，来对付突厥，最终成功地让突厥内部分裂，实力大减。

3　这点恐怕与长孙皇后有很大关系。长孙皇后一直严格约束族人，堪称贤后。

而说到才能，只能落到"应对机敏"四个字上，在侍奉皇帝方面，这只能算个侍从，谈不上什么大才。另外，本传还说他"性通悟，博涉书史"，大概文采也不出众。因为但凡他文章华美，史官必定是要大肆渲染的。在玄武门之变中，长孙无忌大概就是个通讯员、联络员之类的角色。由此可见，这场宫变中，筹谋帷幄、拍板定计之事应该都落在了房玄龄、杜如晦两人身上。

我们来看事变之前的一幕。武德六年（623）天下大定之后，秦王李世民和太子建成、齐王元吉之间的斗争渐趋激烈。太子方面的策略之一就是釜底抽薪，将秦王府的重要人物相继调离，派到外地做官。李世民挺着急，房玄龄就安慰他说道："其他人都无所谓，只有杜如晦是一位王佐之才，如果王爷要经营四方天下，非如晦不可！"这一幕颇似当年萧何月下追韩信。大汉开国，这两人居功至伟。

史书上对于房杜两人在玄武门之变中的定策之功，其实说得很清楚。在最危急的时刻，秦王府僚属都很是惶恐忧惧，不知所措。房玄龄找到长孙无忌说："现在情况危急，稍有不慎，我们就会失败。不如劝秦王行周公之事。存亡之机，正在今日！"所谓行周公之事，就是指"周公诛管、蔡"。长孙无忌说："我是想了很久了，但是不敢说啊。这下好了，我去劝。"史书上说，于是房玄龄"与杜如晦共劝世民诛建成、元吉"。

这个过程中，还出现了一个插曲。太子方面也看到了房杜两人对秦王一方的重要性，就让李渊下令将房杜二人一齐赶出秦王府。此时明争暗斗已经白热化，秦王府怎能少得了他们两个呢？

于是玄武门之变前夕，李世民派人找到他俩，让他们穿了方士的衣服，化妆之后，偷偷进入秦王府。

当然，仅凭奇谋诡计，房杜并不能够成为千古名相。贞观初期，二人一个是尚书左仆射，一个是右仆射，共同领袖群臣，总领百司。这样的位子，没有才干，是坐不稳的。在此之前，长孙无忌曾担任尚书左仆射一职，但很快就请辞了，估计是能力不够吧。而杜如晦才气纵横，身兼数职，在政事上殚精竭虑。当时有个监察御史叫陈师合，向李世民上了一篇《拔士论》，说一人不可领数职，暗指杜如晦权力太大。李世民很生气地说："玄龄、如晦受到重用，并非因为功劳或者资历，是他们的才能足以治天下，我才让他们当宰相。你是不是想来离间我们君臣啊？"于是把这个家伙流放到岭南去了。

唐末诗人皮日休，曾经写过一首《七爱诗·房杜二相国》来赞美他们。诗曰："吾爱房与杜，贫贱共联步。脱身抛乱世，策杖归真主。纵横握中算，左右天下务。肮脏无敌才，磊落不世遇。美矣名公卿，魁然真宰辅。黄阁三十年，清风一万古。巨业照国史，大勋镇王府。遂使后世民，至今受陶铸。粤吾少有志，敢蹑前贤路。苟得同其时，愿为执鞭竖。"最后几句的意思是，如果活在同一时代，他甘愿入房杜门下，听凭差遣。在整个唐代，说起良相，必举房杜。毋庸置疑，二人之才，天下皆知。

可惜的是，贞观四年（630），盛世景象初现端倪，杜如晦就一病不起。他没能陪自己的老搭档见证辉煌的贞观之治。

杜如晦死得早，后来李世民一直很怀念他。有次他吃到了很甜的瓜，不知怎么想起了杜如晦，于是就派人将瓜拿去灵前供祭。这一个温暖的细节，也证明了杜如晦鞠躬尽瘁是值得的。

为相二十年

房玄龄是贞观二十二年去世的，十个月后，李世民也离开了人世。也就是说，房玄龄几乎陪李世民走完了贞观岁月。而这期间，他几乎一直是宰相之首。这是一个难得的历史奇迹。

这个奇迹是房玄龄和李世民共同创造的。

先从房玄龄方面来看。首先，他确实有宰相之才。他对如何通过典章制度来管理国家非常精通，实际上，大唐制度框架基本就是他和杜如晦两人搭建的。史书上说："台阁规模及典章文物，皆二人所定，甚获当代之誉。"虽说是唐承隋制，但隋代制度并不完备，是唐代继承并改进完善了这些制度。而这里面，房玄龄绝对付出了大量心血。

作为宰相的房玄龄，还是整个国家机器最重要的一环。贞观初年，中央朝廷总共才六百多名官员，这些人能把偌大一个唐帝国打理得井井有条，很大程度上归功于房玄龄的事必躬亲。他做了二十年宰相，除了和皇帝商讨军国大事之外，还要总领百司，大量烦琐细务都要他去处置。最直观的一点，他每天都要批阅大量文件，但他总是一丝不苟，毫不懈怠。以至于有一次李世民批评他，让他只管管大事就可以了，其他小事交给下属去做即可。可房玄龄就是喜欢做具体的事，有一次因为找不到合适的人做财政杂务，他甚至亲任"度支郎中"，去管理财政预算和做账。这种做具体事务的才能，就是所谓的"吏才"，有吏才者甚至会被贬低为"刀笔吏"，常为人所不屑。但国家要运转，这些事务又必须有人去做。想想房玄龄身居高位，却如此事必躬亲，二十年如一日，光就这份耐心和韧性，就足以令人惊叹了。甚至可以说，房玄龄是贞观朝不可或缺的定海神针。

李世民曾将房玄龄比作萧何，从做宰相这件事来看，倒是非常恰当。萧何也是刀笔吏出身，也一手建立了帝国的制度框架，并成为后世规范。若将汉唐名人一一对应，那么与萧何对等的唐代人物，非房玄龄莫属。而魏徵，更像是汲黯。

其次，房玄龄资格最老，人脉最足。官场上讲究论资排辈，房玄龄追随李世民最早，当然也最有资历。自从投奔李世民后，房玄龄一直是扮演着李世民的大管家角色，尤其是人才管理方面。高级官员的任免，都是皇帝说了算，不过宰相也有推荐权；至于中级官员，一般都是宰相做主（当然要经过皇帝批准）。[1] 而高官大都是从中低级官员逐步升上来的，所以，大唐百官的仕途，更多时候是掌握在宰相手里的。这样算下来，宰相与大多数官员都有渊源，房玄龄做了二十年宰相，可以想象，他的人脉绝对可以深入大唐帝国的每一处。

房玄龄的可贵之处在于，他权力很大，但是用人唯公，没有私心。《贞观政要》说他"不以求备取人，不以己长格物，随能

1　低级官员，是由吏部做主，由宰相批准。吏，则是由部门长官做主，交朝廷备案。

收叙，无隔疏贱"。就是说，他对人才不求全责备，能够人尽其用，同时也不以自己的喜好去评价人才，客观公正。而且他还能排除其他干扰，不讲出身高低，等等。可见，房玄龄确实深谙用人之道。

房玄龄另外一个很重要特点，就是他虽然功高、资深、位尊，却从不骄妄，反而特别能团结别人。前面曾提到，他是秦王府中各路英雄的黏合剂。做宰相之后，仍然如此。如在他重病时候，郎中跟他开玩笑，他也能一笑置之。可见他虽为百官之首，却能和下属打成一片，做到这一点并不容易。

虽然在整个贞观期间，他也不是没有遭到攻击，特别是在贞观后期，好几次被人弹劾居官太久。但独特的才能和魅力，让他很难被人取代。

当然，房玄龄屹立不倒，更重要的还是李世民信任他。说一个小故事，李世民远征高句丽时，房玄龄留守长安。当时有个人扬言要告房玄龄谋反，房玄龄立刻将其送到李世民军前，李世民二话不说，直接把这家伙砍了，还批评房玄龄说："这种人你直接砍了就行。"

李世民与房玄龄之间，不只是单纯的君臣关系，还是儿女亲家。房玄龄的次男房遗爱娶了高阳公主，他女儿则嫁为韩王妃。这是要君臣一体，长久富贵的意思。[1]

1　值得一提的是，李世民本来也答应要将公主嫁给魏徵的儿子，但魏徵死后，他就反悔了。

他们俩也是知己，几乎到了心有灵犀的地步。贞观末年，有次李世民冲房玄龄发了火，于是房玄龄就在家待罪。过了两天，房玄龄听说李世民打算幸临芙蓉园游玩，就告诉家里人说："皇帝要来府中，打扫一下吧。"果然，李世民来到了房玄龄家中，让他上车，一同去了皇宫。

在这对君臣之间，还有一个重要人物不能不提，这就是长孙皇后。贞观十年（636），皇后临终前，刚好房玄龄因为小事被斥责回家反省。皇后在诀别时特别交代李世民："玄龄侍奉陛下这么久，参与了所有的奇计密谋，却从来没有泄露一点。如果没有特别大问题，请不要罢免他。"长孙皇后的意思有两个，一是房玄龄是个忠心的人，要信任他；二是房玄龄有特殊的才能和地位，不要轻易动他。皇后虽然去世了，但她的话就是一道护身符，此后一直保护着房玄龄，直到他也去世。

后世说到贞观君臣相得，第一个总是先提到魏徵，因为魏徵善谏，而太宗善于纳谏。房玄龄则相反，虽然追随李世民三十二年，却少有谏言。这固然有性格因素，更重要的还在于他们各自角色不同——房玄龄是大管家，不仅是大唐的管家，也是李世民个人的管家；魏徵则把自己看作帝师。

管家是个什么形象呢？第一，忠心不二，唯主人之命是从；第二，替主子打理大小事务；第三，为主人排忧解难。面对主人，管家是低姿态。

而老师又是怎么样的呢？第一，提出批评，告诉学生哪里做得不对；第二，指导学生，告诉学生怎么做才是对的。面对学生，老师是高姿态。

房玄龄和魏徵两人，都非常成功地扮演了自己的角色。《资治通鉴》记载了两件事，生动形象地反映了两个人的区别。

贞观八年（634），李世民听说郑仁基的女儿有国色，就打算纳为妃子。迎亲的使者都已经出发了，不知怎的，魏徵听到传闻，说此女已经与士人陆爽有了婚约，于是立刻上表劝阻。李世民听了大惊，马上下令停止此事。不过房玄龄等很知趣地上奏，声称："许嫁陆氏也没什么明显证据。而且纳妃大礼既行，不可中止。"当事人陆爽也上表说，并没有婚姻之议。于是李世民和魏徵商量："大家都说没什么关系，陆爽也说没这回事。你看……"魏徵不客气地顶了回去："那是他怕陛下虽然下令停止，其实心里不满，要暗中给他穿小鞋，所以不得不这么说的。"魏徵不仅阻止了皇帝纳有婚约的女子，还着实挖苦了他一顿。而房玄龄却替主子想到心里去了，连借口也安排得很到位。

还有一次，房玄龄等人遇到少府少监窦德素，就问："北宫门最近修缮什么呢？"李世民知道后大怒，骂房玄龄说："你就管好朝廷的事吧，宫里一点小修缮，关你什么事啊！"房玄龄等战战兢兢地谢罪。魏徵却站出来说："我不知陛下为什么要责备玄龄等人，也不知道玄龄为何要谢罪？他既然是朝廷大臣，难道不应该知道内外所有大事吗？如果是好事，那就帮陛下完成；如果此事不妥，就要请陛下及时停止。宰相对有关部门问事，是完全合情合理的啊！"李世民听后，面有愧色。

房玄龄和魏徵的这种角色区别，很像汉代两位名臣卫青和汲黯。汉武帝常常在如厕的时候接见卫青，但对汲黯就完全不同，每次见他，都要衣冠整齐。有次汉武帝坐在武帐中，远远看到汲黯要来奏事，当时他没戴冠，就连忙躲进帐子，让人去跟汲黯说，已经准奏了，你不用去见皇帝了。汉武帝"怕"汲黯，是因为汲黯说话直接，常不给他面子。有次在朝堂上，汉武帝兴致勃勃地对大臣说要效仿尧舜云云，结果汲黯在旁冷冷地说道："陛下内多欲而外施仁义，奈何欲效唐虞之治乎！"汉武帝脸上红一阵，白一阵，当即怒而罢朝。

在史书中，显然魏徵、汲黯都是正面形象，从国家利益的角度来看，自然是有道理的，所以魏徵、汲黯都被称作"社稷之臣"。事实上，贞观之治最主要的功臣就是魏徵，就贡献而言，魏徵是要超过房玄龄的。

但是，从皇帝的角度来说，被"魏徵们"批评，总是很郁闷的。有次李世民下朝后，很生气地嚷嚷总有一天要杀了这个乡巴佬，因为魏徵羞辱了他。事实上，魏徵对李世民总是指手画脚，肯定有些傲慢的姿态。有次李世民在玩一只特别喜欢的鹞鹰，远远看到魏徵来，就把它放在怀里。魏徵故意东拉西扯，拖了很久，以至于最后鹞鹰被捂死了。这已经可以算是"欺负"李世民的行为了。

所以，皇帝更加喜欢的，毫无疑问还是卫青、房玄龄这样的人。因为只有在他们面前，皇帝才可以肆无忌惮，嬉笑怒骂。某种程度上，他们是皇帝的减压器。李世民自己就说，直到贞观末年，偶有不慎被责，房玄龄还会一连几天在朝堂上叩头请罪，恐惧不安。这般做派，其实更多的是表明姿态。当然，我们并不是要把卫青、房玄龄归入佞臣一类。只能说，他们的性格和地位，让他们扮演了这样的一个角色，或者说这是角色需要。

李世民曾经多次让房玄龄提意见，但他从不敢谏。不过临死之前，房玄龄还是上了一次很大胆的谏言，劝阻李世民不要再次征伐高句丽，言真意切。看来房玄龄不是看不到李世民的错误和缺点，而是不敢说。所以，后人批评房玄龄缺乏刚直之节，基本也算属实，但未免有求全责备之嫌。

后人写过一副赞美房玄龄的对联："辅相文皇功居第一，遗表之谏精忠贯日。"大大抬高了遗表之谏，未尝不是一种潜在的辩护呢？

长孙无忌的报复

贞观二十二年（648）七月，房玄龄病情渐重。太宗将他召入玉华宫，让他坐肩舆（轿子）进入殿内，直到御座侧才下来，君臣相对无言，涕泪不止。不久之后，房玄龄病逝于玉华宫。

贞观十七年（643），李世民在凌烟阁上画了一批功臣画像，并且亲自写下赞语。[1] 其中房玄龄的赞语是："才兼藻翰，思入机神。当官励节，奉上忘身。""奉上忘身"一语，可谓恰如其分。房玄龄真正做到了鞠躬尽瘁，死而后已。

1　这种赞就称画赞，或写真赞。写真，就是人物肖像画的意思。

　　值得一提的是，房玄龄父亲的墓碑是欧阳询书写的，他自己的墓碑则由褚遂良书写。欧阳询、褚遂良，都属于唐初四大书法家。房玄龄的生荣死哀，可谓盛矣。

　　然而，房玄龄死后不到十年，就因儿子卷入谋反大案，被剥夺了爵位，而且也停止了配享——就是将他的牌位从祭祀太宗的庙里移出来，地位一落千丈。这个祸根其实在贞观年间已经埋下，与立储之争相关。

　　李世民很早就册立嫡长子承乾为太子，如此好好地过了十多年。可后来又偏爱魏王李泰，并给了他等同于太子的待遇——魏王的俸禄一度比太子还要多。储君问题总是最敏感的政治问题，于是有些嗅觉发达的官员就逐渐聚集在魏王李泰周围，形成了一股强大的政治暗流，一时间，太子地位岌岌可危。有玄武门之变的先例，太子承乾自然不想成为李建成，而是要做父亲唐太宗。那怎么做呢？榜样就在眼前，先发制人！于是，太子承乾在侯君集（正是当年玄武门之变的核心人物之一）等人支持下准备谋反，然事情败露，太子被废。

　　魏王李泰的支持者实力强大，手段高明。据孟宪实推测，房玄龄很可能就暗中支持李泰。这个推断不无道理，魏王这边的所有动作都不露痕迹，有可能就是得到了房玄龄这样的高手指点。要知道，他当年就是玄武门之变的主谋啊。而且，房玄龄的次子房遗爱是公开为魏王奔走的人，可以相信这也是他默许的。当然，房玄龄也可能是爱屋及乌，只是因为李世民偏爱魏王而偏向李泰，对李世民毫无二心。

可是，长孙无忌（又是一个当年阴谋的核心成员）以元舅身份支持李治，最后在各种因素的作用下，李世民立李治为太子，长孙无忌胜利了。李治上台的时候，房玄龄已经去世，但政治派系的斗争并没那么容易消除。长孙无忌的报复很快到来了，而且心狠手辣，是斩草除根式的。

房家败亡的导火索不是别人，正是房玄龄的二儿媳，也是李世民的爱女高阳公主。高阳公主是一个无法无天的人。[1] 高宗上台之后，她属于失势的一派，一肚子不满。她还抱怨房玄龄长子房遗直继承了爵位和家产，仗着自己公主的身份，要去官府诬告。最终，忍无可忍的大伯房遗直也先发制人，一上来就用了最狠的一招——控告房遗爱和高阳公主聚众谋反。长孙无忌正愁找不到借口呢，于是借了此案大做文章，把他想打倒的对手一锅端了。

房遗直留得一命，被贬春州铜陵尉，但这次灾祸太大，连死去的父亲也未能幸免。长孙无忌落井下石，把房玄龄配享等殊荣一概剥夺了。而且让人奇怪的是，后来房玄龄一直没有得到平反，终唐之世，没有恢复配祀的荣誉。这让后人颇为费解，而且为此抱不平。如宋代的洪迈在比较了汉代萧何、唐代房玄龄、宋代赵普这三个开国功臣后，感慨"唐家亦少恩哉"。

但是很多人并没有忘记房玄龄，没有忘记这个大唐第一宰

1　高阳公主最有名的事情，就是让玄奘法师的弟子辩机当了入幕之宾。高阳公主送给辩机的宝枕，后来被人偷走，官府抓住小偷后，也发现了宝枕这样的奇物。官府不敢隐瞒，就报告给了李世民，二人奸情因此败露。皇帝很生气，辩机被砍了头。辩机非常有才，《大唐西域记》就是玄奘口授，辩机记录并润色而完成的。

相。唐代史官柳芳曾经提出一个问题："玄龄佐太宗定天下，及终相位，凡三十二年，天下号为贤相，然无迹可寻。"房玄龄在任这么久，天下称其为贤相，但是"无迹可寻"。就是说，房玄龄没有明显的"政绩工程"。这是为什么呢？

柳芳自问自答：这是因为"太宗定祸乱，而房杜不言功；王珪、魏徵善谏诤，而房杜赞其贤；英、卫善将兵，而房杜行其道，理致太平，善归人主"。最后总结感慨，说房玄龄达到了"至德"的境界。所谓大音希声，宰相肚里能撑船，房玄龄是最佳写照。

打个比方，如果大唐贞观是一丛怒放的鲜花，那么，房玄龄就是花的枝干，默默地撑起了整个贞观的荣光。若是借用刘邦论萧何的"功人"之说，王珪诸人可称"贞观功狗"[1]，而房玄龄堪称"贞观功人"。

柳芳这个评论是非常高的，也非常有名，后来成书的《资治通鉴》《新唐书》等都收录了这段话，来评价房玄龄。对于房玄龄，盖棺论定，可以此为准。公论，久而后定；公道，自在人心。

如果说李世民是天生的皇帝，那么房玄龄就是天生的宰相。大唐第一相，房玄龄，当之无愧。

1　刘邦平定天下后论功行赏，认为萧何像猎人，负责发出追踪指示，因此是"功人"；其他将领则像猎狗一样，负责追杀野兽，因此是"功狗"。到了后世，"功狗"一词也常用来形容在战场上立下赫赫战功的将领。

第三章

李勣：白头亦英雄

"山东一田夫"

李勣是大唐军神，李靖也是大唐军神。两大军神齐名，并称"英卫"。[1]

这个军神不是自封的，而是经过朝廷认证的。唐代除了文圣外，还有武圣，也建有武庙。[2] 和孔庙列配享的"十哲"一样，武庙也有陪祀的十位古今名将，为司马穰苴、孙武、吴起、乐毅、白起、韩信、张良、诸葛亮，以及本朝名将李靖、李勣。此外，武庙也模仿孔子的七十二弟子，列有一大批历代名将，包括战国时期的孙膑、廉颇，西汉的卫青、霍去病，三国的张辽、关羽、张飞、周瑜，以及唐朝的尉迟敬德、李光弼、郭子仪，等等。这些星光闪闪的古今名将都居于二李之下，足见唐朝人对本朝这两位名将是如何之推崇了。

---

1 李勣封英国公，李靖封卫国公。

2 唐代的武圣不是关羽，而是吕尚，也就是我们非常熟悉的姜子牙、姜太公。唐代武庙称"武成王庙"。

　　李靖、李勣都姓李，再加上完全够资格称"军神"的李世民，似乎给人一个错觉：唐代能打仗的都姓李？其实并不是。

　　李靖确实姓李，但李勣本来不姓李，他姓徐。而且，他的名字本来也不是"勣"，而是"世勣"。所以，他本名是徐世勣。改姓李，是因为被赐姓了国姓——这是皇帝的大恩典。而名字中少了一个"世"字，则是为了避李世民的讳。[1]

　　徐世勣字懋功，所以也可以称其为徐懋功。是不是听起来很熟？对了，李勣就是《说唐》里大名鼎鼎的徐茂公的原型。不过在《说唐》中，徐茂公是一位军师，很像《水浒传》中的吴用，足智多谋，运筹帷幄。相比较而言，另一位名将李靖在《说唐》中的形象，则很像《水浒传》中的"入云龙"公孙胜，会呼风唤雨，撒豆成兵。也难怪后来李靖的形象进一步发展，演变成了托塔李天王，再后来还成了哪吒他爹。如此，李靖也算是"仙生"经历丰富多彩了。总之，李勣和李靖，都带有相当丰富的神秘色彩。这也合理，军神，就得有"神"。人们会神化他们，是很合理的现象。

　　既然是大唐军神，也许你会以为，李勣被赐姓李，是因为他战功赫赫。其实不然，李勣之所以获赐国姓，是皇帝奖赏他的忠心。但是，他的忠心并不是对李唐，而是献给了李密。这就比较有趣了。

1　因为要避李世民的讳而改名了的，不止有李世勣。观世音菩萨从此也只好变成了"观音"。

　　故事说起来稍微有点复杂。最初，徐世勣是瓦岗寨的一员骁将，后来李密加入，而且很快成了瓦岗寨的首领，所以徐世勣就成了李密的手下。然后徐世勣被派往黎阳，成了独当一面的将领。李密后来大战王世充，遭到大败，一时途穷，只好投奔了李唐。不久之后，徐世勣也归顺了李唐。但是，让所有人大跌眼镜的是，徐世勣到了长安之后，竟将投降的花名册交给了李密。原来，徐世勣希望以李密旧臣的身份归顺李唐，以此表明他忠心耿耿，任何情况下都不叛旧主。这不按常规的出招，让李渊大惊，继之大喜，还有感动，叹息说："徐世勣不背德，不邀功，实在是个纯臣啊！"当即赐他姓李。所以，徐世勣被赐姓李，不仅是赏功，更是赏德。

　　由此我们可以看出，李勣不仅有卓越的军事才能，其政治头脑也是很不简单。

　　获赐李姓之后，李勣为大唐奉献了一切，他用一生证明了皇帝对他的赏识是值得的。这个姓，没有姓错。[1]

　　李勣虽然很懂政治，但并不屑玩各种政治手腕。而且，从形象上看，李勣也完全不是一个文质彬彬的书生，他就是标准的武将形象，否则如何能让麾下将士信服呢？

　　李勣相貌比较威武，是个大胡子，长得有些像胡人。这是有证据的。据记载，有个叫贾嘉隐的神童，七岁被皇帝召见。当时

---

[1]　武周时，李勣孙子李敬业因为反对武则天，被剥夺了姓李的资格，恢复徐姓。李勣的一个儿子（徐敬业的叔叔）因为拥戴武则天，而被赐姓武。一家三代人，三个姓，也算是唐代政治波诡云谲的一个极好写照。

长孙无忌和李勣在朝堂上说话，李勣就逗他，问他说："我现在靠着的是什么树？"嘉隐回答："松树。"李勣奇怪道："这是槐树啊，怎么变成松树了呢？"嘉隐说："以'公'配木，就是松树。"长孙无忌凑热闹，也逗他："那我靠着的又是什么树呢？"嘉隐回答说："是槐树。"长孙无忌说："你这次就不能玩花样了吧！"嘉隐立刻回答："我的意思是，以'鬼'配木。"李勣在旁边哈哈笑道："你这个小家伙，长得獠面妖怪似的，怎么会这么聪明呢？"嘉隐又应声反击道："你胡面尚且可以做宰相，我獠面就不能聪明点吗？"小神童说李勣是"胡面"，显然是因为李勣相貌似胡人。那么，胡人有什么特点呢？无非就是高鼻深目，胡须满面。[1]

说到貌似胡人，我们甚至可以大胆推测，李勣可能有些胡人血统。隋唐之前的魏晋南北朝，三百多年时间，正是胡汉混杂的民族大融合时期。到了李勣的时代，融合已进入尾声，很多族名都已经消失。当然不是说这些民族在血统上都灭绝了，而是互相融合之后，民族间的差异少了。[2] 李世民自己就混杂了汉人和鲜卑人的血统，文化上也是如此。这也导致了唐人的族群区别观念弱，最终使得大唐胸襟开阔，有海纳百川的态势。

---

1 古人对胡子有细致的分类，上嘴唇的叫"髭"，下巴上的叫"须"，络腮胡子才叫"胡"。所以有人认为，胡人之所以被称为"胡人"，大概是因为他们明显的外貌特征——都是络腮胡子。

2 有人认为，唐人并不是单纯地从汉代的汉人直接传承下来的，经过魏晋南北朝，其血统早已经是胡汉混杂，故应该叫作"新唐人"。这种观点，就是为了强调充分重视唐人血统和文化里面的"胡气"，是很有道理的。

胡貌的李勣还是个少年英雄。李勣晚年回忆自已的一生，曾说过："我年十二三为无赖贼，逢人则杀；十四五为难当贼，有所不快者，无不杀之；十七八为好贼，上阵乃杀之；年二十，便为天下大将，用兵以救人死。"在现代社会，很多人二十岁都还没有开始工作，而未来的军神李勣已经完成了人生的一次次蜕变，成长为叱咤风云的"天下大将"了。

我们也许会惊讶，李勣十二三岁就出道。和荆轲一起去刺秦的秦舞阳，号称十三岁就杀人，在古人中也算是异数。据说秦舞阳走在路上，别人都不敢正眼看他，想必李勣也有这样的杀气吧。不过，李勣生逢乱世，齐周隋唐更迭不断，也正是一个少年英雄辈出的时代。《说唐》一书中，少年英雄层出不穷：李元霸、裴元庆、罗成……甚至他们死的时候，也还是个孩子。真实世界中的隋末群雄，少年人也屡见不鲜，比如河北豪杰窦建德、江淮领袖杜伏威，都是尚未成年便开始闯荡江湖。还有李世民，十三岁也开始在军中历练了。

从李勣的经历来看，他想必不是富贵人家出身。史书称李勣"家多僮仆，积粟数千钟"，多数人由此认为，他家应当是个大地主。但是，就算李勣从小就如"九纹龙"史进那样爱好习武，豪放不羁，也还是很难让人相信，一个富家子弟会如此习惯于盗贼生活。甚至，李勣是自己主动去投奔翟让，到瓦岗寨落草当"盗贼"的。这个时候，他的父亲徐盖还活着呢，这种情况很不寻常。大家看看《水浒传》，大凡有点家底的人，若非无可奈何，总是不肯上山落草的。林冲是被逼上梁山的，卢俊义干脆就是被骗来的，至于"九纹龙"史进，那也是因为惹了官司，走投无路之故。

还有更夸张的，说李勣祖上做过官，还是南朝的名门高平徐氏。可他的爷爷是谁，就有不同的说法。高宗李治亲自给他写的追悼词中，说他的爷爷是徐康，但《新唐书》又说他的爷爷叫徐元起。可见他这个高平徐氏的出身，大概是不真实的。所以后来在编写李勣传记的时候，新旧《唐书》的《李勣传》中都没有提到他的祖上是谁。[1]

李勣晚年的时候亲口说过，自己不过是"山东一田夫"。而且他对农活也非常熟悉，对糟蹋粮食的行为也是无法容忍。李勣晚年，有一次招待一位后辈的老乡吃饭，这人居然把饼的边缘都给掰了，丢掉不吃。李勣当时就动了怒，将他好生教训了一番说："这饼，首先要犁两遍地，再下种、锄地、施肥、收割、打场，然后还要磨细，过筛变成面，最后才能做成饼。你撕下饼边丢掉，是什么道理呢？在我这里还能原谅你，如果在皇帝面前，弄不好砍你的头！"李勣要不是真干过农活，大概是讲不出这一番话来的，也不会有这么朴素的"粒粒皆辛苦"的情感。

但若从李勣强悍的军事素养来看，却一点也没有"面朝黄土背朝天"的农夫形象，他更像是一个纵意驰骋的草原健儿。不过，这也不奇怪。隋唐之际的山东一带，正是胡汉混杂最为典

---

1 这种"贴金"行为是当时的社会风气。因为魏晋南北朝以来，门阀士族力量强大，他们最喜欢的事情就是夸耀祖先，标榜门第。如果祖上只是个县官，出门都不好意思跟人打招呼，祖上最少也得是地方最高长官刺史这一级别的。

型的地区。[1] 这里的人民，在生产生活上，固然是定居、种田的，但他们血统中那种武德充沛的因子，依然在勃勃地跳动着。河北豪杰刘黑闼，原本何尝不是农民？天下太平，他们都是好农民；天下大乱，这些隐士高人就亮出自己的真功夫了。

瓦岗寨时代

瓦岗寨，大概是中国人除了梁山泊之外第二熟悉的草莽英雄汇聚之地。李勣落草到瓦岗寨的时候，年仅十七岁，非常年轻。

李勣的瓦岗寨生涯，有可能是他一生最为快意的时候。可以说，瓦岗寨的英雄们，就是梁山好汉的隋朝版。翟让、单雄信等人，出身草莽，也都没有太高级的理想抱负，只是大碗喝酒，大块吃肉。因为这份单纯，李勣在瓦岗寨结交的基本都是生死兄弟，"不能同日生，但求同日死"。在《说唐》故事中，就有所谓的三十六位弟兄结拜的情节。虽然后来大家分道扬镳，各事其主，但这份情义仍在。历史上，单雄信后来也是王世充的大将，兵败被俘后，论罪当处死。已经归唐的李勣出面求情，不惜用自己的所有官爵来换单雄信一命，但未能成功。于是李勣痛哭，一刀割下自己大腿上的肉给单雄信吃了，说："就让我的这块肉，跟你一起去吧！"此后李勣还收养了单雄信的儿子，这份情义，堪称生死之交。这个故事可以看出李勣是个性情中人，他身上明

1　黄河流域分东西，西是关中，东为山东，形成东西对峙的两大区域。

显有一种江湖义气。

历史上，瓦岗寨的首领，先是翟让，后是李密。颇类梁山上先是以王伦为首，后是宋江。不过，李勣绝对不是林冲。

李勣和第一个老大翟让的关系，更像是兄弟，他扮演了军师的角色。李勣虽然年轻，却比一般人聪明得多，他提出了诸多"建寨方略"："现在瓦岗寨这块地方，是我们大家的老巢，都是乡里乡亲的，打家劫舍好像不太合适。我看隔壁的宋州、郑州这两个地方，有大运河经过。河上每天船只不绝，有商人，更有运送国家物资的。咱们就去那里拦路截道，所得物资满足咱山寨所需，绰绰有余啊！"瓦岗寨截的大都是不义之财，李勣让打家劫舍的山贼一下转变成了劫富济贫的好汉。其眼光和谋略，显然都在众人之上。也难怪《说唐》中徐茂公[1]会是军师形象，那也是有历史事实做基础的。

李勣和第二个老大李密的关系却复杂而微妙。首先，李密来瓦岗寨，李勣起到了介绍人的作用。李勣有识人之明，而且是谋主角色，所以他的力荐是李密上瓦岗寨的关键因素。其次，李密对李勣个人成长影响很大。李密是个不凡人物，他出身贵族，才智非凡，极具领袖魅力。[2]李密上瓦岗后，拉起了一支自己的队伍，纪律严明，令行禁止。他将所有战利品都分给部下，所以将

1　李勣原名叫徐世勣，字懋功，"懋功"与"茂公"同音，因此很多演义小说都把他的名字写为徐茂公。

2　李密的祖先李弼和李世民的祖先李虎，同列西魏八柱国，也是"关陇贵族俱乐部"成员。

士都乐于效命。可以说，李密给李勣展示了一个真正的领袖的样板。此前的李勣，不过是草莽英雄，而此后的李勣，逐步成长为独当一面的帅才。他很多行军打仗、管理军队的方法大约都是跟李密学的。显然，说李密是李勣的人生导师，一点不为过。

最重要的是，李密给了李勣很大的教训——几乎是以生命的代价。李密的到来，让瓦岗寨脱胎换骨，从小作坊迅速成长为大公司。李密先是设计消灭了隋朝在中原一带的定海神针——大将张须陀；接着就攻取了国家级的粮仓"洛口仓"[1]，开仓放粮，归者如云，这些都使得瓦岗寨声势大震。于是翟让主动让贤，推李密做了瓦岗寨的首领，李密也顺势打出了称王的旗号。不过随着胜利的到来，矛盾也如影随至。翟让虽然让贤，但旧队伍基本还是跟着他，于是瓦岗寨内部出现了二元化的领导。翟让和李密，挺像晁盖和宋江。梁山上，随着晁盖战死，矛盾自然也就消解了。但瓦岗寨的情况更加真实和残酷。说起来，翟让既然甘愿让位，说明他并无野心。但李密这样的野心家总是不放心任何人的——除了死人。李密决定先下手为强，他摆了一次鸿门宴，打算把翟让哄骗过来，然后一网打尽。就是在这次鸿门宴中，翟让丧命，他的下属李勣也被波及，差点被杀。李勣被乱兵砍伤了脑袋，鲜血直流，还好李密一心要收服这个小弟，没有杀他。这次事件对瓦岗寨影响深远，实际上也为李密最后的失败埋下了种子。

对李勣而言，这次事变让他真正成熟了，血的事实让他明白

1　洛口仓规模巨大，方圆二十里，有粮仓 300 座，屯粮无数。

了政治斗争的残酷性。世界上，除了温情脉脉的兄弟情谊之外，还有卑鄙丑陋的阴谋诡计。此后的李勣，对政治斗争基本都是避而远之，尽量不参与。实在无法避免，李勣也总是看准时机，站对路线，跟对人。这个教训，深刻影响了李勣的一生。

这件事之后，李勣明确了自己的奋斗方向，他要成为一个名将，军事家，而不是一个政治家。唐朝时，虽然他长期挂名宰相，但基本上是顾而不问，只关心军队建设。其实，以李勣豪爽大度的个性，本来也就不适合搞政治。也许在李勣心目中，他更希望自己一生都是个瓦岗寨的小头目吧？

归唐

李密火并翟让后不久，李勣就离开瓦岗寨，被派去守黎阳仓。自此，李勣独当一面，充分施展了他的军事才能。

黎阳仓本来就是李勣自己攻取的。黎阳仓位置在瓦岗寨东北不远，是河南、河北地区最大的粮仓。当时中原大发水灾，饥民无数。于是李勣向李密献计，如果能得到黎阳仓，发粮给饥民，那就能得民心，大大有利于夺取天下的大计。李密当即派给李勣五千人，让他去实施该计划，于是李勣一举袭取了黎阳仓。开仓放粮之后，不到二十天，就招募到精兵二十万。这使得瓦岗寨的声威又上了一个台阶，成为当时中原一带的群雄领袖。

李密之所以让李勣去驻守黎阳仓，一方面是要尽量消除新旧队伍的矛盾。李密杀了翟让后，很想收拢原来的旧队伍，但疑惧的心理短时间是不能消除的。而旧部若聚在一起，又有叛乱的危险。所以，李密让李勣去守黎阳仓，就是将旧队伍的一大部分给分出去。另外一部分则由单雄信率领，被李密直接控制。李密大约是要走分而治之、逐步同化的路径。

另一方面，李密对李勣的能力有充分的信心。事实也证明了这点，后来李勣在黎阳仓城顶住了宇文化及十万精兵的疯狂进攻。要知道，宇文化及的这十万精兵，原是隋炀帝的御林军，战斗力非同小可，而且他们要经过河南回到关中老家，归心似箭，几乎是势不可当。在这样的情况下，李勣还是坚守孤城长达两个月之久，对于李密最终击溃宇文化及军队起到了重要作用。

李密比较顺利地击败了宇文化及的军队，颇有些志得意满。可没想到，接下来和洛阳王世充的一战，却意外大败，以至于最终穷途末路，只好投奔唐朝。

李密虽然击败宇文化及，但自身也是元气大伤，麾下劲兵良马多战死。而王世充孤守洛阳，有哀兵之心，意志坚决。本来胜败乃兵家常事，所以，李密打败仗也是可以理解的。但是一次战役失败就导致彻底崩溃，这就不仅仅是军事的问题，只能归因于军心问题。此事颇类淝水之战。淝水之战不过是一次前锋的小战役，却导致前秦帝国灾难性的政治雪崩，根本原因在于前秦内部不稳定，裂痕很多。

李密的军队大概有三个组成部分。中坚力量是李密加入瓦岗寨以后拉起的军队，其中主力是投靠过来的隋朝军队，如裴仁基[1]等，这部分人马后来跟着李密一起投了李唐；最新的一部分是刚从宇文化及那边投降过来的江淮军，他们在关键时刻临阵倒戈，投向王世充，直接导致李密军大败；还有一部分是最初的翟让旧部，如单雄信，他在关键时刻拥兵观望，不听调遣，另有驻守洛口仓的邴元真，原来也是翟让旧部。他们两个后来一起投降了王世充。

如果李密一直顺风顺水，那么这些不稳定因素也会逐渐安定下来，但在此之前一旦出现挫折，这些潜在的不稳定因素就容易爆发。李密有大才，他并非看不到问题所在，可是时间不等人，事态的发展总是要逼着他往前跑。李密这人的运气实在不好。第一回出马，就是和杨玄感一起造反。结果刚扯起大旗，就被当头一棒打下去了，可怜世家公子李密变成了亡命之徒。后来好不容易上了瓦岗寨，打下了一番基业，正欲大展宏图，却又一夜之间输个精光。虽然最后他还有两万人马，却已经失去了落脚点，只好西投唐朝。李密的政治生命就此结束。

其实说起来，李密还有一个根据地，那就是李勣守的黎阳。但李密不敢去投奔，因为前面的翟让旧部单雄信、邴元真等人的表现很让李密寒心，所以他不敢冒险。但是，不久之后，李勣的表现也让他非常后悔。

李勣是否会接纳新败的李密，我们不得而知，不过他肯定没有想过自立为王。首先，李勣本身并不是政治型领袖人才；其

1　裴仁基的儿子裴行俨是一员猛将，就是《说唐》中第三条好汉裴元庆的原型。

次，黎阳处于四战之地，无险可守，他的南、西、北边都有实力雄厚、虎视眈眈的势力；最后，李勣实力薄弱，仅有一隅之地，如果没有一个更大的靠山，甚至连自保都有困难。所以，对于李勣而言，在李密之后再投靠谁，才是他首要考虑的问题。

这时候，魏徵非常及时地伸过来一根橄榄枝。魏徵是李勣老友，当年正是在黎阳相识。李勣与他初识，就很推心置腹，将他推荐给了李密。魏徵也就一路追随李密，一直到投唐。此后不久，魏徵主动请缨，要求到山东河北一带来做外交工作。他的目标对象就是李勣。

李勣和魏徵，旧友在旧地重逢，分外高兴。不过魏徵也没有多说什么，只是给了他一封信。这封信虽然没有诸葛亮的《隆中对》那么出名，不过对当时的天下大势和李勣的前途也是剖析得一清二楚。李勣看后心悦诚服，当时就下定决心，要归顺唐朝。

接下来，李勣在归顺上这件事上做足了文章，也给自己赚足了表现。他对副手郭孝恪[1]说："现在我所有的这些人众土地，都是属于魏公李密的。我如果上表献给唐朝皇帝，那是利用主子的失败，来给自己加功，是很羞耻的事情啊。现在你把这里州县军队的具体登记情况，都汇总报告给魏公，让他自己献给皇帝。那就是他的功劳了。"也就是说，李勣想以李密部下的身份来归顺唐朝。面对这样的情况，李渊激动之下，直接赐李勣国姓。

这件事，史书中没有说李密是什么反应。但不久之后，李密

1　郭孝恪也是一流的大唐名将，其子郭待封后来参与了薛仁贵的大非川之战。

又想重回中原，试图东山再起。也不知道是否与此事有关？不过李密终于没有折腾起来，刚出了关，就被唐军给杀了。然后李渊就派人拿了李密的头去给李勣看。李勣号啕大哭，向李密的首级行君臣之礼，又上书李渊索要李密的尸体，并全军缟素为李密发丧。至此，李勣和李密关系算画上了一个句号，之后李勣就专心当他的唐朝忠臣了。

这个事，给李勣带来了非常好的名声。后来，唐太宗在给太子李治选辅佐大臣的时候，就有李勣。唐太宗特别对李勣说了一番话："朕要找个辅佐太子的人，想来想去，没有超过你的。你当年不辜负李密，想必现在也不会有负于我的吧！"唐太宗是要把李勣钉死在忠臣这个名声上。

后人多认为李勣这番作为是一种政治秀。我很怀疑，这个招数，很可能就是魏徵给他策划的。不过李勣确实是一个重情义、讲感情的人。李密的领袖魅力，对于李勣想必有深刻的影响。他对李密有所感慕，那也是很正常的。再说，从李勣一生行事来看，他没有对不起任何一个主子，说是"纯臣"并不为过。

统一天下的大功臣

李勣是唐一统天下的功臣。其功劳还不是一般的大，是在关键点起到了关键作用。

李勣初投唐朝，就不是空手去的。他的地盘以黎阳为中心，在河北窦建德以南，洛阳王世充以东，相当于唐朝的一块"敌后根据地"，也是唐朝在东部的一个桥头堡。唐朝派出李神通的一部来到此地，就是想在东部扩大根据地。但是他们的对手窦建德太强大了。窦建德也是一方豪杰，很有领袖魅力，在河北建立了"夏"政权，兵多将广，实力强大。在窦建德的倾力进攻之下，弹丸之地的孤城黎阳，是挡不住的。城破之后，包括李勣的父亲徐盖、魏徵、李神通等人都一股脑当了俘虏。无奈之下，李勣也主动投降了窦建德。不过这次投降，李勣并非真心实意，而是虚晃一枪。过了两个月，他就自发归唐了。

不久之后，李勣再次来到此地，这次他是追随着李世民东征的大军而来。在围攻河南王世充的战争中，唐军的战略是，先攻克河南各城，最后形成对洛阳的包围。李勣统帅东路大军——河南东部是他的大本营，熟悉当地情况。

此时的格局是，唐朝占据了西部（关中、山西），河南基本被王世充占据（郑国），而河北为窦建德所有（夏国）。唐军一开始先和窦建德结成了同盟，稳住他，全力进攻王世充。眼看王世充不支，窦建德忍不住出手，全军南下，沿着黄河南岸西进，一路势如破竹，但大军洪流被虎牢关生生挡住了。

虎牢关，位于洛阳东北，是河北山东通向洛阳的必经之路，兵家必争之地，甚至有"得虎牢关者得天下"之说。虎牢关的重要性，在于它扼住了咽喉之地，北边是黄河，南边是连绵大山，东去洛阳，舍此别无他途。如果夏军抢先占据虎牢关，就可以直指洛阳，这样对于唐军就大大不利了，唐军将无险可守，必将面临郑、夏联军进攻的局面。甚至很有可能战败撤出中原之地，一统天下更是遥遥无期。

　　幸运的是，李勣已经抢先一步攻占了虎牢关。之前李勣负责洛阳东部军事，就攻占了数个州县，逼近了虎牢关。而后王世充手下的虎牢关守将沈悦暗中向李勣投降，李勣派王君廓夜袭虎牢，与沈悦里应外合，一举攻下了虎牢雄关，把这个咽喉之地牢牢控制在唐军手里。李勣此举，不仅隔绝了郑、夏联军的可能，还让河北军被阻挡在虎牢关前，让最后决战得以在虎牢关的东面展开。

　　面对来势汹汹的河北援军，当时唐军中大多数人都持保守态度，认为应该避其锋芒。但李勣派来的副手郭孝恪首先站出来，提出了应该积极迎战的意见，他认为应该"围点打援"，据虎牢关之险，伺机消灭夏军。郭孝恪的意见，很可能就是李勣的意见。这一打法，看似冒险，却也正合李世民之意。李世民最后拍板，采纳了这一建议。

　　守住了虎牢关，其实是把握住了战争的主动权。夏军攻，攻不下；退，退不得。什么时候打，就由唐军说了算。唐夏双方在虎牢关前对峙了一个多月，生生把新锐的夏军拖成了疲惫之师。最后，李世民把握好时机，一战击溃夏军，生擒了窦建德。

　　虎牢决战时，并没有看到李勣的身影，但后来"论功行赏，太宗为上将，勣为下将，与太宗俱服金甲，乘戎辂，告捷于太庙"。显然，李世民充分肯定了李勣的巨大功劳。李勣没有冲锋陷阵，但他在关键点上做出了重要贡献，确实配得上是这次决战中的第二大功臣。

当唐军凯旋回到长安时，城内万众欢呼，旌旗飞扬，李世民和李勣骑着高头大马，身披黄金战甲，在太阳底下灿灿发光，威武庄严，恍如战神。

此时的李勣，刚满二十七岁。离他初上瓦岗寨，刚好过去了十年。

陈寅恪认为，这次告庙中，"太宗为上将，勣为下将"，反映的是关中、山东两大地区的联合。如此，李勣此时可谓是山东地区的代表人物了。

顺便提一句，唐朝开国，统一战争基本上就是要征服"山东人"，这也是中国历史上最后一次西部征服东部。从此以后，天下格局就出现了新的面貌，南方开始崛起，以后争天下就是南北之间的较量，而从周武王克商开始的"东西之争"也就此谢幕。从这个角度来说，李世民和李勣并肩而行，乃是一个历史里程碑意义的事件。

灭东突厥，破薛延陀

李勣号称军神，但也是吃过败仗的，分别败给过窦建德和刘黑闼。而贞观之后，李勣就是真正的战无不胜了。他在贞观期间的主要对手，是北方草原民族突厥和薛延陀。对李勣来说，外战比内战要更加内行。

贞观年间的战功奠定了李勣的军神形象，后来皇帝下令给他修墓，地上是三个山形，象征着三座山——阴山、铁山和乌德鞬山，因为李勣就在这三座山脚下，击破了突厥和薛延陀，立下不世战功。[1]这三座坟堆现在还高高耸立着，向后世往来凭吊的人，展示李勣的战神风采。

值得一提的是，李靖的墓也是堆成山形，象征铁山（东突厥）和积石山（吐谷浑）。而且，两座山冢离得很近，南北相对，分别被称为"下山冢"和"上山冢"。

突厥，是继匈奴、鲜卑等之后兴起的又一个实力强大的草原游牧部族。最盛的时候，横跨大漠南北，东西万里，控弦战士无数，足可比肩匈奴。隋末唐初，李渊为了获得突厥的支持，甚至不惜称臣。更令李世民难以忍受的是，他刚刚夺得皇位，突厥就兵临长安城下，这实在太危险了。所以，贞观初年，对付突厥是君臣的头等大事，李勣则被推上了第一线。他被调任并州都督（山西地区的军政最高长官），一口气做了十六年之久，后来李世民感慨说，隋炀帝拼命修长城，根本没用，我用了李勣一人，就可比肩万里长城。李勣堪称真正的"大唐长城"。

李勣在山西厉兵秣马三年，就率军北伐，和李靖联手灭了不可一世的东突厥。这也是时机凑巧，因为贞观三年（629）东突厥内部不稳，又遇到大雪灾，牲畜冻死大半。如此天赐良机，李世民焉能错过？他派出了他最好的将领——李靖、李勣，志在必得！果然，这两位名将联手上演了一出精彩绝伦的著名战役。

1　这种堆山的做法，是模仿卫青墓、霍去病墓，因为卫青墓是阴山形状，霍去病墓是祁连山形状。汉武帝以此向这两位驱逐匈奴的名将致敬。

　　阴山一战，两位名将配合默契，千里奔袭，一击致命。李靖就像拳击家的右手直拳，正面猛击；李勣则是左手勾拳，在后路邀击。两记猛拳，把颉利可汗一下打蒙了。这种轻骑兵长途奔袭，可谓唐军在李世民打天下过程中磨炼出来的最成熟的战术，犀利无比，天下无双。

　　颉利可汗害怕了，从阴山脚下的王庭一路退到铁山，同时提出议和要求。于是鸿胪卿（相当于外交部长）唐俭被派去谈判。而此时，真正的好戏才开场。

　　李勣和李靖胜利会师后，他们都敏锐地看到了战机：现在正在谈判，颉利可汗肯定放松了警惕，可以趁机掩袭。否则，让他得到喘息，通过背后碛口穿过千里沙碛，逃回漠北，就如同鱼归大海了，后患无穷。[1] 在蒙古高原横亘着一条宽阔的沙碛——这就是史书中常见的所谓"大漠"。[2] 这个大漠，如同敦煌以西的莫贺延碛，不长水草，烈风如刀，进可攻，退可守，向来是游牧民族的一条天然防线。所以要彻底解决问题，就必须在漠南搞定颉利可汗。[3]

　　铁山一战，又是李靖正面进攻，一下把颉利可汗的老底也端了。等他率余部狼狈逃到碛口，发现李勣正在这儿等着呢。此

1　学者推断，漠南碛口应是今白云鄂博（铁山）东北 077 县道所经过的谷口。

2　古代常说的大漠南北，是指蒙古高原中间的千里沙碛，其中有些通道方便穿越沙碛。之前提到的漠南碛口就是其中一条通道的南端入口。

3　汉代的卫青、霍去病，都是千里奔袭，越过大漠，直击匈奴王庭，才击败匈奴的。其战术难度极高，因此对于骑兵要求非常高，马匹需求量极大，是高消耗的战术。

时的可汗，想必很能体会华容道上曹操的郁闷。但他没曹操的好运，李勣更不可能是关公。颉利可汗只得转身继续奔逃。第二年（630），流亡已久的颉利可汗被唐军抓至长安阙下，又过了几年（634），曾经的草原霸主颉利可汗就郁郁而终了。

　　曾经的东亚霸主东突厥就这么迅速而彻底地败亡，是不同寻常的。而且唐朝这边基本没有动用太多的军力、财力，特别是与汉武帝倾尽国力才击败匈奴相比，唐灭东突厥，更显得相当轻松。除了李世民的英明决策，两位名将也起到了关键作用，他们敏锐地抓住了战机，用最小的代价获得最大的胜利——能用最佳方案解决问题，这才是名将。古人说过"善战者无赫赫之功"，斯言得之。

　　东突厥灭亡了，但北方的麻烦并没有结束，薛延陀趁机兴起。薛延陀是铁勒九姓之一，居于漠北之地。原本臣服于突厥，老大灭了，遂继起成为草原霸主，填补了草原的权力真空。崛起之后，薛延陀很快也对漠南之地产生了极大兴趣，双方再起冲突在所难免。贞观十五年（641），唐太宗想去泰山封禅。薛延陀觉得这会是个好机会，打算趁机大举南下。唐太宗很生气，就派李勣去解决这个后顾之忧。

　　薛延陀大军越过沙碛时，漠南的突厥旧部早已望风而逃，退入长城以内，李勣则迎头而上。薛延陀的前锋没料到唐军如此悍勇，不敢正面硬碰，迅速战略性后撤。李勣毫不犹豫地亲率六千精锐骑兵追击。薛延陀大军虽然有八万之众，却一退再退，一直退到诺真水（此地已经离碛口不远），这才回过头来，摆开阵势，要和唐军决战。此时双方的军力对比是八万对六千。[1]

两军数量悬殊，但胜负并非只和人数相关，斗志也很重要。薛延陀一路撤退，一直到碛口，有了退路才敢应战，在勇气上已经输了。当年项羽与秦军大战之前，破釜沉舟，正是要置之死地而后生，只有必死之心才能最大程度激发斗志。此处六千唐军孤军深入千里，李勣已经把自己置于死地了。斗志上，唐军胜薛延陀军一百倍。

其次，战术上，李勣知己知彼，早准备了克敌之术。有趣的是，虽然双方都是骑兵，但这次决战，却是步兵交锋。原来薛延陀横行北方草原，从唐军那里学了一套步兵战法：让五人为一个小组，决战的时候，其中四人前战，马匹则由一人在后面掌控。如果取胜，就上马追击；如果不利，也可乘马快逃。这个招数，屡试不爽。但这回遇到老师了，薛延陀瞬间被打回原形。

对此，李勣早设计了对策。他先是派一队人马前战，然后佯败后退，引诱薛延陀的步兵往前追击，如此就远离了他们的战马。而在薛延陀追击的前方，李勣早准备好了步兵方阵。唐军士兵都持长矛，数百人组成一个方阵，严阵以待。这种步兵战法，汉人本来就优于游牧部族，薛延陀以己之短，攻人之长，失败是必然的。同时，李勣还派出副手薛万彻率骑兵包抄到后方，把那些牵马的士兵都给俘虏了。等到前方追击的步兵败退回来，发现

1　《旧唐书·李勣传》说有 8 万，则唐军以一当十，是有可能的。有多种文献提到，薛延陀军队达 20 万，这恐怕言过其实了。也有文献提到是 3 万，但下文提到俘虏都有 5 万，故 3 万之数太少，不取。

没马了，顿时大乱。于是薛延陀兵败如山倒，一溃千里，最后被俘虏的都有五万人。

从具体战术来说，可能这是李勣最漂亮的一仗了。这是货真价实的一次以少胜多的光辉战例。以至于后来李世民对薛延陀说："我唐军千人军队就足以击溃你们万人，要想动手，尽管来就是！"这并不是李世民吹牛，想必薛延陀也是口服心服。

但这次胜利只是战役的胜利，薛延陀余众还是逃回了漠北。按李勣的战略眼光，他想乘胜追击，直捣黄龙，"可五十年间疆场无事"。李世民也有这个想法，却被魏徵给谏止了。

果然，几年之后，薛延陀实力恢复，又想趁唐朝进攻高句丽的时候再次出兵。于是李勣随唐太宗东征高句丽回来之后，再次北征，这次是要彻底解决薛延陀问题。薛延陀的牙帐在漠北的乌德犍山[1]，李勣只率了一支精兵就直奔乌德犍山，一战而定。其实当时薛延陀也是内部不稳，所以还没开战，很多草原部族就纷纷前来归附唐军，这大概也有赖于李勣的威名早著吧。总之，李勣很轻松地将薛延陀灭国了。此后，回纥人在草原大漠登上历史舞台。

总之，灭东突厥，破薛延陀，是李勣一生的光辉战绩，也是因为这些战役，李勣的墓是三座土堆的造型。

---

1 也叫郁督军山，这座山是草原民族公认的王庭之地，堪称是草原版"洛阳城"，是草原的世界中心。

出将入相

李勣是入了凌烟阁的功臣，开国有大功，立国后又有灭东突厥、破薛延陀之赫赫战绩。但对李勣来说，这只是人生的上半场。

贞观十七年（643），唐太宗给功臣排了一个座次。李勣竟然只排在23位，也就是倒数第二位。[1]但很快，李治意外做了太子，李勣开始重要起来。

李治能够做太子，是个偶然。原本的太子承乾和魏王李泰明争暗斗，差点重演"玄武门之变"，这让李世民又惊又气，于是把他们都贬为庶人，立长孙皇后的幼子李治为太子。同时，李世民重新安排了东宫属官——太子东宫，就是一个影子政府。一旦太子即位，东宫属官就是一套现成的政府班子。所以东宫结构完全模仿朝廷。这套班子里，除了原来的长孙无忌、魏徵、房玄龄等老臣重臣之外，李勣是个新面孔。

李勣担任的是太子詹事兼左卫率，相当于朝廷的尚书令兼左卫大将军，不仅地位非常重要，而且职兼文武，非常罕见。此外，李勣又加"同中书门下三品"的头衔——这是当上了宰相，能参与决策最核心的军国大事。

这一切，都是因为李治。因为李世民要给李治培养一个靠谱的忠心耿耿的大臣。很巧的是，之前李勣和李治已有八年的上下

1　唐太宗初登基，就表彰过43位功臣，共分九等，李勣在第五等。这和凌烟阁的23名位次差不多，说明李勣的地位，并没有因为他外战的出色而有太多抬升。

级关系。贞观七年（633），才6岁的晋王李治挂了一个虚衔——并州大都督。[1] 于是原本的州都督的李勣变成了副职，即并州大都督府长史。虽说这上下级关系是虚的，但也还是要汇报下地方事务，逢年过节亦需拜贺一下。毫无疑问，从出身立场上来说，李勣可以算是李治的人。李治只是晋王的时候，李勣只能做兵部尚书，因为李世民视他为军方代表人物，而不是一个政治棋子。

　　当然，李世民对李勣委以重任，他出众的才能和良好的忠诚度也是重要因素。忠诚度自然是越高越好，李世民也在多方面强化这一点。有次李勣生病，药方说要用胡须的灰，需要用"龙须"做引子。唐太宗二话不说就剪下自己的"龙须"，给李勣和药。李勣感动得叩头至出血。[2] 唐太宗的行为虽有政治秀的味道，但在李勣看来，确实是千古难遇的恩宠了。太宗大概看准了李勣是绝对"讲义气"的人才如此待他，所谓投桃报李，李勣就不能不鞠躬尽瘁了。

　　但唐太宗在去世之前还是玩了一次手段——突然把身居宰相要职的李勣毫无理由地贬为叠州刺史。[3] 然后他对李治说，你对李勣本来并没有恩，现在我将他给贬了，如果他很自觉，不埋怨，那你上台之后，就把他召回来，委以重任。这样你对他就有了大恩了，他必会对你忠心。

1　身为晋王，去山西挂职，这在当时很合理。当然，李治并不需要离开长安，晋州大都督是个遥领的头衔。

2　宋代杨家将有取萧太后头发的故事，可能取材于此。

3　一个很偏远的边境小州，在今甘肃。

　　后人如王夫之等对此很不以为然，认为唐太宗实在没必要玩这种不入流的手腕。其实，没有任何理由地把一个宰相贬到偏远小州去，这明显是别有用心的。所以，这次贬谪李勣，与其说是一种权术，毋宁说是一次政治姿态的展示。唐太宗这是告诉李治，也告诉李勣，君就是君，对臣有着绝对的支配权力。唐太宗想要的是李勣的一个姿态，李勣虽然不玩政治，但这种小把戏他还是理会得。于是他家都没回，就拍马去了那个遥远的叠州赴任，把这个谦恭姿态做到了十成。当然，李治上台后的第一道诏书，就是任命李勣为宰相。此时的李勣，估计还没走出关中呢！李治虽然有舅舅长孙无忌做顾命大臣，但估计在他心里，李勣才是更亲近的靠山吧。

　　其实，李勣这人并不热衷于政治，也不想投机。他对自己定位就是军人，他极力要展示的，也是一种纯粹职业军人的风范。他喜欢通过军事手段来解决问题，而不是玩阴谋诡计。虽然从某个角度来说，战争也是诡道，和政治有相通之处，但相对而言，战争的胜利，更多是一种荣誉，而政治的胜利，很多时候并不光彩。

　　李靖也做过宰相，但商议国事时他总是"恂恂如也"[1]，基本不发言。这个风格可能也大大地影响了李勣，他也几乎从不发表政治意见。我们常说出将入相，不过初唐这两位军神，都不越线，不揽权。玄武门之变前，秦王也拉拢过这二人，但两位大佬都表示中立，于是"世民由是重二人"。

---

[1]　这是《论语·乡党》中描写孔子的话，表示极为恭敬小心。

当然李勣也不会总是不发言，他的某次发言有着非同一般的意义，也导致了后人对他的很多非议。这就是他支持高宗李治立武则天为皇后的话："此陛下家事，何必更问外人？"

李勣是唐太宗给李治安排的顾命大臣之一，但不是唯一。排名第一的是长孙无忌，而且还是李治的舅舅。此外还有一点，长孙无忌还是力捧李治上台的大臣，可谓有拥戴之功。有这几个方面加持的长孙无忌，在永徽年间，几乎成了真皇帝，高宗更像是他的傀儡。史书上说永徽政治有"贞观遗风"，其实不如说是"无忌之风"。

这种状况，可能导致了高宗内心的不满在逐渐增加。长孙无忌大概忘了，李治再仁弱，他也是皇帝。双方的矛盾在"废后立武"这个事上一下子激化起来。长孙无忌绝不同意立武则天为后，但李勣在单独见高宗的时候，表了态，说了"此陛下家事，何必更问外人"这句话。对于高宗来说，这无疑是雪中送炭。如果所有重臣一致反对，高宗的压力肯定极大。要知道，唐太宗是以善于纳谏著称的，高宗如果一意孤行，那就太不肖了点。而且李勣此时主持帝国的军政，地位举足轻重，这一票极有分量。高宗之兴奋，可想而知。

这个事件，在宋代以后，就成了李勣的最大"污点"。人们认为李勣支持武则天做皇后，导致了唐朝"亡国"，乃大大的不忠。这个评价对李勣是不公平的。这里有个问题，李勣是支持武则天还是支持李治？从结果来看，似乎是一回事，但从李勣动机来说，却有很大差异。陈寅恪似乎从李勣和武则天都是"山东人"角度立论，但孟宪实指出一点，李勣是李治旧臣。所以，李勣的选择，实际上是在长孙无忌和李治之间做的。李勣选择支持李治，这难道有问题吗？

如果从功利的角度看，李勣拿战场上练就的洞察力来看这场政治斗争，他肯定知道武则天会成功上台。但他洞察力再敏锐，恐怕也不可能预测到后来武则天会"篡"唐。总之，从道德和利益两方面，李勣都不可能支持长孙无忌，他要支持的是皇帝，如此而已。后见之明的妄议，可以休矣。

还有一次，高宗问他，为何大臣们对自己进谏很少。李勣回答："陛下所为尽善，群臣无得而谏。"后人因此认为李勣没有尽到一个大臣的责任，于是颇有微词。其实，李勣很明白自己的军人角色，"武死战，文死谏"，进谏并不是他的责任。而且李勣学问不高，在治国一事上可能也没有太好的建议。再说，"伴君如伴虎"这个道理，李勣早就深知，他何必去多事呢？

高宗朝的定海神针

李勣是高宗的忠臣，也是高宗的定海神针。高宗一朝，可谓内事不决问皇后，外事不决问李勣。

高宗曾经说过，"自李勣亡，遂无善将"。确实如此，李勣让大唐雄风达到一个新的顶峰，保持了不败的外战记录。李勣死后，唐朝对外战略进展不顺，颇为受挫，直到玄宗朝才恢复了大唐雄风。

作为顾命大臣，李勣负责主持高宗朝的对外战略。高宗一上台，就任命他为尚书左仆射——这是文官的最高职位了。但一年后，他就主动辞去了这个职位，一心专注于对外军事战略，坚持地执行唐太宗既定的扩张政策，而且取得了非凡的成就——高宗朝的疆域是唐朝最广大的，甚至超过玄宗时期。高宗时，唐朝四面分别有安东都护府、安西都护府、安北都护府、安南都护府，这主要是李勣的功劳。

先来看西部。早在贞观时期，唐太宗就已经逐步西进，高宗朝李勣继续对西域用兵，先后起用了苏定方等数位名将，将西突厥消灭。此时安西四镇初现，西域尽入唐朝疆域。

在北部，薛延陀之后，北方草原上铁勒诸部势力此消彼长，经过几次用兵，局势渐渐稳定下来。随后唐在漠北设置瀚海都护府（后来叫安北都护府），在漠南设置云中都护府，将大漠南北也都纳入到了军事控制中，这更是空前的成就。

在东部，唐太宗亲征高句丽，但铩羽而归。后来，李勣经过长时间的精心准备，最后亲自率军出征，一举将高句丽消灭，并设置了安东都护府。

隋唐几代君主前赴后继，不破高句丽终不休，绝对不是心血来潮，而是有着深刻的原因。一句话，高句丽很危险。严格来说，不是高句丽很危险，而是对于中原王朝来说，东北很危险，因为东北成长出来的政权潜力无穷。且看看唐以后对中原政权造成最大威胁的都有谁——除了蒙古之外，是契丹、女真，都来自东北。他们建立的政权，辽、金、清，浪头一个比一个猛。东北民族兼顾游牧和农耕，既有骑兵之武勇，又有农业支撑，很容易变成强国。如果单从中原政权的立场来说，必须及早扼杀，不能坐看其强大。高句丽政权的地盘很大，占据了吉林南部和辽宁大部，还有朝鲜半岛北部。其首都原先在鸭绿江北岸的集安，后来迁到了平壤，在当时也是一个区域性的大国。

贞观时期，李勣就跟随太宗出征高句丽，后来又单独领兵出征过一次，对高句丽是相当熟悉和了解的。从高宗开始，李勣就以灭高句丽为己任，全力以赴。朝鲜半岛面积不大，却存在三个国家，高句丽在北，百济、新罗在南。其中百济交好高句丽，而且经常欺负新罗，于是新罗就希望得到唐朝支援。唐军趁机开辟了第二战场，从山东渡海，以新罗为桥头堡，登陆朝鲜半岛南部，顺利攻取了百济，最终对高句丽形成了南北夹击的战略态势。[1] 与此同时，李勣常年派遣小股军队骚扰高句丽边境，让其总是处于紧张惶恐情绪中。当高句丽内部高层出现裂痕时[2]，李勣知道，机会到了。这次，李勣真的要毕其功于一役了。

李勣第三次亲率大军出征高句丽的时候，已经七十二岁了。但白发的英雄，在战场上仍然有耀眼的光芒。虽然不再能亲自冲锋陷阵，但他身为统帅，事必躬亲，"夙夜小心，忘身忧国"，可谓殚精竭虑。而且，李勣一生战功赫赫，最后一战如果失败，将极大损害其威名。考量各种因素，李勣统兵出征所蕴含的巨大勇

---

1 灭百济之战是由名将苏定方指挥的。战后，苏定方乘胜进军高句丽，甚至包围了首都平壤，但因大雪而退兵。后来百济复国，还请来日本军队，结果在白江口一战，被刘仁轨大败。这可以算是中日第一次直接开战。

2 乾封元年（666），高句丽权臣泉苏盖文病死，高层因争权而分裂。

气及自我挑战的精神，着实让人钦佩。

　　经过两年苦战，李勣率领唐军终于攻占了高句丽首都平壤。当胜利消息传到长安，高宗格外兴奋，不禁登上北苑的高楼[1]，向东北遥遥眺望。李治的兴奋是很好理解的，毕竟，未能平高句丽是李世民生前最大的恨事，作为儿子能够实现父亲遗愿，绝对是极大的荣耀。[2] 所以，李勣凯旋时，还没入城，高宗就让他先去昭陵献俘。想必在昭陵前面，李勣也是心潮澎湃，非常自豪。因为他没有辜负太宗托付，可以底气十足地向先帝报告：他的任务终于胜利完成了！

　　随后，是"备军容，入京城"。在如山的欢呼中，如海的旌旗下，李勣大概也会有些恍然，昨日重现——四十七年前，他一样如此风光地进入这座城。四十七年了，他也不可避免地白了头，但他依然是唐朝的英雄，续写着传奇。李勣一生的英雄战歌，在尾章奏出了最强的音符。自古英雄，几人如我？纵使白头又如何！

　　这次战事，给李勣带来无上的荣誉，但两年来的殚精竭虑，也极大地消耗了李勣的生命。在凯旋后第二年，李勣就病逝了。

　　值得一提的是，李勣的墓碑碑文是高宗李治亲自撰文并书写的。[3] 虽然从书法角度来说，不及房玄龄碑由大书法家写来的出色，但这份顶级荣宠，绝对是无人能及的。

1　这楼后被称为"望英楼"。英者，英公李勣也。

2　高宗李治甚至一度想亲自去高句丽前线指挥作战，可见其心切。

3　幸运的是，《李勣碑》至今尚保存完好，是昭陵碑林中现存体形最高、最大的石碑，被誉为"昭陵第一碑"。

名将双子星

李勣、李靖向来是并称的名将。他们确有很多相似之处，首先他们都自觉将自己定位为军人，不深入政治旋涡，这也使得两人的为人处事风格很像。

当然，两人也有很大的不同之处。李勣是草莽英雄出身，他自己曾说"我老翁不识字"，想来文化水平不高。在出兵高句丽的时候，有次郭待封被围困缺粮食，就写了一封"离合诗"给李勣，类似于一种密码信。李勣看不懂，生气地说："军机这么紧急，还给我写诗玩儿？我要砍他脑袋！"还好他的副官精通诗赋，解开了密码信息。

文化水平不高的李勣，大概也不会熟读兵书、史书，这和出身世家、堪称杰出的军事理论家的李靖很是不同。[1] 举个例子，在破颉利可汗的时候，李勣提出要趁唐俭谈判的时候袭击，李靖高兴地说："公之此言，乃韩信灭田横之策也。"他们英雄所见略同，不过李勣是天然的敏锐，而李靖则有理论依据。这就像棋手，李靖是那种有无数棋谱烂熟于胸的，对方任何一个反应，都会落入李靖的"套路"中。李勣则是见招拆招的人，总是能把棋子下到最恰当的地方。所以在战争中，李靖都是谋定后动，算无遗策，还没开战，对手败局已定。李勣则"临敌应变，动合事

1　《李卫公问对》是中国古代的一部著名兵书，相传内容为记录唐太宗和李靖关于军事问题的问答。

机"，他最擅长见机行事，对于任何机会，都能比别人先一步看到。所以看起来他的作战风格是硬碰硬，而且好像总是运气比对手更好一点。

从境界来说，李靖应该比李勣要高出一筹。李靖平生从无败绩，而且常能在不利的局面中获胜。而李勣在实力悬殊的时候，会有败绩。在战场上，李靖更像是个帅才，李勣则是将才。毕竟，李勣与李世民一样，是能跃马扬鞭、浴血疆场的将领。

从功劳而言，李勣似乎要稍为占优。前期来看，李靖的功劳更大。[1]但李靖去世时间早，高宗时代，就是李勣独领风骚了，单是东平高句丽这份战功，分量就着实不轻。再加上高宗初年，李勣一直主持对外战略大局，开拓出空前规模的疆域，而李靖并没有机会这么做。总的来说，李靖是将军，功劳在战场上；李勣则不仅是将，还是相，后期已经是战略家。所以，到了唐后期的唐德宗时，再次评定大唐功臣，列了十一位第一等，李勣已经位列其中了。

综合来看，二李可谓旗鼓相当，并驾齐驱。

无情未必真豪杰

李勣是军神，而且他还有一项非常突出的品质，就是私德较

1　凌烟阁中，李靖在第八位，李勣在第二十三位。毕竟，李靖几乎凭一己之力，就平定了整个南方。为此，李渊曾赞赏他说："古之名将，韩白卫霍，岂能及也。"

好，这一点很可贵。李勣一生行事，堪称无懈可击——他对得起任何一个人。对朋友，如单雄信，仁至义尽；对主子，从李密，到李渊、李世民、李治，无不尽心尽力。"忠义"二字，李勣做到了极致。可以说，李勣是不逊于关公的。但是，就是因为支持"立武"一事，李勣在唐以后的政治地位逐渐下降，甚至成为负面角色，经常被视为"小人""奸臣"，与另外两位支持"立武"的人物许敬宗、李义府并列，打入另册。

李勣私德好，恐怕与他重感情的特点有关。说起来，这点也是与李世民颇为类似的，他们君臣之间合作愉快，恐怕也有气义相投的因素吧。

李勣与同僚关系也很和谐，至少没有闹出钩心斗角之事。他和李靖之间，是惺惺相惜，完全没有妒贤嫉能之举。后来长孙无忌权势熏天，李勣似乎也没有跟他发生过冲突。

李勣提拔下属不遗余力，高宗期间的诸多名将，都是李勣老部下。他亲自领军打仗时，更是将所获得的金帛都分给将士，功劳也都推给部下。

重感情还体现在一些小事中，如李勣很照顾同乡。有一次，他一个同乡去吏部待选，结果落选了。同乡来跟他告别，他说，不急，你明天来我的衙署辞行吧。第二天，李勣和吏部的官员在衙署议事，那个落选的家伙进来跟他辞行，李勣故意当面教训说："你自己做不好，得罪了这些吏部的官员，我也没办法帮你什么了，你回家吧！"一通话下来，旁边的吏部官员坐立不安，出来后立刻拉着这位同乡了解情况，并且给他安排了官职。虽然有作弊的嫌疑，但李勣爱照顾人、护短这点，倒也颇符合当年瓦岗寨的作风。

　　与李世民类似，李勣与家人的情感也很好，特别是与他的寡姐，感情深厚。武则天曾亲自上门去看望过他姐姐，以此拉近和李勣的关系。李勣身居高位后，每逢姐姐生病，他仍会亲自给姐姐煮粥吃。但显然笨手笨脚的，有一次都把胡子都给烧了。姐姐心疼他，就说："有那么多仆人在，你干吗自己去找罪受呢？"李勣回答："不是说没人做，只是现在姐姐你老了，我也老了。虽然想多给你做几次粥，但恐怕次数不多了吧？"

第四章

薛仁贵：三箭定天山

壮士长歌入汉关

天山脚下，朔风猎猎，大唐铁骑，不动如山。

对面，是铁勒九姓的十万大军，旌旗如云，刀枪如林，人马之众，一眼望不到边。眼看就是一场血雨腥风的恶战。

这是唐高宗龙朔元年（661）的天山。这个天山，不是今天人们熟知的新疆天山，而是今蒙古国的杭爱山，此山在唐代又名乌德犍山、郁督军山等。天山位于漠北，在草原民族的心目中，是个神圣的地方。因为这里曾经是整个草原的中心，不久之前，无比强大的东突厥汗国牙帐就驻扎在这里。虽然东突厥在贞观四年（630）被唐所灭，但天山仍然有着强大的号召力。此后很长一段时间，继突厥而起的铁勒各部在强大起来之后，总是要在天山建立牙帐，以此领袖草原各族。非如此，不足以获得认可。比如贞观后期，薛延陀兴起，就在此建立牙帐，李勣只率了一小支精兵就直奔天山，擒贼擒王，一举重新底定北方草原。此后的十多年，草原上风云变幻，但漠南一直没有出现强势力量——这是唐朝着意设置的一片隔离地带。

广阔肥沃而空虚的漠南草原，在漠北各族眼里，无疑是块巨大的肥肉。难以遏制觊觎之心的铁勒，终于联合了同罗、仆固等部，开始犯边。强势的大唐自然毫不犹豫地要把一切不良苗头扼杀在摇篮里，于是派出大军，准备直捣黄龙，两方再次在天山脚下对峙。

只见旌旗开处，铁勒军中跑出数十骑，在阵前冲着唐军耀武扬威，这是要挑战，也就是所谓"斗将"。斗将，就是交战双方各选猛将，先进行一次单打独斗，用以激励士气。《三国演义》里提到的关羽温酒斩华雄、张飞与马超挑灯夜战，都是小说中的经典之役。历史上，虽然斗将并非战争胜负之关键，但斗将之风还是很盛的。《史记·项羽本纪》曾记述，汉王刘邦与项羽交战，项羽要求与刘邦单挑，刘邦不干，于是项羽命勇士出阵挑战，却被汉将楼烦一箭射杀，而且连杀好几个。

这一幕，在此刻再度上演了。只见唐军中跃出一员将领，左手弯弓，右手搭箭，弓似霹雳，箭如流星。飕，飕，飕，三声响过，三名刚才还在耀武扬威的军将，已经中箭，从马上一头栽下来，倒地而亡。刚才还在嘶吼的铁勒军，就像一下子被扼住了喉咙，死一般寂静。呆立半晌之后，数十名悍将跳下马来，打出白旗，齐刷刷跪下了一大片，请求投降。

大唐军队凯旋，军中歌之曰："将军三箭定天山，壮士长歌入汉关。"这时候的唐军之声威，达到了一个新的高峰。这名唐军悍将，就是薛仁贵。

薛仁贵在唐军历史上，只能算是一员悍将。唐代武成王庙（即武庙）中祭奉的唐代名将中，并没有他。但在后代的文学作品中，薛仁贵却俨然成了唐代最著名的猛将。而且在文学演绎中，他开创了一个"薛家将"，这是唐代最著名的武将世家。从《薛仁贵征东》《薛丁山征西》《薛刚反唐》一直到《薛雷扫北》，"薛家将"与宋代"杨家将""呼家将"等一起，构成了一个名将世家系列。经过民间口耳传颂，薛家将已成为大唐盛世在人们心中的一个经典图腾。

虽然薛家将的故事有大量演义甚至神话色彩，但大唐薛家确实是一个传奇家族，文学作品中的情节很多都有事实依据。历史上真实的薛家将同样堪称传奇，和民间演义的故事相比，精彩程度也不遑多让。

英雄不问出身

英雄不问出身这句话，往往用在出身低微的英雄身上。薛仁贵恰恰是这样一位英雄，他是绛州龙门人，就是现在的山西省河津市。这又是一个山西人。[1]

可以相信，薛仁贵确实是出生在一个普通农民之家，而且生下来的时候并没有出现红光满室的异象。新旧《唐书》本传上都

1　唐代初年的山西，可真是人才辈出。本书中连着的三位人物薛仁贵、狄仁杰、武则天，都是山西人。

没有提及他祖上如何，只有七个字，"少贫贱，以田为业"[1]。

　　值得一提的是，薛仁贵是和大唐帝国一起成长起来的。他出生在 614 年，四年之后的 618 年，李渊起兵。如果说李靖、李勣等开国名将是大唐第一代将领，那薛仁贵就是大唐第二代将领的代表人物。作为一个武将，薛仁贵并没有生在最佳时机。他要是早生二十年，赶上大唐开国之战，可供施展的舞台会更大。不过，值得庆幸的是，唐朝注定是个武德充沛的朝代，从一开始就致力于对外开拓，出征的号角和凯旋的锣鼓，从未停止。也因此，民间传说中作为战神的"白虎星"，在唐代不断地转世出现。

　　说到白虎星附体，这是后代民间传说中薛仁贵最广为人知的一点。"白虎星附体"，类似于人们常说的状元是天上"文曲星"下凡。

　　当然，对于薛仁贵而言，他被后人看作白虎星附体，也是有原因的，因为他一战成名时，正是身披白袍。评书中提到的白袍小将颇多，比如小将罗成，也穿白袍，而且罗成就是白虎星附体的前任。罗成去世之后，白虎星又附到薛仁贵身上。罗成死时，刚好是薛仁贵三岁的生辰，白虎星一附体，一直没有开口的小仁贵就说话了。这可不得了，老虎开口，那就意味着死人。所以他一说话，他的父亲就高兴得死掉了，而母亲则哭死了。这个白虎星，可真是名不虚传的"杀神"呢。

1　也有记载中说，薛仁贵的祖上是一位名将，叫薛安都。这应该也是受到当时风气影响而塑造的祖先。

　　不过现实中，薛仁贵的人生转折，不是因为白虎星，而是因为一名女子。这名女子不是别人，是他的妻子柳氏。有次薛仁贵要改葬祖先坟茔，这个非常有眼光的女人说了一段语重心长的话："夫有高世之材，要须遇时乃发。今天子自征辽东，求猛将，此难得之时，君盍图功名以自显？富贵还乡，葬未晚。"意思是说，有本事的人，要善于抓住时机。现在皇上御驾亲征辽东，正是需要猛将的时候，你有这一身的本事，何不从军立个功名？等你富贵还乡，再改葬父母也不晚！核心意思，就是鼓励他从军。

　　薛仁贵有个突出的特点，就是力气特别大。传说甚至对此加以神话，说他曾经吃下了"天上掉下来的馍馍"——馍馍做成了一头龙、二头老虎、九头牛的样子。所以他一下子就有了"九牛二虎"外加一条龙的力气。好钢要用在刀刃上，他这身气力，最好的用处，肯定在战场上。

　　当时唐太宗正要亲征高句丽，于是广招猛将。在唐朝前期，军队除了固定的府兵之外，也经常临时招募，称为"兵募"，还有些人干脆是主动投军，被称为"义从"。当然，这些人投军，主要是为了求富贵。因为这一时期，唐朝的对外战争可谓战无不胜，将士们既可以获得财宝，又可以积累军功，打仗可以升官发财。所以此时从军，乃是求富贵之捷径，难怪唐代诗人也说"宁为百夫长，胜作一书生"了。

　　能给薛仁贵指点人生道路的柳氏，见识不凡，所以也给了后人很多想象的空间。于是在后代故事里，薛仁贵的妻子出身名门，但是后来遭了很大的苦难。而且根据薛仁贵的故事，还发展出了京剧里面的王宝钏和薛平贵的故事。守了十八年寒窑的王宝钏，在做了夫人后立刻归了天，命运凄惨，生生赚了后人无数眼泪。但现实中的柳氏，想必命运应该比王宝钏要好得多吧？这多少让我们心情好过一点。

白袍小将

柳氏指点人生之后，听老婆话的薛仁贵就去应募投军了，走出了一条波澜壮阔的人生之路。最初他在将军张士贵麾下，张士贵在历史上也算一个颇有分量的人物，战功显赫。可惜后代说书的，为了塑造一个反面角色，就把他描写成妒贤嫉能、老给薛仁贵穿小鞋的小人。

其实薛仁贵投军之后，并没有被打压，而是很快就脱颖而出。因为他赶上了李世民亲征高句丽之战，所以把握时间是很重要的。

薛仁贵随大军来到辽东不久，刚好遇到一支唐军为敌方围困。薛仁贵二话不说，拍马冲过去，一个回合就将敌军将领斩于马下，并且割下了对方首级，系在马鞍上。敌军一下都被镇住了，吓得连忙撤退。薛仁贵这个开场亮相，确实很震撼，不过和后面的精彩表现比起来，就只能算热身了。

当唐太宗亲率大军，攻打到安市城下的时候，这次战争达到了高潮。薛仁贵在安市城下的表现，堪称高潮中的亮点，甚至可以说，即使他一生只此一战，也足以青史留名。

　　高句丽早期势力范围在辽东，首都在集安[1]，后期往南扩张，首都移到平壤。但辽东地区依然是高句丽的重点区域，曾广泛修筑要塞式的大型山城，主要的山城有十二座，安市城、建安城正是其中最重要的两座要塞。安市的城墙修筑在悬崖绝壁之上，防御措施做到了极致，说它坚不可摧，并不为过。因此，拿下安市，是唐军攻占辽东的关键一战。高句丽方面为了守住安市，几乎是倾国之力，而且还派了名将高延寿率兵二十万来增援，摆出了决一生死的架势。

　　唐太宗亲临观战，唐朝大军如潮水般涌上前去。两军撞在一起，就像浪头撞上了岸边礁石，激起了冲天浪花——大战开始了！在唐军的后方高地上，黄盖之下，观战的李世民肯定会涌起无限的感慨——想当年，每次决战，他总是身先士卒，在血雨腥风中驰骋搏杀，敌人在眼前，如同潮水般不断涌来，又如潮水般不断退去……而现在的他，只能充当一名旁观者，看着别人全力拼杀。

　　突然间，李世民看到一个身穿白袍的士兵，大声呼喊着，一马当先冲入到高句丽军队中，就如同一把斧头砍入军中，劈开了一条长长的裂痕。只见他手里拿着一支罕见的兵器——戟，挥舞起来，人马辟易，宛如天神一般。此时此刻，那一身白袍在千军万马之中是如此醒目，甚至耀眼，于是唐军以他为目标，开始往

1　今属吉林省，位于鸭绿江边，此地有将军坟、好太王碑、高句丽贵族墓等遗迹，是世界文化遗产。

这个方向拼命冲击，让敌军的那条裂痕越来越大。虽然高句丽军队拼命想堵住唐军，维持住阵型，可白袍士兵实在太威猛了，左冲右突，所向披靡。正在酣战时刻，越积越厚的云层似乎也受不了这激烈的气氛，突然一道闪电，划破了天空，接着又是一声霹雳，震彻战场。唐军趁势大呼，声势相应，更是气势如虹。高句丽大军终于开始混乱，而后迅速崩溃、瓦解，一场酣畅淋漓的大战，结局已定！

李世民虽然身经百战，可看到眼前这惊人的一幕，也不禁呼吸加重，心情激荡。他立刻派身边使者拍马赶去问："先锋白衣者谁？"使者的回报，当然就是那个注定要名垂青史的名字——薛仁贵！

大战方罢，李世民立刻召见了薛仁贵。薛仁贵策马而来，身上的白袍，早已是血迹斑斑，他手持长戟，腰间挂着两张弓，肃然端立。李世民一见到他，就大声赞叹，当场赏赐许多财宝和战马，还把他升为游击将军、云泉府果毅。[1] 游击将军是唐代的军衔，称为"武散官"，官阶是从五品上——要知道，在不久之前，薛仁贵还只是个普通战士；更早一点，他还是个躬耕垄亩的白身农夫。而这个从五品上，标志着他已经进入中高级武官的阶层。

更重要的是，薛仁贵在李世民面前充分展示了自己的英雄了得，得到了皇帝的赞赏，李世民甚至还说："朕旧将皆老，欲擢骁

---

[1]　后来在与薛仁贵相关的戏曲小说中，重要桥段之一就是白袍小将保主救驾，李世民总是被描述为手无缚鸡之力的配角，这估计让"天可汗"非常郁闷。

勇付阃外事，莫如卿者。朕不喜得辽东，喜得虓将。"意思是，我手下原先的猛将都老了，以后要看你的了。这次出征的成果，就体现在你身上了啊。这份赏识，比做到从五品上可重要得多。唐军中"从五品上"是成堆的，可能得到皇帝如此称赏的，绝无仅有。

回师之后，薛仁贵又升迁为右领军中郎将（正四品下），还是北门长上。北门长上就是驻防北宫门玄武门，这是当时保卫皇帝和皇宫安全最重要的禁军。一个新的将星，正在冉冉升起。

薛仁贵的际遇，恐怕也只有在李世民手下才会出现，毕竟，李世民破格提拔人才是很出名的。不过，薛仁贵的那身白袍，恐怕也是居功至伟。如果他不穿白袍，战场上就不会引起轰动，达不到定胜负的战斗效果，更重要的是，很可能也入不了李世民的眼。

一身白袍，挺枪跃马，这形象可谓英武非凡。但问题是，战场上穿白袍，极为危险。自古有"临阵不自标异"一说，意思是为将者临阵时装束不得标新立异，而是要注意伪装，以免自己成为对方的首要攻击目标。《淮南子》就曾经说过："将军不敢骑白马，盖惧其易识也。"穿上白袍，如此显眼，敌方肯定会把他当作靶子。比如李世民自己屡次亲自率军冲锋陷阵，他的盔甲装饰都与众人无异，就是为了掩盖身份，以至于有好几次，他战后回营都要脱下头盔来表明身份。否则一上战场，敌人肯定拼尽全力先杀死他，毕竟，擒贼擒王的道理谁都懂。事实上，薛仁贵后来也不再穿白袍了。他晚年有次上战场，敌人不相信是薛仁贵领军，他于是脱下头盔来表明身份。他穿白袍，也许有少年轻狂的成分，但更多的恐怕还是"富贵险中求"的心理吧。还好，这招恰好符合李世民的张扬个性，薛仁贵能够得偿所愿。

不过，薛仁贵白袍拼杀，确实非常英武，让人印象深刻，也富有戏剧性，所以后来民间故事中，名将如赵云、罗成等，都身穿白袍，动不动就是"银盔银甲素罗袍，手使亮银枪"，主打先声夺人。这个白袍造型的成功，创意自然应该归功于薛仁贵了。

薛仁贵征东

薛仁贵是李世民钦点的"新一代"领军人物，不过他的致命弱点是出身低微，缺乏军中资历。[1] 所以，他被破格提拔守玄武门之后，一守就是十多年，失去了再次晋升的机会。因为高宗时代，主持军政大局的是"旧人"李勣，四处出征的，也都还是些"旧人"，如苏定方等。

薛仁贵就这么年复一年地守卫着玄武门，兢兢业业。终于，在永徽五年（654），转机来了，他居然救了唐高宗一命。[2] 不久之后，薛仁贵再次获得出征的机会，宝刀又一次出鞘了！这次出征的对象还是高句丽，他和高句丽也算是有缘。

高宗初年，君臣最大的课题就是要征服高句丽。当时的大

1　这个弱点，也是后来导致他大非川一役大败的重要原因。

2　永徽五年（654）夏，唐高宗正在万年宫避暑。一天夜里，突然下大雨，洪水暴涨，直冲玄武门，当时宿卫士兵都逃散了，右领军郎将薛仁贵不顾个人安危，登上门口，大声告警宫内。高宗闻声，得以逃过一难。事后发现，宫内淹死者达三千余人，可见非常危险。多年以后，高宗还记得薛仁贵忠于职守，救过自己一命。

唐，就好比一只盯着刺猬的老虎，一口吃下，不太现实。于是，李勣采取了消耗战策略，时不时派人马去骚扰一下，让高句丽不得安定，疲于奔命。受命出征的薛仁贵简直就是出笼的饿虎杀入了羊群，凶猛无比。先后数次大战，战无不胜。

贵端之战：显庆三年（658），薛仁贵在贵端城（辽宁浑河一带）击败高句丽军，斩首三千余级。

横山之战：显庆四年（659），薛仁贵与高句丽大将温沙门大战于横山（辽宁辽阳东）。当时，薛仁贵手持弓箭，一马当先，冲入敌阵，所射者无不应弦倒地。可见这十多年来，薛仁贵的骑射功夫一点没有耽搁下呢！

石城之战：显庆四年，薛仁贵又与高句丽军战于石城（当在横山附近）。当时高句丽军中有个将领箭术了得，一连射杀了唐军十余人，无人敢当。薛仁贵见状大怒，单枪匹马，直冲敌阵，以迅雷不及掩耳之势来到敌将面前，只见薛仁贵轻舒猿臂，敌将的箭尚未射出，已经被擒。这种通常只能在话本小说中看到的情节，居然再次上演了。薛仁贵真不愧是白虎星附体的猛将啊！

由于战功赫赫，薛仁贵也连连升官，很快官拜左武卫将军，这是从三品的高官[1]；封河东县男，这是封爵，可以世袭，标志着他已经是个贵族了。在汉代，这个爵位相当于封侯。[2]

不过，在这些征讨活动中，薛仁贵都只是副将，领军者是程

1　唐代官员有两道关卡，一个是五品，过了这关就是中级官员；一个是三品，过了这关就是高级官员。

2　之后一段时间，薛仁贵调离了主战场，可能去攻打契丹了，肃清辽西一带的异动势力。

名振、梁建方、契苾何力等名将。所以，他的功劳都是亲上战场搏杀，并没有展现排兵布阵等军事谋略方面的才能。

　　在唐灭高句丽总决战的最后一战中，薛仁贵是除了李勣之外最关键的一员战将，居功至伟。他不仅再次展示了自己的勇猛无敌，也充分对战机的精妙把握。这一战，让他完成了从猛将到名将的飞跃，名望地位已经不可动摇。正因如此，后人编写薛仁贵的故事，直接命名为《薛仁贵征东》[1]，显然，他的无数战绩中，后人最为认可的，还是灭高句丽这一战。

　　乾封元年（666），高句丽出现了内讧，这是亡国之兆。大将泉男生要投诚归附唐朝，对唐朝来说，这是个重大好消息。唐派大将庞同善、高偘去接应泉男生的投诚军队，但泉男生的弟弟泉男建不服，又率兵拒守。于是，薛仁贵被派去增援。

　　薛仁贵星夜兼程赶到新城（今辽宁抚顺北）时，刚好遇到敌军偷袭庞同善的军队。这伙倒霉的敌军算是撞上枪口了。

　　高偘行至金山（今辽宁昌图西南），遭遇了高句丽大军。在危急时刻，薛仁贵的援军再次及时赶到。薛仁贵的军队并不多（大约只有三千人），他发现高句丽大军队伍拉得过长，于是当机立断，命全军横击，如一把巨大的闸刀从天而降，一下子将敌军截成首尾不能相顾的两部分。如此，正高歌猛进的高句丽军

1　征东，就是征辽东。高句丽之地可分为三大块，辽西、辽东、朝鲜北部。其中朝鲜半岛北部是首都平壤所在，但辽东——辽河以东、鸭绿江以西，才是唐和高句丽战争的关键地区。

转眼之间变成了仓皇溃败的一方。这一战下来，唐军斩首五千。[1]
而且，薛仁贵顺带攻克了南苏（辽宁开原东）、木底（辽宁新宾
西）、苍岩（吉林集安）三城，也终于和亲唐的泉男生部会合了。

初战告捷，薛仁贵表现十分出彩，为此高宗皇帝亲笔写了诏
书慰劳仁贵，这也是难得的殊荣。

名将的诞生

直到此时，薛仁贵还只是个猛将。他要脱胎为名将，还要有
更多有说服力的表现，尤其是独当一面指挥军队的战绩。这一刻
马上到来了——这就是扶余城之战。

李勣决定亲率大军出征高句丽，是要毕其功于一役。李勣自
然是统帅，手下有庞同善、高偘、郭待封等六个总管，薛仁贵虽
是大将，却不在总管之列。但接下来，薛仁贵证明了一点，高句
丽就是自己的舞台。

金山之战后，全军士气高涨，斗志昂扬。薛仁贵一看将士
可用，当即提出要一鼓作气，进军扶余城。扶余城（今吉林四
平）是高句丽北部重镇，也是全面控制高句丽北部的关键所在。
对这个"意外"的作战计划，其他将领纷纷反对。他们反对未尝
没有道理，唐军善于野战，但高句丽善于守城，所以这个计划是
吃力不讨好。如果薛仁贵执意去攻打扶余，肯定得不到其他将领

1　《资治通鉴》的记载是"五万"，似乎太多。古代将领报告战绩，常会虚报十倍之多。

支援。但仅凭薛仁贵自己这三千人，那简直是不可能完成的任务啊。然而薛仁贵胸有成竹，他只扔下一句话："在善用，不在众。"毅然率领孤军前往。

其实，薛仁贵是真正把握到了唐军作战的精髓。魏晋南北朝时期流行重装骑兵作战，但到了隋唐，重装骑兵不可避免地衰落了，轻骑兵的机动性被大大发挥出来，其战斗能力之强，是重装骑兵无法抵挡的。唐朝从开国打天下，到后来四方征战，几乎战无不胜，其关键就在于军队的机动性特别强。李世民、李靖、李勣等名将的经典战例，很多都是靠轻骑奇袭取胜的。这充分体现了兵贵神速、出奇制胜的兵法精神。

果然，薛仁贵这一去，势如破竹，一路上神挡杀神，佛挡杀佛，破敌上万，很顺利地包围了扶余城。而接下来的扶余城之战，成了整个战争的决定性战役。薛仁贵充分发挥了围点打援的战术，大大消耗了高句丽军队。

唐军攻占扶余城，彻底打乱了高句丽的防御部署。泉男建气急败坏，乱了分寸，派遣五万人马，想夺回扶余城。结果又在薛贺水（辽宁丹东）一战，被唐军大败，斩获三万余人。随后，南北两支唐军顺利会合。这次战役的胜利，宣告了灭高句丽战争大局已定。

此时，薛仁贵的军队并没有歇着，他们就像开弓的箭，一路沿着海岸强行军，高句丽望风投降的城有四十多座，很快，整个扶余地区都被收服了。薛仁贵这三个字，就像长了翅膀，在整个辽海地区传扬。高句丽人用鲜血记住了这个可怕的名字。薛仁贵的风光盖过了统帅李勣之外的所有人，太宗时代的猛将，终于在高宗时代成了一员名将，而高句丽人目睹了这一个过程，十分苦涩。

此后不久，"前线慰问团团长"贾言忠来视察，回去后，高宗问他说，你看前线哪个将军最好啊？贾言忠脱口而出："薛仁贵勇冠三军。"想来这次战役给贾言忠留下了至深的印象。

其实，勇冠三军只是薛仁贵最突出的特点，但不足以概括薛仁贵这个人。这一次出征，薛仁贵展现的更多是对战局的整体谋划和对战机的把握，还有对军队的指挥能力。因为这一战，薛仁贵是力排众议，独立指挥，最后顺利完成战略目标，为整个战争的最终胜利奠定了关键基石。这一切，难道仅仅是靠勇冠三军就能做到的吗？

能成为名将，并不是仅仅靠力气，还更要靠头脑。在寂寞守宫门的十几年中，薛仁贵并没有荒废时间，而是阅读了大量书籍，极大提高了文化素养；同时他还十分关心周边形势，收集了许多情报。这对他的脱胎换骨有着至关重要的作用。高宗初年，苏定方前往西域征讨西突厥，薛仁贵并没有机会参战，但他仍给皇帝上疏，提出了自己的建议："臣闻兵出无名，事故不成；明其为贼，敌乃可服。今泥熟不事贺鲁，为其所破，虏系妻子。王师有于贺鲁部落转得其家口者，宜悉取以还，厚加赉遣，使百姓知贺鲁为暴而陛下至德也。"意思是说，西突厥首领阿史那贺鲁有个对头叫泥熟，皇帝可以帮助和扶植泥熟，这样不仅更加师出有名，还可以获得一大助力。高宗采纳了他的建议，果然泥熟积极要求随军效死，对后来平定西突厥有很大帮助。这说明，薛仁贵一直在关心着国家大势，并且开出的"药方"也很对症。

总之，薛仁贵一直在成长，早已非吴下阿蒙。身为武将的他还写过一本《周易新本注义》。《易经》属于儒家经典，而且非常玄奥深刻，薛仁贵居然敢为《易经》做注解，看来是深通其理了。这从另一个方面说明，薛仁贵的文化素养，已经有相当深度了。

灭高句丽一战是薛仁贵真正的成名战，战后他也加官晋爵，当上了左武卫大将军，这是正三品的武将，也是唐代武官的最高职位了。高宗还让他担任第一任安东都护府的长官，率兵驻守平壤。[1] 留任薛仁贵，首先是因为他威名远扬，足以镇得住场面；其次，恐怕也是因为薛仁贵足以独当一面了。史书上说薛仁贵在高句丽旧地做得很出色，"抚孤存老，检制盗贼，随才任职，褒崇节义"，以至"高句丽士众皆欣然忘亡"，这哪里还只是个猛将呢，简直就是一位出色的地方官。虽然这里有夸大的成分，但多少也反映出了薛仁贵出色的行政管理能力。

大非川之败

对唐朝而言，薛仁贵更能发挥能力的场合终究还是战场，所以皇帝很快就将他从东调到西，来对付大唐新的劲敌——吐蕃。

然而，在东部威风八面的薛仁贵，在西部高原遭到了大唐

---

1 都护府是唐代领军镇守和监管地方的一种边疆制度。都护府下设羁縻府州，羁縻州形式上也是州县制度，但长官并非流官，而是本地部族领袖，故带有较强自治性质。这种制度有点类似于后代的土司制。

立国以来最大的军事失败——大非川之败。[1] 十余万大军遭到了吐蕃军队毁灭性的打击，而且此后唐朝军队再未涉足乌海以西地区。[2] 吐蕃一跃成为唐朝最大的劲敌，唐朝独尊的情况也一去不返。这次失败，是战略性的失败，也是历史性的失败。

吐蕃的兴起和灭亡，与大唐兴亡时间间隔不远。大唐之后，青藏高原地区就再也没有恢复往日的辉煌，甚至长期无法统一。

李世民在位的时候，唐蕃双方已经交过手。贞观十五年（641），松赞干布向唐求婚，太宗不许。吐蕃攻打松州，被唐军击退。不久之后，松赞干布再度求婚，太宗把文成公主嫁给他，创造了一段著名的和亲佳话。但和亲的温情，并不能阻挡两个大国的政治利益冲突。特别是统一了青藏高原的吐蕃，有非常强烈的对外扩张地盘的欲望，爆发战争是迟早的事。

大非川之战的背景是唐蕃双方争夺吐谷浑（在今青海地区）。早在太宗时期，吐谷浑就被收服了，是唐的藩属国。而吐蕃对外扩张，第一个目标就是吐谷浑。吐蕃先发制人，大败吐谷浑，其国王遣使告急。与此同时，吐蕃在西域一带也步步紧逼，给唐朝带来很大压力，以至于罢了安西四镇。如果不遏制这个势态，西域迟早落入吐蕃手里。

1　大非川在何处，有多种说法。较多学者认为当是青海省大河坝河上游地区，唐军驻军点则在大非川一带的制高点大非川岭，即青根河和黄清河汇入大河坝河的河口附近，在今青海省兴海县境内。

2　乌海，在花石峡一带，今青海省玛多县境内。从大非岭到乌海，今都处于玉海高速公路附近，古代当为唐蕃古道。

　　于是在高宗咸亨元年（670），新近最辉煌的唐军将领薛仁贵奉命出征，以右威卫大将军的身份为"逻娑道行军大总管"。这一年，薛仁贵已经五十六岁。

　　行军大总管，相当于战争总司令。这对薛仁贵来说，是有重要意义的，因为这是他第一次全权指挥一次独立的战争。如果这次战争能获胜，他就是李勣的接班人了。

　　事实上，从战争目标来看，唐的野心很大。"逻娑道行军大总管"，这个名字就是唐军的作战计划。逻娑，就是拉萨，是吐蕃的政治中心。显然，这次军事行动的最终目标是拉萨。也就是说，如果战事顺利，唐军就要直捣黄龙，彻底击败吐蕃。贞观初年灭东突厥的战争，就可以看到大唐这个战略思想。

　　唐军总数只有十多万人，规模并不大。不过，这些兵力，在唐前期算是顶级规模了。在那个战无不胜的时代，唐军奉行的军事思想是"兵贵精不贵多"，以机动灵活为主。[1]薛仁贵显然是服膺"兵贵在精"的军事思想的，十万之众，已经足够了。

　　再来看副职，左卫员外大将军是阿史那道真，右卫将军是郭待封。这是最失败的一点。阿史那道真倒也罢了，是突厥后裔，属于客将；要命的是郭待封，他是名将郭孝恪的二儿子。郭孝恪在李勣投唐之前，就是追随他左右的副手，也是最亲的心腹。后来李勣征高句丽时，也把郭待封带在身边，这显然为了给他增加

1　武后时期开始，唐军打仗出动的军队越来越庞大，动不动就是二三十万，可是战绩却明显下滑。

一些资历。这也还罢了，关键是郭待封自恃名门之后，很瞧不上出身低微的薛仁贵。所以，他一路上不听指挥，"颇违节度"。行动不听指挥，这是军中大忌，焉得不败？

依薛仁贵的计划，唐军的战术部署如下：一、把大本营扎在大非川，留二万人固守；薛仁贵自己率精锐，出其不意地迅速攻打乌海，吸引敌人主力；二、郭待封率主力大部队随后跟进，与敌人主力决战。这个战术部署，仍然强调"机动作战"的军事思想，关键是要行动迅速。

从前半程来看，战争是朝着设想的目标发展的。薛仁贵率前锋部队一路奔袭，多杀掠，中间还俘获牛羊万计——这些牛羊大概是薛仁贵要用来做军粮的。最后，薛仁贵顺利攻到乌海城。

但是他在这里并没有发现吐蕃的主力部队。原来吐蕃早有计划，他们避开唐朝精锐的前锋部队，而将主力调去后方，去包抄唐军的后续大军。

最糟糕的是，郭待封并没有听从薛仁贵的指令，将辎重留在大非川，而是带上所有辎重军粮，一股脑全跟着前锋部队出发了。因为道路艰险，又是高原地带，而且辎重军粮本来就笨重难行，这下就更加行动迟缓了，犯了兵家大忌。

而且，这次薛仁贵他们有一个很可怕的对手噶尔·钦陵，他是禄东赞[1]的儿子，号称吐蕃历史上第一名将，被吐蕃人视为战

---

1 禄东赞是松赞干布的宰相，堪称吐蕃头号名相。他的形象也出现在著名的《步辇图》中，左侧站立三人，中间那位就是他。当时他正代表松赞干布向唐求婚，获得了唐太宗的接见。

神。这样一员名将，自然不会放过这么明显的漏洞。所以，还没等唐朝的前锋和中军在乌海会合，二十万吐蕃大军就突然出现在郭待封率领的唐军面前。结果是完全可以预料的，就算唐军再神勇，在海拔几千米的高原上，也创造不了奇迹了。

当唐军辎重军粮全部损失的消息报告给薛仁贵后，他唯一能做的就是退兵，一直退回大非川。但这时候，唐军面前的吐蕃大军已经聚集到四十万之众，这几乎是吐蕃全部的兵力了。史书上说"唐兵大败，死伤略尽"，也就是说，十余万唐军精锐，基本上全军覆没。

军事的失败，也带来了政治失败，随后"吐谷浑遂没"。

这次战争在军事方面的影响也非常深远。首先，就是唐军不败的神话被打破。虽然此前有李世民亲征高句丽而不果，可毕竟没有遭到重大失败。而且唐军在不久前还征服了高句丽，创造了又一个大唐军队神话，可转眼之间，十多万精锐丧命高原，无论怎么看，都是一个彻底的失败。

其次，对唐军的士气打击非常严重。多年之后，还有人痛心疾首地说："薛仁贵、郭待封覆我师徒，军人丧气，至今不振！"这种大败对军心的打击，对士气的打击，是非常致命的。之后的战争中，唐军再也没能恢复之前那种所向无敌的气概和信心。也许是巧合，就在咸亨元年这次大败前的一年，即总章二年（669），大唐最后一位军神李勣去世。在此之前，唐军的名将统帅是李世民、李靖、李勣这样的军神，他们的战无不胜是唐军自信的来源。本来，薛仁贵是延续这个名单的最佳人选，可是很遗憾，他的运气差了点。

高宗比较念旧，也比较心软，虽然经历了前所未有的惨败，他终究没有杀薛仁贵，而是将其贬为平民。有人认为高宗没有对薛仁贵等用极刑是极大失策，因为开了败军之将可以不死的先例，所以之后的唐军都不愿拼死，最终战斗力明显下降。

其实，这次失败，看似是薛仁贵个人的失败，但它反映的问题是很深刻的。大非川之败，最关键的是没有做到令行禁止，副手居然不听主将的指挥！这样的军队，绝对不可能是一支百战百胜的军队。此外，这次战败还透露出了大唐的一个弱点，高层政治有了严重问题——武则天掌控了朝政，她将更多的精力放在内部斗争上，忽视了军事，忽视了外敌。实际上，在武则天掌控大权期间，唐朝没有出现什么名将。一直到玄宗朝，才逐渐涌现出一批新的名将。这里面的问题，着实很耐人寻味。说起来，薛仁贵也可以称得上是"背锅侠"之一了。[1]

总之，唐军军力下降的原因有很多，完全归因于不杀薛仁贵，恐怕并不合理。但大非川之战是唐军战斗力下降的转折点，这是无疑的。薛仁贵是这个转折点的见证人。

不管怎么说，大非川之败，让薛仁贵离军神差了一步。这一步之遥，让薛仁贵在唐人心中的地位一落千丈。也许，薛仁贵注定只能做一个有遗憾的大唐名将吧。[2]

1　此时吐蕃正处于上升期，又是高原作战，唐军基本上没有取胜的希望。不久之后，唐蕃再战，唐军再损十几万人。

2　配享武庙的第二代武将代表是苏定方、裴行俭，如果大非川之战薛仁贵获胜，那他很可能会压倒此二将。

最后一战

薛仁贵虽然成了平民，但只要不死，总有翻身的机会。因为皇帝不杀他，主要还是为了要用他。正可谓留得青山在，不怕没柴烧。

不久之后，高句丽旧势力反叛，朝廷重新起用了薛仁贵。但起用不久，他就被流放到象州¹去了，可能是因为贪污。

很快，借着朝廷大赦的机会，薛仁贵又回来了。高宗召见了薛仁贵，说："以前在万年宫，没有你，我都变成鱼了。你还曾经为我消灭过九姓突厥（铁勒）、高句丽，功劳是很大的。"可见高宗还是挺念旧情的。当然，皇帝也是要借重薛仁贵的威名，"现在西部不安全，瓜州沙州的道路都不通了，你怎么能安稳地睡在家里，不去打仗去呢？"这次，薛仁贵被派去西北边疆坐镇，开始了他人生舞台上的最后一次表演。

此时北方边境不宁，突厥势力又开始冒头，姓阿史那的一拨人再次聚集在大漠上，蠢蠢欲动，还把触角伸到了并州（山西）北部。开耀二年（682）冬，六十九岁的薛仁贵带病冒雪率军进击，在云州（即今大同）一带，截住了突厥军队。开战之前，突厥人问道："唐朝的将军是谁？"唐军说："薛仁贵。"突厥人不信，说："我们听说薛仁贵将军发配象州，已经死了，怎么还能过来？别骗人了！"于是，薛仁贵默默地脱下头盔，虽然看起来沧桑了一些，但依然是那个威风凛凛的猛将。薛仁贵在大漠的威

1　象州在今天的越南境内。

名实在太大了，三箭定天山，那是一个神话。突厥人看到传说中的人物，都不由得翻身下马跪拜，然后想偷偷地撤退。薛仁贵立即下令追击。突厥人没有完全斗志，薛仁贵轻松地打了一个大胜仗，斩首一万多，俘虏三万多，还缴获了许多牛马。善战的草原民族，在薛仁贵面前，几乎就是惊弓之鸟。

第二年，七十岁的薛仁贵去世了，再英雄的人物也挡不住死神。人们说，"美人自古如名将，不许人间见白头"，薛仁贵把自己的神话延续到了生命最后一刻，也算是没有遗憾了。

薛仁贵远称不上是完美英雄，但绝对是勇猛善战的典范，甚至可以说，他是大唐雄风的代言人。但在后来的戏曲小说中，薛仁贵从一个勇猛无敌、叱咤风云的悍将，逐渐变成了小白脸角色，甚至让女人为他牺牲受苦也面无愧色。这背后未尝不是透露出中国男性精神逐渐萎靡的过程，让人唏嘘。

薛家将传奇

在民间传说中，薛仁贵是被儿子薛丁山一箭射死的，因为薛丁山也是白虎星附体，要通过这种方式来完成交接。如此，回想薛仁贵百步穿杨，三箭定天山的神话故事，真是如在梦中。

后代评书中，薛丁山作为新任白虎星宿主，也是大杀四方的名将。不过，他的功绩最重要的是征伐西域番邦，所以就有了《薛丁山征西》。老子征西大败，儿子给报了仇，这倒是很符合中国人的观念，父仇子报。

　　历史上薛仁贵的儿子虽然有大破吐蕃的功绩，但名字并不叫薛丁山，而是叫薛讷。这个名字大概是取自《论语》"君子讷于言而敏于行"，因为他字慎言，正与"讷于言"相合。这个名字既反映了薛仁贵的文化修养，也说明他希望后代由武转文。[1] 事实上，薛讷一开始做过县令，看来是朝文官路子走的。不过薛讷秉性刚直，在当蓝田县令时就敢拒绝酷吏来俊臣的要求，看来还是颇有将门之风的。

　　后来突厥入侵河北地区，武则天到处搜求将才，就把他给提拔起来了，因为他是名将之后。有趣的是，薛讷的第一个职务就是安东道大使，大约还是要借其父之威名吧。后来薛讷一直在边境军中任职，主要在幽州（又称范阳，即北京），但没什么大功。史书评价是"其用兵，临大敌益壮"。就是说，遇到大场面的时候，他会更加沉稳，看来确实很有家风。

　　薛讷可能并没有如他父亲那般的武艺和勇猛，但在军队管理方面，还是很出色的。开元初年，玄宗在新丰进行阅兵和军事演习，薛讷被任命为左军的司令。当时很多队伍都军容不整，但薛讷的军队却进退合宜，训练有素。玄宗又派使者到左军的军门，也进不去。[2] 演习结束，他很得玄宗欣赏。因为受赏识，薛讷也就积极请战，结果在率军攻打东北的契丹和奚的战争中，大败而归。还好，后来他东山再起，转到西部带兵，在与吐蕃的战斗

1　由武转文，几乎是所有武将家族的必由之路，这样家族才能获得更好的发展。

2　显然这招是模仿周亚夫细柳营的典故。想来因为薛讷也是读过书的人，所以带兵也懂得用典，才能收到奇效。

中，打了一个漂亮的翻身仗。薛讷的经历与父亲相反，薛仁贵是胜在东边，败在西边；薛讷则败在东边，胜在西边。难怪后来人们要编《薛仁贵征东》《薛丁山征西》，都是宣扬他们的功绩。

总的来说，薛讷的人生中规中矩，远没有故事中的薛丁山那么多姿多彩，说他是个武官尚可，说名将，那就远不够格了。不过，薛家的传奇还没有结束。

薛仁贵反唐的孙子，名字并不是民间熟知的薛刚，而是叫薛嵩，是薛仁贵另一个儿子薛楚玉之子。薛楚玉也在军中任职，后来还做过范阳节度使[1]，职位不低。不过居然"以不职废"，也就是说他不能胜任职务，后来给罢了官——真是不肖子。孙子薛嵩更加不肖，作为名将之后，居然参加了安史叛军，成了反唐的骨干。

薛楚玉曾经做过范阳节度使，大概罢官后也就定居在范阳了，所以薛嵩生在范阳，长在范阳，是地道的范阳人。是哪里人，本来也不是什么要紧的事，但此时此地，却偏偏有了问题。因为范阳此地，在唐朝逐渐变成了一个"胡化区域"。这里本来是汉文化高度发达的地区，但唐代大量胡人在这里定居，各个民族交流融合，于是此地成了一个地地道道的移民区和多民族混杂区。"胡化"的一个明显特点就是尚武。薛嵩生于斯，长于斯，虽然血统上是汉人，但也不可避免有些胡化，史书上说他"性豪迈，不肯事产利，以膂力骑射自将"，说他喜欢骑马射箭。本来骑马射箭也是薛

1　范阳是唐朝东北重镇。安禄山后来就是在范阳节度使任上造反的。

家传统，可是从薛仁贵开始，就逐渐由武转文了。即使从军，也是如薛讷那样，做个管理人才，而不是冲冲杀杀的角色。因此薛嵩善骑射这点，更多的是胡化，而非家学。

更要紧的是，胡化区域对中央王朝缺乏向心力。文化和价值观的差异，使得这一区域的人民相对缺乏对朝廷和皇帝的认同感。所以，虽然这里名义上还处于唐朝统治范围内，实质上却潜伏着反叛的可能。一旦出现了安禄山这样的分子，反叛就成了现实。像薛嵩这样出身将门的人——他的祖父是大唐名将，伯父、父亲也是朝廷重臣，他却并不犹豫地起来反叛这个朝廷。这应该归因于他的胡化，缺乏对朝廷的认同感。

安史之乱后期，唐朝廷一时消灭不了河北地区的安史众将，只能采取妥协政策，承认了这些将领在当地的统治权力。于是薛嵩摇身一变，成了名义上的大唐节度使，实际则是地方割据的军阀。他占据的地盘有相、卫、洺、邢诸州，地跨太行山的河北、山西南部。

薛嵩成了土皇帝，但他的日子并不好过。因为魏博节度使田承嗣——他原先的同僚、现在的邻居——对他的地盘虎视眈眈。薛嵩整天忧心忡忡，不知道该向谁求助。求其他节度使？无异于与虎谋皮；求朝廷出面，那也说不出口啊！这个时候，小说家站了出来，替他写了一篇传奇小说《红线传》，说薛嵩有个侍女叫红线，不仅剑术过人，而且会乘风驾云，居然是半仙之体。于是她一夜之间便盗来田承嗣的枕边金盒，然后薛嵩再得意扬扬地给送回去，以此表明，俺取你首级易如反掌！这下果然把老田吓坏了，再不敢动歪脑筋。

这个故事其实很有讽刺意味。堂堂一个军阀，居然要靠侍女来保护，简直是堕落。历史事实要更残酷些，后来薛嵩的地盘还是被瓜分了，田承嗣获得了其中的两个州。红线女的斩首战术看来并没有发挥真正的威慑作用。

大概是厌烦了这种没有安全感的明争暗斗，薛嵩的儿子薛平开始走另外一条路，那就是放弃割据，回归朝廷。薛平的归顺让朝廷很满意，于是任命他为宿卫将领，和他的曾祖薛仁贵一样，站在了皇帝身边。薛平后来又出任藩镇节度使数十年，致仕的时候已经做到司徒，死后追封太傅（正一品），也算是位极人臣了。这大概是死赠太常卿（正三品）的薛仁贵做梦都想不到的吧！这种鲜明对比，也不禁让人感慨大唐雄风不再。

薛仁贵家族四代人物的故事[1]，起起伏伏，弯弯曲曲，构成了一段荡气回肠的传奇。而这个家族的历史，也几乎是唐朝军事政治史的一个缩影。恐怕除了薛氏家族，没有任何一个家族的历史能与唐朝历史如此密切贴近了吧？

大概正由于这个缘故，后人在选取一个家族创作评书故事时，唐朝首选就是薛家将。从此，薛仁贵家族获得了另外一种生命，长久地存活在文学作品中，那些半真半假的故事，赢得了人们无数欢笑和眼泪。

1　薛平的儿子薛从最后做到左领军卫大将军，也是高级武官，算是保持了家族荣耀。

第五章

狄仁杰：桃李满狄门

神探狄仁杰？

提起"狄仁杰"这三个字，你眼前是出现了一个敦厚朴实的中年官员，还是一个英俊潇洒的青年人？想到的是中年官员，多半是因为电视剧《神探狄仁杰》；想到的是青年人，估计缘于电影《狄仁杰》系列。狄仁杰是个古人，却也是当前的大红人呢。比如2018年，国内就一口气上映了六部狄仁杰电影，年度最忙人物非狄仁杰莫属了。

狄仁杰为什么会这么红？主要原因有两点，一来他是"神探"，他当破案故事的主角再合适不过了；二来他的老大是武则天——中国历史上最具话题度的女人，编起故事来也自带光环。

从断案的角度来说，其实并没有一个具体的案例是由狄仁杰侦破的，现在电视剧、电影里面讲的破案故事都是虚构的，假的！但是，狄仁杰成为"中国版福尔摩斯"并非后人杜撰，因为真实的狄仁杰确实断案如神。他做过大理寺的法官，还受到过嘉奖。更重要的是，狄仁杰此人的精神气质是疾恶如仇、一身正气，既是正义化身，又是"福尔摩斯"附体——他不当神探，谁当神探？所以，毫不奇怪，在清代公案小说创作流行的背景下，《狄公案》应运而生，狄仁杰正式展开了他神奇的探案之旅。[1]

至于狄仁杰和武则天的关系，很难总结，并不是说狄仁杰和武则天有什么暧昧，而是说他们之间的关系有两个面相，互相矛盾。一方面，武则天确实十分信任狄仁杰，称其为"定策国老"，而狄仁杰也尽忠职守；另一方面，大家都普遍认为狄仁杰"身在武营心在唐"，甚至策划好了他死后的神龙政变，逼武则天退位，终结了武周天下。简单地说，狄仁杰似乎是个"两面派"，既效忠武则天，又反对武则天。在古人眼里，武则天得位不正，所以狄仁杰的行为是正义的。但从今人的视角看，狄仁杰的这种行为就显得相当违和，作为"两面派"，他心里到底是怎么想的呢？

事实上，每个人物都是相当复杂的，而历史描述往往比较单一，只聚焦了人物性格中的某些特质。况且历史人物的形象，往往是他的艺术形象，是一种"漫画"，而非完全真实的那个本来面貌。下面，我要送给大家一张狄仁杰的画像，这张画肯定比漫画更真实，但也肯定比不上相片，姑且称之为狄仁杰的"素描"吧。

1　狄仁杰在当代成名，首先要归功于荷兰汉学家高罗佩。他本要翻译清代小说《狄公案》，后来干脆以狄仁杰为原型创作了侦探小说《狄公案》（*Judge Dee*），计 17 部，在西方引起轰动，狄仁杰也成为闻名西方的中国神探。

狄仁杰档案

狄仁杰，字怀英，他经常被称为"狄梁公"，这来自狄仁杰的爵位"梁国公"。这个爵位还是武则天的儿子睿宗李旦追封的呢。[1]

还有人称他为"文惠公"，"文惠"是狄仁杰死后的谥号，是武则天对他的肯定。所谓的惠，核心是"遗爱在民"，给老百姓各种恩惠慈爱，就是爱民。狄仁杰的一生，无论是做地方小官还是朝廷重臣，他总是把百姓放在心里，把百姓之事做到实处，他所到之处——宁州、丰州、豫州、彭泽、魏州等地，人们纷纷给他立"遗爱碑"，立生祠，可见狄仁杰多么受百姓爱戴。

狄仁杰出生在贞观四年（630），就在这一年，大唐名相杜如晦去世，可能冥冥之中这也是两位名相的交接吧。狄仁杰卒于久视元年（700）九月辛丑，满了古稀之年，可谓仁者寿。

狄仁杰应该是羌人的后裔。狄仁杰能追溯到的祖先，最早的一位叫狄伯支，在羌人姚苌建立的后秦政权中担任尚书右仆射（相当于宰相），也是姚苌临终任命的四位顾命大臣之一。如果他不是羌人，恐怕很难得到姚苌如此高度的信任。另外值得一提的是，狄伯支及狄家后裔，多在秦州（甘肃天水）做官，于是天水成了狄姓最重要的郡望。[2]

---

1 之前一位著名的梁公是房玄龄，人称"房梁公"；之后一位著名的梁公是姚崇，人称"姚梁公"。三人分别是太宗、武则天、玄宗朝的重臣。

2 古人爱拉名人认祖先，狄仁杰身后多年也差点发生这种事情。北宋时，有人自称狄仁杰之后，前去拜会名将狄青，并献上狄仁杰的画像和告身（就是任命状），希望狄青能认狄仁杰为祖先。不过，狄青拒绝了。

　　狄仁杰的籍贯却不是天水，而是太原。《狄仁杰传》明确说是"并州太原人"。更确切的证据是 2000 年在太原发现的狄仁杰高祖狄湛的墓，还出土了墓志，可知从狄湛的父亲狄恭开始，就定居于太原了。但是，到狄仁杰出生时，他们家其实已经迁居河阳了。狄仁杰的父亲狄知逊的墓就在河南孟津县，狄仁杰本人的墓、儿子狄光嗣的墓，也都在孟津县。所以，唐代人的身份很复杂，郡望、籍贯、出生地，很可能都不相同。

　　狄仁杰的祖父叫狄孝绪，隋朝时做过新丰县令，后来成为唐朝第二任司勋郎中，真正的实权派。为什么入唐后狄孝绪能"连升三级"（从县令到郎中不止三级）？我们都知道，李渊就是从太原起兵的，而狄家刚好就在太原，而且狄家本来就是武将世家。所以，很有可能，狄孝绪就是在晋阳起兵时追随李渊的，而且狄孝绪有行军总管的经历，这说明他是真正领兵打过仗的。这么说起来，狄家很可能就是大唐开国功臣之一（当然属于小功臣）。狄孝绪的最高官职是尚书左丞，真正的实权高官。[1]

　　狄仁杰的父亲狄知逊，是明经出身，曾做过东宫内直郎——这是太子东宫的官，负责太子东宫的符玺、伞扇、几案、服饰等事务。其职掌看起来好像很琐碎，无关紧要，但太子东宫官向来是美差，不是因为有多少实权，而是前途远大，往往升迁很快。而且未来太子要是成功上位，当上皇帝了，那这个东宫官资历更

1　这个职位上最出名的大概要算王维，他的文集名《王右丞集》，就是因为他最高做到了尚书右丞。左丞排名高于右丞。

是一道护身符。狄知逊能做上东宫官，也许和他相貌英俊有关。狄知逊"龙章风姿""神情秀发"，一表人才（根据这点推想，狄仁杰的相貌应该也很好）。作为有强烈的侍从官性质的东宫官，形象当然要上佳才合适。只可惜狄知逊虽有东宫官资历，仕途却不太好。他后来的官运一直没有起色，一辈子都只在地方做官，从郑州（今河南郑州）、梁州（治今陕西汉中）到华州（今陕西渭南华州区）、夔州（治今重庆奉节），足迹遍布大江南北，最后终于夔州长史之任。

关于狄仁杰的母亲，资料几乎没有。有关狄仁杰的一个故事中，可以知道他有个堂姨姓卢，那么他母亲自然应该是姓卢。是否出自高门范阳卢氏，也完全不可知。

宦游知疾苦

狄知逊在大江南北四处宦游，对青少年时代的狄仁杰来说，倒不失为一段很好的人生经历，让他增长了见识，了解了民间疾苦。这可能对他以后做官总是关心民情，坚持为民造福，有着很大的影响。

狄仁杰也从小表现出了不俗气质。有一次，他家的看门人被害了，当地官吏就前来调查案情，全家老小都出来接受讯问，只有狄仁杰安然不动，继续读书。于是官吏过来就责问他，没想到狄仁杰昂然回答："我在看书呢，忙着和古代圣贤交谈，哪有空来见你们这些俗人，管这些俗事啊！"小小年纪，语出惊人，传为了佳话。

狄仁杰还有个特点，读书学习之外，从小就对医术很有兴趣。这也是有别于一般的官宦子弟的。他去长安考科举，路过华州，看到有人贴出巨幅告示："能疗此儿，酬绢千匹。"原来是一个少年，鼻子下长了一个拳头大的瘤子。狄仁杰很同情，于是上前揭榜。他让少年先坐起来，取出针，从后脑刺进去，到达患处后迅速抽针，那个瘤子应声落地。中国有句老话：不成良相，就成良医。不管是做良医，还是做良相，狄仁杰都已经准备好了，他的一生，注定要为天下的百姓医治疾苦。

显庆元年（656），二十七岁的狄仁杰来到了长安，来考科举，不过并不是我们熟悉的进士科，而是和他父亲一样的明经科。唐代有句话叫"三十老明经，五十少进士"。也就是说，明经很容易，三十岁考中就算老的；而进士科很难，五十岁考中，也算年轻的。但是，"三十老明经"这种情形是唐代中后期的情形，唐朝初年，明经科只会比进士科更热门，更受重视。因为明经出身的人，可以获得从八品下的散官；而进士出身，则授予从九品上的散官。两者的起点就相差三阶呢。

这里，我们必须要提一下武则天，她在狄仁杰一生的命运中具有非常重要的地位。就在前一年，永徽六年（655），武则天被立为大唐皇后。

当然，此时武则天还不认识狄仁杰，也不会注意到这个未来会成为她肱股重臣的年轻人。论起理论上的籍贯，狄仁杰是并州太原人，而武则天是并州文水人，可谓同乡。

　　大胆假设一下，他们的父祖辈可能已是老相识了。狄仁杰的祖父狄孝绪和武则天的父亲武士彟，都是太原起兵时的老人。退一步说，就算不是旧交，到了唐朝初年，狄孝绪是司勋郎中（属吏部），武士彟做过库部郎中（属兵部），两人应当也打过交道。

　　当然，就算是他们的父祖之间有点交情，此时一个初出茅庐的年轻人和大唐皇后之间，也不会有什么交集。

仁杰是人杰

　　狄仁杰最开始做什么官我们并不清楚，他有记录的第一个职位则是汴州判佐，就是汴州（今天的开封市）处理具体政务的官员。

　　狄仁杰满腔热情地开始他的为官之旅，可现实很快给了他一次沉重打击——被胥吏诬告了一把。虽然不清楚诬告何事，但从狄仁杰后来刚直不阿的性格来看，估计多半是狄仁杰破坏了官场潜规则吧。幸运的是，这一状告到了河南黜陟使阎立本这里。

　　阎立本，中国历史上最著名的画家之一，也曾官至宰相，但他在绘画方面造诣太高，以至于人称"丹青宰相"。不过此时，他是黜陟使，相当于钦差大臣。阎立本不仅发现这是个冤案，还惊喜地发现狄仁杰是个难得的人才。他特别接见了狄仁杰，并夸他说："足下可谓海曲之明珠，东南之遗宝。"狄仁杰也算是因祸得福了。于是狄仁杰升官了——调任并州都督府法曹参军。

　　如果说汴州的狄仁杰让上司惊喜，那么并州的狄仁杰就让上司大为震惊了。并州都督府级别高，事务也繁忙，所以配备了两个司法参军，除了狄仁杰之外，另一个司法参军叫郑崇质。狄仁杰刚上任，就发现郑崇质遇到了一件棘手的事，他的老母亲抱病在身，正需要他悉心奉养。不巧上司又给了郑崇质一个出差的任务，而且是一趟远差，要去"绝域"之地。所谓"绝域"，在唐朝，至少是万里之遥的地方。正在老郑为"忠孝不能两全"烦恼之际，狄仁杰主动站出来了，找到上司长史兰仁基，提出要代替郑崇质出这趟苦差。兰仁基听了以后，除了意外，又是感动又是惭愧。因为这个时候，他正和并州司马闹矛盾呢，关系很紧张。对比狄仁杰的高尚的品格，不由得自惭形秽。兰仁基长叹一声："狄公之贤，北斗以南，一人而已。"北斗在最北边，那么，北斗以南，就是普天下的意思了。这句话赞叹狄仁杰简直是天下第一贤能之人！后来他总是将此事挂在嘴上，赞叹不已。能让上司对自己如此推崇，狄仁杰真不愧叫"人杰"！

断案如神

　　虽然狄仁杰总是能折服上司，但他却一直待在地方为官，持续十七年之久。兢兢业业又德才兼备的狄仁杰，终于在他四十七岁的时候，调到了中央。上元二年（675），狄仁杰当上了大理丞。

　　大理丞品级不高，为从六品上。不过大理丞是大理寺审案子的主力，具体负责京师百官的审判断罪，同时还要复核全国各地的判案。

　　狄仁杰上任的时候，大理寺已经积压了一大堆多年陈案。狄仁杰夜以继日，笔下不停，勤勤恳恳地奋战了一年后，终于把积压案件都清理了。对此最为高兴的是他的上司，这样好的下属，一定要重重奖赏！所以，年终考评的时候，张文瓘给了狄仁杰一个"中上"评语。唐代官员每年都要考评，称"考课"，其结果还要提交宰相审核。宰相刘仁轨[1]一看居然有个"中上"，就皱起了眉头，但看到狄仁杰那吓人的工作成果，刘仁轨完全震惊了，不仅没有否决"中上"，反而提高一档，判给了狄仁杰一个"上下"。毫不意外，这个"上下"的高评语，一下子又震惊了朝廷百官。一夜之间，狄仁杰名扬长安，大家都知道他断案如神。[2]

对于中下层的官员来说，被众多同僚赞扬，远比不上在皇帝心里留下印象。不过狄仁杰很快在自己的职位上给高宗皇帝留下了深刻印象，某一次审判纠纷，狄仁杰咬牙顶住了龙颜大怒的高宗，犯颜直谏，最终给了案件一个公正客观的结果。

这次事件由两个倒霉蛋引起。仪凤元年（676），左卫大将军权善才、左监门卫中郎将范怀义两个人，误砍了昭陵的柏树。在古代，在皇帝陵墓砍树，那是对先帝的大不敬，属于严重的政治事件！唐高宗听到这个事，十分震惊，痛哭流涕。随后下令严惩权、范二人。

1　刘仁轨也是出将入相的人物，曾在白江口之战中大败倭国、百济联军。
2　需要指出的是，断案如神，和"神探"还是有所不同的。断案，主要是一个法官的角色，而侦破案件是警察干的活。所以，"断案如神"的狄仁杰，其实并不是真正的探案高手，不会侦破案件。清代的《狄公案》中，狄仁杰开始往侦探方面发展，到西方人高罗佩来讲《狄公案》的时候，狄仁杰就变成了东方的福尔摩斯。

　　大理寺审案之后，依律罢了二人的官。高宗看到这一结果，继续震怒：太轻了！二人应该处死！大理寺的官员都不敢说什么，唯有狄仁杰上书，坚持己见，说不能处死他们。高宗亲自见了狄仁杰，疾言厉色地对他说："善才这是使我不孝，必须杀！"这个罪名可就大了，陷皇帝于不孝！按皇帝的意思，十个权善才也活不了。

　　面对盛怒的皇帝，狄仁杰却从容不迫，他巧妙地引用汉代张释之的一个案例，说服了皇帝。《史记·张释之传》里记载了汉代廷尉（最高法官）张释之判案的故事：汉文帝的时候，有人窃取了高祖庙神座前的玉环，案发被捕。文帝大怒，要处以灭族之刑，而廷尉张释之认为，依律只是处死盗窃之人就可以了。狄仁杰拿来与之类比，说："现在陛下因为昭陵的一株柏杀了一个大将军，千载之后，人们会怎么评价陛下呢？如果我奉命杀了善才，那才是真正陷陛下于不义啊！"这是站在高宗的立场来说话。

　　高宗终于冷静下来，认识到狄仁杰是对的。他不仅听从了狄仁杰的判决，他还特别下了一道圣旨，让史官把这件事记录下来，编入国史，以便能流传后世，教育后人（包括后来的皇帝）。这个荣誉可太大了，流芳千古啊。当然，狄仁杰配得上这个荣誉。在盛怒咆哮的皇帝面前，一个小官能够面不改色侃侃而谈，这份胆色，这份智慧，不是谁都能拥有的。因此，高宗也记下了狄仁杰这个名字了。

做了"清官"

果然，没过几天，高宗就提拔他当了侍御史。[1]侍御史是御史台官员，品级也不高——从六品下，和大理丞是一样的。但是，御史台的官，都属于"清官"，地位比大理丞可重要多了。

这里的"清官"，不是指人的清廉，而是指官的一种分类，与之相对的是"浊官"。[2]清官前途远大，一旦做了低品级的清官，那么未来升迁会很快，有希望在致仕时位列三品，成为高官。总之，狄仁杰被调到御史台，可以说成了"重点培养考察对象"。

侍御史，也是负责审讯案件的，只不过对象不是普通人，而是百官。除了对象不同，御史的弹劾和大理丞的判案还有性质上的差异。大理寺的案子，都是刑事案件，有明确的律法依据，技术性强。而御史弹劾的案件，往往都有政治性，他们依据的多是儒家的政治原则，是一种中国式的"政治正确"。曾经有个官员，在下职回家的路上，买了一个饼边走边吃。结果被御史弹劾了，理由是穿着朝服，当街吃饼，有失体统。

狄仁杰任职侍御史，当然不屑于管人家吃饼，他是认认真真地弹劾了高宗的身边的两个红人——司农卿韦弘机和左司郎中王

1　御史的特点是位低权重。权重是让他有能力弹劾，位低是让他敢冒险。反之地位高了，就会爱惜自己，不愿去弹劾别人了。

2　唐代官制中，特别指明了哪些官是清官。三品以上的高官都是清官（三品以上的又叫清望官）；三省（尚书、中书、门下）、御史台部门的几乎所有官员，也是清官；其他机构也有少量的清官，总体以文官为多。这其实是一种六朝贵族遗风，贵族子弟爱做的那些官，逐渐成了清官。

本立。本来高宗亲自下诏要放他们一马，结果狄仁杰硬邦邦地表示："国家虽然缺乏英才，但也不能用这种德行有缺的人！如果陛下一定要放他，那就先把我放逐了再说！"狄仁杰再一次犯颜直谏，不过效果挺好，"朝廷肃然"。在后代人的评价中，狄仁杰常被称作"直臣"，甚至将他和魏徵相提并论，就是因为狄仁杰不惧天颜，敢于进谏。

当了一回救火员

狄仁杰在朝中为御史，那是让百官心惊胆战的铁面判官；不过他到了地方，就变成了百姓受百姓爱戴的菩萨。金刚怒目，菩萨低眉，都是狄仁杰，是他一个人的两面。

狄仁杰身为御史，也要出差。实际上，御史出差巡查地方是很平常的事，因为御史有监督百官之责，所以派他们当钦差大臣最合适不过了。不过狄仁杰去岐州不是为了督查官员，而是去"救火"。

事情要从吐蕃讲起。吐蕃可以说是整个唐代最强大的对手了。大非川一役后，仪凤三年（678），唐派宰相李敬玄率军十八万进攻吐蕃，再次对上了吐蕃名将钦陵，双方决战青海湖，唐军再次大败，残兵退回了大本营鄯州（在今天青海的乐都）。如果吐蕃乘胜追击，过了鄯州，就可以沿着河湟谷地进入兰州一带，再进一步，就直接威胁到关中地区了，那么首都长安也不安全了。青海战败，长安震动。关中以西的州县都紧急动员，积极备战。而这其中，岐州又是首当其冲。岐州在今陕西凤翔，是关中地区的西大门。外部的紧张压力导致了内政变化，可能是地方官员应对不当，导致岐州一带当时出现了不少逃兵，有的干脆落草为寇，干起了打劫的营生，甚至一度阻断了官道交通。虽然这都是零星的事件，但也很容易引发严重后果，狄仁杰就是去处理这些事的。

狄仁杰到了岐州，先是把被抓的逃兵统统释放，又明白告诉他们朝廷新的政策：只要限期自首，就算无罪，不再追究。消息一传十，十传百，逃兵们本来就是逼上梁山，这时有机会改过自新，自然纷纷走出山谷自首，岐州的形势迅速安稳下来。高宗很高兴，表扬狄仁杰"识国家大体""达权宜"。[1]皇帝还将狄仁杰的做法推广到其他各州，于是当时很多逃亡者都出来了，这让整个西部地区的形势都稳定下来。内部安稳了，吐蕃也就无隙可乘，所以唐朝也算渡过了一次危机。

狄仁杰的做法，自然不太合常规，但却是最恰当的解决方案。从这个事件可以看到，狄仁杰是个好官，而且思想不古板，处事灵活。其实，只有这样的好官，才能办成真正的大事，夸张一点说，是能够影响历史进程的。

大丈夫勇斗女神仙

狄仁杰回长安后不久，高宗将他调任为度支郎中，从五品

---

1 所谓的"达权宜"，就是懂得变通。儒家经常讲"经、权"，经，就是守原则；权，就是变通。原则当然要守，但不能一根筋，认死理。

上，又升官了。从侍御史（从六品下）到郎中（从五品上），一下子升了六级——高宗这是有多欣赏他啊！

郎中并不是看病开药的，而是绝对的实权派，相当于今天各部的司长。狄仁杰做的是度支郎中，属户部，可以理解成管花钱的——所有财政支出，都要经过度支郎中的手。狄仁杰的经济管理能力可能比较一般（他在司农寺任职的时候，负责运输粮食，造成了巨大损失），不过他的胆子着实不小，在任度支郎中期间，他勇斗了一回"女神仙"。

调露元年（679），高宗准备巡幸并州（有的说是幸汾阳宫，也在并州以北不远），就派狄仁杰做知顿使——负责出巡安排的临时职务。皇帝出巡可不简单，随从、护卫等动辄数万人，其中的花费可想而知。所以，让管开支的度支郎中做知顿使正合适。

皇帝出行前，准备工作自然要做充分，首先就是确定路线。但是这时候好像出了点小麻烦，预定路线中，要经过一个"妒女祠"[1]。这个妒女祠自然是祀奉爱妒忌的女仙了。据说只要有人穿着漂亮衣服经过，就会引发风雷之灾。[2]今天看起来很无稽的传说，唐人却是深信不疑，甚至连并州地方长官都觉得宁可信其有，万一皇帝经过，妒女看到随行的美貌后妃宫女，狂性大

---

1 妒女祠就在娘子关旁边，而娘子关在横穿太行山的重要通道井陉道上。娘子关，现在最流行的说法是因唐代平阳昭公主驻军于此而得名，这其实是误传，娘子关就是得名于妒女祠。

2 这么神奇的民间神仙，大概也只会出现在唐代——唐代女性地位高，所谓的妒妇也多。有好事的唐人还写过《妒神颂》呢（这个碑现在还保存在太原纯阳宫）。妒女神就是介子推的妹妹，都是脾性刚烈的，不愧是一家人。

发，弄得飞沙走石，天地变色，那麻烦就大了。并州长史李冲玄认真地打了一个报告给狄仁杰，说准备征调数万人，重新开一条道路，绕过妒女祠，确保安全云云。狄仁杰看了报告，简直要吐血，立刻批驳说："天子出行，千乘万骑，风伯清尘，雨师洒道，还怕一个区区妒女么？赶紧给我停工！"狄仁杰这也算是以其人之道还治其人之身，你说有妒女，我说左有风伯，右有雨师，皇帝抬出来放在中间，妒女又能奈何？唐高宗听闻此事之后，赞叹说："真大丈夫！"不惧鬼神，一身正气，正是大丈夫所为！

　　今天我们自然不会信这些神鬼之谈，不过一笑置之。但在古代那种氛围下，人们相信神鬼是真实存在的，能祸福人民也是可信的。狄仁杰其实也不是否定鬼神之存在，而是在他看来，鬼神的善恶、等级、职司各不相同，也是要仔细甄别的。那些没有经过国家认证的神鬼，其位不正，人们对他们的崇拜供奉也都是劳民伤财之举，要严加排斥。所以，狄仁杰不怕鬼神，背后还是出于对百姓的爱护。"仁者必有勇"，是之谓也。不惧鬼神，自然是大丈夫，为民请命的，更是货真价实的大丈夫。[1]

1　由于妒女祠之事颇为荒诞，而且史料记载，高宗只在显庆五年（660）去过并州一次，与狄仁杰此事的时间调露元年不合，故颇多人怀疑此事为编造，不可信。但此事在新旧《狄仁杰传》和《唐会要》都有记载，当有依据。另外，调露元年，高宗曾经下令，要准备这年冬天去嵩山举行祭祀。那么，在嵩山祭祀之后，计划再北上去并州巡幸，也是很合理的。只不过这年冬天，突厥大规模入侵，形势紧张，高宗也就取消了去嵩山和并州的活动。实际上，高宗最终没有去并州，并不能证明高宗没有去并州的打算。所以，妒女祠此事还是可以信从的。

捣毁淫祠

做了几年郎中之后，大约在垂拱元年（685），狄仁杰离开中央，外出任宁州刺史。

宁州在今甘肃庆阳市宁县一带，是各民族杂处之地。狄仁杰上任后，特别注意妥善处理民族关系，史书上提及狄仁杰"抚和戎夏，人得欢心"。说起来，狄家祖上还是羌人，说不定这种家族背景，也让他更擅长处理民族事务。当然，最关键的还是狄仁杰把人民放在心上，所以会得到百姓的衷心爱戴。宁州百姓感激之下，就要为他立碑颂德。

不久之后，狄仁杰被召回到了中央，担任冬官侍郎一职。任职之后他出差去江南，大张旗鼓地做了一件大事——毁淫祠。所谓淫祠，就是未经官府承认的祠庙。

江南吴楚一带，因为风俗传统，有大量祭祀祠庙，用以崇拜五花八门的人神和鬼怪。这些基本上都属于淫祠。唐代笔记里记载过一段很有趣的故事。江南有个驿吏，特别能干，把驿站的东西都安排得明明白白。新刺史上任时，他请刺史来检查工作。走到一道门前，挂着一个神像，说是杜康，原来这是酒库；又来到茶库前，也有神，说是陆羽；还有一个库是放酱肉腌菜的，门前也有个神像，是蔡百喈，刺史大笑，说这个神就不必了。简直是万物有神论。

祭祀这些祠庙看似是人们的精神寄托，实则社会危害相当大。大家只要想想西门豹治邺的故事，就能明白这些巫师往往是谋财害命的坏蛋。而且从社会效益的角度看，祠庙祭祀的浪费也是十分惊人的。另外，狄仁杰信奉"子不语怪力乱神"，当然觉得淫祠有害无益。据狄仁杰的报告，所毁淫祠有一千七百余所，数量巨大，供奉对象包括如项羽、春申君、赵佗、马援等等。

在毁项羽祠的时候，大家都畏惧不敢前，推说入内者必死。面临种种困难，狄仁杰坚决不妥协，当即写了《檄告西楚霸王项君将校等》的檄文。楚霸王没有想到，八百多年后，他再次落败。

狄仁杰毁淫祠此举影响很大，后代不断有人赞美狄仁杰此事，王夫之甚至说此举"赫然与日月争光者也"。他主要是从移风易俗这个角度出发的。唐代思想家如韩愈、柳宗元也有类似毁祠的举动。狄仁杰不是思想家，也没有什么高明议论，但是他实实在在地从行动上大力支持了儒家，甚至可以说，他为韩愈等人复兴儒家精神开了先河，至少是启发和鼓舞了韩柳这些后来者的吧。

毁淫祠这件事很能体现狄仁杰的精神个性，能反映出他不恤流言，不畏鬼神，不随时俗的精神和勇气。这不禁让人想起他小时候对小吏的那段话："黄卷之中，圣贤备在，犹未对接，何暇偶俗吏语耶？"狄仁杰，还是那个曾经的少年。

为民请命

狄仁杰醉酒的故事当然是假的，但他心中装着老百姓，那肯定是真的。他甚至曾数次冒着生命危险，为民请命。就在从江南回来后不久，狄仁杰就出手救了一大批人的性命。

垂拱四年（688），武则天正紧锣密鼓地筹备称帝之事，此时最坐不住的是李唐宗室。唐太宗的第八个儿子豫州刺史李贞，率先起兵反抗，结果很容易就被击溃。叛乱平定，狄仁杰被派去善后。武则天大概是打算给狄仁杰一个效忠的机会——看看他是否会严厉处置反对女皇的人。

狄仁杰来到豫州时，发现关在监狱中等待被处死的有两千多人，因株连被抓有五千多人。而站在狄仁杰背后的，是武则天特派来督办此案的司刑。听着司刑一个劲地逼促行刑，狄仁杰却沉默了。他其实很明白，他只要顺势处死这些人，就是交了投名状，接下来的武周王朝，他将是开国元勋。

但是狄仁杰无法下令，他转身离开，开始给武则天写奏章，为这些人请命。狄仁杰指出，这些人参与起兵，只是被裹挟的，并非本心要反叛，所以希望陛下能够宽恕他们。

在这个奏章中，狄仁杰还提到，他写这个奏章很矛盾，写了撕毁，撕毁又写，反复几次。他说，就怕被人指责为叛逆之人开脱，希望陛下明察。狄仁杰说得十分恳切，他确实是害怕。因为这是非常敏感时期，人人自危。万一此举被武则天理解为要对抗自己，那狄仁杰不仅前程不保，很可能还会人头落地。但是为了救人，狄仁杰还是出手了！这是真正的为民请命。所谓"仁者必有勇"，狄仁杰堪称楷模。

幸好，密表递上之后，武则天居然听从了建议，特赦了这批死囚，改杀为流，这些人被流放到了丰州（今内蒙古五原一带）。前往丰州正好要路过宁州，宁州的百姓告诉他们："是我狄使君救了你们的命呀！"于是这些囚徒扑倒在"狄公德政碑"下痛哭起来，宁州和豫州的百姓，都以自己是狄公的子民而感动，而亲如一家了。"狄公德政碑"后来因此也被称"梁公坠泪碑"。这些死里逃生的犯人到了丰州后，也建了一座"德政碑"，用以追念恩人狄仁杰。范仲淹对此评价说："古谓民之父母，如公则过焉！斯人也，死而生之，岂父母之能乎！"

犯人被送走了，但前来平叛的将士们却不容易打发。将士们仗着有功，横行霸道，向豫州大肆勒索，狄仁杰一概拒绝。领军将领张光辅大怒，小小刺史也敢藐视自己这个宰相兼元帅？于是就要教训狄仁杰，没想到狄仁杰脾气比他还大，甚至反过来怒斥张光辅，激愤之下，甚至说："如果我有尚方宝剑，我就一剑砍了你，我虽死如归！"要知道张光辅身居宰相，眼下又手握重兵，新立大功，还是心狠手辣之人，狄仁杰敢于当面痛骂，固然是他性格刚烈，不畏权贵，也是心痛百姓无辜而心情激荡之故。堪称是"威武不能屈"的大丈夫。

一年之后，张光辅以不忠的罪名被处死，狄仁杰则被调回了朝廷，不久之后又升任宰相。武则天曾当面对狄仁杰说："你在汝南的时候，甚有善政。"是谁把百姓放在心上，武则天还是很清楚的。

过山车的滋味

永昌元年（689），武则天称帝前一年，狄仁杰被调任洛州司马，这其实是回到了武则天的身边。洛州就是洛阳，武则天以

"神都"洛阳为武周朝的首都。所以，洛州司马看似是地方官，其实也可以算中央官。回到了中央，也就回到了政治旋涡的中心。不！是政治龙卷风的中心，一会儿被高高捧起，一会儿又狠狠摔下，狄仁杰遭遇到了人生最大的一次起落，算是尝到了政治过山车的滋味。

天授二年（691）九月，狄仁杰被任命为地官侍郎、同凤阁鸾台平章事，这标志着他到达了政坛的最高位——宰相。

武则天怎么会在刚称帝不久就任他为相呢？其实，武则天没有在天授元年（690）就任他为相，就说明狄仁杰并不算武周的开国功臣。武则天在第二年任他为相，一来确实看中了狄仁杰的才干，二来实在也是因为朝中无人——天授元年、二年这两年内，被杀的宰相就有七个，还有一个被流放，宰相之位真是像走马灯一样换人。至于武氏弟子，政治倒是可靠的，但能力却实在平庸，不堪大用。很明显，狄仁杰是被拉来干活的。

宰相一职，狄仁杰之才足够胜任，但这个时候做宰相，可不是什么美差。毕竟，这一时期朝廷上最风光的不是宰相，而是一群疯狗——酷吏。狄仁杰九月入相，第二年刚过完新年，包括三个宰相（任知古、狄仁杰、裴行本）在内的七个高官（裴宣礼、卢献、魏元忠、李嗣真）集体被控告谋反，眨眼之间，全部锒铛入狱。而且，他们是落在了中国历史上最疯狂最臭名昭著的酷吏来俊臣手里！

狄仁杰作为宰相，被关进了诏狱里，这是为皇帝特诏办理的案件而设置的监狱。实际上，诏狱纯粹是酷吏用来折磨人的行刑场。

当时号称"入此狱者，非死不能出"。诏狱设在丽景门内，所以时人也称丽景门为"例竟门"，竟，就是完蛋了，意思是入此门来，照例都要死。那么，狄仁杰到底能不能成为一个例外呢？

狄仁杰等重臣被捕之后，来俊臣就诱骗他们说，只要老实坦白，可以从宽免死。谁都知道，这就是鬼话。但狄仁杰居然马上点头认罪："大周革命，万物唯新，唐朝旧臣，甘从诛戮。反是实！"出乎意料得干脆。来俊臣很高兴，立刻结案，报告上去，等皇帝复核之后就可以行刑。就在等待的过程中，狄仁杰偷偷拆了被子上的帛布，在上面写了一篇诉冤书，然后把诉冤书放到自己的棉衣里头。这份诉冤帛书带着狄仁杰的希望，被狄仁杰儿子狄光送到了武则天前面。但是武则天居然就信了酷吏的鬼话，没理会！

眼看刚刚闪现的希望火苗就要熄灭，形势居然峰回路转，突然冒出了一个神奇的孩子。此时，前任宰相乐思晦刚刚被诬告而死，他儿子因为年纪太小而逃得一命，这男孩勇敢地站了出来，声称要"告密"，要面见武则天。他说："如果陛下不相信，你可以找一两个你真正信得过的大臣，把他们交给来俊臣，绝对都是反臣。"武则天这才意识到，需要刹车了。

狄仁杰这次被诬陷，居然能够全身而退，实在是个奇迹；更神奇的是，狄仁杰没有吃到苦头，这恐怕是绝无仅有之事。不得不说，狄仁杰在聪明灵活、见机行事方面，远超普通人。与狄仁杰一起被捕入狱的御史中丞魏元忠，一开始坚贞不屈，备受折磨，最后屈打成招（酷吏的手段远远超出我们的想象）。时人都说魏元忠和狄仁杰差距太大了。

当然，狄仁杰绝对不是一个贪生怕死的人，他在大是大非面前，是非常坚决的。就在这次关押中，酷吏想利用狄仁杰来株连陷害别人，让他构陷刚刚当上宰相的杨执柔，没想到狄仁杰怒目圆睁，猛地站起来，大喊道："老天在上，怎么会让狄仁杰做这种事！"竟然一头撞向柱子，一时间血流满面。面对酷吏的无耻要求，狄仁杰以死抗争，做出了响当当的回答。

总之，狄仁杰能灵活妥协，善于保护自己，但同时也是有底线的，而且他对守住底线，有着巨大的勇气。有所为，有所不为，这就是狄仁杰的"经权之道"。

两座生祠

一起入狱这七个人，明明是被诬陷的，虽然免了死罪，却是难逃活罪。七个人统统被贬，狄仁杰被贬到了江南，任彭泽县令。

彭泽虽小，却是一个有故事的地方。彭泽县属江州（又称浔阳），就是白居易宦游此处写"江州司马青衫湿"的地方。而且"彭泽令"本身就是一个典故，指的是陶渊明。他做了八十一天的彭泽令，当时顶头上司要来巡视，下属就提醒他要整好衣冠迎接，于是彭泽令陶潜说了一句流传千古的话："我岂能为五斗米折腰向乡里小儿！"随后就挂印而去，归隐南山（南山就是庐山）。近三百年后，狄仁杰又来到彭泽，自此，"彭泽令"这个典故，就多了另一个名字。

狄仁杰赴任当年，正逢彭泽县大旱无雨，百姓艰难。狄仁杰立刻上奏，要求朝廷救灾，并免除租赋。上奏很快得到回应，不仅免除了彭泽县的赋税，还惠及周边的九个县，一概免税。彭泽百姓自发给他建造了生祠，这可以算是德政碑的升级版了。

陶渊明不为五斗米折腰，追求自由，成了一段千古佳话；而狄仁杰为五斗米折腰，救民苦难，更是流芳百世。宋代的范仲淹做官路过彭泽县，特地去“狄公祠”拜见，并写下了一篇《唐狄梁公碑》，洋洋洒洒，饱含敬仰之情。显然，写过“先天下之忧而忧”的范仲淹，把狄仁杰视作自己的人生偶像。

有范仲淹这样的超级崇拜者，狄仁杰想低调都难，后来不断有顶级书法家书写这篇《唐狄梁公碑》。宋代的黄庭坚，在自己五十岁的时候写了一遍《唐狄梁公碑》，至今仍有宋拓本，被人称为“三绝碑”——狄公事、范公文、黄公书为“三绝”。元代的赵孟𫖯，也在自己 50 岁的时候写过一遍《唐狄梁公碑》，也是“一帖三绝”的书法珍品。真是前后辉映，光耀千古。

狄仁杰在彭泽令之后，当了魏州刺史，也得到百姓衷心爱戴，于是人们又为狄仁杰立了一座生祠。

狄仁杰突然去当魏州刺史，是因为——又出事了！大唐帝国，不，大周帝国被人打了，还被人打上门来了！东北有两个胆大包天的契丹人，一个叫李尽忠，一个叫孙万荣，当时他们来朝贡投诚，武则天心悦之下就赐了这两个名字。但是不久，双方闹翻了，李尽忠、孙万荣造反，攻陷营州，杀了都督，接着又让武周几十万军队全军覆没。这一战，简直就是唐朝版的萨尔浒之战。眼看契丹骑兵要来到河北，武则天急忙选了一批能干的官员赴河北当官，保卫大周。

魏州很重要，它扼控黄河下游区域，是大周重镇。[1] 狄仁杰就是武则天的一张王牌，可以坐镇魏州。

狄仁杰很清楚，他的最大任务是要稳定大后方，少折腾。他到职后，一上来就把百姓都放回到农田，安心生产，并且还拍胸脯说："如果契丹真的打过来了，我一个人挡着！"这话当然是吹牛，但真的起到了稳定民心的作用。不久契丹退兵，魏州这年也获得了大丰收，老百姓避免了一次殃及池鱼的人为灾难。在万家百姓受益的背后，是狄仁杰用的伟岸身躯扛着巨大的政治风险。很多官员在任上，不求有功，先求无过。但狄仁杰总是敢想敢做，敢做敢当。难怪魏州的百姓也要给他立生祠。

甚至到了唐后期的元和年间，魏博节度使田弘正还重建了狄公祠堂，立了《大唐狄梁公祠堂之碑》，此碑至今留存，是狄仁杰爱民的历史见证。

女皇爱卿

老百姓肯定了狄仁杰在魏州任上的为政之策，武则天又是怎

1　唐玄宗时期，魏州是全国仅有的"六雄州"之一。到了唐后期，魏博节度使是全国藩镇的头把交椅，其统治中心就在魏州，它甚至可以称之为长安之外的第二个政治中心。到了宋朝，魏州改称大名府，是宋朝的北京（宋代四大陪都之一），相当于今天的直辖市。

么看的呢？第二年即神功元年（697），契丹被收拾了（主要是被突厥抄了后路），河北形势稳定下来后，武则天派狄仁杰去安抚河北，好好整顿一下战后乱局。这足以说明武则天对他在魏州的作为十分满意。

这次与狄仁杰一起担任安抚大使的，还有武懿宗和娄师德。娄师德已经是宰相，武懿宗是武则天侄子，更是前线总指挥。让狄仁杰和他们共事，说明武则天认为他可当方面大任。果然，不久之后，狄仁杰被任命为幽州都督。赴任之前，武则天特别赐予狄仁杰一件龟带紫袍，而且在上面加了十二个金字："敷政术，守清勤，升显位，励相臣。"这是一个明显的信号，她终于要重用狄仁杰了。这一年的闰十月，狄仁杰第二次成为宰相，迈入了他人生中最辉煌的三年，也是最后三年。

再任宰相的狄仁杰，和上次的感觉完全不同，因为女皇格外信任和倚重于他，他成了当仁不让的"一人之下，万人之上"。

首先，武则天对狄仁杰十分尊重。她常称狄仁杰为"国老"，而不直呼其名，入见时也往往不让他跪拜。还有一次，大臣们随武则天去三阳宫休假，武则天唯独赐给了狄仁杰一所别墅，显然，狄仁杰的地位高于众臣。狄仁杰病故时，武则天格外伤心，她哭着说："朝堂空也。"这是说，朝堂中再也没有狄仁杰这样的顶梁柱了啊，所以虽有满朝文武，却如无人一般。

其次，武则天对狄仁杰格外宽容。狄仁杰的性格是张扬激烈的，他经常会面引廷争，公开、直接地反对武则天的做法，而武则天经常容忍下来，听从他的意见。这对喜怒无常的武则天来说，也算是一件异事。

武则天是佞佛之人，狄仁杰曾屡次成功地劝谏她。有一次，一个胡僧邀请她观看安葬舍利。她出发的时候，狄仁杰坚决阻挡，甚至跪在马前，奏道："佛，是夷狄之神，不足以屈天下之主。"武则天表示，我要为这样耿直的大臣让步，于是转道回宫了。又一次，武则天想造大佛像，预计费用多达数百万。狄仁杰再次力谏，武则天也接受了。

武则天最倚重的是狄仁杰，但她最宠爱的，却是"二张"。二张是张昌宗、张易之两兄弟，连太子、武氏家族等都仰其鼻息，甚至甘心为二张牵马执鞭。但狄仁杰就敢公开羞辱张昌宗。有一次，南海郡献"集翠裘"——大概是用很多绿色的羽毛织缀而成的裘衣，非常华贵美丽，武则天赐给了张昌宗。刚好此时狄仁杰入宫奏事，完了武则天让他们玩双陆[1]。狄仁杰提出要赌一把，赌的就是两人身上的衣服。武则天笑说："你不知道，此裘价超千金。你的紫袍不能比啊。"狄仁杰站起来说："我这个是大臣朝见奏对时穿的衣服，而张昌宗的那件，不过是嬖幸宠遇之人所穿的衣服，用它来换我的紫袍，我还觉得亏了呢。"张昌宗一下子情绪沮丧，连输数局。狄仁杰二话不说，上前就扒下了裘服，谢恩而出。出了朝门，狄仁杰立刻把衣服丢给家奴，让他穿上，然后打马扬长而去。

按理说，武则天认识狄仁杰也不是一天两天了，对狄仁杰的

1　唐代特别流行的一种游戏，类似于飞行棋。

才干也是心里有数的。对这个同乡，武则天可谓知根知底，那之前何以不重用狄仁杰？何以再次入相就一路青眼有加，信任不疑呢？这就叫时移势易，时间变化了，形势就不一样，用的人也就要随之而不同。称帝之前，武则天念念不忘是"得天下"；称帝之后，最关心的自然是"坐天下"；到坐稳了后，武则天则要开始考虑"传天下"。

狄仁杰没有辜负武则天，他替武则天拍板了最重要的一件大事：武周天下传给谁——姓武，还是姓李？

定策国老

就在狄仁杰第二次入相之前几个月，武周朝发生了一件大事——来俊臣被处死了。这个事件，标志着武周政治中心要发生了重大转变，从坐天下到传天下。武则天这年已经75岁，虽然她可以渴望自己长命百岁，但安排身后事已经无可回避。[1]

继承人问题可能是武则天面临的最大困难。她的选择只有两个——儿子或侄子。从武周这个朝代的角度来说，她应该让武姓继位。如果让儿子（李显、李旦）继位了，肯定要改回"唐"这个称号，"武周"的千秋大业就结束了；而从个人角度来说，儿子总是比侄子要亲得多。狄仁杰曾经一针见血地指出："让儿子继位，千秋万代后，祭祀中是少不了你这份的。但从来没听说过

---

[1]　此前几年的年号分别是长寿、延载、万岁。

姑姑会被放到宗庙里面祭祀吧？"如果侄子继位，天下倒是继续姓武，但没武则天什么事儿了。

武则天的困境在于，虽然她个人战胜了时代，成为皇帝，但她战胜不了历史和传统，她不可能把父系改为母系。虽然李旦、李显都一度改姓了武，但终究改变不了男权社会这个事实。这是武则天的深刻悲哀，她无力对抗历史进程，她可以改变女人不能做皇帝的规则，但她不可能将整个文化都倒过来。有人可能会疑惑，她不是还有个能干的女儿太平公主吗？为什么不立"皇太女"呢？设想一下，武则天如果宣布改革，让女性一样拥有继承权，那么她就可以传位给女儿，未来再传给孙女儿，反正一路母系继承下去，武氏也就千秋万代了。但是，这只能是一个想象，历史和现实都不允许存在这种事。

继承人一事，武则天真的很难拍板，手心手背都是肉啊！于是，狄仁杰就成了那个抓起武则天的手拍下去的人。狄仁杰非常认真地给武则天摆事实讲道理，甚至还打心理战。

有次武则天说："我昨夜几次梦见跟人玩双陆，都不能取胜，这是什么意思？"狄仁杰一语双关地答道："双陆不胜，必定是宫中无子。"[1]他开始解析这个梦："这是上天垂意，暗示陛下，储君之位如果长久空虚，必定要生变啊。"

又有一次，武则天说："我梦到一只羽毛丰丽但两翅俱折的鹦鹉，这又说明什么呢？"狄仁杰继续客串解梦大师："武是陛

1　子既是棋子，也指儿子，一语双关。

下的姓，这只鹦鹉就是陛下，摧折的两翼就是陛下的两位爱子。如果陛下起用两位皇子，那就会双翼复振了。"

实际上，当时很多大臣都向武则天建议，复立李显为太子。在侄子武承嗣和儿子李显之间，李显的支持率遥遥领先。从大臣们的心理上来说，武则天做皇帝，终究还是一家子的事情，不过是母亲抢了儿子的位子。如果武承嗣继位，那就真的是改朝换代了，击穿底线，不能接受！

说到底，李显能胜出，深层因素是人心所向。武家人对天下基本没什么贡献，要说武家这些男儿忒不争气，个个骄奢淫逸，文才武功却没法提。当然，李显、李旦也不算什么出色人物，但李家毕竟已经坐拥天下多年，特别还有唐太宗这样的超级英主，深得民心。

可以想见，若真的让武承嗣继位，十有八九会血溅宫廷，更有可能导致天下大乱。相比较而言，李显继位，名正言顺，不会有什么大动荡。中国古代，政治的稳定是最大的稳定，而皇位的顺利继承，又是最大的政治稳定。狄仁杰正是看到了这个事情的至关重要，所以才选择支持李显，其实是选择了和平过渡。这可能是狄仁杰对唐朝，对百姓所做的最大贡献。

大势所趋之下，圣历元年（698）三月，武则天悄悄地把李显从发配地庐陵（今江西吉安）接到了神都洛阳。这个板总算拍下来了，大局已定。八月，武承嗣死了。大家都说他是气死的，因为他已经失去了继承皇位的机会。九月，李显成为太子，尘埃落定。

李显恢复太子之位的第三天，立刻担任河北道元帅，征讨突厥，而武则天为他配备的副手河北道行军副元帅，就是狄仁杰。这一配置，其实也是一次政治公告：在李显当太子这件事上，狄仁杰有关键作用。

狄仁杰不仅是武则天的定策国老，更是中宗李显的定策国老。

《狄梁公传》演义

唐人写过一本《狄梁公传》，又叫《狄梁公立庐陵王传》。里面把狄仁杰对李显的忠心耿耿，描写得如一出出大戏，跌宕起伏，扣人心弦。可见唐人把李显复位太子的功劳都算在了狄仁杰头上。

但是这个"唐人"至少并不包括睿宗——李显的弟弟李旦。当然，李旦并不是否认狄仁杰的贡献，但他把首功归在了一个叫吉顼的人。睿宗曾追封吉顼为御史大夫："曩时王命中圮，人谋未辑，首陈反正之议，克创祈天之业。"所谓首陈反正之议，就是说吉顼是第一个提出恢复李显太子身份的。这属于皇家认证的，当是事实。

吉顼是个怪人，为人亦正亦邪。他在《旧唐书》入《酷吏列传》，与来俊臣等人同列，但其实他是最终说服武则天杀来俊臣的人。他在《新唐书》则入武周宰相列传，与裴炎、李昭德等人为伍，算是武则天的心腹。

虽然吉顼早就是武则天的心腹，但以他的地位，尚不能在继承人问题上发言。不过，如果这个主意是通过张易之、张昌宗之口说出来的，武则天就能听得进去。说起来，二张以美色事人，虽然当时风光无比，但不得长久，内心十分惶恐。于是二张私下向吉顼问计，吉顼当即给他们指出了一条光明大道：扶持庐陵王李显复位！只要李显成功继位，二张就有了拥戴之功，这比什么功劳都大，不仅可以避祸，还可以长保富贵。这个计策可以说是十分有效了。《新唐书·狄仁杰传》甚至说，二张其实是向狄仁杰问计的。很多人都不信这个说法，虽然目标一致，但狄仁杰和二张不是一路人，为人处世风格迥异，二张不可能向他靠拢。而吉顼和二张是好朋友，私下问计合情合理。

李显任河北元帅的时候，副手固然是狄仁杰，当时吉顼也有一个重要任命，担任监军使，和狄仁杰的职位在伯仲之间。武则天这个安排，足以证明吉顼对李显复位也是有大功的。

总之，对李显复位太子一事，可以认为，吉顼有首倡之功，狄仁杰则促使武则天下定了决心，两人都有大功。

《狄梁公立庐陵王传》的作者（李邕）不仅把太子复位的功劳全归于狄仁杰，甚至认为，李显最后从太子顺利成为皇帝，也是狄仁杰策划的。但是，李显当皇帝的时候，狄仁杰已经去世四年多了，所以此事不足为信。

李显虽然当了太子，但并不是等武则天死后再继位的，而是趁武则天重病的时候，发动了政变，逼宫而登上皇位。政变的主持者有五个人，后来都封了郡王，史称"五王政变"。[1]

《狄梁公传》一书认为，这五王的提拔，乃至最后政变的策

---

[1] 因为发生在神龙年间，也称"神龙政变"。

动、时机的选择等，都是狄仁杰生前安排好的，甚至狄仁杰死前还召集了这五个人，留下了政治遗嘱。于是，狄仁杰也就成了复周为唐、再造唐室的第一功臣。事实上，狄仁杰在唐代和后代得到很高的评价和地位，就是因为这所谓的"匡复唐室"。这是政治功劳，在皇帝和史官眼里，比那种关心百姓的功劳大得多了。

但是，《狄梁公传》中连狄仁杰在天之灵借打雷来警示五王的桥段都有，实在只好算作一部演义小说，并非正经史料。人们往往按照自己的想象去塑造历史英雄，包括后来的神探狄仁杰，也是如此。

不是阴谋家

实际上，《狄梁公传》中狄仁杰只手回唐的功劳，特别是策划五王政变之说，有很大的漏洞。

毫无疑问，狄仁杰提拔过很多人，甚至有人对他说过："天下桃李，悉在公门矣。"[1] 狄仁杰确实是知人善任，而武则天也充分信任他，所以短短几年之内，他先后推荐了数十个人，他们都成为朝廷精英。作为宰相，提拔官员本来就是本职工作，而且狄仁杰热衷于此事，推荐人才总是不遗余力。

一次，武则天让他举荐一名将相之才，狄仁杰向她推举了荆州长史张柬之，武则天将张柬之提升为洛州司马。过了几天，又

---

1 "桃李满天下"就是从这里来的。

让狄仁杰举荐将相之才，狄仁杰说："前面推荐的张柬之，还没用上呢。"武则天回答："已经提拔了。"狄仁杰回复："我推荐的是宰相之才，并不是区区的司马。"于是张柬之再被提拔，很快就当上宰相。这个张柬之，就是"五王"之首。

但是，并没有证据表明五王都是狄仁杰提拔的，可以确认，五王之中的张柬之、桓彦范、敬晖三人，是被狄仁杰提拔的。但其他二位，特别是崔玄暐，是武则天亲手提拔的。政变的时候，这些人跑到武则天的榻前逼宫，武则天特别生气地对崔玄暐说："别人都罢了，你可是我一手提拔上来的，怎么也反叛我？"这一个反例足以击破五王乃狄仁杰精心布局之说。

至于所谓的政治遗言，司马光在《资治通鉴考异》做过分析，认为完全是编造的。实际上，后来五王的下场很惨，他们全都被中宗皇帝贬逐了。可能李显后来琢磨过来了，意识到自己成了这些人的政治筹码。

设想一下，如果没有五王政变，李显会怎么样呢？他当时已经是太子了，地位稳固，日后登基为帝，并没有什么障碍。所以，五王政变之举，对李显而言，岂非画蛇添足？

当然，按照五王的说法，当时太子李显正面临着巨大的危机——敌人就是二张。因为二张想在武则天病重的时候搞事情！可是，大家都知道，二张是力主恢复李显太子位的主力，李显也是他们未来的护身符。他们怎么可能事到临头，却又变卦？

反过来，对于五王来说，如果没有了"敌人"，那他们就师出无名，拥戴之功也就自然不存在了。说到底，二张没什么政治资本，身份特殊而敏感，正是最佳的垫脚石。事实上二张被杀后，连个喊冤的人都不会有，历史上也从来没有人想过为他们翻案。

最后，再来看看狄仁杰。从能力上说，他一生基本上是做地方官，行政方面很有经验，断案更是高手。但是宫廷政治方面，他未必内行。在武则天这样的政治天才面前，他似乎没什么机会玩手段，更别说是谋划这么大的一个局了。

从性格上说，狄仁杰虽然聪明，但他性格刚烈外露，胸怀坦荡。有人就说他"倜傥不羁"，这种性格绝对不适合阴谋诡谲之道。

再从情感上来说，武则天对狄仁杰有知遇之恩，待之以国士之礼，狄仁杰也没有理由仇视武则天。

狄仁杰推动了李显复位太子，显然并不是反对武则天，而是为了政治稳定。太子是国本，至关重要，所以他极力促成了武则天选择李显为继承人，稳定国家和社会，避免动乱。

推动李显复位，这是堂堂正正的阳谋，半点阴谋也不需要。若是把最后的神龙政变算在他头上，不仅是个错误，实际上也是一种侮辱。

玄宗朝的名相姚崇，得到过狄仁杰的提拔，也参加了政变。政变功成，大家喜笑颜开，都在欢呼胜利，只有姚崇哭了起来。别人很惊讶，姚崇回答："事奉则天皇帝这么久了，突然离开她，内心难过，实在无法控制！"

如果狄仁杰还在，也许会和姚崇一样，痛哭一场吧。

第六章

武则天：花开不须春

花须连夜发，莫待晓风吹

> 明朝游上苑，火急报春知。
>
> 花须连夜发，莫待晓风吹。

这首诗，题目为《腊日宣诏幸上苑》，意思是腊月的一天，皇帝要去御花园赏玩。诗歌的内容则是说，明天皇帝要去御花园了，赶紧报告春神，让花儿都连夜开放，不要等到天明。

这首诗构思挺巧妙，霸气十足，显然作者不是凡人，确实，这是武则天写的。

关于这首诗，还有背景故事。《唐诗纪事》中提到，天授二年（691），武则天刚刚当了大周的皇帝，有些官员图谋不轨，就骗武则天说腊月里御花园的花也开了，请幸临。武则天答应了，不过先派了使者去传了特别的诏令——就是这首诗。结果第二天，御花园里居然真的名花遍开。群臣又惊又怕，终于没敢动手。这个故事充满神秘色彩，连记载此故事的人也加了一句评论说"此皆妖妄，不足信也"。

关于这首诗，还有一个故事，就纯粹是神话了。武则天于某年冬天游上苑，令花神催开百花，花神奉旨，于是百花齐放，唯牡丹傲骨，独不奉诏。武则天大怒，贬之洛阳。所以在唐代，牡丹是以洛阳者为首。

这些故事，显然都是人为编造的。不过这些故事的流传，倒也透露出一个信息，就是民间相信武则天有通天之能，可以指挥花神。这其实也反映了唐代百姓的一种心态，他们对武则天身为女性却能够做皇帝这一事实，还是非常惊异的，所以只能用超自然力量来解释。当然，武则天的成功，主要是靠自己对权力的渴望和超强的政治天才，并不是靠天靠命。

作为历史上唯一的女皇帝，从古至今，人们都对她充满好奇，光是武则天的出生地，就引发了无数的学者争论。[1] 讲唐代，武则天这个名字也是要大书特书的。[2]

武则天的样子，从她的名字就可以推想一二。

这里说的名字，不是武则天。其实武则天并不能算她的名字，而是她的一个称号。她最后的尊号是"则天大圣皇后"[3]，而

1　这本来是个小问题，但因为大学者郭沫若开了个头，居然也形成了一个热门史学话题。汪籛先生非常肯定地指出，当以《实录》为准，武则天活了八十二岁，生于武德七年（624），出生地在长安。

2　关于武则天总结性著作，首推孟宪实的《武则天研究》，既全面又深入，乃是必读之作。

3　是不是听起来有点像"齐天大圣"？尊号，很可能也是武则天发明的。之前的皇帝没有生前给自己加头衔的习惯，第一个这么做的是高宗，称"天帝"，相应的武后就可以称"天后"了。唐宋两代，皇帝都有尊号。

且这个尊号又来自她最终的皇帝尊号"则天大圣皇帝"，这是她儿子李显在神龙政变之后给她上的尊号。所以，"武则天"是个尊称，并不是她的名字。

这个名字，也不是指她的本名武曌。大家都知道，这个"曌"字，是她自己造的。此字威武霸气，符合她的帝王身份。那么，武则天小时候的名字叫什么呢？文献中并没有确切记载，各种猜想都有。我个人倒是觉得，她本名叫"武照"的可能性比较大。换而言之，"曌"其实是"照"的异体字。

我们这里说的名字，指的是李世民给她取的"媚娘"。她初入宫时，很得李世民欢心，曾赐号"媚娘"。这个名字其实更像是一个外号，由"媚娘"这一名字可以想象，少女武才人必是一个千娇百媚的女子。骆宾王曾给她一个考语"狐媚偏能惑主"，其实也肯定了武氏是非常有吸引力的美貌女子。史学大师陈寅恪曾经断言，若是评选唐代美人，武则天应当还在位列"四大美女"的杨贵妃之上，因为杨玉环只是在某个范围内选出来的第一美人。而且关于武则天入宫的原因，史书记载都一致提到"太宗闻其美容止""太宗闻其有色""上闻其美"，可想而知，她就是因为美貌入宫的。

比起今人空想西施、貂蝉等美人的绝代姿容，武则天倒是留下了一些具体的痕迹，让今人可以推想她的容光。武则天唯一的女儿太平公主，与母亲相貌相像。而太平公主长得"丰硕，方额广颐"，意思是丰满强壮，宽额大脸。唐代以丰满为美，所以武则天偏向丰满型，应该是没有问题的。[1] 更让人惊喜的是，我们也许还能看到以武则天为模特的塑像。今天洛阳龙门石窟中最著名的卢舍那佛，就是按武则天的样子塑造的。

一方面，奉先寺的这尊卢舍那佛属于皇家造像工程，工程设计和施工都是高宗亲自任命制定。据《造像铭》记载，武则天捐了"脂粉钱二万贯"用以塑像。而且落成之后的开光仪式，武则天和高宗也亲自参加了。

另一方面，将皇帝作为佛像的模特，是北魏以来造像的传统。北魏自文成帝以后都较为佞佛，而且当时有个和尚昙曜乘机宣扬"皇帝即现世佛"的理论，所以在受命造像的时候，他就以北魏五位皇帝的形象为模特，先后塑造了五尊大像。今天可以在大同云冈石窟中看到这些佛像，面目各异，颇有写实风格，就连服饰都体现了当时的特点，充分体现了"帝佛合一，人神合一"的观念。后来北魏迁都洛阳，人们仍在龙门建造新的石窟，这个传统一直保持到唐朝。不过唐朝皇帝是崇道的，将老子李聃认作李家祖先，所以不能去造佛像了。但武则天就不同了，她一向佞佛，为此投资无数。塑此造像时，她和高宗并称"二圣"，地位已极为崇高，而且武则天向来野心勃勃，没有什么是她不敢做的。卢舍那佛是如来佛的化身之一，意义在于彰显美德。所以，武则天在掏钱造佛像的时候，以自己为原型，那也是合情合理的。这尊卢舍那佛

---

1 宋人绘有武则天画像，但相貌柔美，脸型近瓜子脸。这显然更符合宋人的审美观，所以可靠性颇为可疑。

面容丰腴饱满，显然也符合"方额广颐"的特点。

龙门奉先寺的卢舍那佛是一件精美绝伦的艺术杰作，头部微垂，眉若新月，丰颐秀目，双目俯视，嘴角微翘，含笑不露，显得庄重而文雅、睿智而明朗。我们可以想象当年高踞宝座上的武则天的迷人风采，当更甚于此。

总之，武则天是个风华绝代的大美人。

武则天的娘家：新贵与旧贵的结合

武则天的父亲武士彟，是唐代开国功臣，而且在功臣排名中位居十三，地位很高。但武士彟的身份很特殊，是个商人。[1]从财富来说，商人往往高人一等，但社会地位上，商人却总是低人一等，所以《讨武曌檄》中就说她的出身"地实寒微"[2]。武士彟以商人身份跻身功臣之列，必定是在大唐立国过程中有特殊贡献。首先，他是李渊的老朋友。他平时就爱结交贵人，招揽宾客，这个习惯，让他结交到了李渊。李渊到山西，经常住在他家。其次，他是李渊起兵的资助人。他的第一任职务是"铠曹参军"，掌管李渊大军的后勤装备，很可能就是因为他提供了大量军资之故。武士彟在武德年间晋封国公，做到了工部尚书（倒也符合他木材商人的出身），官居三品，俨然新贵。不过进入贞观年间，武士彟地

1　武士彟是木材商人，有学者敏锐地指出，他大发横财，可能与隋炀帝大兴土木有关。

2　武则天对自己出身十分敏感，可能与此有很大关系。

位就在缓慢下降，因为作为李渊死党，他被李世民打入另册了。武士彟死于贞观九年（634），两年后，武则天入宫。

武则天的母亲杨氏是实实在在的名门之后，隋朝宰相杨达之女。她嫁给武士彟，还是李渊出面做的媒。武士彟前妻去世之后，续娶了杨氏。这是典型的新贵和旧贵的结合，母亲的高贵出身，对武则天有很大的帮助。陈寅恪就指出，李世民能纳她为妃，她母亲出身杨氏就是一个要紧的因素。杨氏虽然出身名门，但似乎私德不修。史有明载，她后来居然和自己的外孙，也就是武则天的外甥贺兰敏之，发生了乱伦关系，这实在令人瞠目。这种事，在开放的唐朝也是罕见的。母亲的言行应该也影响了武则天，这让她少有道德束缚，而这点在后来的政治恶斗中对她帮助尤大。

娘家人本来应该算是武则天的大本营和心腹，但这些亲人的结局，却有着极大的差异。自从武则天得势之后，有些人一步登天，享高官厚禄；有些人则下场凄惨，或死或流。据统计，被她所杀的娘家亲人大概有二十个，而唐宗室也不过三十四个——这是她主要的敌人。

有人倒霉是因为对她造成了威胁，比如她的一个外甥女，她姐姐的女儿贺兰氏。此女生得国色天香，而且得了高宗青眼。结果还没等高宗封她位份，武则天就抢先一步将她毒死了。然后，她还将此事栽赃给侄子们——她两个同父异母的哥哥的儿子，将他们治罪，还改姓为"蝮"。为什么她拿对付仇人的态度对待亲人呢？因为在父亲死后，她的两个哥哥武元爽、武元庆待她们母女很不好，武则天怀恨已久，得势之后就狠狠地报复了他们。

后来眼看着武士彟周国公的爵位要无人继承了，武则天才将侄子武承嗣召回——不然武家就要绝后了。大概出了这口气后，武则天也算心情平复了，就逐渐将流放的武家后裔都召回，武家子弟从此一步登天。特别是武则天称帝之后，武家更是气焰嚣张，加官晋爵，荣光无限。武承嗣更是积极谋求太子之位，期望武周天下能够延续万万年。但他后来终究没有成功，于是武承嗣懊恨而死。不过武家这些男儿也忒不争气，骄奢淫逸都挺在行，文才武功却一样提不起，领兵打仗，就带头逃跑，治官养民，则鱼肉百姓，完全积累不起像样的政治资本。

武则天称帝之后，也很担心武家子弟的下场。她就采取了通婚的策略，让李家和武家互相通婚，婚姻多了，两家就混为一体，难分彼此。这一招确实很灵，中宗上台后，武家势力并没有很大损失，如武三思等人依然风光无限。要不是中宗、韦后等人荒唐自毁，武家的前景还是很可观的呢。就是到了玄宗时代，他前期最宠爱的妃子武惠妃，也还是武家人，李武两姓可谓是"斩不断，理还乱"。

女皇和她的男人们

武则天一生跟多个男人都有关系，这对一个古代女子来说，是比较少见的。但对武则天来说并不是什么大问题，除了道德感不强，还因为她的身份是皇帝。

第一个跟武则天有关系的男人是李世民。虽然李世民一度很喜欢她，但并没有沉迷她的美色，贞观时期她一直只是个"才人"，一个很不起眼的低级妃子。不过李世民让她见识了权力的巅峰，毫无疑问，在那个世界中，李世民是无与伦比的存在，他的地位、人格魅力、政治智慧等，都至高无上。这深刻地影响了武则天，深宫中的少女迅速成长起来。

从感情的角度来说，她和第二任丈夫高宗李治的感情应该更加融洽。不过他们两个人的关系中，武则天除了是妻子，还要担当母亲的角色。李治对武则天的依赖，既有情感上的，也有事业上的。

首先，年龄上武则天比李治大四岁，而李治可能刚好有恋母情结。长孙皇后去世的时候，李治才九岁，正是依恋母亲的年纪，丧母后李治非常伤心，很久都没有恢复过来。

其次，李治性格仁弱温和。作为普通人，这是个好性格，但对皇帝来说这就是一个大缺陷。李治大概从来没想过有一天自己会登上皇帝宝座，而且继承的是唐太宗的事业，这实在是过于沉重的责任。所以在最初几年，他对舅舅长孙无忌非常依赖，言听计从。而长孙无忌也太过得意，总是自行其是。长此以往，自然会使李治很郁闷。他需要破局，需要助力，需要一个可以依赖的人，而武则天恰好又是一个天生的政治家。后来，李治在舅舅长孙无忌和爱人武则天之间做选择，其实结果早就注定了。

从这两个方面来说，武则天都是李治的最佳归宿。李治对武则天的感情是异乎寻常的，自武则天当了皇后之后，李治所有的子女都是武则天所生。这也许就是他们之间爱情的表现吧？

在外人看来，李治很怕老婆。所以笔记中曾有这么一个故事，说有个叫杨弘武的司戎少常伯（兵部侍郎），掌管武官升迁。有次高宗过问政务，问他为什么要给某人任某官？杨弘武居然回答："我老婆很厉害的，她昨天交代我，要给这人授此官职，如果我不照办，恐怕会有后患啊！"其实，杨弘武是在拐弯抹角地向高宗进谏，不能太听老婆的话。但李治的反应很妙，他只是一笑而罢。

那么，武则天对李治的感情到底如何呢？很难说。但有一点可以肯定，曾经李治是武则天的救命稻草，武则天非常非常需要抓住李治，需要通过李治来改变自己的命运，这比爱情更重要。武则天和李治的感情，应该出现在贞观时期。几乎可以断定，是武则天主动的。有了这个基础，第二次在感业寺相遇，旧情复燃就很自然了。

武则天二进宫的时候，被封为昭仪，正二品。但武则天绝对不满足于此，她要让自己处于一个绝对安全的位置——皇后的宝座，如此才能喘口气。而这几乎是不可能完成的任务，所有人都是她的敌人，包括她的特殊身份——太宗才人。不过，凭着出色的政治手腕，武则天斗倒了一个又一个对手，最终当上了皇后，甚至皇帝。

高宗死后，武则天有过一些面首，有四个是可考的，分别是冯小宝（薛怀义）、御医沈南璆、张易之、张昌宗。除此之外，可能还有其他人，单是表达过希望得到女皇宠爱的，就有许多，可谓是丑态百出。如尚舍奉御（侍奉皇帝生活的官员）柳模就向武则天推荐自己的儿子良宾，说他是个美男子，皮肤也很白洁，请皇帝笑纳。还有个左监门卫长史（禁军官员）侯祥就更坦率了，直接宣称自己"阳道壮伟，过于薛怀义"。

有关男女问题，武则天是非常坦然的。有大臣向她进谏，她都是一笑置之，完全不以为意，甚至还加以赏赐，说你这是爱护我。后人对此经常忍无可忍，极力抨击武则天的男女关系问题。倒是清代的赵翼在《廿二史札记》中说得比较在理："人主富有四海，妃嫔动千百，后既为女王，而所宠幸不过数人，固亦未足深怪，故后初不以为讳，而且不必讳也。"大家如此责怪，关键是还将武则天视为一个女人，而忘了她其实是一个皇帝啊！

武则天不忌讳男女关系问题，因为她已经完全融入了皇帝这个角色，她对这些男宠的态度，跟男皇帝对待妃嫔的态度一样。有一次，薛怀义在朝堂上与丞相苏良嗣相遇，态度嚣张，苏良嗣当即命令左右结结实实地打了他几个耳光。薛怀义跑去向武则天哭诉，不料武则天说："这老儿，朕也怕他，阿师以后当于北门出入，南衙宰相往来之路，不可去侵犯他。"这不由让人想起汉代一则类似的典故。汉文帝有次和宰相申屠嘉讨论朝政，他的男宠邓通在旁边搔首弄姿。申屠嘉大怒，回宰相府之后，立刻下令让邓通来见他，打算就一刀砍了。汉文帝只好让邓通先去，但马上派使者去召回，不然真会被申屠嘉给宰了。汉文帝对于公私分得很明白，武则天基本上也能将嬖幸的男宠和大臣两者分得清楚。

但就像有的男皇帝会对某些妃子过分宠爱一样，武则天也犯了这样的错，而且有时错得离谱。比如她曾让薛怀义负责建造明堂，他肆意贪污腐败，后来居然还派薛怀义领兵打战，实在是过于儿戏。尤其是武则天晚年的宠臣二张，更是权势熏天。她宠幸薛怀义时在垂拱初，六十岁左右。而张易之、张昌宗兄弟得宠时，武则天已七十多岁，可能人老了，情感和思想也会有很多变化，其实更需要情感的安慰。薛怀义以身强体壮得宠，而二张则以美色见长——玉貌雪肤，眉目如画。张昌宗号六郎，有次别人夸他说"六郎似莲花"，宰相杨再思却说："不是六郎似莲花，而是莲花似六郎。"虽然是谄媚之词，却可以想见其妩媚。因为过分依恋，就很容易放纵他俩，乃至于言听计从。连太子、武氏家族等都要小心侍奉二张，这极大地损害了政治的正常运作。

这种状况，也损害了武则天自己。武则天末年，大臣显贵们联手发动政变，就是以诛杀二张为借口的。

残忍的母亲

武则天亲生的儿子有四个，女儿二个。按传统的说法，其中死在她手里的，有一个女儿，两个儿子。但此事历来争议颇多，疑团重重，孟宪实就指出，杀死女儿之事是后人捏造的。此说可信，重要的证据之一就是《讨武曌檄》中没有提及此事。

武则天成功做了皇后，长子李弘也立刻被立为太子。李弘和武则天虽是母子，个性却迥异，特别仁慈孝和。有一次，他很惊讶地发现，他的两个异母姐姐因为母亲是萧淑妃，被关在冷宫，30多岁还没有婚配，于是上书恳求。武则天因此很生气。李弘去世时年仅24岁，到底怎么死的，恐怕不能确考。但有意思的是，高宗下了一道诏令，表示本来计划要传位给太子的，但太子心理负担太重，就此一病不起。于是特别赐予他一个皇帝的称号，叫"孝敬皇帝"，葬礼规格都用皇帝标准。这个诏令，似乎有些掩盖什么的味道。

丘神勣逼死李贤，很大可能也是武则天的授意。二儿子李贤从小也表现出德才兼备的良好素质，比如曾召集诸儒给《后汉书》做注，一直为后代称许。李贤二十一岁时被立为太子，可他和武则天的关系也逐渐紧张起来。五年后，因为奇怪的"叛逆"案，李贤被废为庶人，流放到巴州，四年后被监管的丘神勣逼令自杀，死时三十一岁。[1] 武则天则指责丘神勣"矫旨"，并将他贬官。这个过程，看起来是疑点重重。别的不说，如果没有旨意，小小的丘神勣敢随便杀李贤这么重要的人物么？再说了，矫旨之罪名这么严重，错误又这么巨大，丘神勣居然没有被杀头，实在也是无法理解。如果用武则天的阴谋来解释，其实挺合理。以李贤的才干心性，如果顺利继位的话，武则天估计自己无法掌控他，所以干脆先下手为强。[2] 虽说虎毒不食子，但皇位之争向来鲜血淋漓，史不绝书，更何况武则天这样的心性呢。

接下来的两个儿子李显、李旦，在武则天眼里大概都是乖孩子。李显懦弱，李旦韬晦谦退，都战战兢兢地活在阴影中。李显好

1　李贤曾写过一首《黄台瓜辞》："种瓜黄台下，瓜熟子离离。一摘使瓜好，再摘使瓜稀。三摘犹自可，摘绝抱蔓归。"指向十分明显。

2　后来弟弟李显将李贤以雍王身份陪葬乾陵，而弟弟李旦给李贤一个"章怀太子"的称号。章怀太子墓已经考古发掘，其墓道壁画堪称国宝，现保存在陕西历史博物馆的壁画馆内。

不容易做了皇帝，屁股还没坐热，就因为一点小错给赶下台，然后被赶到庐陵（今江西吉安）去做他的庐陵王。可怜的庐陵王整天生活在死亡的阴影中，每次钦差来，他都如大限来临一般，蒙着被子痛哭。因为他知道，他的母亲想杀他，并不会有太多犹豫。

　　接着是老幺李旦上台，有了哥哥的前车之鉴，李旦很识相，极其坚决地要求太后垂帘听政，身为皇帝，连正殿都不敢坐。后来武则天称帝，他还主动改姓武，可谓十分配合。

　　当然，武则天还有一个女儿，太平公主。这个女儿不仅长得像武则天，才干心性也颇为类似，一度也掀起了不小的政治波浪。

　　总之，对大多数家人，武则天杀起来似乎没有太大的心理压力。太子李显的女儿李仙蕙嫁给了武承嗣的儿子武延基，这是她精心安排的李武联姻的具体实践之一。小夫妻很恩爱，武延基也和大舅子李重润关系很好。有一次，他们几个聊天时对二张的嚣张发了几句怨怼，结果二张听闻，立刻加油添醋，报到了武则天那里。武则天勃然大怒，立刻将他们召入宫中，毙于杖下。[1]李显特别难过，复位之后，重新安葬了李重润和李仙蕙。永泰公主李仙蕙之墓，用的正是"号墓为陵"的规制。后经考古发掘，清理出极其精美的壁画，多少能看出一点父亲因为无奈无助而极力做的弥补之情。

　　这几个人都是武则天嫡亲的孙辈，按常理，就算有什么过错，也不过口头责罚罢了。而武则天一怒之下就置亲人于死地，

1　墓志说李仙蕙乃难产而死，很可能也是受到惊吓的结果。

一则她对于亲情实在淡薄得很，二来也是杀伐之心过重。

平常情况下，她对子孙也是很残忍的。李贤的二儿子叫守礼，有次岐王告诉唐玄宗说，堂哥守礼会预报天气。玄宗很好奇，守礼回答："也没什么了。就是当年天后时代，我被幽闭宫中，每年照例都要被杖责三四回，时间久了，满身创痕。如果要下雨，身上就很难过，如果天快晴了，身体就舒适了，所以我能预知天气晴雨。"这种责罚其实完全没有意义，武则天大概是相信唯有恐怖才能使人驯服的吧。

敌人的噩梦

武则天对自己的亲人、家人都毫不手软，那么对待敌人，自然就更不在话下了。做她的敌人，绝对是个噩梦。

武则天最早的一批敌人，既有皇后、萧淑妃等后宫，也有外朝的顾命大臣如长孙无忌、褚遂良等，他们实力最为强大。她采取了迂回的方式，用了大量的阴谋诡计，还采取了各个击破的策略：比如先除掉萧淑妃，然后千方百计挤掉王皇后，成功登上皇后宝座，再回头通过制造冤案，除掉了长孙无忌这个巨头。

接下来就是巩固自己的权力。早在显庆五年（660），李治就因为患了风眩，目不能视，下诏委托武后协理政事。自此，武则天公开执政，当然，并不能说李治是傀儡，而应该说两人组成了合作搭档。这中间也出现过政治危机，即宰相上官仪鼓动的"废后风波"，结果被武则天反戈一击，此后再无人能动摇她的地位和力量。[1]到了上元元年（674），高宗号天皇，皇后号天后，并称"二圣"。上朝的时候，也是两人同时出现，武则天终于直接站到台前来了。[2]总的来说，在武则天当皇后期间，她的权力逐渐稳固，整个政局也比较正常。这一阶段武则天的敌人是具体而清晰的，如长孙无忌、李贤等，她可以精准打击对手。

如果武则天先高宗而死，那么历史上只会多一个唐朝版的"独孤皇后"，而不会有女皇帝这一历史奇迹。[3]李治死后，虽然继位的李显、李旦都已经成年，但武则天毫不犹豫继续以太后身份临朝称制长达七年。[4]只不过，对于武则天来说，七年的太后生涯，也只是过渡，是为了人生的新突破——当上皇帝。这七年，是血雨腥风的七年，是大唐前期的至暗时刻。

武则天当太后期间，政治斗争很残酷，波及面也非常广泛。因为此时她的敌人变了，其面目是模糊的，数量是广泛的，状态是潜在的。

造成这一变化的原因是武则天想称帝。一旦涉及改朝换代，那牵涉面就太大了。老百姓先不管，关键是大批官员态度如何

1　孟宪实认为，上官仪被杀，起因是武则天行"厌胜之法"，而非提议废后。上官仪是个彻底的替罪羊。另外，上官婉儿就是上官仪的孙女，她是作为罪人家属而入宫为奴的。

2　武则天是垂帘听政，历史上都是太后垂帘，皇后垂帘的，只怕是绝无仅有。

3　农民起义地位提高后，有人提出，武则天不仅不是唯一的女皇帝，还不是第一个。因为高宗年间，睦州（今浙江淳安）出现了一位女性农民起义领袖陈硕真，自称"文佳皇帝"。

4　太后称制的大权，缘于高宗李治的遗诏，客观上说算是李治帮了她一把。

呢？毕竟，忠于王朝，是每个官员基本的道德底线。突然要求所有官员都认同一个新王朝，这是不可能的。[1] 当然，武则天也做了不少软性的准备工作，比如利用《大云经》等为女性当政做宣传，但主要的还是靠硬性的武力，采取简单粗暴的大清洗。主要的方法有两条，一是去旧，二是换新。

所谓去旧，主要是采取白色恐怖政策，使得人人自危。当时可谓"宁可错杀一千，不可漏网一个"，凡是有点嫌疑的，都杀了。如文臣中宰相裴炎、武将中名将程务挺，都被砍了头。直到今天，还有人在争论，裴炎、程务挺两个到底是不是真的想反。这恰恰说明武则天不需要确证，只要有一点嫌疑就足够杀头了。唐室李姓成员，自然是首当其冲的对象，其次是重要的大臣，史载："先诛唐宗室贵戚数百人，次及大臣数百家，其刺史、郎将以下，不可胜数。"清洗的对象主要是中高层官员，这批既得利益者自然是最不愿改朝换代的人。

执行恐怖政策的，就是酷吏。这批酷吏，恐怕是历史上最臭名昭著之人了。他们还留下了一些让人发冷的成语，如"请君入瓮"之类。

其次，是鼓励告密。光靠酷吏抓人总是有限的，只有发动人民才能真正把网铺开。为此，武则天特地设置了一个"铜匦"，任何人都可以匿名将告密信投到这个信箱里去。[2] 又规定，任何

1　如果放到封建枷锁感超强的宋代，太后革命恐怕是无法实现的。

2　发明铜匦这个家伙，后来也是被人在铜匦中投了告发信而倒台，堪称成语"作法自毙"的最佳注脚。

人只要宣称要告密，地方官府就要立刻无条件将其护送至京师，武则天亲自接见。还比如，唐代法律本有规定，家奴不许告发主人，此时也被废除了，积极鼓励奴告主。酷吏侯思止就是从家奴告主人起家的，武则天还亲自接见了他，赐他五品的游击将军。侯思止嫌小，开口要当御史。武则天说："你大字不识一个，怎么能当御史？"侯思止狡辩说："獬豸虽然不识字，却专会触邪人。我不识字，可我有一片忠心，可以像獬豸那样惩治陛下的仇人。"[1]武则天居然也就破格封他为侍御史。这种示范效应是极为可怕的，一时之间，官员们都对奴婢客气得不得了。

所谓换新，就是对官员群体实行大换血，换上的都是新人。新人自然更感恩武则天，也更容易追随认可新的王朝，这一招可谓釜底抽薪。具体方法也有很多，比如有意识地扩大官员编制，扩大科举制范围来提拔较低阶层人士等。总之，受益者数量大大增加了。新人所占比例越多，武则天的天下就越稳固。

不过这样大开口子，未免就鱼龙混杂。当时即有打油诗讽刺说"补阙连车载，拾遗平斗量"，就是说拾遗、补阙这样的官员太多了，简直要用车来载，用斗来量。后面还有两句："糊心存抚使，眯目圣神皇。"圣神皇就是武则天，说她眯了眼睛，对官员不分好赖。其实，武则天对这种状况也有对策，那就是让官员迁转的速度加快。凡有一点不称职的，立刻就罢免、降级，甚至砍脑袋。于是每有官员上任，那些奴婢都在私下偷偷交头接耳："又来

1　獬豸是一种神兽，有独角，会拿角去顶触奸邪之人。御史的官服上就绣有獬豸图案。

一个候补的死鬼。"真好似一场轰轰烈烈的"飞蛾扑火"表演。

从正面看，这一方式也确实使得大量有真材实料的人脱颖而出。司马光也不得不承认，武则天虽然"滥以禄位收天下人心"，但"明察善断，故当世英贤亦竟为之用"。玄宗朝的很多名臣贤相，都是在武周朝被选拔出来的，如姚崇、宋璟、张说等。武则天提拔大量官员，客观上打乱了旧有的利益秩序，让人才流动性增加，社会变化朝更合理的方向发展，也算意外的良性后果。

这七年里，武则天重用酷吏，人人自危，许多官员自顾不暇。690 年，武则天终于成功登基，随着政权逐步稳固，这些酷吏的名字也就逐步被抹去了。作为工具人，这是必然的下场。

那么，其他那些被武则天提拔的人，真的会对她感恩戴德、死心塌地吗？显然未必。追随武则天的人，不乏贤才，但小人更多。武则天 82 岁的时候，生了重病，眼看大去之日不远了。有五个大臣悄悄联络了各方力量，一举攻入宫中，杀了二张，同时逼宫，让武则天马上传位给太子。这一幕，倒有几分似"玄武门之变"。

武则天最后的敌人，其实多是她一手提拔起来的。当这些人都站在她面前时，武则天冷冷地扫视着。她看到了李义府的儿子李湛，李义府是第一个投靠她的臣子。她说道："没想到你也来了，我对你父子可不薄啊，居然也有今天！"李湛惭愧低头，不能回答。其实李义府就是典型的小人，儿子李湛也算是个"肖子"了。她又看到了崔玄暐，于是说道："别人也罢了，你可是我一手提拔上来的啊，怎么也在这里？"她听到的回答是："这正是我要报答陛下之大德的方式。"这一刻，完全是墙倒众人推了。

不让须眉

武则天是皇帝，也是女人，还是女人中的女人。

再来看一首诗《如意娘》：

看朱成碧思纷纷，憔悴支离为忆君。

不信比来常下泪，开箱验取石榴裙。

这首诗的作者，也是武则天。[1] 诗作描写了一个普通女子的多愁善感，细腻生动，水平很高。这首诗提醒了我们，武则天也是个女人。

首先，她是个绝代佳人，很爱美，也很爱打扮。她晚年时，周边的人都不觉得她老。但二张被杀，她被逼宫退位后，就无心梳洗了。等李显去看望的时候，一下子看到她苍老的容颜，差距之大，让他非常震惊，以至于痛哭流涕。一个八十多岁的老人，让人完全不觉得老，实在是个奇迹。

另外，武则天非常要强。门第低微，是她的命门之一。武则天的父亲是木材商人这点，众所周知，无法掩盖也无法回避，骆宾王就讽刺过她"地实寒微"，于是武则天处处自夸豪门。比如她在嫁太平公主的时候，嫌弃准驸马薛绍的两个嫂子，说："我

1　武则天的著述很多，她署名的作品甚至可以列满一页。但是，这些作品大部分都不是她写的，她手下甚至有一个"北门学士"的写作班子。

的女儿怎么可以和乡下婆子做妯娌！"便逼着薛绍的大哥二哥休妻。后来，她按捺不住，干脆直接把《氏族志》改为《姓氏录》，原来连《氏族志》都不能入的"武"姓，在新版《姓氏录》中，赫然定为第一等。

武则天为政，也跟男皇帝有所不同，比如她经常改年号。中国历史上，年号最多的皇帝非武则天莫属。她一掌权，就三天两头地换年号（高宗的年号之多，恐怕仅次于武周）；等自己做了皇帝，那就换得更勤快了，有时候甚至一年之内就换两个年号。武周短短15年，就有13个年号：天授、如意、长寿、延载、证圣、天册万岁、万岁登封、万岁通天、神功、圣历、久视、大足、长安。显然，武则天是换年号最勤快的皇帝。

她还爱改官名，把所有官名都改过好几遍。这可苦了今天的历史学家，得去记住这么多变化。她也爱改字，发明了好多新字，让大家使用，这倒成了考古学家用来给文物做鉴定的根据。她还喜欢给人改姓，改名字。比如契丹等族首领来朝贡，她一高兴，就赐名李尽忠、孙万荣，后来双方开战，对方把唐朝打得大败，她很生气，就名字改为李尽灭、孙万斩。

值得一提的是，武则天主动做过一些事情，有助于女性地位的提高。比如提高了母亲的礼仪地位，原来礼制规定：父亲活着的话，子女不能为母亲服斩衰礼，即守孝满三年。武则天建议改为父母待遇平等，都用斩衰礼。但是，这一举动无疑是为了提高自己的地位而设计，因为武则天登基后，类似举措反而没有了。总之，武则天有女性意识，但这些意识是为政治服务的。

很多人从客观后果来认同武则天的贡献，说她提高了女性的政治地位。确实，武则天开辟了女性参政之风，此后的太平公主、韦后、安乐公主等人，无不以武则天为榜样。尤其是韦后，简直亦步亦趋。但若从现实效果来说，她们的参与政治，唯一结果就是让政治更加黑暗，更加动荡，死更多的人，走更多弯路。所以，她们的失败，当时的人并不同情。

一句话，朝着帝王宝座前进的武则天，肯定恨不得自己不是女性。她的目标只是皇位，而不是为了证明女性的能力。古埃及有一位哈特谢普苏特女王，她的塑像就是有胡子的，象征着她拥有和男人一样的权力和力量。在武则天心目里，她自己何尝不是长了胡子呢？

尽管对武则天评价五花八门，但没有人会否认，她比大多数男人要强大。她靠着女性的美貌入宫，但最终却是凭自己的能力坐上皇位的。

首先，她有绝大的气魄。有一个故事很有名，就是她在听《讨武曌檄》的时候，对辱骂自己的话，全不在意。反而说，写出这篇檄文的人才没有用起来，实在是宰相之过啊。这种气概完全不是一般人能有的。

一方面，武则天是个睚眦必报的人，另一方面，她又能如此大度，这似乎很矛盾。其实也不矛盾，因为她对公私的界限分得很清楚。她的报复，基本上都是针对她个人的敌人；而对于国家朝廷的大事，她总是能客观分析和判断。这正是她的过人之处。

还有一个小故事，也很能反应武则天的气度。长寿年间，武

则天下令禁屠，就是不许宰杀牲畜（因为她是佛教徒）。刚好左
拾遗张德的妻子生了一个男孩，他偷偷地杀了一头羊宴请宾客。
其中有个官员叫杜肃，很不厚道，偷偷藏了一块肉下来，回来
立刻跟武则天告发此事。第二天，在朝堂上，武则天对张德说：
"听说你妻子生了一个男孩，大欢喜啊。"张德连忙拜谢。武则天
又道："可是肉从哪里弄到的？"张德连称死罪。武则天却说道：
"没事。我虽然下令禁屠，但有喜事、丧事的话，还是可以照旧
宰杀。不过以后你邀请客人，也要选择一下，那些无赖之人，就
不要一起聚会了。"然后就拿出杜肃告状的状文给大家看，这一
招可谓是大快人心。

　　其次，武则天有极强的权力欲，她对权力的欲望，远远超出
普通人。她进宫的时候才 14 岁，母亲痛哭着和她诀别，她却很自
如安然，说："见天子怎么知道不是福分呢？不要哭哭啼啼了。"
显然，这次入宫，在小武则天眼里，更像是一次绝佳的机遇。

　　武则天很幸运，第二次入宫后，一路高升，从昭仪，到宸
妃[1]，到皇后。普通女性到这份上，已经到顶了。可武则天还不满
足，她先是发明了一个"天后"的称号，这个称号就将历代皇后
都比下去了。后来，她又极力鼓动高宗去封禅，而且力排众议，
亲自主持了亚献。[2] 这更是绝大多数皇帝都没有享受过的荣耀，

1　宸是北极星，是皇帝的代表。宸字也只能用在皇帝身上，用来配做妃子封号，是不
　　伦不类。但武则天一时做不了皇后，也要过过嘴瘾，硬是发明了"宸妃"的头衔。
2　封禅活动中，首献自然是皇帝操作，亚献历来由宰相完成。武则天称帝后，曾经在
　　嵩山进行过封禅活动。

包括唐太宗李世民。可这，也还不是终点，因为她的权力欲永远是一条上升的直线。

再次，武则天杀伐果决。狮子骢的故事非常有名，很能反映武则天的这个特点。她曾召集群臣，痛骂说："我辅佐先帝超过三十年，忧劳天下。你们这些人的爵位富贵，都是我给的；天下安佚，也是我来供养的。先帝去世的时候，把社稷托付给我，我这么照顾你们，现在你们倒是敢反我了！你们这些人，有谁伉扈难制比得上裴炎吗？有将门世家比得上徐敬业的吗？有宿将善战比得上程务挺的吗？这些人都是人豪，对我不利，我都能除掉！你们如果有谁才能超过他们，尽早动手，不然安分一点，别让天下人耻笑。"一番话，掷地有声，吓得群臣只知道叩首，头都不敢抬。

最后就说说她的书法吧。据宋人的《宣和书谱》，武后很喜欢书法。她曾得到一批名家作品，摹拓把玩之后，笔力大进。很有些"丈夫胜气"，就是说，她的书法看起来有男子的气概。她写的飞白体，非常雄壮，从传世作品《升仙太子碑》来看，确实如此。都说字如其人，从这点看，武则天当是不让须眉的。

无字碑歌

人终有一死，武则天也不例外。她一生中，统治了中国四十六年，以皇后身份预政二十四年，以太后身份称制七年，自己称帝十五年。武则天最后是被逼退位的，但儿子中宗还是给她上了一个"则天皇帝"的尊号。不过临终前，她下令去了帝号，以"则天皇后"的名义和高宗葬在一起。武则天这个女皇帝，没有做彻底。

这个陵墓叫"乾陵"，陵墓是一座完整的山体，内里掏空了，将棺椁和随葬品放入之后，用大石头堵上，又用铁汁灌注，这样就非常牢固了。如果想盗墓的话，只能挖山。唐末，有个军阀叫温韬，率领军队去挖唐代帝陵，几乎翻了个遍，包括唐太宗的昭陵。当然，他也打过乾陵的主意。只不过刚要动手，就"风雨大作"，温韬胆战心惊，于是不敢继续。乾陵应该是唯一没有被盗的唐朝皇陵。所以，说不定未来我们还有机会看到武则天的真容呢。

乾陵葬了两个人，所以也有两块碑。一块是高宗李治的，叫《述圣碑》，由武则天亲自撰写。另一块则是武则天的，可上面没有一个字，故被称为"无字碑"。因为是无字碑，所以就引出了很多猜测，最常见的说法是，武则天认为自己的功过如何，就由后人来评定吧，所以搞了个开放式的无字碑。其实碑上面已经打好了格子，确实是准备刻字的，只是碑文实在难写——因为撰写碑文的是她的儿子李显，但李显感觉很难下笔，迟迟不能完稿，最后也就不了了之了。

不过，武则天的一生用"无字碑"来描述，确实很恰当。她是一个如此复杂的人物，评价争议也是如此之多，很难简单地评论。

从时间上来看，中宗、睿宗、玄宗三朝，因为都是武则天的子孙在位，所以这一时期内，武则天依然保持了尊崇的地位和光辉形象，一般人不敢对她妄加议论。睿宗先天二年（713）诰称"运光五圣"，李白《上云乐》诗称"中国有七圣"，都包括武则天。吴兢所撰《国史》，就给武则天立了本纪。

安史乱后，藩镇难作，李唐王朝日见衰微，所谓女祸误国的议论渐兴，许多人站在维护李唐天下的立场上非难武则天。

但也有不少赞扬之语。如杰出的政论家陆贽就对武则天的用人政策倍加赞誉，认为是应当仿效的典范。又如贞元二十一年（805）唐顺宗诰有"九圣储祉，万邦咸休"之语，仍列武则天在内。圣，就是皇帝。可见武则天的皇帝地位还是被官方认可的。

唐代结束后，后晋时修成《旧唐书》，也为武则天立了本纪，最后以"史臣曰"作总体评述，有褒有贬。十国中的后蜀孟昶，在利州时为武则天重修皇泽寺新庙，立碑刻石，文中凡遇"天后"或"后"字必顶格书写，有关敬语如"玄贶""神像"等文则空三格，对武则天可谓尊崇备至。

北宋的人就道学多了，欧阳修等撰《新唐书》，大力指责武后有莫大之罪，不过也还是承认她"赏罚己出，不假借群臣，僭于上而治于下，故能终天年，阽乱而不亡"。而且有趣的是，《新唐书》中，武则天既有本纪，又有列传，也算是比较实事求是。

到了南宋，儒家道学进一步强化，朱熹亲作《通鉴纲目》一书，武则天不入本纪，只将她附在《唐纪·中宗》之下。行文中对武则天更是横加挞伐，没一句好话。朱熹的评价也就基本代表了此后评论武则天的基调。

今天大家已经不太去抓她私德的问题，但对立的评价依然存在。否定派的主要观点是，由于武则天，唐代全盛时期的到来比其他朝代比如汉、明、清，都要推迟三五十年。肯定派的主要看法是，武则天时代，经济上有很大发展，而且她能破格提拔用人，这些都为开元盛世起到了铺垫作用。

至于民间百姓之中，讨论女皇武则天，一直是非常热门的话题。武则天更多的是以一个艺术形象，活在今天的世界中。

最后一个问题，也是人们议论最多的，为什么唐代会出现武则天这个女皇帝？

从社会风气角度来看，唐代的女性地位较高，这确实是个重要的社会基础。但这远远不是武则天能够称帝的充分条件。我看到最好的解答，是孟宪实的观点：武则天当上女皇帝，就是一个政治事件。说得再直白一点，这是一个偶然性事件。换句话来说，换一个时代，换一个人，都不会出现女皇帝。武则天，可遇不可求。

第七章

太平公主：公主不太平

敢把皇帝拉下马

公元 710 年，在唐代历史上有点特别，因为这一年有三个年号：景龙、唐隆、景云。这三个年号分别对应着三个皇帝：中宗李显、殇帝李重茂、睿宗李旦。自武则天被逼退位以来，宫中隔三岔五发生政变，但这年的政变似乎特别繁多了些。在这繁多的政变中，有一人十分打眼，她正是武则天的嫡亲女儿——太平公主。

710 年六月的一天，大唐帝国的中心太极殿上，摆着一具巨大的棺椁。棺椁里面躺着的，是倒霉的大行皇帝李显。[1] 棺椁的外面站着的，是李显的弟弟相王李旦；在太极殿的宝座上坐着的，则是李显的亲儿子李重茂。他虽然才十六岁，不过却是当下的大唐皇帝，所以此时年号还是唐隆。

而此时所有人的眼睛，都在看着殿中间站着的一个女子——

---

1 大行，就是永远去了。大行皇帝，是皇帝从死后到埋葬这个阶段特有的称呼。继任者往往是在大行皇帝棺椁前面完成继位仪式。

李显的妹妹太平公主。这是一个相当丰满的女人，面目端庄，眼神犀利。她挥着手，以高亢的声音喊着："皇帝想把位子让给叔父，大家看可不可行啊？"她的口气却是不容置疑的肯定。

这时，群臣中闪出一位，跪下，高声地说："现在国家多难多灾，皇帝学习尧舜禅让，真是仁孝的表现。让相王来承担这个重任，再合适不过了！"接着，群臣呼啦啦跪倒了一片，几乎是群情激动地表示赞成。

此时，坐在宝座上的小皇帝，既惶恐又迷茫。就在不足一个月前，他刚死了父亲，他当上了皇帝，不过什么事都是他妈和他姐（韦后和安乐公主）做主；就在四天之前，他妈和他姐也被人杀了，这到底是怎么回事？他心里充满了恐惧，茫然地看着眼前的一切，不知道该怎么做，该怎么说。他似乎听到有人在以他的名义宣布，要把皇位传给叔叔李旦。

传位诏书早就宣读了，可皇帝还是呆呆的。大臣们有点紧张，不知道该怎么办好，谁也不敢发言。这时，只见太平公主几步跨上前去，冲着小皇帝说了第二句话："天下之心已归相王，这不是你小孩的座位了！你下来吧。"说完，一伸手，抓住了皇帝的衣服，一把将他扯下了宝座。李重茂一个踉跄，站到了一旁。他眼里含着的泪花，终于滚了下来。

五天之后，李重茂被安置到了内宅。这时候，他的身份已经是温王，而不是皇帝。再往后，李重茂就消失在了历史中，从殇帝的称号来看，他应该是很快就追随家人于地下了。这是一个完全没有意外的结局。

李重茂并不知道，就在几年以后，他的这个姑姑，被她的另外一个侄子——李隆基——一个新的皇帝，下令自尽于家。这个敢把皇帝拉下马的女人，也终于被皇帝拉下了马。只是不知道，太平公主在临死前，是否想起过李重茂这个名字？

二十年间是唯一

太平公主的名头响亮，在唐代公主应该是无出其右了。说起来很奇怪，这样一位呼风唤雨的人物，她的大名却已经不可考。虽然有学者考证说，太平公主大名叫李令月，可惜这是误读了文献所致。

太平公主号称太平，"太平"一开始只是她的道号。她八岁的时候就做过一段道姑，目的是给外婆祈福。等她后来拥有了一个属于自己的道观时，就取名"太平观"，当了一回半真半假的观主。

"太平公主"的称号，还曾经被皇帝哥哥李显加上过"镇国"两字，全称是"镇国太平公主"，这是因为她"反正"有功，算是朝廷功臣，才赐给这个头衔。这等头衔也算是空前绝后了，其他公主可没有这样的荣誉呢。

她还有一个尊荣，更是任何公主都不可企及的，那就是在整个武周朝，太平公主是天下唯一的公主。《旧唐书》里说："二十余年，天下独有太平一公主，父为帝，母为后，夫为亲王，子为郡王，贵盛无比。"在高宗时代，她虽然是最尊贵的公主，但毕竟还有其他公主。但在武周朝，武则天可只有她这一个宝贝女儿，皇子还有两个，公主可真是天下独一份了。她都可以不用"太平"二字，简称"公主"就足够了。

关于太平公主的相貌，史书上明确记载："丰硕，方额广颐。"也就是说，她身材圆润，面庞饱满。在以丰满为时尚的唐代，太平公主绝对是个美人。

甚至，我们可以说她身强体壮。前面说过，她曾经把 16 岁的李重茂从御座上"提下之"，她不是拉下来的，而是"提"下来的。十六岁的男孩，少说也有一百来斤了吧？她的臂力可谓惊人。可以想象，太平公主应该是一个健壮的女子，这形象倒是很符合她那强悍的个性。

好的相貌，除了天生丽质之外，还要会装扮。武则天就是一个很会修饰的人，甚至可以在 80 岁都不让人觉得老态，看来是有秘诀的。这个秘诀多半也传给了太平公主。野史记载，太平公主有个美容秘方"乌鸡药"。据说，七月七日取乌鸡血，和上三月三日采的桃花末，涂脸和全身，三天之后，就可以有肌白如玉的效果。不知秘方是否真的有效，不过既然这个方子是太平公主所用，想来她的肌肤是非常白皙的吧。

关于太平公主的年龄，史书上没有确切的记载。推算起来，她大约生于 663 年—667 年间，死于 713 年，大约活了四十六到五十岁。

太平公主是高宗李治和武则天最小的孩子，也是唯一的女儿（不算那个早夭的长女）。俗话说，皇帝爱长子，百姓爱幺儿。但其实皇帝皇后也往往最宠爱最小的孩子，这是人之常情。可以想象，太平公主小时候得到了人间可能得到的最好的物质享受和全面保护，她的童年，应该是幸福的。

也有人认为，她有过童年阴影，被她的一个表哥贺兰敏之给猥亵过。其实，这是一个误读。史书记载是这样的："时太平公主尚幼，往来荣国之家，宫人侍行，又尝为敏之所逼。俄而奸污事发，配流雷州，行至韶州，以马缰自缢而死。"太平公主小时候，常去荣国夫人府，也就是她外婆杨氏那里玩。当时都有宫女陪着，贺兰敏之强奸的对象是这些宫女，而非太平公主本人。

贺兰敏之是杨氏的外孙，是太平公主的姨表兄，还是个色情狂。不过他再胆大也不至于敢奸污太平公主，如果他真这么干，肯定要被大卸八块的，而不仅仅是流放。当然，宫女也是不能侵犯的，因为所有宫女都是天子私人禁脔。贺兰敏之的行为，其实是给皇帝戴绿帽子呢，属于大不敬之罪。不砍他的头，算是很照顾他了。

皇帝的女儿也要嫁人。对太平公主来说，婚姻和家庭远不是她的全部，但也是她生命中不可缺少的一部分。

第一次和婚姻扯上关系，是被吐蕃求亲。当时吐蕃口气很大，提出要娶天子亲生的女儿。这在历史上，还从来没有过先例。不过就算有先例，高宗怎么会舍得宠爱的女儿远嫁千里之外呢？为了照顾吐蕃面子，就找了个借口，说太平公主出家了，而且特地建了一个太平观，尊贵的公主正儿八经出家当"观主"了。

"出家"为道姑这种情况，在唐代公主身上是屡见不鲜的。

睿宗的两个女儿，玉真公主和金仙公主，甚至都终身未嫁，玄宗给她们两人各造了一座极为华丽的道观，也叫玉真观、金仙观。两位公主在道观里可以自由接待各色人等，俨然是中世纪欧洲开沙龙的贵妇呢。这种生活，实在是自在逍遥的人间活神仙。

太平公主并不像玉真、金仙那样有做单身贵族的念头，她情窦初开后，就很想嫁人了。也许是一直把她当孩子看待吧，高宗和武则天都没把选驸马之事提到日程上来，不见动静。等不及的太平公主决定暗示一下。于是有一天，她穿上紫袍，系上玉带，头戴折上巾，另外还系了"具纷砺七事"的腰带。[1] 她的这副装扮，是典型的高级武官的装束。

太平公主穿着这身服装，在父母面前欢快舞蹈，逗得李治和武则天哈哈大笑，说："你又不是武官，干吗穿成这样子啊？"太平公主立刻接口说："那这身服饰用来赐给驸马，还是不错的吧？"爹妈一下就明白了宝贝女儿的心思，孩子大了，想嫁人了呢！

驸马人选以最快的速度确定下来了，是薛绍。为什么选他呢？标准很简单，他出身高贵。薛绍的母亲是城阳公主，这个公主可不是普通公主，而是长孙皇后亲生的。长孙皇后生过四个女儿，一个早夭，其他两个都嫁给了长孙家。长孙家族是武则天的政敌，自然不能入选。所以算下来，天底下，母亲最尊贵的适婚对象，也只有城阳公主的儿子了。至于薛绍的家族，那自然也错

1　七事，就是唐代武官佩带的七件饰品，有佩刀、刀子、砺石、契苾真（用于雕凿的楔子）、哕厥（用于解绳结的锥子）、针筒（竹筒，用于放纸张，帛书之类）、火石，都挂在一根腰带上。

不了，毕竟他们可以娶到唐太宗嫡亲的女儿。后来武则天还把自己的无赖情夫冯小宝改换了名字，叫薛怀义，硬是送到薛家做了个便宜叔叔。可见她对薛家门第是相当满意的。

尽管如此，武则天也还要鸡蛋里面挑骨头，硬说薛绍的两个嫂子出身寒微，不配做自己女儿的妯娌，甚至要逼着薛绍的大哥二哥休妻。其实她们出身兰陵萧氏，是魏晋时期传下来的高门大族呢。[1]这番造作，大概因为武则天自家有暴发户的嫌疑，所以特别要把门第挂在嘴上吧。

选薛绍为驸马，满足了武则天的标准，那他本人人品才貌如何呢？太平公主的意见又如何呢？

从前面太平公主穿武官服来暗示父母这点看来，她心目中的择偶标准大概是器宇轩昂的英雄型武官，而不是文采斐然的才子型文官。一来唐朝有尚武风习，要是在宋代，太平公主多半会找个状元当驸马；二来太平公主性格刚强，她估计也不大看得上文弱书生吧。薛绍是个世家公子哥儿，想来潇洒倜傥应该是没有问题的。

太平公主的第一次婚姻，以一个极其豪华盛大的婚礼开场。婚礼是在万年县[2]的县衙举行的。万年县的县衙在阳宣坊，位于东市以东、平康里以南，而太平公主的府邸就在平康里。这个地方，正是长安城最繁华的中心区。婚礼放在这里，也许有与民同

1　南朝齐、梁两朝的皇帝都姓萧，就是兰陵萧氏。

2　长安城非常大，以朱雀大街为界分为了两个县，长安县管西半城，万年县管东半城。

乐的心理吧？

　　送婚的队伍是如此庞大，以至于万年县衙的大门都嫌太窄，通行不便。主办官员都打算拆大门了。高宗说，这个门还是宇文恺亲自设计的呢，不要毁了，还是拆墙吧。[1] 于是，威严的万年县衙的外墙就被推倒了一整面。

　　晚上亲迎公主的时候，从兴安门到万年县衙，一路上都燃满了巨大的火烛，烧得通红如昼，以至于大火把路边的槐树全都给烧死了。

　　这样盛大的开场，似乎意味着会有一个幸福的婚姻。太平公主和薛绍在七年的婚姻中，生了二男二女，从这点看来，小夫妻是相当恩爱的。

　　很遗憾，幸福的小巢，终于难逃政治风暴。在武则天登上皇帝宝座的过程中，卷起的何止是 12 级的龙卷风啊。薛家很不幸地站在了对立面，自然遭了灭顶之灾。薛绍因此被牵连，打了一百杖后，被关进大牢，活活饿死了。

　　薛绍的死，很可能也是武则天政治布局中的一步棋——她要把自己女儿的婚姻，从李薛联姻变成李武联姻，更彻底地摆脱李家影响，强化武家势力。

　　前面说过，薛绍母亲是太宗的嫡公主，薛家和李家自然是割不断的。武则天要实现改朝换代的目标，最大的敌人自然是李家以及李家所有宗室。薛绍这样身份的女婿，就算不危险，也是很

1　宇文恺是中国古代最著名的建筑师，也是长安城的设计者。

尴尬的。所以，武则天干脆把他弄死了。

再找个女婿，自然要找武家的子弟，因为武家现在是她最可靠的力量。把女儿绑在武家，她会更加放心。

新的女婿人选，武则天一开始考虑的是武承嗣，武承嗣是武家的领袖人物，曾经积极谋求周朝太子的位置。如果这个婚姻实现了，说不定武承嗣真能成为太子呢。但是，可能是因为武承嗣生病，也可能是太平公主看不上他，反正这事没成。武则天选了武家另外一个子弟武攸暨。

武攸暨是武则天的伯父武士让的孙子，这人性格比较谦逊，虽然是武则天的嫡亲女婿，身处政治中心，却未曾参与任何政治活动，做的官也都是清闲官。他曾经被封为定王，但坚决推辞了。相比其他的武家子弟，武攸暨是个异数。他在太平公主失败的前一年去世，一生可谓平安、平淡以及平静。

太平公主的第二次婚姻是以杀戮开场的。武则天将武攸暨原来的妻子毒死，然后把太平公主嫁给了他。这个新的家庭组合，看似富贵荣盛，背后却以两条鲜活的人命做代价的，实在让人不寒而栗。尽管如此，太平公主与武攸暨仍然生有二子一女，家庭生活似乎也还比较稳定。

太平公主一生共有四子三女，与薛绍所生的二子，名字叫薛崇训、薛崇简；与武攸暨的二子，名字叫武崇敏、武崇行。有趣的是，她四个儿子名字中间都是"崇"字，这个字充分显示出了在这个家庭里面，母亲的巨大影响。显然，太平公主的家庭，是以太平公主为中心的。这点，也可以反映出太平公主不太平的性格吧。

她的子女，也都因为她而得享荣华富贵，每人都有爵位和实食封，四人做到了九卿，是三品的高官，其中崇行、崇敏、崇简三人还曾被封异姓王。四人九卿，三子封王，可谓满门贵盛。

诸子中政治能力最为出色的，当属次子薛崇简。在后来不少政治活动中，他都成了母亲的代言人。后来薛崇简还交了一个好朋友，也是他的表兄——李隆基。可以想见，他充当了太平公主和李隆基之间联络员的角色，深度参与了一系列政变活动。但在母亲太平公主和李隆基势如水火的时候，薛崇简更多地站在了李隆基一边。

太平公主死后，除薛崇简外，其余的子女均被处死，曾经的荣华富贵成了一场空。真应验了一句古话：玩火者，必自焚。

权势熏天

公主身为皇帝女儿，是金枝玉叶，自然比绝大多数女性活得称心快意些。但历代也有很多公主是牢笼中的鸟儿，憋屈得很。比如明清的公主，驸马死了，都得守寡，绝对不能改嫁。清代的公主平均年龄才三十多岁，她们的幸福程度如何，完全可以想象。

当然也有些朝代的公主是比较自由快活的，这里面数第一的，绝对是唐代的公主。如果用一个成语来形容唐代公主，最恰当的就是"骄奢淫逸"，她们一方面充分享受了身为天子女儿的幸福，一方面又处在风气开放的时代，缺少后世儒家道学的束缚。[1] 在这方面，太平公主绝对不甘人后，其实她正是一个引领潮流的时尚人士。

先说"淫逸"，唐代公主私生活是相当开放的。

婚姻上，唐代公主就比较自由，除了很多时候可以自己选夫婿外，如果驸马死了，都可以改嫁。二嫁的不少，三嫁的公主也有好几个，太平公主自己就嫁了两回。

这还不算什么，公主还可以很自由地搞婚外恋。在很多时候，这几乎就是个公开的秘密。一些公主一方面严于律人，不许丈夫拈花惹草；另一方面宽于待己，大找情人。如李渊的女儿永嘉公主、李世民的女儿高阳公主、中宗的安乐公主、睿宗的玉真和金仙公主，真是"代有贤人"。薛绍、武攸暨估计都不敢偷腥，但太平公主的情夫却颇为不少，可考的有三四个。

最著名的是张昌宗。张昌宗非常漂亮，后来就被太平公主献给了武则天，女皇非常喜欢他。不过太平公主和他的关系却破裂了。另外，二张打击过太平公主的情夫司礼丞高戬。[2] 而在最后诛杀二张的行动中，太平公主是主要谋划者。在政治利益面前，情人是随时可以舍弃的。

太平公主的情人中，地位最高的是宰相崔湜。崔湜是高官之

1　唐代官宦家族都不想尚公主，避之唯恐不及。唐宣宗时，宰相白敏中曾替万寿公主做媒，找了一个驸马，叫郑颢。数年后，白敏中外任，临行之际，恳请皇帝说："臣曾推荐郑颢做驸马，他为此事记恨我。我离开朝廷后，他肯定会说我坏话。还请皇上明鉴。"为公主做媒都做成仇人了，可见唐人是如何害怕当驸马了。

2　史书上说高戬是"太平公主之所爱也"，看来是公主的裙下之臣无疑。

后，进士出身，容止端雅，文辞清丽，可谓才貌双全。但他太热衷于进取，曾经说："我们家做官，向来都是第一的。大丈夫一定要先占据要害以制人，怎么可以默默受制于人呢！"这个自称大丈夫的人，终于靠出卖身体，勾搭上了上官婉儿，于是平步青云。后来他又抱上了更粗的大腿——太平公主，做到了宰相。他初次执政时，才二十七岁。有一次，他乘马出宫门，悠闲地吟诵道"春游上林苑，花满洛阳城"，风姿潇洒无比。张说看到了，不禁感叹说："这句子可以学，这位子也是赶得上的。可这个年纪做到宰相啊，那恐怕是谁也不可及了吧！"不知道张说这一番话，是妒忌呢还是讽刺？

据称，崔湜从上官婉儿的怀抱转投太平公主后，导致了上官婉儿情场失意，怒而支持韦后，来对付太平公主。这个说法并不可信，上官婉儿和太平公主都是政治动物，她们完全可以和平共享一个男人。事实上，她们的立场也是比较接近的。在中宗死后，上官婉儿起草遗诏的时候，第一稿就是和太平公主一起商量的呢。[1]二人甚至惺惺相惜，完全不是势同水火的样子。

还有一个是胡僧慧范，慧范可能是印度僧人。这人可谓手眼通天，诡计多端。从武则天开始，一直经历了中宗、韦后、睿宗，都深得宠信，出入宫廷，结交权贵。有资料说太平公主"与之私"，还有的资料说，他还和太平公主的奶妈张夫人私通。

1　近年上官婉儿的墓被发掘，其中发现有墓志，引发了很多关注。从墓志看，上官婉儿因为被视为太平公主党羽，而死于李隆基之手。

另外还有一个人名经常出现，但是误传，那就是武则天前期最宠爱的假和尚薛怀义。薛怀义常被人误解与太平公主有私情，其实并没有。薛怀义确实是由一位公主推荐给武则天的，不过并不是太平公主，而是千金公主。[1]最后薛怀义倒是命丧于太平公主之手。据《旧唐书·薛怀义传》说，武则天想除去薛怀义这个大麻烦的时候，她就让太平公主执行。太平公主先是选了几十个有力气的妇人抓住他，然后找壮士将他缢杀了，并将尸体悄悄运回白马寺。整件事情波澜不惊，干得很利索。

至于"骄奢"方面，太平公主更是公主中的翘楚。

先来看看她的房产。在长安、洛阳两京，她共有七处宅子，都在地段最好、最繁华之处。洛阳正平坊的公主府，占了正平坊一半的面积。[2]相较之下，紧邻公主宅邸的国子监和孔庙，加起来大约才占了正平坊总面积的四分之一。

除了宅邸，还有很多园子。太平公主在长安的庄园，在乐游原上。乐游原是唐长安城的最高点，而且地势高平轩敞，自汉代以来就是游览胜地。太平公主毫不客气霸占了此地，添造亭阁，挖掘池沼，造就了长安最大的私家园林。太平公主死后，这块地被唐玄宗分赐给了四个兄弟，即宁、申、岐、薛四王，可见其规模之大。再后来，乐游原就成了民众游览之处，是长安人登高览

1　千金公主是李渊之女，按辈分，是武则天的姑妈。

2　考古工作者发现，正平坊遗址东西宽 464.6 米，南北长 533.6 米，大约相当于 17 个足球场或 300 个篮球场大。也就是说，太平公主光其中一个宅邸，就有 9 个足球场或 150 个篮球场那么大。

胜之胜地。李商隐曾经驱车登览而写下《乐游原》："向晚意不适，驱车登古原。夕阳无限好，只是近黄昏。"韩愈也写过一首《游太平公主山庄》诗："公主当年欲占春，故将台榭押城堙。欲知前面花多少，直到南山不属人。"慨叹春天终究会属于人民。

太平公主的财产之多，不可胜计。抄家之后，单高利贷一项，为了算清利息，就整整算了三年之久。

太平公主如此骄奢淫逸的生活，都是因为她是皇帝的女儿、皇帝的妹妹，有熏天的权势。这点，太平公主是非常清楚的。所以，在她追求奢侈生活的同时，必然也在追求更大的权势。她的野心，也许不是一开始就有的。但她对野心的追求，恐怕是不死不休。

走向台前的公主

在古代，女人干政一般都是非正常的政治状态。但隋唐时期，"女权"现象很流行。这个现象，是有时代基础的。隋唐之前的魏晋南北朝，是一个民族大融合时期。北方少数民族的文化影响冲击传统的汉族文明，"胡化"现象很明显。相对而言，少数民族女性往往在生产生活中占据重要地位，甚至在政治、军事上也会占有一席之地。如北魏名将杨大眼的妻子潘氏，善于骑射，常着戎装，与杨大眼一起，或冲杀战场，或驱逐田猎，英勇非常。与诸将同坐帐下，也言笑自得。杨大眼还指潘氏对大家说："此潘将军也。"北朝史的《列女传》中，也记载了一些妇女直接参与战争的史事。

　　这种风气一直延续到隋唐时期。比如隋文帝杨坚的独孤皇后，上朝时，独孤皇后和杨坚同车而去；杨坚议政，独孤后就在外面听。朝堂上议而不决的时候，独孤后往往出面做决定。在政治上，谋划相对容易，而做决定往往较难。独孤后善于决断，肯定是有政治天分的，当然也是个杀伐果决的人物。

　　在唐代公主里面，还有一位直接参与战争的人物——平阳昭公主。平阳昭公主是李渊的三女儿。在李渊起兵的时候，她女扮男装，自称李公子，一直在关中活动，开辟了一块根据地。她以超人的胆略和才识，在三个多月的时间里，就招纳了四五支在江湖上已有相当规模的起义军。老百姓将她的军队称为"娘子军"，威名远扬。她不仅打败了隋军的多次进攻，而且势如破竹，攻占了好多地盘，对李渊大军克定关中、攻下长安有极大的助益。平阳昭公主是真正的开国功臣，所以在她的葬礼上，高祖李渊下令用"鼓吹一部"，鼓吹就是军乐队。公主以军礼下葬，这是空前绝后的。

　　李家的女儿是巾帼不让须眉，李家的媳妇也不一般。从李渊的夫人窦氏，到太宗的长孙皇后，政治见识都是非常高明。只是这些女人都没有太大的野心，能够清楚自己的界限。

　　但是，从高宗开始，接着是中宗、睿宗，这一连串的皇帝，都是政治能力和魄力很一般的人，压不住自己的妻子。于是，潜蛰已久的"女人政治"终于浮出水面，开始了一段"女权"黄金时期。这是一种历史大势。

　　在这段时间内，女人干政成了常态，而这种政治常态，也培养了女人更多的政治野心。但插手政治，除了有野心，更重要的是能力。在这一时期的女人中，除了武则天，太平公主大概可以排名第二了。所以，她也是最后一个失败的女人。

太平公主政治野心是不用说了，她是武则天的女儿，现成的榜样就在眼前，自小耳濡目染。至于政治能力，其实也是与武则天的培养分不开的。太平公主天然就"多权略"，武则天认为这点比较像自己，说明她有极好的政治天赋。所以，武则天经常让太平公主参与谋议——某种程度上，太平公主是武则天最值得信任的人了。首先，母女是亲骨肉；其次，作为女儿，不会像儿子那样，天然对武则天的权力存在威胁。可以推断，太平公主很可能扮演着武则天参谋和助手的角色。在武则天上位的过程中，太平公主积攒了相当多的政治经验，尤其是阴谋诡计的经验。

但是在武则天时期，政坛上基本没有太平公主的身影。对此，史臣认为"宫禁严峻，事不令泄"，就是说武则天严禁她泄密。一说明她参与的多是阴谋策划，事情不便公开；二说明她是个沉得住气的人，比较深沉，懂得韬晦。

武则天时期，太平公主参与过的一次明面上的政治活动，就是扳倒了酷吏来俊臣。来俊臣大概是中国历史上最出名的酷吏了，也是武周酷吏的代表人物。他曾以"请君入瓮"的办法，消灭了另一位酷吏周兴。后来，来俊臣越发忘乎所以，甚至想要诛杀太平公主及其兄长李显、李旦，以及诸武。这下可惹毛了太平公主，在她的积极运作之下，诸武与诸李联起手来，共同上书女皇，揭发来俊臣的各种罪状，终于铲除了这个酷吏。

　　颇有讽刺意味的是，太平公主可知的第一次参与阴谋政变，就是反对她母亲的"神龙政变"。

　　这次政变的发动者，是张柬之等五大臣，他们策划好行动，然后联合禁军将领李多祚等人实施。政变名义上是诛杀二张，实质是逼武则天退位。

　　在武周后期，武则天最重要的一个政治布局就是"李武合同"，即让李家和武家大量通婚，难分彼此，合为一家。除了太平公主外，太子李显也多次和武家结亲。李、武已经深深地纠缠在一起了。但到了武则天统治末期，却出现了意外因素，那就是宠臣二张得势。二张地位极高，但他们的智慧和志向却配不上他们的权势。他们只知道及时行乐，对未来丝毫没有规划。张易之的弟弟张昌仪新建了一幢极美的房子，晚上就有人在大门上写字说"一日丝能作几日络？"络者，乐也。意思是，看你还能快活几天？张昌仪下令擦去，结果第二天门上又被写上了。这样反复六七天，于是张昌仪提笔在下面回复说："一日亦足！"于是这句话就不再出现了。这个故事大概是编的，但充分反映了当时张氏兄弟末日狂欢的心态，谁都看得到二张的结局会如何了。

　　在诛二张的名义下，神龙政变形成了墙倒众人推的局面。光从史料来看，太平公主并没有具体参与这次政变。唯一的记载就是，在政变之前，五大臣通知了太平公主和相王李旦，他们表示了默许。

　　其中，李旦和五大臣之一的袁恕己，一起统率了南衙兵仗"以备非常"，就是充当后备队的指挥。太平公主的身影却并没有出现，她的儿子们也没有参与的痕迹。不过事后中宗第一时间就给了弟弟妹妹封功赏赐，其中太平公主增加了"镇国"头衔，李旦则增加了"安国"头衔。此外太平公主还追加封户达五千户（一般的公主只有三百户），而且公主的四男三女都"食实封"，此外的赏赐"不可胜纪"。

李旦被赠"安国"头衔，是因为他亲自出马坐镇军队，功劳很大，得到重赏合情合理。那么，据此推断，太平公主被赐"镇国"，自然也表明她在这个政变中是出了大力的。几乎所有史书都说太平公主"预诛张易之谋有功"，但都没有说到底做了什么事。根据太平公主此前一贯风格，可以推断，她应该是扮演了幕后策划的角色。说到对宫廷内部的熟悉程度、对时机的把握等，没人比太平公主更在行了。

太平公主之所以会出手，是因为她对形势判断很清楚。二张和绑在一起的武则天，已经是一堵摇摇欲坠的墙。站在墙的那边，肯定会被倒塌的墙压死；而站在墙的这边，并伸手推一把，那将获利无穷。

经此一役，总在幕后的太平公主，终于走到了台前。她自信，放眼天下，现在的自己已经没有敌手了。

大显身手

很快，太平公主就她的第二次政治斗争中大显身手，并扮演了一个核心角色。

中宗李显上台后，对他的弟弟妹妹很照顾。除了第一时间的重量级赏赐之外，还特别下过一个诏令，内容是让李旦和太平公主在与中宗的子女见面的时候，不要行拜礼。原来按惯例，皇帝的子女，因为地位特殊，所有的叔叔、姑姑辈，都要向他们先行拜礼。现在中宗改变惯例，显然是要尊宠李旦和太平公主。中宗的这一做法，理由是为了"敦睦亲族"，就是让家族和睦。

中宗李显这个人，史评是相当差的，可谓不折不扣的昏君。其实他的人品并不差，只是太缺乏政治头脑了，总是把家庭和私人感情放在首位，而忘了自己首先是个皇帝。

可能是特殊的家庭环境，李显从小就缺乏母爱和家庭温暖。长大以后更是一直生活在恐怖中，战战兢兢，一点安全感都没有，所以他特别渴望家庭亲情。

对自己的母亲武则天，他是又怕又爱。在武则天被逼下台后，中宗给她上尊号"则天大圣皇帝"，仍把她视为皇帝，坚持每十天去拜见一次。武则天下台后，万念俱灰，不加妆饰，一下子变得异常苍老憔悴。中宗看了大惊，以至于痛哭流涕，并因此怨恨他的"恩人"——张柬之等发动神龙政变的五位大臣，不久之后就将他们贬官。

在李显发配到庐陵、陷入黑暗的日子里，韦后比他坚强得多，经常安慰他，成了他倚靠的臂膀。所以，李显曾对韦后说："如果以后我还能做皇帝，你做什么都可以，我绝不限制你。"这对夫妻之间的关系，多少有点高宗和武则天的影子。

安乐公主是李显的小女儿，刚好出生在他被贬去庐陵的路上，当时没有像样的条件，他只能脱下身上的衣服，给她裹着，所以小名就叫"裹儿"。在那暗无天日、度日如年的日子里，小裹儿是中宗最大的慰藉和快乐源泉，因此他后来对安乐公主的宠爱也是无以复加的，这是很明显的补偿心理。

同样出于补偿心里，他做了皇帝后，对自家人格外照顾，相王李旦、卫王重俊、成王千里的住宅，他都派遣卫士宿卫，十步置一仗舍，持兵器巡逻，跟皇宫一个级别。李旦是他亲弟弟，而且还做过皇帝，后来也是武周朝的"皇嗣"（太子），政治资本不比他差。但李显完全没有顾忌，甚至还一度打算让李旦做皇太弟呢，这只能说李显实在不适合当皇帝。

太平公主是李显唯一的妹妹，他的宠爱也是非常出格的。一、特别下令太平公主可以设置公主府，和亲王一个级别，这是前所未有的；二、她的子女也同时授三品高官；三、只要是她所推荐的人，无不任用，而且多为大官。这就给太平公主培养自己的势力带来很大便利。

中宗甚至对宫女都很宽厚。有一年元宵节，他和韦后微服出行，真正与民同乐。他还将三千宫女都放出宫去游玩，于是很多宫女就一去不回了。他也听之任之，没有追查。说句公道话，中宗确实是个"仁善"之人。

中宗的作为，倒是充分满足了他的亲情，但这一来，整个政治就一塌糊涂了。政出多门，宗室、外戚、女主这些非正常的政治势力风头都很强劲，尤其是女主问题，到了非常严重的地步。

首先，中宗朝的政治是武周朝的延续，基本没有改革。本来以张柬之等五大臣的设想，政变要消除武则天势力和影响，让政治走上"正轨"。可事实上，武氏力量完全没有受到影响，反而进一步强化，武三思甚至很快当上了宰相。一般都认为这是因为他勾结了韦后之故，其实不然，武三思早就和中宗是一家子了，安乐公主就嫁给了他的儿子武崇训，他们是亲家。另外，他的妹夫武攸暨，也是武家子弟。以中宗庇护亲戚的爱好，他怎么可能会除去武氏呢？

中宗上台之初，曾下令天下诸州都建"大唐中兴寺、观"，所谓"中兴"，就是否定武周、上继李唐的意思。不久之后，他又下令，全部寺观都改"中兴"为"龙兴"[1]，并且规定所有文书中都不许称"中兴"。显然，他并不希望全面否定武周朝的政治，这是个可怕的信号。

其次，新的"武则天"正在冉冉升起，这是更危险的苗头。中宗刚上台，韦后就和上官婉儿打成了一片。上官婉儿是个聪明人，当过武则天的贴身秘书，有很强的政治素养。她大概自信可以一手打造出新一代的武则天，就劝韦后学习武则天当年的一套，比如让天下人都为被休的母亲服孝三年[2]；百姓二十三岁成

1　最早在全国各州都建官寺的是武则天，称"大云寺"——与宣传《大云经》有关。中宗时都改为"龙兴寺"，到了玄宗时，又都改为"开元寺"。

2　武则天的上表是让天下人为母亲服孝三年，与父亲一样。韦后上表，只能更进一步，规定"出母"（被休的母亲）死了，亲生子女要服孝三年。而按之前的旧礼，"出母"甚至是不服丧服的，因为她已被视为外人。

丁[1]，等等。这些措施完全模仿了武则天，韦后志大才疏，不过东施效颦罢了。

更无知也更狂妄的是安乐公主，她居然公开要求做"皇太女"，而且宣称："阿武子（指武则天，口气轻狂）尚为天子，天子女有不可乎？"既狂且蠢，下场果然很凄惨。

安乐公主在骄奢方面，对标的是太平公主。举两个例子，一是凿定昆池。她出嫁后，还想要皇宫里面的昆明池，求而不得之后，就发狠要自己做一个。在拆迁了无数百姓的家后，硬是生生挖出了一个方圆 49 里的大湖，取名"定昆池"，意思是盖过昆明池。[2]而且她还让朝廷官署给她的庄园做装饰，种树、安假山……漂亮豪华，无与伦比。后来这个庄园被没收了，也成了民众休闲的去处，每天去游玩之人络绎不绝，甚至造成交通堵塞。以至于皇帝下令，再来游玩的，官员一律撤职，百姓则拉出去打一顿，这才平息下来。

第二个例子是"百鸟裙"，这件裙子是极精美的艺术品，用百鸟的羽毛绣成，上面的花卉鸟兽像小米粒那么大。裙子正面看是一个颜色，侧面看是另外一个颜色；白天看一个颜色，月下看又是一个颜色，千变万幻，非常神奇。于是贵女纷纷效仿，大肆捕捉鸟兽，造成了生态灾难。

更严重的是，韦后、安乐公主、上官婉儿，甚至还有部分宫

---

1 成丁就是成年，意味着要服役交税。对百姓而言，当然成丁越迟越好，韦后这是要慷国家之慨来讨好所有天下人。

2 西湖周围方圆 30 里，也就是说，这个人工挖的湖，差不多是西湖的 1.5 倍大。

人，都在不择手段地积极干政。比如卖官鬻爵，只要给钱，哪怕是屠夫商人也可以，她们准备好委任状，让中宗签名后，官员直接上任。这些官被称为"墨敕斜封官"。墨敕，是说委任状都没有经过宰相批准，没有盖印的意思。斜封就是开后门的意思。按道理说，墨敕不是正式圣旨，不能生效，但毕竟有皇帝的签名，下面的官员也不得不接受。这种行为极大地干扰了正常的行政运作，危害不浅。

这些女人胡作非为，权势熏天，可正牌的太子李重俊却无权无势，常受欺负。忍无可忍的太子暗地里积蓄势力，在神龙三年（707）发动了宫廷政变，可惜因准备不足而失败。政变只杀死了武三思与武崇训，太子自己反而丧命了。

这次危险的政变并没有让她们明白过来自己已经危在旦夕，韦后、安乐公主反而更加得意，认为除去了太子这个障碍，可以越发肆无忌惮。最后，这对母女竟然联手毒死了中宗李显，简直是利令智昏。

她们的小算盘打得很好：推出韦后的亲儿子李重茂做傀儡，然后韦后可以临朝称制，说不定还可以高升一步做皇帝；安乐公主做皇太女，以后也是个女皇帝。

可惜她们最大的政治依靠中宗，已经被自己亲手杀死了，她们的政治基础实在太狭窄，凭借的不过是韦家或者宗楚客这种败类，这样的小集团不灭亡才奇怪。

韦后当然很明白禁军的重要，可她的政治集团太狭小，能用的人少得可怜，最后只能将羽林军的领导权交给了亲信——驸马都尉韦捷、韦灌、卫尉卿韦璿、左千牛中郎将韦璹、长安令韦播、郎将高嵩，看看这些名字，整个一"韦家班"。她并不知道，禁军的中下层官员早已经和李旦的儿子李隆基打得火热。她更不知道，尚衣奉御王崇晔、西京苑总监钟绍京等这些皇宫中位卑但有实权的人物，也成了李隆基的死党。王崇晔掌管皇室的车马舆服，非常清楚皇宫内的动静；钟绍京作为御花园的总监，对宫内门庭道路十分熟悉，具备出入禁宫的方便条件，他手下的亲信园丁百余人，后来也成了政变的重要武装。

太平公主本来是韦后可以拉拢的最佳人选。一来太平公主没有可能当皇帝（当然，韦后可能不这么看）；二来太平公主是武家媳妇，双方算是一个阵营的。但韦后觉得自己的智谋不及，很害怕她，以至于想除之而后快。她曾经诬陷太平公主和相王李旦、废太子李重俊勾结，想要谋夺皇位。当然，诬陷没有成功。太平公主躲过这一劫后，自然就与李旦同患难，而和韦后成了死敌。愚蠢的韦后这是主动把一个潜在的盟友推向政治对手。至于安乐公主，更是只知道和姑姑较劲，大家都是公主，凭什么太平公主风头比她更盛？她不服！

虽然根据史料记载，政变的具体操作都是李隆基一手完成的，不过太平公主也起到了很重要的作用。一、政变前夜的具体策划，李隆基没有告诉父亲相王，反而是和太平公主商量。可以说，太平公主的老谋深算为政变成功打下了基础，她堪称这次政变背后的谋主、军师；二、太平公主让儿子薛崇简亲自跟随李隆基活动，事后他被赐爵封王，可见功劳很大；三、这是最重要的

一点，政变成功之后，安定政局，以及让皇权从傀儡皇帝李重茂
手里转移到李旦身上，这个艰巨的任务是太平公主完成的。她既
有足够高的身份，也有相应的威望。本章开头的一幕，正是发生
在这个时刻。

这次政变，是太平公主的人生巅峰。

姑侄斗法

走上人生巅峰之后，接下来可能就要走下坡路了。对太平公
主来说，这天来得太快，她的第三次政治斗争失败了，而且送上
了自己的性命，一切烟消云散。

第三次政治斗争是与太子李隆基展开的。共同的敌人消失
后，他们都发现此时最大的敌人就是对方。

第二次政变后，李旦顺利登基为帝，李隆基也顺理成章当了太
子。太平公主，也顺理成章得到了大量赏赐，光增加的封户就达到
一万户，这是空前绝后的。此外，太平公主还成了最耀眼的政治明
星，权倾天下，不可一世，因为此时皇帝李旦对她言听计从。

太平公主可以利用的最大资本，其实是李旦对她的庇护和依
赖。李旦比李显要明智很多，但一样也是仁善的性格，对这个妹
妹非常宠爱。太平公主谋危社稷，欲对太子李隆基不利，姚崇、
宋璟向睿宗劝谏，请将她送到东都洛阳安置，睿宗却说"朕唯一
妹，岂可远置东都"，可见他很看重兄妹关系。他们的母亲武则
天基本上视亲情如无物，而她的子女却大多重感情，也是一种很

有趣的现象。

太平公主也明白，光有皇帝哥哥的庇佑还不够——毕竟，儿子比妹妹更亲。所以太平公主要打造属于自己的政治集团。在她的积极活动下，李旦朝中的七个宰相，就有五个出自公主之门，而且掌管禁军的将军常元楷、李慈等人，经常私自谒见公主。表面看来，太平公主稳如泰山。

但太平公主有致命的弱点。首先，是她本身和武氏有无法割舍的关系，而且她还想继续利用武姓的政治资本。比如景云二年（711），李旦下令恢复了武氏昊陵、顺陵，这是太平公主以武攸暨名义请求的。太平公主的这招，明显是想利用旧的政治资源。但这很明显是大昏招，因为武则天的政治资本，早就该清算了。太平公主这样只会适得其反。

其次，太平公主是以外戚身份干政，为人侧目。人们刚刚又经历了一次韦后、安乐公主的"女主时代"，早就厌烦了不正常的女性政治。太平公主越英明神武，越让人害怕历史重演。武则天的女儿这个身份，大部分官员肯定是望而生畏，敬而远之的。

最后，太平公主的手下，有很多是中宗一朝的旧人。比如她的情夫崔湜，这人是政治投机家，本来是武三思的谋主，因为太平公主的关系，继续稳做李旦朝的宰相。另外，大批"斜封官"本来全部停罢了，但在太平公主干预下，又全部恢复了。某种角度来说，太平公主代表着旧势力。历史的车轮滚滚前行了，朝廷上下都渴望政治回到正常的轨道上来，逆历史潮流而动的太平公主，其失败早就注定了。

太平公主的对手是李隆基，他是储君，代表着新生力量，代表着朝廷可以回归正常的政治轨道。李隆基排行第三，但他有政变的功劳，名正言顺，众望所归，而且他的大哥李成器自愿让出太子之位。这样就不会产生内斗，后来太平公主想推李成器出来取代李隆基，李成器坚决拒绝。李隆基的阵营内部没有嫌隙，他没有后顾之忧。

另外，李隆基也得到了很多明智之士的坚定支持。比如姚崇、宋璟，他们为太子出谋划策，成功地让公主离开长安，让李隆基成功继位为皇帝，获得了政治主动权。

作为太子，李隆基有很多优势，但太子的身份往往也很尴尬，因为太子的权力最容易和当朝皇帝发生冲突。睿宗朝初期，这个问题很明显。太子过于英明神武，让本来就谦退的李旦形同虚设。所以他一开始重用太平公主，也有搞平衡的意思吧。

一边是妹妹，一边是儿子，李旦估计很烦恼，他不想伤害到任何一个，到后来干脆撒手不管，任凭二人争斗。于是出现这种局面，当宰相有事要请皇帝盖印颁行时，李旦只问宰相："跟太平商量过没有？"接着再问一句："跟三郎商量过没有？"如果他们两个看过了，李旦看都不看就通过，完全没有自己的意见。这种情况，只能加剧双方的争夺。有一次太平公主按捺不住，甚至亲自拦住将要上朝的宰相，要求他们废掉太子。大家面面相觑，还好宋璟当面抗争，太平公主才没有成功。

这时候，双方的斗争已经白热化，最终结局马上就要来临了。

终归尘土

　　眼看争斗越来越激烈，李旦痛下决心，决定让位给太子，自己当太上皇。李旦的这个决定，意味着他做出了选择——支持李隆基。不过，可能是出于保护太平公主的缘故，李旦表示仍然要过问军国大政，尤其是三品以上高官的任命和重大的刑狱——估计为了保妹妹一条命。

　　李隆基终于顺利继位，成为新皇帝，他给唐朝带来了一股新风。自从太宗皇帝之后，继位的这一连串男皇帝高宗、中宗、睿宗，都是仁弱的性格，才能也很普通。新皇帝李隆基却是意志坚强之人，敢于冒险，富有智慧，雄才大略，具备了一切明君的素质。因此，人们有理由期待一位新的"唐太宗"出现。李隆基已经是民心所向，任何试图挑战的人，都不可能获胜。

　　如果太平公主能明白这一点，承认自己的失败，甘心追随侄子的话，也许她还能善终。太平公主的儿子薛崇简就屡次劝母亲放弃争斗，可太平公主很生气，屡次责打薛崇简。她并不甘心就此退出历史舞台，她的性格和母亲一样，野心勃勃，而且异常坚强，是所谓的"不到黄河心不死，不见棺材不掉泪"的人。太平公主用了各种计策，甚至想过下毒，但都没有成功。于是她想再次谋划宫廷政变，做最后一搏。

　　二人争斗，身为皇帝的李隆基其实已经掌握了主动权，他只是在等一个恰当的机会。终于，有人向他报告，说太平公主要在七月四日动手。太平公主是个策划政变的老手，而她的绝密情报居然轻易被泄露了，令人惊讶。不过这也不奇怪，整体形势早就注定了两者的胜败，在大势面前，太平公主的种种谋划都如同透明一般，实在是自不量力。

有了太平公主要动手的讯号，李隆基找到了最好的借口，于是决定收网。这一天，皇帝亲自率 300 士兵，在宫殿内一举拿下了太平公主的党羽。第二天，太上皇李旦下了一道诏令："朕将高居无为，自今后军国刑政一事以上，并取皇帝处分。"这个诏书说明了一个事实，李隆基解决太平公主的真正困难，在于太上皇李旦。而李旦再次做出了明智的选择——当然，也有可能是李隆基"逼宫"的结果。

这个诏书也真正宣告了太平公主政治生涯以及她生命的终结。事败之后，惊恐的太平公主逃入南山寺，待了三天。这三天足够让她想通一切。然后，她平静地回到家中，被赐死了。

太平公主的死，让李隆基长长地松了口气，然后他下令改元，这个新年号叫"开元"。[1] 开元，意味着要开辟一个新纪元，进入一个新时代。所以，太平公主的死，意味着唐朝的女主政治就此终结，也标志着一个旧时代的结束和新时代的开始。从这个角度来说，太平公主是历史转折点上的标志性的人物。

太平公主虽然号"太平"，却是一个一点都不太平的公主。她身为一个出身尊贵的公主，所作所为却远远超出了公主的角色。太平公主爱红装，更爱武装，不过她最终没能成为第二个武则天，没有改变大唐的轨迹，这是李隆基的幸运，也是大唐的幸运。

1　他继位初期，用的年号"先天"，是从他父亲睿宗那里继承来的。

第八章

李林甫：无声立仗马

万"马"齐暗

大唐开元二十四年（736）的一天下午，所有谏官都接到了一个通知：宰相要召见他们。这可是一个罕见的召集。

唐代有个特别的官员群体，称"谏官"，有左右谏议大夫、左右拾遗、左右补阙等。谏官品级不高，但地位清高，人选很受瞩目，甚至往往是由皇帝直接任命。

看名字就知道，谏官的任务主要是负责谏争。他们眼睛盯着的，是皇帝、宰相等最高决策层；谏官的存在，为唐朝的制度添上了一层"民主"色彩。他们对于整个唐朝的政策制定、政治运作，都有着纠偏、监督的作用，其意义是不容忽视的。也正因为如此，一般情况下宰相不许也不便插手谏官的事务。所以，这次宰相召见谏官，着实有些意外和稀罕。

谏官匆匆朝着宰相办公地方"中书门下"大堂走去，其实大家心里多半已经猜到他们要面临的是什么了。因为就在不久之前，有一个叫杜琎的补阙被贬去地方上做县令了，原因是他最近两次上书批评朝政。大家都暗暗觉得，杜琏也太不会选择时机了。因为这时候，当朝首席宰相刚刚换人，老宰相张九龄黯然下台，而做宰相已有两年的李林甫，荣升为首席。都说新官上任三把火，大家躲还来不及，杜琏还偏偏提出批评，这不是找事儿吗？恐怕这回还要殃及池鱼了吧？

　　果然，谏官们匆匆赶到中书门下大堂，当中正襟危坐的当朝宰相李林甫并没有给他们好脸色。沉吟半晌，李林甫开口说道："当今朝廷，是明主在上，英明神武，乾纲独断。我们大家听从都还来不及，又有什么好议论的呢？"又停了半晌，李林甫语气缓和了些，接着说道："大家不都见过立仗马吗？它要是整天安安静静的，还能得到豆子填饱肚皮；一旦叫唤起来，那就要被赶走了。到那个时候，后悔也就晚了，恐怕也就得不到豆子吃了！"说完，李林甫目光炯炯扫视着谏官们，而他们都低下了头。

　　在谏官们一番唯唯诺诺之后，这次吹风会就结束了。李林甫看到鱼贯而出的谏官，摸摸胡子，不由微微笑了起来——先要解决舆论问题，才能让我大展身手啊！果然，此后十多年，谏官们集体闭口不言，而李林甫则是十多年如一日地在中书门下大堂正中高坐着，岿然不动。

　　不过，这个世界上除了立仗马，总还有一些不太安分的马，忍不住要发出一声嘶吼来。天宝八载（749），突然冒出一个地方官——咸宁刺史赵奉璋，他写了奏状，状告当朝宰相李林甫，列出整整二十条大罪！这个奏状很快就落到了李林甫手里，可以想见他是如何又惊又怒。要知道，这个时候的李林甫权已经倾天下十多年，圣眷不衰，如日中天。于是，赵奉璋迅速被捕，而后在李林甫当年训斥谏官的中书门下大堂上，赵奉璋以"妖言惑众"的罪名，被当场杖杀！李林甫一生害人无数，但如此直接而暴力的杀人，却也是少见。他如此气势汹汹，大约也掩盖不住内心的虚弱和慌张吧。

不知道是不是巧合，也是在这一年，李林甫干脆罢省了仪仗队的立仗马。这样，他大概心里会安稳一些，不用再担心有失控的马突然叫唤起来，吓到自己。

天宝十二载（753），李林甫去世，并且身败名裂。继任的宰相杨国忠又恢复了立仗马制度，不知道是否在暗示什么？

出身宗室的阴谋家

作为一个知名的历史人物，史书上居然没有记载李林甫的表字。不过他的小名我们是知道的，叫"哥奴"。奴，并不是卑称，而是一个爱称，类似于今天的"小鬼"。

李林甫出身显赫，是唐代宗室，他的曾祖父叫李叔良，是李渊的堂弟。这样算来，李林甫比唐玄宗李隆基还高出一辈，论辈分的话，李隆基还要叫他一声叔叔呢。

说起来，唐太宗还挺有"封建"思想的，他一度想让宗室子弟和开国功臣都去做刺史，而且允许世袭！在长孙无忌等人的坚决抵制下，此事不了了之。不过，唐代一直允许宗室做官，比起后代对宗室的疑神疑鬼，甚至干脆如明代那样全体圈养起来的政策，唐朝对待宗室算是相当大气了。当然效果也很好，王夫之就表扬过："宗室人才之盛，未有如唐者也，天子之保全支庶而无猜无戕，亦未有如唐者也。"

　　唐朝的宗室宰相也不少，毕竟作为"皇二代"，有许多别人无法企及的优势。除了李林甫，杜甫笔下"饮中八仙"之一的李适之也是宗室。这里提一下，李适之被李林甫坑得不浅。[1]

　　出身宗室，做个官是完全没有问题的，但要做高官重臣，那就需要努力了。李林甫家世显赫，父族是宗室，母族姜氏亦是名门望族。

　　姜氏家族，本是西北的旧勋贵之家，是开国功臣。第一代姜謩与李渊关系亲近，第二代姜行本也是太宗亲近宠信的大臣。第三代出了一个姜柔远，也就是李林甫的外公。史书上说他"美姿容，善于敷奏"，就是长相俊美，口才很好。所以在武则天的时候，做过通事舍人、内供奉。内供奉是可以出入皇宫的，大概与武则天关系密切。其实姜家一直擅长走皇家路线，比如姜柔远就把女儿嫁给了宗室李思诲，生下了李林甫。

　　值得一提的是，李林甫这一房擅长绘画，而且是家学。李林甫的伯父李思训是非常知名的画家，李思训和儿子李诏道并称

1　杜甫描写李适之："左相日兴费万钱，饮如长鲸吸百川，衔杯乐圣称避贤。"最后一句说的就是罢相之事，李适之自己也写过有名的《罢相作》："避贤初罢相，乐圣且衔杯。为问门前客，今朝几个来？"

"大小李将军"，后人都推许为"李将军山水"。[1]而姜家也相当擅长此道，至少姜柔远的儿子姜皎也是著名画家，甚至杜甫还特别写诗赞美过他的画作呢。[2]或者绘画就是他们家族联姻的一根红线。

姜氏家族与皇家亲近，所以，姜柔远的儿子姜皎和李隆基搭上了关系，那也是自然而然的事情。两人年龄相当，而且都算是"艺术青年"，比较有共同语言。当时，姜皎去皇子李隆基家里，甚至可以深入卧室。有一次，姜皎看上了李隆基后花园的一棵树，李三郎二话不说就将树送给了他，足见两人友谊之深。

等李隆基做了皇帝，姜皎就当上了殿中少监，而且宠信不衰。李隆基经常把他召入内室，大家不用上下之礼，像朋友一样相处，喝酒聊天，斗鸡打球，还常称他"姜七"[3]。

在对付太平公主的宫廷政变中，姜皎就是骨干人物了。他因此也升官，成了殿中监。殿中监负责皇帝的生活起居，是典型的近臣显贵。后来又升为秘书监，秘书监也是皇帝的侍从官，陪着皇帝聊聊天解闷。在开元初年，姜皎是十分得意的政界红人。有这样一个舅舅，李林甫的仕途自然是一马平川。

1　李思训、李诏道之所以称将军，并非他们武功出众，而是他们有武官官衔。王羲之当年也做过右将军，故人称"王右军"。武官出身，是宗室入仕的普遍现象，李林甫也是如此。

2　杜甫《姜楚公画角鹰歌》："楚公画鹰鹰戴角，杀气森森到幽朔。观者贪愁掣臂飞，画师不是无心学。此鹰写真在左绵，却嗟真骨遂虚传。梁间燕雀休惊怕，亦未抟空上九天。"姜楚公即姜皎。

3　称名用"行辈"，是朋友相交的一种礼节，唐诗中就常见排行，如《别董大》，指的董家老大；《送元二使安西》，送的是元家排行第二者。李隆基称"姜七"，说明二人不拘君臣之礼，关系亲密。

　　当然，李林甫后来做到宰相，还是因为他自身得到了李隆基的赏识。李隆基喜欢李林甫，恐怕最重要的不是才能，而是二人性情相投。

　　李隆基是个倜傥风流的公子哥儿，姜皎自然也是，而李林甫性情同样如此。虽然历史上李林甫的形象是心机深沉的阴谋家，但在他年轻时候，一样是斗鸡走马的纨绔子弟。20岁之前，李林甫"好游猎打球，驰逐鹰狗"。总之，他们是一路人。

　　都说外甥像舅舅，估计李林甫也颇有乃舅姜皎的风范。李隆基很喜欢潇洒倜傥、有风度的人，所以单就外形条件看，李林甫应该比较能入李隆基的眼。

　　李林甫还擅长音律，这也正合李隆基的胃口。李隆基是个音乐家，不仅爱听曲子，还喜欢自己演奏——他敲羯鼓非常出色，甚至还会作曲。[1] 这些共同的兴趣爱好，恐怕也是李林甫后来得宠的理由之一吧。

　　尽管有这些优势条件，但李林甫能在大唐宰相之位上屹立十九年不倒，也堪称奇迹。所以，在传奇盛行的唐朝，自然也有人编了他发家的故事。

　　故事说，李林甫年轻时，天天到洛阳城外的槐坛骑驴打球，累了就坐在地上休息。这时来了一个道士，跟他说："你是我五百年来见过的唯一一个骨骼清奇的人！你可以跟我学道，未来会白日升仙；如果你不愿意学道，还有一个选择，可以做二十年

1　李隆基曾在梨园培训宫廷歌舞艺人，所以后来戏曲人士都自称"梨园子弟"。

宰相！你好好想想，要哪个？"于是，年少轻狂的李林甫果断选择了做二十年宰相，他还舍不得这万丈红尘呢！

当然，这些传说不足为信，不过是人们编出来的故事罢了。

帝国升官图

李林甫年轻的时候并没有好好读书，因为他是贵族子弟，做官非常容易。

在唐代，做官有三种基本途径。一是科举，只要文化水平高，会写诗，都可以参与科举考试，从而获得做官资格。但科举取士人数是很有限的，每次也就几十人，竞争非常激烈。唐代著名诗人里面，没有能中科举的，那也多了去了。

第二个途径是杂流入流。杂流相当于吏职，是最基层的行政人员。这些吏员经过漫长的升迁（每升迁一次，叫"转"），最终可以转成官员，进入九品。九品之内的官，称为"流内官"，所以，从吏升到官，就叫"入流"，否则叫"不入流"。[1] 不过吏职出身而入流的，也主要集中在官员的底层，他们升官都有天花板限制。

第三个途径叫门荫，众多官员都是经此道入官场的。门荫，就是官员子弟可以凭借父亲的官位而获得入仕资格。门荫出身中，

---

1 关于"入流"，有个著名的故事。说是有一次，玄宗登楼，看到一人醉卧水边，问左右系何人。身边的宫廷滑稽表演者黄幡绰回答："是年满令史。"玄宗问，你怎么知道？黄幡绰再答："更一转入流。"

通常都从卫官起步。卫官是皇帝侍从武士，比如千牛备身、监门直长等，这些人的起点和科举出身者差不多，但因为才能普遍逊于科举出身者，所以仕宦前景不佳。但门荫出身者众多，做到高官甚至宰相的也不少。李林甫、李德裕都是门荫出身的宰相。

大约在武周末年，李林甫任职千牛，从此进入仕途。[1] 据野史的说法，李林甫仕途起步，是得到了一个堂叔的赏识，这个堂叔当时任库部郎中。

李林甫升到监门直长后，面临两个选择，一是继续在兵部叙迁，也就是以后就在武官系统升迁，这叫本色升迁。这一途升迁快，责任少，但有天花板；二是从吏部叙迁，也就是进入文官系统，文官虽然辛苦，是困难模式，但有可能做到宰相。这一次，李林甫果断地选择了文官系统。

一般来说，从卫官系统进入吏部文官系统的第一个官职——释褐官，都是七品左右，起点不高。但是李林甫很快就做上了正五品上的太子中允，升迁异乎寻常地快。五品官是个很重要的坎，过了这关，就算进入中级官员行列了。李林甫仕途如此顺遂，估计这是得到了舅舅姜皎的暗中帮助。

太子中允是东宫官，这类官基本没什么事做，自然也不会有什么实权。于是，志存高远的李林甫拐弯抹角地请托宰相源乾曜，求一个司门郎中。司门郎中是刑部司门司的长官，掌天下的门关、

1　"千牛"是皇帝禁军队伍的一个称呼，品级自正六品下到从八品下不等。就算是从八品下，也是一个很高的起点，三品官和四品清官的子弟才有这个资格。科举出身者，一开始也只有八品、九品而已。

津梁、道路等，从五品上。司门司虽然只算是个清水衙门，但二十四司的郎官属于帝国最核心的一群人，前途无量，万众瞩目。担任郎官者，历来要求才望兼备，才，主要是文才；望，是声望。作为纨绔子弟的李林甫，自然一样都没有，源乾曜看不起他，相当轻蔑地拒绝了："郎官应具备才望，哥奴岂是郎中的材料？"李林甫第一次感受到了来自文官系统的歧视和打击。

不过有趣的是，不学无术的李林甫经过了一系列的迁转，居然做到了国子司业。国子司业，就是国子学的管理者。虽然实权不大，但是个典型的文人职位，一般都是要由进士出身而有文学素养之人担任，声誉很好。而且，国子司业是"清望官"，更是培养声望和人脉的好位子。看来，受到了宰相的歧视，李林甫意识到，为了前途他必须要着力培养一下自己的"才望"了。

李林甫并没有好好读过书，做到这个职位上，似乎要出问题。但令人意外的是，他任职期间做得很好，史书上说"颇振纲纪"，严格制度化，将国子学管理得井井有条。李林甫对自己这段为官经历也颇为得意，做了宰相之后，也很爱谈论这段往事。以至于太学生们就想拍宰相的马屁，于是在国子监的大堂前面立了一块"颂德碑"，为李林甫歌功颂德。事实证明，李林甫虽然没有学问，但做实事确实非常出色，也就是古人所谓的"吏干"之才。

开元十年（722），李林甫的舅舅姜皎失宠，被贬，但并没有影响到他的仕途。四年后，李林甫做上了御史中丞，这是御史台的副长官，货真价实的实权官员，地位相当重要。而他出任此职，得力于宇文融的大力推荐。

　　此时，宇文融在官场上混得风生水起，因为他是个敛财高手。唐玄宗上台的时候，财政状况其实很不乐观。唐代前期的赋税模式叫"租庸调"，成年男丁按人头给国家交纳赋税，包括粮食和布帛。但是随着农民的破产（总是难免的），交不起赋税而开始逃亡的人越来越多。这种逃离编户的人，就叫"浮逃户"。在武则天时代，浮逃户情况已经相当严重了；到玄宗时期，形势进一步恶化。针对这个问题，宇文融提出了"括户"的对策，就是派人到各地去调查逃户，然后就地登记造册，把他们重新编入纳税体系。这样，每增加一人，就意味着多了一份税收。宇文融任用了大量有才能的副手，工作开展得很顺利。年终一算，清查出八十万浮逃户，赋税增加了上千万缗，大大充实了国库。这个成绩玄宗非常满意，对他倍加宠信。宇文融得意之下，也有了想法，打算冲击一下宰相宝座。

　　不过，此时的宰相是鼎鼎大名的张说。自古以来，官员就可以分为两种类型，一类是文人儒士型的，一类是吏干型的。张说就是文人官员的典范，他天然地不喜欢"聚敛之臣"。[1] 显然，宇文融要再前进，必须先扳倒张说。而身为阴谋高手的李林甫肯定是他当时的最佳拍档。

　　李林甫和宇文融联名弹劾了张说，列出三大罪名，其中有两个是控告张说与术士僧道勾结，运用"邪术"。李林甫这招很奏效，张说被扳倒了。这一次，李林甫初现獠牙，充分展示了他在

1　有个典故叫"燕许大手笔"，称赞文章写得大气磅礴。其中的"燕"，就是燕国公张说。

权谋诡计上的才能。

接下来的路，李林甫走得一帆风顺，他先后做过正四品下的刑部侍郎和正四品上的吏部侍郎。到了吏部侍郎这个位子上，就可以觊觎一下宰相的宝座了。于是李林甫开始谋求更大的靠山，搭上了武惠妃的线——武惠妃是玄宗前期的宠妃。在她的帮助下，李林甫成了黄门侍郎，这是门下省的副长官，正三品，正式迈入高官序列。开元二十二年（734），礼部尚书李林甫被加"同中书门下三品"头衔，在唐代，拥有这个头衔的才是真宰相。李林甫终于登上了大唐官员的最高峰。

从开元初年入仕算起，经过了二十多年的谋划，李林甫终于登上了官员的最高峰。而且他在峰顶一待就是十九年，至死未曾下来。

从群相到独相

虽然李林甫在开元二十二年当上了宰相，不过此时他只是群相中的一个。想要大权独揽，还需要进一步谋划。

唐代的宰相是群体制，也就是说有多个宰相，这个制度有利于皇帝制衡宰臣。但是，大唐也不时会出现"独相"现象。独相，并不是说只有一个宰相，而是某位宰相独揽大权。比如玄宗初年，姚崇做宰相就大权独揽，说一不二。与他同时在位的宰相卢怀慎，自认为才能远不及姚崇，每件事都听姚崇的，所以被人取了"伴食宰相"的外号，就是说这个宰相每天只是去衙署吃饭而已，并不做事。[1] 有一次，姚崇的儿子死了，他告假十多天。在此期间，要处理的文件都堆积起来，国家行政部门几乎瘫痪。姚崇回来，"刷刷刷"，一会儿这些公务就都处理完了。玄宗就曾经对卢怀慎说："朕以天下事委姚崇，以卿坐镇雅俗耳。"这些事，皇帝其实也门儿清。

这种情况很像明代的内阁，内阁大学士有若干个，但其中一人是首席，被尊为"首相"，往往凌驾于其他内阁成员之上。李林甫显然就是这样一位非常强势的"首相"。

李林甫要当"首相"，最大对手是张九龄。张九龄为相，比李林甫还早一年。他一直和张说交好，可以说继承了张说的传统，是当时文人儒士型官员的新代言人。张说、张九龄，是继姚崇、宋璟之后的最重要的宰相代表人物。[2] 他们相继掌权十多年，正是开元时期"文治"的一个象征。开元中期，也是玄宗致力于文治的阶段，所以他也需要这样类型的宰相来主持大局。比如张说主持修订了《大唐开元礼》，就是一代文化大事。

张九龄本人是个非常出色的文学家、诗人，他的"海上生明月，天涯共此时"，气魄宏大，意境幽远，实为咏月之绝唱。在人格上，他更是一位标准的儒者。张九龄总是秉持"从道不从君"的原则，屡屡驳皇帝的面子。正如史书上所说"九龄遇事，无细

1　唐代宰相的待遇很好，其中一个优待就是，每天都有工作餐。

2　玄宗用宰相，一反之前宰相众多（多至十余人）的政策，基本上是精选二三人。大概是玄宗觉得自己有足够的权威，不需要搞互相制衡的一套把戏吧，这也是李林甫做到"独相"的制度基础。

大皆力争"，无论大事小事，都要和皇帝争论，颇有魏徵之风。

有一年的千秋节（玄宗的生日），群臣都献了宝镜。唯独张九龄编了一本《千秋金镜录》作为送给皇帝的礼物。这相当于给小学生过生日，送他一套习题集。可想而知，玄宗肚子里是怎样一番嘀咕，表面上却还要装作很欣赏，特别下诏赞扬了张九龄一番。面对这种永远正气凛然的臣子，玄宗怎么会不憋得慌呢？

当初任命李林甫为相，张九龄就公开反对："宰相系国安危，陛下相林甫，臣恐异日为庙社之忧。"张九龄的反对，是一种天然的排斥，也是立场不同之故。

举一个张九龄和李林甫鲜明对照的例子。开元二十四年（736）初冬，洛阳宫中有怪物，玄宗就想回长安去。张九龄拒绝说："现在农民秋收还没结束呢，等十一月再走不迟。"李林甫则装作脚受伤，走不快，退朝后独自留下来，对玄宗说："长安、洛阳，不过是陛下的东宫、西宫罢了，在自家往来行幸，还用得着选时间吗？如果说会妨碍农事，那就在过路的地方蠲免租税好了，这样老百姓也不会吃亏的。我请皇帝马上出发。"玄宗很开心，于是立刻动身。

张九龄首先考虑的是国家，是老百姓的利益而不是皇帝，这当然是正道。李林甫首先考虑的是皇帝的感受，当然，对于百姓的利益，他也提出了补偿方案。这样，就让皇帝既满足了自己，又不至于背上骂名，很好地协调了矛盾。李林甫不是简单地拍马屁，他要替皇帝考虑到每个细节。这样的宰相，皇帝会不喜欢吗？

两相对比之下，唐玄宗逐渐对张九龄失去了耐性。还是在开元二十四年，玄宗想让朔方节度使牛仙客做尚书。牛仙客是慢慢升上来的，兢兢业业，能力非凡，治下"仓库充实，器械精利"。说实话，这样的人做尚书完全是称职的。不过张九龄不答应，他认为牛仙客是"边隅小吏，目不知书"。当然，牛仙客肯定识字，只是文采不华，吟诗作文估计不拿手。这在大文学家张九龄眼里，大概就是文盲了。

李林甫则公开称牛仙客有宰相之才，并且私下对皇帝说："苟有才识，何必辞学！"他将张九龄看得很重的文才贬低为"辞学"，即文字游戏。这自然是吏干型官员的价值观了。[1] 在李林甫不断吹风的情况下，李隆基终于下了决心，把张九龄的宰相头衔给摘了。这次宰相任免，标志着玄宗"文治"阶段的终结。

张九龄的罢相，后来一直被视为唐代治乱之世的分水岭。这种观点在唐后期就已经出现，宪宗时大臣崔群认为："人皆以天宝十五载禄山自范阳起兵，是理乱分时，臣以为开元二十（四）年罢贤相张九龄，专任奸臣李林甫，理乱自此已分矣。"理乱，就是治乱。在他眼里，唐朝的中衰，最大的责任人不是安禄山，而是李林甫。司马光在《资治通鉴》里回顾了李林甫之前的宰相——"上即位以来，所用之相，姚崇尚通，宋璟尚法，张嘉贞尚吏，张说尚文，李元纮、杜暹尚俭，韩休、张九龄尚直"，也

1　李林甫的文化水平实在堪忧，有一次他就把很常见的弄璋之喜写成了"弄獐之喜"。他身边的人情况也差不多，萧炅是他举荐的户部侍郎，此人把"伏腊"读为"伏猎"，得了个"伏猎侍郎"的外号。

就是说，这些宰相都各有所长，但到了张九龄罢相后，李林甫就是个卑鄙的阴谋家。

久任专权的大管家

不管怎么说，李林甫确实开创了一个新的时代，他做了十九年宰相、十七年独相，这不能不说是个奇迹。[1]

要知道，开元时代的名相姚崇、宋璟，也才分别做了四年宰相。宰相久任，必然会造成专权的事实。这点唐玄宗不会不清楚，因为姚崇自己就很坦率地告诉过玄宗"宰相权重，不可久任"的建议。另外一个事实是，宋璟在罢相后又活了很久，以至于后人因此对玄宗闲置人才之事颇有微词。

就整个唐代来说，常出现宰相大权独揽的情况，但是长期任职的情况则非常少见，只有贞观年间的房玄龄任宰相长达二十二年。事实上，这两人有一个共通点，那就是对皇帝恭敬顺服，对政务兢兢业业。两人不同之处在于，房玄龄虽然是宰相，但一点都没有专权的迹象，而李林甫是独揽大权。独揽大权且长时间在职，这种情况在唐代是绝无仅有的。

很多人把李林甫独相兼久任这种异常现象，归因于他善于欺瞒玄宗，也归因于他的口蜜腹剑、排斥贤能，于是导致他的地位

1　玄宗时期的宰相，任期一般是三年左右，少的仅有数月或一年。源乾曜是李林甫之外任期最长的人，两次加起来共九年九个月。所以，李林甫长达十九年的任期，绝对是个突出的例外。

没人能挑战。这些意见都有一定的道理，但问题的关键，应该还是在唐玄宗的身上。

唐玄宗不是糊涂人，知道宰相久任专权绝对有害，而李林甫人品不佳，唐玄宗也很清楚。安史之乱后，玄宗逃往成都，有次点评他自己的宰相，谈及李林甫，其考语为："是子妒贤疾能，举无比者。"旁边的人插嘴说："陛下诚知之，何任之久邪？"玄宗默然不应。今天，我们依然可以提出这个问题，为什么？

下面来分析一下。首先，这是玄宗本人的需要。到统治后期，玄宗很需要有个大管家来替代自己。开元后期，他就曾和高力士说："朕不出长安近十年，天下无事。朕欲高居无为，悉以政事委林甫，何如？"表露了"退居二线"的打算，结果一贯忠诚的高力士反对说："天下柄不可假人，威权既振，孰敢议者！"结果玄宗很不高兴。玄宗当然是个英明之主，但他不是工作狂，他好玩，爱虚荣，有着很多俗人的缺点。所以，到了开元盛世，虽然他还是有着巨大的野心，还想追求更高的荣誉，但丧失了励精图治的心态，开始怠政。值得一提的是，此时，杨贵妃已经出现在他身边。所谓"春宵苦短日高起，从此君王不早朝"，儿女情长未免消磨了不少英雄气概。玄宗想偷懒，那最好的管家非李林甫莫属，所以他要"悉以政事委林甫"。

其次，当时财政开始吃紧，文治的粉饰要先放下，当务之急是解决实际问题，这需要李林甫这样的吏干之臣来支撑大局。后人评价李林甫时，很多时候完全忽视了他的政治才能。

《剑桥隋唐史》中有一段对李林甫的评价："李林甫的行政

已取得显著的成功，他的行政改革使帝国政府的运转比以往更加顺利和有效率。他的政权是繁荣的。"这里提到的"行政改革"，有一条就是在开元二十五年（737）李林甫对国家财政支出制度的重要改革。这次改革的具体实施内容是"长行旨条"，现存的敦煌文书中有记载，而且学者们已经将它做了复原。看到这些内容，我们会更加清楚李林甫的贡献。简单来说，就是改革之后，原来需要厚厚一沓的财政测算，现在一张纸就搞定了。显然，他的改革极大地提高了全国的行政效率。这个实例说明，李林甫的行政才能是非常出色的。他被人讥笑的无才，只是缺乏文才而已。

李林甫还有一个优点，就是"奉公守法"。给李林甫这个评语，肯定会让人觉得不可思议。但事实上，李林甫在最大限度地遵守了这条原则。甚至在他的传记中，史官们也不得不承认这点，说："牛仙客既为林甫所引进，专给唯诺而已。然二人皆谨守格式，百官迁除，各有常度，虽奇才异行，不免终老常调；其以巧谄邪险自进者，则超腾不次，自有他蹊矣。"也就是说，李林甫和牛仙客两人做宰相，都是非常遵守规则的，一切都按照唐朝的法律制度办事，于是官员们都只能按部就班地升迁，不能徇私。那些小人得到提拔，都是因为别的路径，在李林甫这里是走不通的。从这个评价中，我们可以看到李林甫身上具有相当罕见的"法治"精神。

也许我们可以这么说，在不涉及自身利益的时候，李林甫是个很合格的官员。其实这也是李林甫的高明之处，他要的就是严格控制游戏规则。事实上，一旦规则被破坏，损失最大的就是他这个掌管规则的人。所以史书上说："纲目不甚乱，而人惮其威权。"显然，李林甫是懂得如何通过遵守规则来掌控大局的。

与他形成鲜明对比的是杨国忠。杨国忠在得势之后，肆意妄为，无法无天，完全不按游戏规则办事。可以想象，哪怕没有后来的安史之乱，杨国忠的好日子也过不了太久。因为他自己先搞乱了一切规则，完全没法控制住局面。

除了有非凡的行政才能，李林甫还完全顺从唐玄宗，这也许是他长久担任宰相最重要的原因。李林甫是权相，但他不是一个要窃国的大盗，他对玄宗有足够恭顺和忠诚。唐玄宗一辈子最放心的身边人，是高力士。但在外朝，他最放心的应该是李林甫。事实上，高力士曾经劝过唐玄宗，不能让李林甫独大，但玄宗并不在意。李林甫并不是清官，肯定会给自己谋取私利，但这点利益损失，对拥有大唐的玄宗来说，又算得了什么呢？

每年过年的典礼中，都有一个仪式，就是将全国各地进贡的物品陈列于朝堂之上。有一年，照例的展览结束之后，玄宗下令将这些贡品统统赏给李林甫。当时人们私下里悄悄议论，认为这是不祥之兆，因为国家贡品成了私物。但是玄宗显然并不忌讳，之所以这么做，可能正是要告诉李林甫，他贪财不是问题。玄宗要的并不是清官，而是忠仆。

说到忠仆二字，李林甫绝对当之无愧。李林甫对玄宗的顺从，首先表现在具体私事上，他从不违背主子。玄宗晚年"慕长生"、尊道教，李林甫就投其所好，"请舍宅为观，以视圣寿"，取悦主上。宫中用度不足，李林甫为了保证皇上的消费，于是"谋增追道粟赋及和籴以实关中、数年，蓄积稍丰"。后来人批评说李林甫这是"养成君欲"，富养皇帝，把皇帝宠坏了。

李林甫的恭顺，更表现在国家大事上，他总是尽可能地满足玄宗。玄宗的目标，一是对外，扩张疆土；二是对内，充实国库。

天宝元年发生的一件事，大概能反映玄宗的心思——他将所有的州都改为郡，刺史改叫太守。此前，也有一个人这么做过，就是隋炀帝。虽然只是改个一名称，但这却显露了他们的内心，就是他们都追慕汉武帝。他们要模仿汉武帝，再现大汉盛世的辉煌。那是一个曾经的高峰，是一个标杆。

唐玄宗估计希望比汉武帝做得更好，一方面要开疆拓土，另一方面也要府库充实。所以，我们可以看到，虽然李林甫为相时期打压了众多人才，但是在财政和军事方面的人才总是源源不断地涌现。因为他要保证玄宗在这两方面满意。

总之，唐玄宗需要一个大管家，一个他既能信任，又具有才能的人。显然，李林甫是个最佳人选，甚至可以说，李林甫是不二之选，无可替代。

这也是李林甫要打击潜在人才的重要原因。如果有了替代者，基于警惕权臣的政治原则，玄宗就可能要放弃李林甫了。所以李林甫全力制止了这种可能性，任何苗头，都被扼杀在了摇篮中。

后来，杨国忠出现了，对李隆基来说，这显然是个良好的替代品。从能力来说，杨国忠极力表现自己的吏干——特别是敛财方面，他确实有一手；从忠心的角度来说，他和杨贵妃的关系，使得他能获得充分的信任。但是，杨国忠不是真正的规则掌控者，他只是个喜欢打乱规则的玩家。所以，与李林甫相比，他是非常不合格的继承者。也许唐玄宗并不明白这点，也许是他太大意了。

对李林甫来说，杨国忠的出现是他无力阻挡的，杨国忠是外戚，宫中有贵妃为他保驾护航。

掌控皇帝的网

李林甫之所以能让唐玄宗无比信任他，甚至达到"掌控"唐玄宗的程度，还有一个非常重要的原因，就是李林甫对玄宗的情报工作做到了极致。他对玄宗的了解，甚至可能超过玄宗自己。玄宗是他要服侍讨好的人，那么了解玄宗的需求就是李林甫首先要做的事情。

李林甫织了一张网，将玄宗轻轻网在中央。这张网，主要布置在皇帝的后宫。所以，李林甫每次上奏之前，都要先贿赂玄宗左右的人，探查他的想法。所以出言进奏，动必称旨。

这张网中，首先要提到的人是高力士和武惠妃。李林甫和他们搭上线，靠的是一个身份特殊的女人。这个女人姓武，是宰相裴光庭的妻子，她的另一个身份是武三思的女儿。而高力士最开始是出自武三思家的，可谓武家旧奴；武惠妃呢，武三思是她的伯父。可见这三人有足够密切的关系。那么，武氏为什么要帮助李林甫呢？很简单，因为她和李林甫是情人关系。

武惠妃父亲死得早，于是姑祖母武则天就将幼小的她接到宫中抚养。开元初年，她刚好十四五岁，意气风发的李隆基昂然进入后宫，自然一眼就看上了这位豆蔻年华、青春无敌的少女。而他那位颇为悍妒的王皇后，早被抛在脑后了。武惠妃自此得宠，一共生了七个子女，足见玄宗对她是长宠不衰。虽然她因为姓武无法成为皇后，但在宫中的待遇都是按皇后的标准。她的两个儿子寿王、盛王也特别受宠，而当时的太子李瑛则被皇帝疏远。于是，李林甫趁机向武惠妃表白："愿保护寿王。"说是保护寿王，真实含义就是要支持寿王，努力将他拱上太子之位。他的算盘打得很精明，支持寿王，现在能得到武惠妃的大力帮助，坐稳位子；将来寿王成功继位的话，他自然就有拥戴之功，未来可期。

因此，李林甫不惜冒险，开始全力经营"太子业务"。

就在张九龄罢相之前（开元二十四年），武惠妃的亲女婿驸马杨洄控告太子瑛、鄂王瑶、光王琚三人因为各自的母亲都失宠而有怨言。玄宗很生气，要采取措施。张九龄坚决反对，李林甫则宣称："这是皇帝的家事，不需要和别人商量。"这话是不是很熟悉？对了，正是当年李勣对想废后立武的高宗李治所说的话。这可真是一个经典的理由。

第二年，这一幕重演。杨洄再次控告太子瑛等三人搞阴谋，李林甫还是这句话，早已罢相的张九龄这次却没有说话的份了。于是，太子等三人被废为庶人，而且很快被赐死。这三人被称为"三庶"，天下冤之。

这次废太子之事实在太像一个阴谋了，虽然没有明说是李林甫的策划，但他实在很难洗脱嫌疑。这个阴谋中有一点值得注意，策划者不仅针对了太子，还把其他两个皇子也牵扯了进去，目的正是要减少寿王的竞争对手。

然而，计划不如变化快。开元二十五年（737）的年底，武惠妃去世了，据说是被三庶"作祟"吓死的。虽然武惠妃死后被赠谥"贞顺皇后"，但她的儿子们并没有因此获得嫡子的身份。而且由于武惠妃去世，寿王的宠爱也迅速下降，真的是人一走，茶就凉。

谁都知道，历来插手太子废立，是风险极大的政治赌博。大概因为李世民开了先例，所以整个唐代，太子之位充满了波诡云谲和变数，仅开元以前，就有六个太子没有能继位。李林甫想投机，但他没有这么好运气，虽然搞掉了一个太子，但面对第二个太子就无能为力了。

扳倒太子后，李林甫继续拼命推荐寿王做太子的候补，但玄宗的心思很难猜。有段时间玄宗闷闷不乐，吃不下饭，睡不着觉，高力士就上前问候。玄宗说："你是服侍我的老人儿了，怎么不知道我的心思呢？"高力士当然明白，他给玄宗提了一个建议："推长而立，谁敢复争！"根据古代的宗法制原则，立子以嫡不以长，以长不以贤。就是说，第一先选嫡子，没有嫡子的情况下，则先选长子。寿王并非嫡子，所以没有优先权。而此时的长子是忠王李玙，就是后来的肃宗李亨。其实这个所谓的"立嫡立长"原则并不能阻止皇帝随意指派太子人选，但毕竟也是有所依据，合法合理。况且忠王李玙为人谨慎、仁孝、好学，品质一流。

忠王被选为太子，很可能是玄宗的一招棋——用以制衡李林甫。试想如果寿王被立为储君，那么东宫和宰相势力合一，会很可怕；如果立了忠王李玙，那么接下来担惊受怕的就该是宰相李林甫了。事实上，后来李林甫屡次想推翻太子，几乎无所不用，但玄宗一直非常坚定地维护李亨。玄宗毕竟是个玩政治的高手，他掌握着主动权，李林甫虽是权臣，却也跳不出玄宗的手掌心。

一直到死，李林甫都在不停地攻击太子，有几次太子都要被赶下台了。李林甫的招数基本有二，一是从外戚入手，二是从武将入手。以外戚为口实，是因为外戚能出入宫中，容易引发宫廷阴谋；而武将手握重兵，更是皇家大忌。这些都比较容易造成皇帝恐慌，关于他们图谋不轨之事，皇帝往往宁可信其有，不可信其无。

从外戚入手的有两件冤案。太子妃兄韦坚是第一个案件的主角，最后，韦坚被赐自尽，太子也不得不舍弃韦妃，方才自保。

第二次案件还是和外戚有关，太子良娣杜氏的父亲杜有邻与女婿柳勣关系不好，于是柳勣告发杜有邻不法。李林甫再兴大狱，但结果与前一个案件相似，杜有邻赐死，杜良娣废为庶人，太子依然没事。

不甘心的李林甫再下狠招，他指使人控告陇右河西节度使王忠嗣，罪名是图谋拥兵扶持太子。王忠嗣可不是简单人物。首先，他出身不凡，其父为国战死，他从小就被玄宗养在宫中，相当于玄宗的养子，而且他又是和太子一起长大的，可谓太子的发小。其次，他是军中领袖，一度兼任四节度使，手握重兵数十万，控地上万里，比后来的安禄山还要威风。然而，就是这样一位举足轻重的人物，居然很容易就被扳倒了，至于太子，玄宗发话说："我儿在内，何路与外人交通？此妄也。"太子再次逃过一劫。但这一次次的仇怨，太子算是记下了。所以到了肃宗朝修史书的时候，李林甫怎么也落不下好来，奸臣之名算是坐定了。

另外一个要紧人物高力士，他和李林甫的关系并不简单。不简单的意思，是说他们之间不是简单的联盟或者对手关系，很难捉摸。高力士地位超然，在某种程度上，他就是玄宗的代理人。他不必，也不能将自己绑在某个臣子身上。而且关键问题上，他不会与任何朝臣结党，因为他和皇帝是一派的。在李林甫上升阶段，高力士拉过他一把，但高力士又好几次拆过李林甫的台。

其实，从李林甫和高力士的关系上，我们似乎也可以看出李林甫和玄宗关系的一些特点。二人的关系中，玄宗占据了主动，李林甫一直都是被动的一方。所以，虽然史书上都说李林甫摆布玄宗，但事实的真相，可能恰恰相反。史书上的这种论调，正是典型的皇帝英明而奸臣祸国论版本。李林甫的罪过，多多少少地被放大了，也被转嫁了。

安禄山独惧李林甫

如果李林甫的罪过只是陷害太子、倾轧同僚，那么最多算是个普通奸臣。后来李林甫之所以被视为祸国殃民的大贼，是因为人们普遍相信，李林甫要为安史之乱负责任。安禄山会造反，是因为番将可以长久担任边军的统帅。而番将久任边帅政策的出台，被很多人认为是李林甫一手造就的。

开元年间开边不止，军功不断，宰相张嘉贞、王晙、张说、萧嵩、杜暹等人，都是自节度使进阶。所谓"出将入相"，这本是唐代传统。但是李林甫不希望这些军功显赫的人物对自己造成潜在的威胁，毕竟由军功建立起来的威望和资格，是很难掩盖的。尤其是唐朝这样尚武的朝代，军功更是文官政绩难以媲美的。于是李林甫想到一条釜底抽薪的妙计，他向玄宗建议节度使"不如用寒族蕃人"，所谓寒族蕃人，就是出身低微的少数民族将领。他表面的理由是"蕃人善战有勇，寒族即无党援"，这些人既好用，又不会出问题。但李林甫的心里话是，这些番将边帅只是纯粹武将，当不了宰相。因为，他们"不识文字"——没有文才，其实就是说他们基本上不具备行政管理能力，自然无法当宰相。而安禄山正是这样的典型人物。

按这个逻辑，安禄山的得志，都是李林甫的私心造成的。所以李林甫的政策，是安史之乱的源头。正如司马光在《资治通鉴》中所总结的，"在位十九年，养成天下之乱"。这个乱，主要是安史之乱。但是，这个观点看似有道理，却经不起推敲。

一个简单的证据就是，天宝元年（732），安禄山就担任节度使了，天宝三载（744）兼范阳节度使，天宝十载（751）身兼三个节度使。但是李林甫这个"边将用寒人"的建议是在天宝十一载（752）提出的，这一年，李林甫推掉了让自己任朔方节度使的任命，推荐了安思顺。司马光把李林甫"边将用寒人"的建议放在了天宝六载（747），而且振振有词，说玄宗很高兴，从此开始任用安禄山。这可完全不符合事实。

　　事实上，"番将久任边帅"是玄宗自己采取的政策，他之所以这么做也是有着复杂的背景，不可能是李林甫一句话就可以的。当然，这个政策，李林甫也不能说没有一点责任，他起码是赞成和支持了玄宗的这个政策，而且还提供了理论依据。

　　单就安禄山这个案例来说，李林甫不但无过，恐怕还是有些功劳的，因为大唐也就他能够让安禄山害怕。李林甫能镇得住安禄山，是因为他比安禄山更加老奸巨猾。

　　安禄山是个胆大包天又野心勃勃的人。他敢对太子不敬，甚至对玄宗大概都没有太放在眼里。但李林甫就偏偏成了桀骜不驯的安禄山的克星，因为，他是个心理大师。

　　安禄山初见李林甫的时候，态度也是相当不恭敬的。李林甫不动声色，找了个借口，把王鉷叫来问话。王鉷是李林甫最忠诚的走狗和心腹，当时他已经身兼二十多个职位，可谓恩宠无比，专权用事和杨国忠齐名。但见王鉷见了李林甫，却是卑辞趋拜，满脸媚笑。安禄山在一旁，越看越惊讶，不知不觉也受到了影响，态度也逐渐恭敬起来了。眼看火候已到，李林甫才开口和安禄山交谈，说："将军务必好自为之，皇上虽春秋已高，但宰相不老。"安禄山乍一听到李林甫的话，不由大吃一惊，自此就心生畏惧。

　　此后每次李林甫和安禄山讲话，都能猜透他的真实心思，渐渐地，安禄山对李林甫产生了无法逃避的畏惧感。虽然安禄山将玄宗哄得眉开眼笑，对满朝文武倨傲无礼，但在李林甫面前，即便严寒之时，也不免冷汗淋漓。李林甫问安禄山任何事，安禄山都丝毫不敢隐瞒，将其奉若神明。李林甫这是在心理上彻底压倒了安禄山。

后人对于安禄山这个悍将为什么如此惧怕李林甫也是很惊奇，以至于有人编了神鬼故事来做解释。据说，安禄山要谋反，就收编了很多会道术的人。他有次对术士说："我对天子也没有恐惧，只有看到李相，就会精神紧张，战战兢兢。这是为什么呢？"术士回答："你有阴兵五百人，都是铜头铁额，常在左右，为什么会这么怕李相公？"然后表示要亲自见见李林甫。于是安禄山特地宴请李林甫，然后让术士在帘下偷看他。术士看了后，惊讶地说："我刚听到有人报告说李相公来了，就看到两个青衣丫鬟，捧着香炉先进来。然后你身边那些铜头铁额的侍卫，都吓得穿屋逾垣迅速逃走了。我也不知道到底是怎么回事，可能李相公本来是天上的仙人，现在暂时谪居在人间吧？"如果说安禄山是鬼怪，那李林甫就是神仙，神仙对鬼怪，鬼怪自然瑟瑟发抖，所以满朝文武，安禄山独惧李林甫。

后来安禄山回范阳，每逢有使者从长安回来，他必然要先问"十郎何如？"，十郎是安禄山对李林甫的称呼。如果听到李林甫对他说了好话，安禄山就喜形于色；如果李林甫说"告诉安大人一定要好自检点"，安禄山就吓得要命，反手据胡床，说："噫嘻，我要死了！"李龟年曾在玄宗面前表演这个情景，唐玄宗看后，居然哈哈大笑。李隆基真是全无心肝啊！

很多有识之士都看到了危机，但玄宗一直都在姑息纵容安禄山，对安禄山过分信任。安禄山肯定是早有野心，但他是否会反，还得看局势如何变化，朝廷如何应对。但有一点可以相信，只要李林甫在，安禄山绝对不会反。某种程度上，李林甫是大唐的定海神针，他凭一己之力死死压住了安禄山这个不安分的鬼怪。假设安禄山意外死在李林甫之前，那么安史之乱就很可能不会发生。就这个意义上来说，李林甫身系大唐安危，也不算过分。

安禄山造反，实际上成了李林甫的最大罪责，但问题是安禄山的叛乱，并不是必然会发生的。安史之乱带有较大的偶然性，甚至可以说是一个意外事件，并不是势所必然的结果。直接点燃安禄山这个炮仗的，其实是杨国忠。如果李林甫对这事有责任，那也只能排在第三位，排在李隆基和杨国忠之后。

口蜜腹剑

李林甫身后的名声实在不好，多半是因为"口蜜腹剑"这个成语，这个词足以让他遗臭万年。当然对李林甫来说，这个评价也算咎由自取，怪不得别人，因为他实在害了很多人。

要巩固自己的相位，李林甫就不能让潜在的"替代者"出现。已经出现的，他会陷害对方；显现出苗头的，就不遗余力地扼杀。为此，李林甫还玩过一次"野无遗贤"的把戏，把杜甫的入仕途径给生生掐死了。[1]

1　玄宗想广求天下有才之士，李林甫亲自主持考试，结果一人都没录取，然后上表称贺野无遗贤，就是说好人才都被搜罗到朝廷中来了。杜甫也参加了这次制举，当然也落选了。

　　妒贤嫉能、倾轧他人，这种事在官场上很常见，绝对不是李林甫的发明。但他的手段却是极具特色——口蜜腹剑。用现在的比喻，就是把人卖了，还要让别人给数钱。这方面的例子太多了，我们说几个典型的。

　　严挺之很早就被李林甫排挤，在外当刺史。有次唐玄宗想起他，就跟李林甫说：“严挺之还在吗？这个人很有才能，可以用。”退了朝，李林甫忙把严挺之的弟弟找来，说：“你哥哥不是很想见皇上吗，我有一个办法。只要叫你哥哥上一道奏章，就说他得了病，请求回京城来看病，我就帮助他见皇上。”严挺之果然很听话，写了一道请求回京城看病的奏章。李林甫就拿着奏章去见唐玄宗，说：“真太可惜，严挺之现在得了重病呢，希望能给个闲职，养养病。”玄宗遗憾了很久，随后让他去东都洛阳做了一个闲官。严挺之非常郁闷，不久就真的得病死了。李林甫不仅顺利除去严挺之，而且还在他面前做了一回好人，手段是很高明。

　　还有一次，李林甫给同为宰相李适之下套说：“华山有金矿，目前圣上还不知道这件事呢。”李适之急忙去向玄宗报喜，李林甫却又说：“我早知道这事，但华山是陛下的本命和王气所在，不宜开采，所以我就没敢说。”玄宗一听，自然觉得李林甫老成，而李适之行事粗率浮躁，就逐渐疏远了李适之。

　　不过，撒谎毕竟不能长久，逐渐地，他这类手段就被人识破了，大家给他取外号“肉腰刀”，意思和“口蜜腹剑”相似，可谓一针见血。

　　李林甫谋算他人的手腕五花八门，有的事虽然和倾轧无关，但也能充分反映出他的性格特点。说是有一次吏部任免官员，放榜之前，宰相要过目。这时候，宁王来走后门，给了一个名单，要李林甫让十个人做官。宁王是玄宗的大哥，绝对不能得罪。[1]如此，一般人可能就照做了。李林甫却不同，他跟宁王说，这十个人里，可以通过九个，然后拿出一个人来"公开"吧。于是他贴出了这个倒霉蛋的名字，并宣称这个人想通过宁王求官，我坚持原则，没有通过！

这样，李林甫一方面讨好了宁王，另一方面又给自己树立了公正不阿的好名声，可谓一举两得。不过，那个被当作反面典型的家伙，自然也就恨上他了。

除了"口蜜腹剑"外，还有一个成语叫"罗钳吉网"，也出自李林甫。"罗"指罗希奭，"吉"指吉温，这两人都是著名的酷吏。只要是李林甫想除去的人，他们俩就会根据李林甫的要求给这人精心设计一个恰当的罪名，没有人能够逃脱。

吉温是家传的酷吏，他父亲吉顼是武则天时代的酷吏。吉温审案时，先不审本案官员，而是先将他们集中到一个房间关着，然后拉上其他的案犯，施以百般酷刑，于是真实而惨厉的哀号响彻四周。那些官员听在耳里，人人色变，有的当场就吓得尿了裤子。这个时候，吉温再把他们领到堂上，当真要什么口供就有什么口供，可谓攻心为上。

---

1 宁王是长子，本来按理要当太子的，结果他主动让位给李隆基。所以玄宗一直对宁王十分客气，死后也追认他为"让皇帝"。

　　罗希奭的名字更是能让人肝胆俱裂。有次李林甫派他以御史身份出巡，按照规定，御史经过的地方，沿途郡县要提前准备好驿马，这个预先通知的文件就叫"排马牒"。结果，罗的排马牒送到哪里，哪里的官员就急着自杀，比如韦坚、皇甫惟明、李适之、王琚等人及他们的家属。王琚本来要服毒自尽，可能药量不足，没死成，匆忙之间竟然解下腰带悬梁自尽。这哪里是御史出巡，分明是阎王来了。

　　李林甫除了用人害人，还每每用"邪术"害人。他如果嫉恨某人，就会在"倡鬼日"授官给他。所谓"倡鬼日"，就是丁卯、戊辰、戊寅、辛巳、戊子、己丑、戊亥、己亥、辛丑、庚戌、戊午、壬戌这些日子，在这些日子上任的官员，最后往往会败亡。对付政敌，李林甫真是无所不用其极。

　　李林甫不仅对敌人严酷，对自己人也不见得有多好。一旦自己人对他有威胁，他下起手来也毫不手软。

　　杨慎矜是隋朝宗室后代，仪表堂堂，才干突出，正是玄宗喜欢的类型。他是一个理财高手，因政绩显著而深受玄宗宠信。不过他对李林甫一直恭谦卑下，但随着地位不断上升，杨慎矜变得不大听话了。李林甫也担心他前途不可限量，决定就先下手为强，遂控告杨慎矜想通过谶纬妖言来制造舆论，图谋恢复隋朝。这是造反大罪，一旦坐实，要灭族的。所以一开始杨慎矜怎么都不承认，后来有个御史从杨慎矜之妾室的卧室中"发现"了谶书，杨慎矜一看就哭了："我从来没见过这个谶书，现在居然出现了！我要死了，这大概是天命吧！"

　　主持这次案件的人中，就有吉温、杨国忠等，他们现在都围绕在李林甫周围。很有戏剧性的是，就在这个案子之后不久，这些人再次联手，转而对付李林甫。这一天的到来，肯定谁都不会惊讶。只能说，李林甫多行不义，必有报应。不过这时李林甫已经死了，他们几人只能算打打死老虎了。

　　不过，在李林甫生命最后的日子里，他已经整天生活在忧惧之中了。他陷害过的人实在太多了，很怕有仇家来算账，于是出入都是前呼后拥，由数百精锐铁甲军荷戟环卫。本来宰相出巡场面就算豪华浩大，也不至于如临大敌，李林甫算是开了先河。甚至在家里也不得安宁，一个晚上睡觉都要换好几处，就连家人都不知道他睡在哪里。

　　有一次，李林甫的儿子在后花园里看到父亲忧心忡忡，就指着一个仆人长叹道："父亲，你再这样下去，只怕我们家以后想放弃荣华富贵，过那些仆人村夫的生活也难啊！"李林甫也是长长叹了口气，摇头无奈道："你什么时候见过，骑在老虎身上还能轻易下来的人哪？"别人看李林甫是在山顶上，只有他自己知道，他其实是在虎背上。

接班人就是掘墓人

　　做了 19 年宰相的李林甫，在世人眼里是一座不倒的高山。但在他死之前，已经明显感受到自己的地位摇摇欲坠了。这个动摇他的人，就是他曾经的追随者——杨国忠。

杨国忠的出身也是颇有些说头。大家都知道他是杨贵妃的堂哥，但也许并不知道他的舅舅是张易之，甚至有人说他是张易之的儿子。因为张易之做了武则天的面首，不能娶妻，家里人怕他无后，就偷偷找了一个女人，想给他留了后人。当然，这件事情不能声张，所以就把儿子当作外甥来养。这个说法过于传奇，不可信。

都说外甥肖舅，杨国忠和张易之既是甥舅，想来杨国忠的相貌应该也是不差的。他还有个堂妹是杨玉环——推想父亲这边的相貌也不会差。有个好皮囊，在唐玄宗那里是挺能得好处的。谁让李隆基是个艺术家呢，爱美是天性。

杨国忠不学无术，品行不端，擅长赌博，比李林甫更加不如。不过他也有"长处"，就是非常擅长剥削，替玄宗捞了很多钱，玄宗曾很开心地夸他是"好度支郎"。[1] 天宝时期的玄宗更加好大喜功、挥金如土，杨国忠投其所好，千方百计地充实国库。因为他聚敛有功，玄宗也不断给他加官晋爵，到最后兼职竟然有十五个，真是红得发紫，热得发烫。

其实杨国忠的吏干，比起李林甫，完全不可同日而语。他兼职如此之多，不仅是揽权，也是为了显能耐。但是他在处理事情的时候，根本就是胡来。什么事都追求一个字，快！效果却很糟糕，特别是在任官这个事上。本来，按照吏部的规程，每年铨选官吏，都要花费好几个月的时间，流程漫长。到了杨国忠手里，

---

1 度支郎是户部官员，是管理财政的。显然，杨国忠捞钱有一手。

他先是暗中派人将所有材料准备好，然后到放榜那天，把所有官员集中到吏部，一天时间就全部处理完毕。确实是"神速"，让人瞠目结舌，结果呢，错漏百出，一塌糊涂。这恰恰暴露出了他轻浮无能的一面。

尽管如此，玄宗对他的宠信却日益加深。到天宝九载（750），杨国忠居然成功地替自己舅舅张易之、张昌宗平反了！这可不是一件简单的事。接着他又请求换名字——他的原名是杨钊，有"金刀"两字，应了谶语。结果唐玄宗亲自赐名，叫国忠。这一切都表明，他已经取得了皇帝足够的信任。换了名字的杨国忠，其野心终于不可遏制地膨胀起来，他把眼光盯在了李林甫身上，他要取代这个看似不可动摇的大唐宰相。

这个时候，善于见风使舵的吉温恰好前来投靠他。吉温本是李林甫手下的得力干将，为李林甫干了无数坏事，也算是李林甫的心腹之一了。他的投靠让杨国忠信心大增，所谓知己知彼，百战百胜。在吉温的策划下，杨国忠先是设法剪除了李林甫的党羽。京兆尹萧炅、御史中丞宋浑都是李林甫一党，杨国忠都将他们贬逐了。眼看自己的势力范围逐渐减小，李林甫也无可奈何。

天宝十一载（752）出了一件大事，导致李林甫这边形势急转直下。李林甫有一个心腹死党叫王鉷，这人能力很强，却谨小慎微。但他偏偏有个胆大包天又愚蠢的弟弟，叫王銲。他曾经招来术士，问："我有王者之相否？"这简直是想谋反啊！他结交的也是些无法无天的亡命之徒，其中有一个叫邢縡的家伙，居然要利用禁军来谋反作乱。阴谋暴露之后，皇帝派杨国忠负责审案子。杨国忠自然不会放过这个机会，他让邢縡牵连告发李林甫和王銲、王鉷暗中勾结。此事让李林甫大为紧张，虽然最后玄宗并没有轻信杨国忠的告发，但此消彼长，两人在玄宗心目中的地位，已经发生了微妙的变化。

李林甫觉得大事不妙了。早先，他认为杨国忠才能微薄，并没有把对方看在眼里。可是没想到他权势日盛，以至于敢公开挑战自己。杨国忠当时以宰相身份兼任剑南节度使，当时刚好南诏国入侵了西川地区。老奸巨猾的李林甫再次祭出绝招，他趁机让杨国忠前往剑南西川督战，然后想在他离开的时候，离间他和皇帝的关系。可没想到，杨国忠在面辞皇帝的时候，玄宗说："你快去快回吧！我等着你呢。"李林甫一听这话，知道大势已去。再加上此时他本就重病在身，于是一下子垮了。

不久之后，杨国忠就从剑南回来，他得意扬扬地前来看望李林甫，李林甫流着泪对杨国忠说："林甫死矣，公必为相，以后事累公！"这里李林甫说的后事，既有托付国家大事的意思，也有请求他以后照顾自己家人的意思！

这算是李林甫的遗嘱，也可以算是他的投降书。然后，天宝十一载（752）十一月丁卯，李林甫"不食而卒"。他很清楚，自己只欠一死，死得越早越好。隋炀帝时，也有一个位极人臣的权臣杨素，他晚年重病，不肯服药，对他弟弟杨约说："我岂须更活耶？"此情景，正堪与李林甫"前后辉映"。

不过很遗憾，他的投降，丝毫没有打动杨国忠。第二年正月，杨国忠就迫不及待发动了最后一击。这次他和安禄山联手控诉，罪名也很大，他们控告李林甫和叛将阿布思谋反。眼前最重要的两个文武大臣一致控告李林甫，玄宗就算不信也信了。于是他家里被抄，家人被流放，甚至死去的李林甫也不得安宁，把墓里的棺材挖出，剥掉官服，另换上庶人的服饰下葬。

几个月前还是极尽哀荣，转眼就身败名裂，这样的场景其实早已经上演过无数遍。李林甫不过是再重复一次罢了。

我们现在都说李林甫是大奸臣，大概会觉得死后被清算大快人心。可是事实上，史书上说："及国忠诬构，天下以为冤。"这确实是个让人意外的场景。

作为一个著名历史人物，李林甫的传说、故事还有很多，就以李林甫招女婿的一个小故事来结尾吧。《开元天宝遗事》这本书中，记载了一个"选婿窗"故事。

说是李林甫有六个女儿（他其实有 25 个女儿），都很有姿色。但别人来求亲，他一概不许，原来李林甫是要让女儿自己来选择夫婿。他在自己家厅堂的墙壁上，特地开了一个小窗口，然后用珠宝、纱幔掩饰起来。平时就让六个女儿坐在窗子后面，这样也不会别人发现。有贵族子弟来做客，李林甫就让女儿们在窗子后面观察，如果有中意的，再来谈婚论嫁。这样看来，李林甫的女儿很幸福，提前千年就实现了婚姻自由。

第九章

安禄山：惊破大唐梦

惊破霓裳羽衣曲

大唐天宝十四载（755）十月，冬天到了。和往年一样，皇上早早地去了骊山华清宫——那是他的冬宫。玄宗一向认为泡在温泉里面度过寒冷的冬天，是个非常美好的享受。[1] 这个习惯，从开元二十五年（737）开始，已经持续十九年了，雷打不动，从来没有改变过。

皇上泡在温泉里，突然觉得要谢谢李林甫。李林甫做上宰相后，自己轻松了很多，至少能保证每年来泡温泉了。嗯，他的继任者杨国忠也做得不错，没让自己操太多的心。想到这里，皇上搂紧了身边的杨贵妃。不过，安禄山这厮，似乎有点不对劲，这小子应该不会造反吧？我对他可够好的啊。不多想了，还是泡温泉舒服！

陶醉在温泉和美人中的大唐天子也许不知道，此时此刻，在帝

---

1 泡温泉应该是来自西方的习惯，隋唐时期社会上层相当流行。

国的东北角，范阳节度使的驻地幽州，一个巨大的阴谋已经悄悄展开了。有人正在紧张地绘制地图，在这张地图上，标明了从范阳至洛阳沿线的山川形势、关塞要冲。很明显，这是一张军事地图。

十一月六日，安禄山召集手下的大将开宴会。事实上，从八月份开始，幽州城内就经常举行各种宴会，款待所有的将士——食物好得就和打仗时期一样。酒很美味，肉也是大块大块的。不过这次宴会有所不同，在酒酣耳热的时候，安禄山让人给每个将领发了一张地图，一张从范阳到洛阳的地图，以及很多金帛——空气中弥漫着躁动不安的气氛。

十一月八日，一匹快马冲进了幽州，奏事官胡逸从长安回来了。随后，安禄山再次召集了所有将领，这次他给大家看的是一道诏书，并且宣布了一个惊人的消息："皇帝有密旨，令安禄山将兵入朝讨杨国忠，诸君立刻从军！"[1] 虽然消息很惊人，但军人们更多的是兴奋，终于捅破这层窗户纸了！开战！十五万的大军，连夜发动起来了，整个城市灯火如昼，人喊马嘶。躁动不安的驻地已经变成了一片火热。

十一月十日的凌晨，天还没有亮，在幽州城城南，大旗猎猎，安禄山站在旗下，庄严誓师。他一挥手，指向了遥远的西南方向，随后大军如铁流一般，滚滚而去，烟尘千里，鼓噪震地。安禄山的庞大身躯，站在一辆车上，这是一辆铁车。虽然他的眼

1　从七国之乱开始，"清君侧"一直是地方叛乱的最好借口。

睛坏了，坏得几乎快看不到什么了，但他依然努力地昂头向前。[1]安禄山知道，在他的前面，是一个花团锦簇的大唐江山。他在心里喊着，这是我的，这都是我的！

这是注定要深深刻在历史上的一个清晨。安禄山造反了！太阳依然会升起，但照耀的将是另外一个世界了。

安史之乱，是大唐的转折点。甚至，有人进一步将其视为是中国帝制时代（秦—清）的分水岭。

粟特人的后裔

安禄山不是汉人，所以这个名字也不是汉名，而类似于今天的译名。"禄山"是从他的小名"扎荦山"转过来的。

有人说，扎荦山的意思是突厥中的战神。安禄山的母亲是突厥女巫，因为多年不生育，便去祈祷扎荦山神，后来怀上了安禄山，于是就给他取名"扎荦山"。这个说法广为流传，但仔细想来，还是挺奇怪的——战神管生孩子吗？这似乎不太合理吧。现代学者对此有更合理的解释，"禄山"一词确实有宗教含义，但并不是"战神"的意思。

在敦煌文书里面，人们发现有很多来自西方的粟特商人，他们的名字里面多有"禄山"，如史禄山、米禄山等。据语源学的

1　很多人推测安禄山得了糖尿病，并发症导致视力极差。

考察，这里的"禄山"源自波斯语 roxšan，是"光明"之意。[1]
其宗教内涵，则与粟特人信仰的波斯祆教有关。[2]祆教来自波斯，
是一个崇拜光明之神的宗教。"禄山"，确切含义应该是"保护光
明"。这种取名方式，与今日西方人叫"保罗""玛丽亚"等名字
类似，都有宗教背景。

　　实际上，后来在安禄山酝酿造反的时候，这个名字对参与
叛乱的胡人具有很大的号召力。他曾利用自己的名字，进一步把
"禄山"升级为"光明之神"。安禄山常常坐在高台上召见粟特
商人，周围弄得烟气缭绕，望之神圣非常，使得这些人都敬仰膜
拜。后人将"禄山"理解为"战斗之神"，应该是个误解。

　　安禄山这个名字，揭示了他的种族和信仰，他是粟特人，来
自中亚一带的若干小国。[3]按中国传统的说法，他们又统称为"昭
武九姓"——康、安、曹、石、米、何、史、穆、毕。[4]粟特人
是擅长经商的民族，在整个东西方之间做生意，万里奔波。安禄
山的父亲姓康，就是一个来营州做生意的粟特商人，他在这里娶
了一名突厥女巫，生下了儿子安禄山。

1　与现代英语女名 Roxy 同源。

2　祆教是伊朗琐罗亚斯德教的旁支，又称拜火教。中国现存唯一的祆庙，是位于山西
　　介休的祆神楼。在祆教的基础上，又发展出摩尼教，在中国又发展为"明教"，这
　　些教派都有崇拜光明的特点。

3　当时称为"杂胡"或"杂种"，如杜甫诗中多次提及"杂种"，指安禄山之外族特
　　点。"杂种"并不是骂人的话，也非指其混血，大约有"非我族类"的意思。

4　这些都是国名。但是，唐代的律法规定，在身份证明中，外族人须以本国国名为姓。
　　这个传统由来已久，比如早期印度来的僧人，都冠以"竺"姓，从大月氏（zhī）
　　来的则都姓"支"。中国的僧人一般姓"释"，归宗于释迦牟尼。

　　长安三年（703）的正月初一，他们的孩子诞生了。很可能信奉袄教的父亲给孩子取了"禄山"这个名字，当时这个孩子应该叫康禄山。

　　康禄山怎么又变成了安禄山呢？因为安禄山父亲死后，他母亲改嫁给了一个叫安延偃的将军。[1] 后来安禄山官做得大了，可以给父亲封官加爵的时候，荣耀都加在安延偃身上，安延偃算捡了个大便宜。

　　开元初年，安氏部族也破散了，十来岁的安禄山和几个安氏兄弟一起逃出了突厥。这些安氏兄弟里面，有一个叫安思顺的，后来和安禄山一样，也成了大唐的边疆大将，官封朔方节度使。但是，他们可以共患难却不可同富贵，安思顺与安禄山闹翻了，还曾经向玄宗密报说安禄山必反。当然，唐玄宗没有听他的。安禄山真的造反之后，唐玄宗却砍了安思顺的脑袋——因为他对番将已经彻底失去了信任。

　　也许我们还要注意，在这个孩子出生前一天，也就是大年三十那天，同乡有一个叫史窣干的孩子也呱呱落地了。这个孩子后来改名叫史思明——还是李隆基赐的名字。天宝元年（742），史窣干到长安向皇帝述职，玄宗不仅赐座，还很亲切地跟他拉起了家常，问他多大了，他回答说40岁了。皇帝说，还很年轻，前程远大啊！皇帝大概觉得他的名字不够文雅，于是又赐名史思

1　文献中说安延偃不是突厥人，学者认为他是突厥化的粟特人。其实古人对于民族的区分并不是很严格。

明。史思明这个名字很讲究，出自儒家经典《论语》："君子有九思：视思明、听思聪、色思温、貌思恭、言思忠、事思敬、疑思问、忿思难、见得思义。"史思明，"视思明"也。其实，"窣干"这个本名，也有"光明"的含义，与"禄山"类似。所以赐名"史思明"，既照顾到了姓，也考虑到了本名，还具有深刻的文化内涵，这是一件很巧妙的事。从这点看，李隆基文化素养还是很不错的，也难怪他敢注解儒家经典《孝经》呢。

虽然有资料说史思明是突厥人，但从"史"这个姓氏看，他应该也是粟特人的后代，也是"杂胡"，而且很可能也是跨民族的爱情结晶。相似的出生背景和出生地，让安禄山和史思明从小一起长大，是发小，后来又成了同袍。实际上，史思明几乎是安禄山的另外一个影子，他们的身份背景、人生经历，乃至死亡，都如出一辙——被儿子所杀。两人显著不像的地方，是他们的身材。安禄山是个超级大胖子，体重达三百多斤；史思明则是"姿癯露"，意思是"身材极瘦"。一胖一瘦都是非常突出，倒是一对天生搭档。

营州是安禄山、史思明的老家，也是他们成长、发家的地方。营州虽然处于唐代最边缘，但注定是个风云汇聚之地。

营州在今天的辽东朝阳，山海关外，离海不远。如果展开整个欧亚地图来看，营州刚好是粟特人万里商路的最东端了（陆路）。由于特殊的地理位置，此地是多个民族聚居地的交汇点。营州的西北是奚，北边是契丹，稍远一点是突厥，东北方向是渤海国（靺鞨人），东边是高句丽（后来被新罗取代），总之，不算太大的辽河流域生活着多个民族的人，边境重镇的营州，是个实实在在的民族大熔炉。

营州不仅出了安禄山、史思明，还出了一大批后来叱咤风云的人物，他们大多是安史的部下（很多人是第一批藩镇的节度使及部将）。此外，安史集团的对手中，也有不少人来自营州，比如大名鼎鼎的李光弼，还有后来围邺城的九节度之一王思礼等。夸张点说，安史之乱几乎就是一次营州人的内斗。

互市牙郎

除了民族众多之外，营州的重要性还在于，它是唐朝的边境贸易城市，也是大唐控制东北地区的核心重镇，尤其是玄宗上台之后，地位更重。

原本灭了高句丽之后，大唐边境东线已经推进至朝鲜半岛了，安东都护府驻地就在平壤。但是，随后新罗步步紧逼，大唐东线也节节后退，安东都护府的驻地也一路西迁。咸亨元年（670），从平壤迁往辽东城（今辽宁辽阳）；仪凤二年（677），迁治新城（今抚顺市高尔山），已经从鸭绿江以东移到了辽东地区；武周万岁通天元年（696）发生了营州之乱——契丹反唐，契丹骑兵一度跨越燕山，攻入河北境内，此时不要说辽东地区，就连辽西地区也被契丹不断蚕食，而名义上的安东都护府，甚至在神龙元年（705）内迁到了幽州，可谓名存实亡。

696年营州之战后，契丹占据了营州，所以，出生于703年的安禄山其实并不是在唐朝治下长大的，可以想见，安禄山应该从小没有打下要忠于大唐的心理基础吧。

开元初年，安禄山逃出部族，虽然才十多岁，但他从此不得不"闯荡江湖"了。这段时间他干过些什么活儿呢？安禄山的第一个职业，就和营州密切相关。

唐玄宗开元二年（714），安东都护府再次北迁，迁到了营州。当时东北的形势出现了新变化，唐朝在此地的两个对手契丹和奚，都归降了，营州自然也就重新回归到唐朝。[1]

营州回到唐朝手里后，唐玄宗排除众议，立刻展开了一系列部署——重修营州城；招揽逃亡人口；开辟屯田；大力招商开店，努力发展经济。不久，再次恢复了营州都督的建制，并兼平卢军使，管内州县镇戍皆如其旧。这些部署，涉及军事、经济、行政等各个方面，可谓是全面恢复。李隆基这是要让营州永远矗立在辽河流域，并成为继续向东北扩张的桥头堡。这些都充分表现出大唐新皇帝的勃勃进取之心。

很快，营州就展示出一个国际边贸城市繁荣景象，"仓廪充实，市邑浸繁"，这就是安禄山和史思明做"互市牙郎"的大背景。所谓的互市，就是设在边境上的外贸市场。唐代商人做生意（当然是大宗批发生意）都需要在市场中进行，"牙郎"是中间人的意思，这个中间人很必要。首先，他可以充当双方的翻译。安禄山会六种语言，甚至有人说是九种。其次，每次贸易都要订合

1　契丹、奚这两个部族，地域接近，也经常一起行动，在唐代合称为"两蕃"。

同，需要有个中间人作保。还要去官府"公证"，同时还要交税。当时安禄山就是充当中间人角色。

他很可能在 15 岁开始干"牙郎"的，虽然干的时间可能并不长。但是，这段经历对他的性格的养成，大概起了巨大的作用。后人评价安禄山"奸贼残忍，多智计，善揣人情"，即心狠手辣、诡计多端、善于揣摩人情，大概就与这段经历有关。

后来安禄山进入高层，面对的那些将相王侯，虽然他们一个个也不是省油的灯，但毕竟还是"文明人"，和这个从底层摸爬滚打上来的无赖相比，就差一点点了。这种经历和性格上的差异，对于安禄山一路官运亨通，最终完成他的大阴谋，客观上是有帮助的。

尤其值得注意的是，他善于揣摩人情这个特点。安禄山到了长安之后，除了李林甫，谁都没有放在眼里，因为他确实是把人性都摸透了。但是他惧怕李林甫，其实也是基于人性，在自己强项上被人击败，会有加倍的挫折感。

造反的根基

互市牙郎安禄山，是无论如何也做不得枭雄的。他传奇的真正开端，当然还得从他投身军营开始。

那么，安禄山是怎么从军的呢？这里有个有趣的传说。据说安禄山还是个混混的时候，有次去偷羊，结果被抓了，当时的幽州节度张守珪下令将其乱棒打死。安禄山大喊道："大夫你不想灭掉两蕃吗？为何要打杀禄山！"张守珪一听，此人口气不小！再一看，好家伙，又肥又白的一条大汉。安禄山这番话着实说到了他的心坎上，于是张守珪就放了他，并让他跟着自己干。

这个故事肯定是编造的，因为张守珪到幽州当节度使乃是开元二十一年（733），而张守珪刚到幽州不久，宰相张九龄就在下达给他的一份圣旨中提到了安禄山的名字，并说"禄山义勇，武艺绝人，谋帅得贤，裨将复尔"。意思是安禄山勇猛过人，而节度使张守珪很有谋略，将帅相得益彰。可见，此时安禄山已经是个将领了，而且有了相当重要的地位。

我们可以很合理地推想，安禄山从军，当在开元二十一年之前，具体时间可能是开元八年（720）。

开元之初，虽然唐玄宗非常期待在东北获得重大进展，但现实很残酷，契丹和奚都想做辽河流域的主人。开元八年，契丹再次造反，并再次占领了营州。唐玄宗非常生气，他亲自从长安调派了两万军队，不远千里奔赴东北前线。但非常诡异的事发生了，这两万多威武之师在行军途中遭遇灭顶之灾——在渑池县安营扎寨时，晚间遇到山洪暴发，一夜之间全军覆没。

无奈的唐玄宗只好另找对策，他用了一种全新的征兵方式，下令直接在幽州本地招募士兵，称为"健儿"。健儿是职业兵，当兵就是他们的职业，官府会给他们发酬劳，让其养活妻小。这是与唐朝原来兵民合一性质的"府兵"截然不同的新制度。府兵制下的府兵，是要参加农业劳动的，所以更像民兵，不能算是职业军人，战斗力有限。

这批军队一共有两万人，不仅满足了当时的战役需要，战后还成了常驻边疆的地方军队，隶属于当地节度使。这种隶属于节度使的边兵，在某种程度上开始脱离与朝廷的密切联系，他们对朝廷的忠诚度也开始下降了。这就为后来的安史之乱埋下了祸患的种子，从更长远看，这也是唐后期藩镇割据长期顽强存在的关键因素。

事实上，正是开元八年的这次幽州招募健儿，让安禄山、史思明正式投身军中。这一年，他们都是 18 岁。

值得注意的是，安禄山、史思明都是幽州第一批职业军人，属于元老级别的。他们在边军中的威望，恐怕也不是一般将领可以企及的。可以想象，这种在战斗中逐渐成长起来的密切关系，在幽州军人的心目中，肯定远远超过对长安城中皇帝的忠心。

这就是安禄山后来造反的根基所在。

使功不如使过

自开元八年开始，唐朝和契丹、奚两番之间，不断冲突，处于一种胶着状态。有时候，唐朝甚至还采取过比较委屈的和亲招数，来安抚两蕃。

为什么唐朝在鼎盛时期，难以奈何契丹和奚两个小小部族呢？从根本上来说，这就是大帝国的困局。

过于庞大的帝国版图，使得边境防守成为难题[1]。东西两边，

---

[1] 作战方式也有很大变化。唐代前期，都是派遣军队到境外作战，所以称"行军"。随着版图扩张，边境防守成了必要，稳定的边防军也就应运而生。开元年间出现的节度使，就是边防军司令。

相距数千里，两线同时作战是不可能的。对唐帝国而言，必须在西线全力以赴，不仅是因为吐蕃是劲敌，更因为首都长安也在西部。换而言之，东部（东北）被放弃（或者说放在第二位）是必然的结局。玄宗虽然很渴望在东北有所突破，但他只能更多地依赖地方本土力量，而无法从中央给予全力支持。至少，像武则天时动不动来个二三十万军队是绝无可能的。

当然，也不是没有办法。那就是出现一个特别杰出的将领，比如李靖这样的名将，可以用一支精兵，一举荡平小小的两蕃。玄宗也确实一直走马换将，在开元二十一年（733）的时候，他把张守珪派去东北。张守珪在此之前一直在西北作战，战功赫赫，富有经验。

唐玄宗寄希望于张守珪，张守珪则寄希望于幽州本地将士。而在幽州本土将士中，安禄山是个佼佼者。安禄山对这一带山川地理、风土人情非常熟悉，所以他曾经做过"捉生将"——相当于特种兵队长，经常率一支小分队，深入敌后，动不动就能抓回几十个契丹人来。

从这个情况来看，安禄山以干"特工"为主，这需要胆量，也需要灵活机变的能力。而这也正是安禄山的长处。在不大可能发动大规模的战争的情况下，安禄山这种"特种部队"类型的攻击未尝不是一个可取之道。起码隔三岔五有点战绩可以上报。所以，张守珪一到幽州，就大力提拔安禄山。安禄山的名字也开始出现了圣旨中。

安禄山一方面屡次建功，另一方面，他也善于拍张守珪的马屁，所以很得张守珪的欢心，甚至把他作为自己的养子。说安禄山会拍马屁，是有根据的。安禄山当时就挺肥胖的，而张守珪不大喜欢这点，安禄山甚至一度连饭都不敢吃饱。这也很能说明安禄山此人能"忍"，够狠。

安禄山很得张守珪欢心，自然升官也挺快，到开元二十四年（736）的时候，已经做到了"平卢讨击使、左骁卫将军"，左骁卫将军是从三品，已经是高级官员行列了。张守珪自己也不过是正三品的官位。可见安禄山已经在幽州取得了足够的地位。

值得一提的是，平卢军就是驻扎在营州的军队。后来安禄山做的第一个节度使，就是平卢节度使。也正是在自己的老家。

不过也就是在这一年，安禄山遇到了人生最大一次劫难。

安禄山遇到的这次劫难，来自他军事上的失败——安禄山讨奚、契丹叛者，恃勇轻进，结果大败。安禄山可能当"特种兵"有经验，但缺乏真正指挥大军作战的军事素养。实际上，从安禄山后来的指挥能力来看，他确实不算一个真正具备战略天分的军事家。或者说，他在政治上的天赋显然要超过军事天赋的。

麻烦的是，开元二十四年这次战败的损失相当严重。当时宰相张九龄给张守珪的信件中，屡次提及此事，张九龄还特地写信给平卢军的将士进行慰问和鼓励，显然可见，这次战败造成了相当严重的后果，以至于中央朝廷很加以关注。军事的失败，自然要有人承担责任。按照军法，作为直接指挥者的安禄山自然难辞其咎。但是作为安禄山直接上级的张守珪却下不去手。他玩了一招手法，将安禄山直接捆缚到长安去，"请斩之"。

一方面，张守珪"铁面无私"，依法要斩安禄山；另一方面，他又不愿自己动手，直接将安禄山送到皇帝和宰相面前，让他们来拍板——实际上，他是有八成把握，赌李隆基不会下杀手。这样，他既摆脱了责任，又保住了爱将。二成的没把握，则主要来自宰相张九龄。张九龄是个"迂腐"的儒生——爱讲原则，公事公办。张九龄一开始给的批示是"昔穰苴诛庄贾，孙武斩宫嫔。守珪军令若行，禄山不宜免死"。所谓的"穰苴诛庄贾，孙武斩宫嫔"，正是古代两个严格执行军法的著名例子。张九龄的意思很明显，要军法从事——斩！

但是，果然，李隆基不舍得杀。张九龄坚持，并提出了第二个理由："臣观其貌有反相，不杀必为后患。"张九龄认为安禄山有造反的相貌，以后肯定会是心腹大患！这个说法后来广为流传，并有不同的版本。安禄山造反后，李隆基逃到成都，还特地派使者去祭奠了张九龄，表示自己很后悔当年没有听张九龄的意见，把安禄山一刀解决，以至于现在江山危殆——肠子都悔青了。

最后的处理结果是，安禄山死罪可免，活罪难逃，"且停旧官，令白衣将领"。撤职，一撤到底，只能以一个"白衣"[1]身份在军中任职。这样的处罚，看似严重，其实是留下很多空间。事实上，唐代君主，从李渊开始，都喜欢这句话——"使功不如使过"。让人代罪立功，会更大地激发他的潜力。这样的将领层出

1　白衣，就是指平民老百姓，因为老百姓多穿白色衣服，青绿红紫这些都是官员的服色，不许百姓穿。

不穷，比如李靖、刘仁轨、薛讷……这些人都曾经以"带罪"之身，立下过赫赫功绩。

有句老话说，大难不死，必有后福。用在安禄山身上，再恰当不过。三年之后，开元二十七年（739），安禄山的机会来了：张守珪部将假传他的命令进攻奚人，大败。张守珪隐瞒真情，谎报胜利，结果被告发，遭贬官。开元二十八年（740），安禄山当上了平卢军兵马使。过了两年，天宝元年（742），玄宗将此前一直隶属于幽州节度使的营州独立出来，并升格为节度使，称平卢节度使，营州是唐朝控制辽河流域地区的一个枢纽，是辖控契丹、奚等部族的一颗钉子。[1] 第一个平卢节度使就是安禄山，他终于做了老家的最高长官。玄宗一直希望有个名将替他一手解决东北问题，现在，他把这个人选放在了安禄山身上。

原来只有士兵是土著，而将领都是流官，来来去去。从安禄山开始，节度使也成了土著出身，而且，节度使长期领兵，将兵合一，这就为地方势力的坐大埋下了种子。

1　唐朝在东北的防线，可以分为幽州和营州两部分，二者可以遥相呼应。其中燕山以南的幽州是唐朝统管东北的总部，而山海关外的营州，则更多地代表了唐朝的前沿阵地。若用明清对抗形势来比，有颇多类似之处。明朝的防线分两部分，山海关是前敌总部，大帅坐镇，宁远则是前线尖刀，两者互相呼应。唐朝的防线中，幽州相当于山海关，营州则相当于宁远。

皇帝的信任

当上平卢节度使的安禄山，刚好四十岁。但这只是安禄山人生开挂的起点，此后他就在权势的道路上一路高歌猛进了。

安禄山是非常善于经营自己的人。说起来，他的手法其实很老套，就是贿赂钦差。开元二十八年（740 年），安禄山当上了平卢兵马使，当时的河北采访使是御史中丞张利贞。安禄山对他"百计谀媚"，拼命拍马屁，连张利贞的随从也塞了大量的金钱。行贿的效果也是立竿见影，张利贞回去后极力为他美言。

此后，所有的钦差、巡查、特使，没有不被安禄山拉下水的。于是，这些本来应该是皇帝耳目的官员，都主动为安禄山说好话，以至于最后玄宗发现情况不对，已经太迟了。玄宗甚至只敢悄悄处理掉最后那个被拉下水的宦官钦差。一个帝国被腐蚀到这个份上，不出问题才怪。

不过安禄山真正飞黄腾达，还是在于他讨得了皇帝的欢心。天宝二年（743），安禄山亲自前往长安，朝见皇帝。这次拜见，他俘获了皇帝的心。

安禄山为了讨得玄宗欢心，甚至编造故事。他声称，去年七月，营州境内出现了害虫，蚕食禾苗，自己焚香祝天说："臣若操心不正，事君不忠，愿使虫食臣心；若不负神祇，愿使虫散。"结果忽然来了一大群红头黑鸟，霎时把虫吃得精光。安禄山讲得绘声绘色，玄宗听得津津有味。

安禄山还扮演过"正义使者"的角色。就在他入朝期间，科

举考试中出现了舞弊情况。安禄山也向玄宗告发，查实后，吏部
侍郎被贬官，作为吏部尚书的李林甫也很没面子。这一次，安禄
山可谓败坏了一次官场潜规则。他不惜站在文官集团的对立面，
其实是要向玄宗表达一种政治姿态：他唯一忠心的是皇帝陛下，
自宰相李林甫以下的官员，他都不惮冒犯！

　　安禄山在长安待了整整一年，也做了一年的功课。天宝三载
（744），他离开长安，玄宗下令文武百官都去送行。虽然此时安
禄山已经兼领了范阳（幽州即范阳郡）节度使，文武百官相送这
样的高级荣宠，也完全不应该放在一个地方将领身上。玄宗的这
个姿态说明，安禄山在他的心目中，已经远远不止一个地方节度
使，而是社稷重臣了。史书上说，"由是禄山之宠益固不摇矣"。
显然，朝廷百官都已经认清了这样一个事实：现在皇帝对安禄山
有足够的信任。

　　皇帝的恩宠远没有到头，天宝六载（747），安禄山兼了御
史大夫一职；天宝九载（750），赐爵东平郡王[1]，又下令给他修建
豪华的住宅和别墅；天宝十载（751），再兼领河东节度使。此
时，安禄山已经身兼三个节度使，盛宠前所未有。

　　而与之相对应的则是安禄山的军功，并不是那么显眼。他
虽有些小斩获，但一直没有突破性的战绩。甚至在天宝十一载
（752）安禄山亲征契丹，还吃了一个大败战，自己都差点当了俘
虏。而次年的复仇行动也不了了之。若是拿西北方向的名将哥舒

1　武人被封郡王，这在唐代是头一回，也开了武人封王的先河。

翰、高仙芝他们耀眼的战功来比较，安禄山大概会羞愧无比吧。

　　所以这就造成了一个诡异的现象：一方面是安禄山零零散散、拿不出手的战绩，一方面则是唐玄宗烈火鲜花、无人可及的恩宠，这显然不合情理。为什么会这样呢？

　　因为，此时玄宗已经把他视为一颗重要的政治棋子、一个社稷重臣，而不单单是一个普通将领了。所以，战功已经不是首要的问题了，甚至不是问题。唐玄宗重用他，最看重的不是军事才能，更多的是政治才能和政治资源。

　　天宝年间的唐玄宗，固然还有些开拓的野心，但已经比较怠政了，他更希望能够垂拱而治，而不是事必躬亲。

　　这个时候，如果说玄宗在文治方面有了李林甫，那么武功方面，他是想倚重安禄山。李林甫其实是个小心谨慎、忠心耿耿的人，玄宗虽然比较放心他做宰相，但毕竟还需要平衡各方势力，安禄山是最佳制衡人选——他的作用不在边疆，而在于庙堂。李林甫在内，安禄山在外；李林甫是文官，安禄山是武将。此外，玄宗认为安禄山有足够的忠心，也有足够的政治才能，重要二人，这是政治平衡。

　　玄宗看重安禄山，除了政治平衡方面的考虑，还有军事平衡的需求，即西北军和东北军要互相制衡。天宝十载（751），安禄山再兼领河东节度使，此时他已经身兼三镇，大唐东北部大多数地方都控制在他的手里。从军事的角度来看，数镇合一，确实是大军团联合作战的需求。之前的王忠嗣甚至身兼四镇，地控万里。不过从政治角度来解读的话，会更加有趣。到天宝时期，大唐帝国的军事力量已经出现了失衡状态，主要是中央和地方的力量对比失衡——强干弱枝的基本国策出现了反转，边军已经远远超过了中央直接掌控的军队，二者比例大约是 5:1。[1] 这是一种非常危险的状态，有经验的政治家不可能不产生警惕。玄宗肯定也认识到了这个潜在的威胁，但是要彻底扭转，似乎很困难。可能玄宗也是过分迷信自己的权威，他不打算进行彻底改革，而是采取了一个搞平衡的"走钢丝"策略。

当时最强的边军大致可以分为两个集团——西北系和东北系，西北系以朔方节度使为中心，东北则以范阳节度使为中心。安禄山占据了幽州等三镇，其他西北系的节度使如王忠嗣、哥舒翰、安思顺、王仙芝等名将，都与安禄山关系不佳，尤其是哥舒翰，两人的矛盾是公开化的。在一次宴会中，安禄山想和哥舒翰拉近关系，结果反而造成了误解，导致双方关系进一步恶化。而当时，高力士是亲见其过程的，而且他有意无意地促成了矛盾的不可化解。高力士的行为，很显然代表了玄宗的意思。

玄宗用关系恶劣的将领来掌握不同的边军，显然是一种平衡政策。万一有一方造反，另外一方肯定会反对。这样造反成功的可能性就会降低，将领们就不愿冒险。实际上，后来这个策略也确实发挥了作用。肃宗平定安史之乱，主要就是依靠朔方军这些西北系的将军。

1　唐代前期以府兵制为主，关中地区府兵占了全国的三分之一，起到了居重驭轻的效果，不怕地方翻盘。

　　但这种政策显然是在走钢丝，一旦失衡，大唐帝国就要堕入深渊。掌握一时的平衡尚且不难，掌握一世平衡就难了。可以想象，这钢丝一路走下去，即使在玄宗时代不爆发问题，到后世皇帝手里，肯定也会爆发叛乱。此举看似高明，实则贻祸子孙。从这个角度来说，玄宗确实不是个足够好的政治家，不能防微杜渐。

　　等到安禄山有些跋扈不臣的苗头之后，玄宗发现问题已经很严重了，他甚至已经没有太好的法子控制安禄山——其实是无法控制东北的幽州了。人君控制臣下的手段，无非是生杀予夺。此时玄宗发现，如果他翻脸杀了安禄山，那这个巨大的空缺竟无人可以顶替。所以，节约成本的做法就只剩下一个，就是不断宠信安禄山，不断给他好的、更好的待遇。从这个角度来说，唐玄宗在安禄山身上投入的沉没成本实在太高了，他舍不得放弃。所以，有时候就宁愿做个不愿面对现实的鸵鸟。

　　有一次安禄山入朝觐见，唐玄宗下令在昭应（高官别墅区）给他修建一个别墅，说："材料啊，装饰啊，都给我尽量往好了用。这小子眼孔大，别让他笑话了咱！"这哪像一个皇帝说的话，都有点拍安禄山马屁的意思了。臣子做到这个份上，就是"不臣"了，这种情况下让安禄山不产生点歪心思，恐怕都不容易了。很大程度上，安禄山的野心是唐玄宗给培养出来的。

　　还有一个有趣的故事，大概可以解释玄宗对安禄山的心态。有一次玄宗在皇宫中夜宴安禄山，安禄山大醉之后，呼呼大睡。左右服侍的人惊恐地发现安禄山化身为一头巨大的黑猪，但他的头是龙头。大家跑去报告玄宗，玄宗轻松地说："哦，这叫猪龙，不是真龙。不要怕。"

要说玄宗对安禄山完全不猜疑，那也是不可能的。但玄宗的问题是，他把安禄山理解成了一头猪龙。或许安禄山不够资格称龙，但他绝对是一头横冲直撞，而且胆子很肥的大野猪，足以把超级豪华奢侈的大唐瓷器店撞个稀巴烂，留下一地碎片，满目疮痍。

宠臣的表演

安禄山是什么时候生出贼心的呢？这个问题，恐怕玄宗最想知道。

按照传统的看法，安禄山是杂胡，是异种，野心是天生就有的。但是这种看法太过简单。

最早提出安禄山要造反的，大概要算张九龄。但他并没有什么证据，他是靠看相看出安禄山会造反，这个事就比较玄乎了。张九龄的心理，大概就是典型的"非我族类，其心必异"。

较早提出安禄山有造反野心的，还有王忠嗣，他是玄宗朝最著名的汉人将领，是军中领袖。天宝六载（747），安禄山提出要建一个雄武城，并请王忠嗣派军队来协助筑城。王忠嗣提前跑去当地查看地形，回来后就几次上书玄宗，力称安禄山必反。王忠嗣是名将，他又亲自去看过筑城之地，大概是能从中看出些蛛丝马迹的。

《安禄山事迹》中记载过一个故事，也披露了安禄山野心萌发的问题。说安禄山每次上朝，经过龙尾道的时候，"未尝不南北睥睨，久而方进"。龙尾道是大明宫含元殿前面的阶梯。[1] 含元殿是大明宫的中心所在，相当于明清故宫中的太和殿，所以含元殿也可以说是大唐帝国象征，其巍峨雄伟，壮丽华美，自不待言。安禄山在这个地方"南北睥睨"，绝对是一种不臣之心的表现。很可能当时就有朝臣发现了安禄山这个特别的举动，事后回忆起来，自然就成了安禄山野心表露的证据了，所以《安禄山事迹》在这个故事后面评论道："即凶逆之萌，常在心矣。"

这个故事发生在天宝六载（747），正是在这一年，安禄山第二次入朝，得到了前所未有的盛宠。唐玄宗下令让杨铦、杨锜、杨贵妃三人皆与禄山叙兄弟之情，于是安禄山得以经常出入禁中。安禄山在长安城中，主要和杨贵妃家族的人一起游玩。

此时正值杨贵妃最受宠爱的时候，所谓一人得道，鸡犬升天，杨贵妃家族也炙手可热。但这种外戚贵族，往往是最腐朽的，族人大多骄奢淫逸，不要说经世之才，怕是连普通人的才智都比不上。安禄山在和皇帝、百官、后妃、贵戚这些人的周旋之中，逐渐得心应手。所谓知己知彼，在心理上，他已经占据了优势，这也很容易让他对朝廷滋生出轻慢之心。

另一方面，此时大唐帝国正值烈火烹油般的繁华，贵妃家族和公卿官僚的生活都是穷奢极欲，也大大刺激了他的欲望。安禄山本身的豪奢程度，已经是登峰造极了，连皇帝给他造房子，都

1　含元殿建在高大的台基之上，前面有两条石阶，供上朝官员拾级而上。远望石阶，宛如龙升而垂其尾，极为壮观，故名龙尾道。

生怕他瞧不上。但人的欲望是个无底洞，他已经位极人臣，如果还想进一步，就只能造反当皇帝了。总之，如果说安禄山可能在天宝六载产生了邪念，那是能够解释得通的。

玄宗对安禄山的宠遇是如此不同寻常。甚至有一次，玄宗在勤政楼宴请百官，所有官员都列坐在楼下，但单独在御座旁边为安禄山设了一个座位。对一个臣子而言，这种待遇简直是骇人听闻的。玄宗为什么这么做，其实也是个耐人寻味的问题。

针对这个事，后人编造了一些解释。比如有笔记中记载了这样一则故事，当时，太子力谏说："自古正殿，无人臣坐之礼，陛下宠之太甚，必将骄也。"意思是，您这种行为不是对待人臣之礼，这会滋长他的傲慢和不臣之心。玄宗则悄悄地告诉太子："此胡骨状怪异，欲以此厌胜之耳。"皇帝的解释是，我知道这是个过分的举动，但安禄山骨骼奇特，有异相啊，其实我是想通过这种方式来对他行厌胜之术。[1] 这个故事有玄异色彩，倒是很符合普通百姓的口味。另外，这个故事也很和谐地替玄宗的失误做了辩护。

天宝时期，玄宗年事已高，说不定哪天就会驾崩，接下来，就是太子登基。这种时候，太子一派的官员就很容易结党营私。对于玄宗这样的君主，他要的就是绝对君权，肯定不愿意看到任何有异心之人。安禄山早就摸透了玄宗的心理，于是他在玄宗面

---

[1]　所谓"厌胜"，就是通过某种行为或物品，来压制另外一种邪恶而强大的力量，相当于"做法压邪"。

前做了一次表演。有次玄宗让安禄山面见太子，结果安禄山见了太子之后，并不下拜。左右就说："你大胆，为什么不下拜？"安禄山回答："我是蕃人，不识朝仪，不知太子是何官？"玄宗说："太子是储君。朕百岁之后，传位于太子。"安禄山回答："我很愚昧，心里只知道有皇帝陛下，不知有太子。"左右一再催促，安禄山才下拜。

安禄山的这个举动，无疑大大得罪了太子。但他不惜得罪太子，也要向玄宗表态——我的心里只有你，没有他！玄宗的反应如何呢？"玄宗尤嘉其纯诚。"所谓纯诚，就是彻底忠心。

实际上，安禄山这样的政治表态，等于给自己埋下了祸根——试想如果他不造反，而是静静地等待太子登基，那新皇上位，他这个"东北王"的好日子也算到头了。看起来，即使玄宗时候不反，肃宗上台，他也不得不反。

安禄山虽然贼心已生，但他处于政治斗争旋涡的中心，不得不先做韬晦之计。其计策有二：一是充分表现他的粗鲁无知，二是努力表达他的忠心耿耿。两下相配，可谓"相得益彰"。

比如在皇帝面前，他总是极力扮演自己的"蕃人"形象，啥都不懂。又有一次，玄宗和贵妃一起坐着，安禄山先拜贵妃。玄宗问这是怎么说的，安禄山回答："胡人先母而后父。"于是玄宗很开心，这里说一下，安禄山认了杨贵妃做义母。总之，安禄山这招"装天真"玩得挺拿手。

在表忠心方面，他也是屡创新招。他三百多斤，肚子大得差点要垂到地上。[1] 有次玄宗指着他肚子开玩笑说："这胡人肚子都装了什么呢，居然会撑得这么大？"安禄山立刻回答："别的啥都没有，都是一肚子的赤胆忠心啊！"玄宗也很开心。

总之，安禄山要努力利用自己的异族胡人身份，要证明自己无知、野蛮、一根筋，这可能确实是很好地配合了唐朝君臣对胡人的一种想象。

不过这种扮猪吃老虎的伎俩，也遇到过克星，那就是宰相李林甫。安禄山甚至怕到寒冬时候和李林甫讲话，也会满身大汗。所以，天宝六载，安禄山很可能萌发了野心，但还不敢有所举动。他当时只能做些小动作，真正的大策划，还要等待更好的时机。

阴谋是怎样出炉的

有贼心的人成千上万，有贼心而又有贼胆的，那就不太多了。玄宗大概是真的没料到，那个看似粗鲁的安禄山，居然是既有贼心又有贼胆的那一个。

不过，我们也不能说，安禄山一开始就有反心。事实上，安禄山最终会起兵造反，自有其十分复杂的原因，并不是一个必然的结果。但是，有一点是确定无疑的，安禄山绝对不是王忠嗣那样心怀天下的人。从他做上节度使开始，就充满私心地为自己储

1　安禄山体型肥硕，但跳胡旋舞非常出色，可能这也是他能取得玄宗欢心的小技巧之一吧。

备各种力量。

当然，安禄山最终还是反了，所以他这一切私下的行为，都顺理成章地被视为阴谋叛乱的准备工作。这个准备无疑是个相当长的过程。

他最早一个引人注意的行为出现在天宝四载（745）。这年冬天，安禄山上奏说："臣讨契丹至北平郡，梦先朝名将李靖、李勣从臣求食。"说自己征讨契丹，到了北平郡的时候，梦见了名将李靖和李勣，他们向我要东西吃。于是朝廷允许在那里给李靖、李勣立庙祭祀。

安禄山说是李靖和李勣求食。其实暗含的意思是，李靖和李勣很看好自己，愿意托付在安禄山的地盘里。这一招大有深意，因为李靖和李勣是大唐军神，早已是军中不朽的传奇。安禄山通过托梦的方式，成功地把将士们对军神的崇拜部分转移到了自己身上，让自己成为将士们可以信赖的领袖。

这种心理战术，他也一样用在了自己的族人身上。比如后来他又利用自己名字是"禄山"，把自己打扮成"光明之神"，让那些祆教信徒都匍匐在他的脚下，甘心受他驱使。

事实上，装神弄鬼的方式，几乎是每个叛乱者都会利用。从吴广塞到鱼肚子的布条"大楚兴，陈胜王"，到太平天国的"天父天兄"，简直史不绝书。因为在古代中，皇帝是真命天子，身上有神性，所以，反叛者只有给自己也加上"天""神"的光环，才能让人心理上服从自己。所谓"苍天已死，黄天当立"，就是最直接的口号。

当然，这个时候安禄山还只是利用军神托梦，还远不到要挑战皇帝的程度。但这无疑是个可怕的起点——安禄山是个心理战高手。

安禄山的情报工作也是一流的。他命部将刘骆谷常驻京师，专门窥测朝廷内情，一有动静就飞马报讯，故范阳距京师虽有数千里之遥，但安禄山对朝廷的情况却了如指掌。

另外一个值得一提的是吉温，他曾经是李林甫的门下走狗，有名的酷吏。此人还是一个著名的变色龙，或者说是政治风向标。李林甫风光的时候，他投靠了李林甫；杨国忠得意之后，他又投向了杨国忠；而安禄山冉冉升起的时候，他再次不失时机地向安禄山献媚。此人心狠手辣不说，还是一流的"特工"。总之，他和安禄山一拍即合。他替安禄山在长安收集了大量珍贵的政治情报，杨国忠发现后，怒而将其处死。安禄山在洛阳做了大燕皇帝后，还特地找到吉温的儿子，虽然他的儿子才六七岁，也封了河南府参军的官，并赏赐了大量财物。甚至还有人说，安禄山起兵是为了替吉温报仇，当然这是不可信的。

安禄山的反情报工作也做得非常到位，以至于最后安禄山起兵造反的军情报告送到玄宗那里时，他还半信半疑呢。之前也不是没人向玄宗送过情报，但这些情报一概被玄宗无视，甚至后来干脆就把告发的人直接送到安禄山那里。这下玄宗的耳根清净了，但也给塞得死死的了。说到底，是玄宗自己选择性失聪。

吉温固然和安禄山交好，不过他大概没有胆子劝安禄山造反，他曾和安禄山密谋说，只要我们能推翻李林甫，那我保证你能当上宰相。看来他们的目标定在了宰相位子上。

倒是安禄山后来招揽的一批失意文人中，不乏胆大包天之辈。比如高尚（字不危），此人颇有才学，却贫困不得志，常叹说："高不危当举大事而死，岂能啮草根求活邪！"颇类似于陈胜"王侯将相，宁有种乎"的野心。他虽是文人，却有亡命徒的狠劲，这种人是相当可怕的。[1]

高尚和另一个文人严庄，后来都成了安禄山的"谋主"，他们俩大概在鼓动安禄山造反这个事情上，起到了很大的作用。安禄山造反后，军事上一度受挫，他非常郁闷地训斥高尚、严庄说："汝数年教我反，以为万全。"两人还利用图谶等东西来劝说安禄山作乱，颇有煽动性。在建立大燕政权后，高尚当了中书侍郎，严庄做了御史大夫。可见两人在安禄山集团中的核心地位。

值得注意的还有一点，那就是在河北道，安禄山提拔了大量行政官员，让他们成为各州刺史。这其中就包括颜杲卿，所以后来颜杲卿在后方拉起大旗反对安禄山，安禄山非常生气地训斥他说："我提拔你是对你有恩，你居然反我，恩将仇报！"可见，安禄山早就在各州刺史人选上埋下了很多钉子。对安禄山来说，他大概很难理解颜杲卿这样的儒家文人情怀和立场，但他非常懂得用利益收买人心。范阳起兵初期，安禄山大军在河北一带势如破竹，不是没有原因的。

安禄山的手下，武将自然是不缺的，史思明、安守志、李归

---

[1]　后来让唐王朝破产的黄巢，也是一个落第书生。

仁、蔡希德、崔乾祐、尹子奇、武令珣、田承嗣等，都是先后被安禄山提拔起来。这些武将智勇兼备，在后来的战争中都立下了赫赫战功，看来安禄山还是颇有识人之明。会用人，也是做领袖的必备条件。

必须要提出的一点是，这些武将大多不是汉人，而且他们基本都是土生土长的当地人士。在文化上、心理上，这个集团都是自成一体的，和那个远在万里之外的长安朝廷，实在没有什么共同语言。当然，他们知道皇帝是帝国第一人，但不也有句话说"天高皇帝远"吗？还有句话说"县官不如现管"，总之，这批军中骨干力量对安禄山的向心力和拥戴，恐怕要远大于对朝廷和皇帝的忠心。也许他们更喜欢"义"，喜欢边军中成长出来的兄弟式的情义。从某个角度来说，他们更像是一批梁山好汉。他们更愿意支持自己的首领。

天宝十四载（755）二月，安禄山上奏，要求以三十二名番将代替汉人将领。时任宰相之一韦见素，本是个好好先生，从不拿主意，看到这个奏状都急了，极力劝谏玄宗，说这是安禄山要造反的证据。这确实是一个再明显不过的证据，安禄山几乎是毫不掩饰地在准备造反了。

在兵器方面，那安禄山就更富有了。比如他"畜战马数万匹"，兵器更是堆如山积。另外，他还充分利用了胡商，派大量胡商去做生意，他们每年交纳珍货"数百万"。这样做，既因为他曾经做过商人，也有他利用宗教的成分——他扮演的光明之神，唬住了很多胡商。

渔阳鼙鼓动地来

安禄山有贼心也有贼胆，但他选择在天宝十四载（755）造反，其实也是被逼的。

那是谁逼他的呢？是杨国忠。

推测以安禄山的本意，大概会选择在玄宗死后造反。一是心理上他有愧于玄宗，师出无名，毕竟玄宗对他的恩情足有天大；二是反叛的准备还不够充分。安禄山虽然是三镇节度使，但起兵之后，真正跟着他造反的只有范阳一镇，河东和平卢两镇都站在他的对立面，坚决反对。这次叛乱前期的形势其实也证明了这点，如果朝廷应对得当，这次叛乱本来可以顺利镇压下去的。所以，对安禄山来说，这次叛乱也算是提前发动。

安禄山之所以选择在天宝十四载年末起兵，是为了抢个先机。因为杨国忠毕竟不是牛二，他是大唐宰相，是杨贵妃的堂哥，圣眷正隆。更麻烦的是，杨国忠一样是个无耻之徒，是个狠角色。其实说起来，他们俩之前还联手，成功陷害过李林甫。况且，此前安禄山一直和杨氏家族交往密切，甚至安禄山还是杨贵妃的干儿子呢。按这个论辈分，安禄山要叫杨国忠一声叔叔。

说到这个干儿子话题，在民间有颇多传言。传言起于所谓的"三日洗儿"。正月初一是安禄山生辰，天宝十载（751）这次，玄宗和杨贵妃赏赐了无数的礼物。又过了三天，杨贵妃将安禄山召入宫内，要给他洗澡，这是唐朝所谓的"三日洗儿"风俗——孩子生下来三天之后，要郑重地为婴儿洗浴一次。此前，安禄山

正式认了小自己十六岁的杨贵妃为干娘。洗完之后，还如同对待
婴儿一般，用锦绣把安禄山给裹上——那得多大一块锦缎啊！一
时间宫人欢呼不已，连玄宗也听到了。于是他很高兴地前去观
望，并且赏赐了一大笔"洗儿钱"，把这个游戏推向高潮。此后，
安禄山就可以自由出入宫内，大家都称呼他叫"禄儿"。

　　这个举动，对安禄山来说，自然是通过杨贵妃加深了和玄宗
的关系，求之不得。对玄宗而言，或者也有一点更深的考虑，那
就是希望给杨贵妃找个强有力的外援——在自己死后，杨贵妃也
好有一定的保障。唐代比较流行认干爹干娘，比如安禄山以前就
曾当过张守珪的养子。[1]总之，玄宗的本意是要加强安禄山和杨氏
关系。一开始，安禄山和杨家也确实打成了一片，但等杨国忠替
代了李林甫当上宰相之后，双方就不可避免地分裂并激化了矛盾。

　　分裂对立几乎是必然结果。因为当初李林甫凭着自己的资历
和能力，压住了杨国忠和安禄山，而他一死，这两个盟友的敌人
都变成了对方，自身关系自然就破裂了。况且，他们两个本来就
互相看不起，杨国忠视安禄山为野蛮无知的胡人，安禄山则把杨
国忠定位在靠裙带关系上位的纨绔子弟。

　　杨国忠的做法就是进谗言，日夜不停地在玄宗面前攻击安禄
山是野心家，要造反。天宝十三载（754），双方矛盾激化。杨国
忠向玄宗提出建议，试召安禄山入朝，并断言他肯定不敢来，因

1　这种认干爹的风俗，可能是源自草原民族——最著名的就是石敬瑭在比自己小的耶
　　律德光面前自称"儿皇帝"。唐代的宦官和武将中，也十分流行认干爹。

为他心里有鬼。结果出乎意料，安禄山闻命即至，让玄宗很是高兴。大概这时候安禄山还没有什么具体的谋反行动，并不怕杨国忠拿到证据。杨国忠的政治讹诈，落了个竹篮打水一场空。

天宝十三载这次觐见，安禄山返回范阳时，唐玄宗不仅亲自送他，还解下御衣披在安禄山身上。在唐玄宗来说，大概是再送一份荣宠，稳固他的心；但安禄山却非常惊疑，归程中昼夜兼程，过州县都不下船，一日数百里地赶路。这一回，可真是放虎归山了。

回到范阳后，安禄山真正开始准备与朝廷决裂了。最明显的表现就是，他对朝廷使者十分无礼。朝廷派使者来范阳，他一概称疾不迎，见面的时候也都是戒备森严。比如有次钦差大臣裴士淹来到范阳，他拖了很久才见对方，而且宣读圣旨的时候，居然就大模大样坐着听，完全没有人臣之礼，裴士淹吓得结结巴巴读完圣旨就跑了。

而在长安，杨国忠也不甘罢休，他拼命收集证据，甚至制造证据，来证明安禄山准备谋反。他擅自派人包围了安禄山在长安的住宅，逮捕了安禄山的多名亲信，审讯后秘密杀害。其中就有安禄山的心腹吉温，安禄山若是不反，下场就是坐以待毙。既然逼到眼前，那就不如先下手为强！关于后来的马嵬坡之变——将士们大概真心觉得是杨国忠生生把安禄山给逼反了吧！

可笑的是，杨国忠在听到安禄山起兵的消息后，居然异常兴奋地跑到玄宗面前："你看，我早说了吧，他要造反！这厮终于反了！"

最初的一个月

杨国忠这么兴奋，自有他的道理："现在造反的只是安禄山一个人，将士们都是不愿意追随他的。不过十天，他的头就会被砍了送到长安来。"

这话也有一定道理。毕竟大唐处于鼎盛时期，有圣主名相（杨国忠肯定认为自己是名相），自然有最大的号召力。事实上，除了范阳之外，河东和平卢都没有跟从安禄山。就连唐玄宗也点头赞同杨国忠的意见，以为叛军可以轻易击溃——他们实在太轻敌了。

但他们不明白的事实是，忠于唐朝的军队此时根本打不过叛军。安禄山的军队中，真正的核心战斗力是那些非汉族将士。史书上提到安禄山起兵，"发所部兵及同罗、奚、契丹、室韦凡十五万众"。可知，安禄山军队可为两部分，即"所部兵"和同罗、奚、契丹、室韦等游牧部族军队。

"所部兵"就是范阳节度使所管辖的军队，这批军队中的骨干将士，大多追随安禄山多年，而且这些骨干将领中，番将应该占据多数。就在这年，安禄山还用 32 个番将替换了汉将。

更重要的是，安禄山还有大批"同罗、奚、契丹、室韦"等部族的军队。这些军队的战斗力都非同小可，是安禄山叛军中的精锐之师。其中的同罗，是草原部族铁勒的一支，骁勇善战，本属阿布思统领，后来被安禄山设计陷害后诱降，几万同罗骑兵都归入安禄山麾下。对此史书上评价说："由是禄山精兵，天下莫及。"

安禄山还特别从同罗以及奚、契丹降者中选拔精壮八千余人，称为"曳罗河"（壮士之意），组建了自己的核心精锐。[1]

一个很有趣的现象是，安禄山手下这批非汉族军队，本来都是他征讨的对象。他曾在奏章中说："臣所部将士讨奚、契丹、九姓、同罗等，勋效甚多。"可见契丹、同罗等，本是唐朝的敌人，也是安禄山的对手。但安禄山很狡猾地一边"征讨"，一边把他们拉入自己的阵营。以至于安禄山造反之后，大批唐朝的"敌人"横行内地，涂炭生灵。

有学者甚至认为，安史之乱，其本质是一次民族之间的战争，或者说是"在国内进行的外患"。大批外族通过安禄山这个媒介，向唐朝发起了挑战。这个说法很特别，但只是皮相之说。这些人虽是外族，他们本身却没有明确政治目标，只是安禄山个人野心的工具罢了。而安禄山本人，也不存在什么明确的政治目标，他只是一个目光短浅的帝国反叛者和野心家。

对于安禄山叛军中的这些构成要素，唐玄宗和杨国忠并没有在意，甚至可能压根都不知道。因为这些所谓外族将士，本来就不在正规军队编制之中。[2]换句话，他们只是安禄山的私兵，也是安禄山的一张底牌和王牌。唐中央的懵懂和轻敌，必然导致军事上的溃败。

1　唐代后期藩镇中，节度使都会建立一支特别精锐的核心战队，称"衙兵"或"牙兵"，保卫自身安全。

2　大唐武功强盛，很大原因就是历次作战都有大量"蕃人"成部落地参与。很显然，这是一把双刃剑。

安禄山十一月九日起兵，一路南下，如入无人之境。河北州县俱望风瓦解，完全没有抵抗之力。是啊，大唐内地几乎上百年未见战争，百姓安居乐业，地方完全没有一点战备可言。当时州县发的兵器大多生锈了，以至于士兵只能拿着棍棒与如狼似虎的叛军战斗，这如何能赢？于是，叛军以闪电般的速度拿下了河北。

朝廷最先得到的反叛消息，甚至是从河东传过来的。到十一月十五日，朝廷才确认反叛的消息是可靠的。玄宗立刻进行部署，调兵遣将，但君臣都还是过于乐观和轻敌，以至于朝廷军队一败再败。

第一道防线，皇帝布置在了黄河以南的陈留（开封）。十二月初二，安禄山跨过黄河，直逼陈留，以文臣身份担任主帅的张介然也刚到这里没几天，初五，陈留不战而降。

第二道防线在虎牢关，这是一个至关重要的咽喉之地，当年李世民就是在这里成就不世功勋的。唐玄宗派了西北名将封常清驻守此地。当时封常清正好入朝觐见皇帝，在玄宗面前，封常清轻描淡写地表示，只要自己出手，胜利指日可定。大概他觉得安禄山军事才能有限吧。确实，从历史战功看，他有资格嘲笑安禄山。不过接下来，朝廷君臣就要为自己的盲目自信痛哭了。

封常清到洛阳之后，临时招募了大量军队，问题是这些军人完全没有训练，战斗力极差。安禄山攻打虎牢关以东的荥阳时，守城的士兵听到战鼓声，站都站不稳，纷纷从城上坠下。这种军队怎么能抵挡安禄山的虎狼之师呢？结果，他们一触即溃。

接着，叛军直逼东都，封常清虽然拼死抵抗，无奈军心涣散，很快又败退了。到十二月十二日，东都洛阳落入了安禄山的手中。此时，离范阳起兵仅仅三十三天。

第三道防线在陕州，是洛阳和潼关之间的要害之地，主帅则是西北系另一位赫赫名将高仙芝。[1] 高仙芝手下的军队组成部分稍好一些，有中央禁军、部分在京边兵、新募兵等共五万人。其中边军战斗力较强，但数量有限。此时，从前线败退的封常清对高仙芝建议，靠这样的军队根本无法抵挡叛军，不如以退为进。于是两人一起退入潼关，准备示之以弱，打防守反击战术。所以第三道防线等于不战而失。

于是安禄山的军队就直逼潼关，扣响了长安的东大门——这也是最后一道防线，突破潼关，长安将无险可守。

从当时的形势看，高仙芝、封常清的这个战术是完全正确的。因为一直到第二年六月，长达半年时间内，叛军都没有能攻破潼关这道大门。这里面的原因，更多的还是安禄山自己的问题。因为他顾不上别的，迫不及待地开始在东都圆他的皇帝梦了

一年的皇帝梦

至德元载（756）正月初一，在自己五十五岁生辰的这天，安禄山在洛阳称帝，国号大燕，改元圣武，封儿子安庆绪为晋王，

1　高仙芝曾经成功地率领大军越过葱岭（现在的帕米尔高原）。后来英国人斯坦因在翻越帕米尔高原时，不由得感叹说，高仙芝比翻越了阿尔卑斯山的拿破仑厉害多了。

同时大封文武百官，俨然一个朝廷模样。[1]此时离攻占洛阳才半个多月，离范阳起兵也才五十天。大燕国开国非常顺利，与当年唐代开国，从太原起兵到拿下长安的过程相比，也不遑多让。

一个新的王朝开始诞生了吗？并没有。这个叫大燕的新王朝很快遇到了危机。安禄山就如当年李渊一样，一直坐镇首都洛阳指挥，让将领们分头攻打地盘。可惜他缺少一个李世民这样的天才儿子，手下将领中也缺少李靖这样的名将。四出扩张的叛军，在各个方向都遭到了强大的阻力。

在西边，他们遇到的是名将哥舒翰把守的潼关，哥舒翰是盛唐时期最出名的将领[2]，而且唐军西北边军也派出了大批援兵[3]，守住潼关应该没有问题。叛军面对雄关，迟迟没有取得进展，也无破局之法。

在南边，则被南阳、睢阳两城拦下了。唐军在守将鲁炅、张

---

1 因为他来自范阳，也就是古代燕国的地盘，所以国号称大燕，又改元圣武，看来还是改不了他的武夫本色。

2 哥舒翰也是众多诗人倾心赞颂的对象。如李白诗："君不能学哥舒，横行青海夜带刀，西屠石堡取紫袍。"杜甫诗："今代麒麟阁，何人第一功。君王自神武，驾驭必英雄。开府当朝杰，论兵迈古风。"王维的诗序写道："上将有哥舒大夫者，名盖四方，身长八尺，眼如紫石棱，须如猬毛磔。"但佚名作品《哥舒歌》最出名："北斗七星高，哥舒夜带刀。至今窥牧马，不敢过临洮。"要不是最后一战大败，哥舒翰可以算是军神级别的人物。天宝八载（749），唐玄宗还亲撰了《哥舒翰纪功碑》，此碑仍立于今甘肃临洮。

3 西北军队大量调回带来的严重后果就是，西北尽失，从西域直到河西走廊，全入吐蕃之手。唐蕃边境离长安仅咫尺之遥，以至于长安城数次被吐蕃攻陷。唐后期不得不在西北一带布置重兵防守，甚至还调派全国军队协防，称"防秋兵"（因为吐蕃多在草长马肥的秋天发动攻势）。

巡的带领下，就像两块巨石，堵住了叛军前往长江中游和下游的通道。

在北边，情况更加糟糕。先是在颜杲卿、颜真卿等人的带领下，河北州县纷纷举起反抗燕国的大旗；然后是郭子仪、李光弼率领朔方军从河东（山西）跨越太行山进入河北，直逼范阳老巢，留守河北的史思明等将领屡战屡败，狼狈不堪。

唐军甚至隔绝了河南和范阳老巢的联络，使得叛军势力局限在范阳和洛阳周围，两地往来的斥候也只能偷偷过境。这时候，河南的叛军也心思浮动。安禄山着急又苦闷，五月份的时候，他将谋主高尚、严庄找来痛骂说："你们多年来一直教我造反，说是万全之计。现在潼关牢牢守着，数月不能进；北边的道路都断绝了，唐军已成四面包围之势，我现在能控制的只是汴、郑数州而已，万全何在？你们今后不要来见我了！"

从年初迫不及待地登基，到五月份仓皇失措，可以看到安禄山的反叛并没有什么深谋远虑的政治目标。他不是政治家，并没有要开创一个王朝的理想和准备，他更多是赌徒和屠夫。

安禄山在攻克陈留之后，得知自己在长安当人质的儿子安庆宗被杀，怒不可遏，下令将已经投降的上万人全部杀死，一泄心头之恨，其惨状"流血如川"。后来攻下长安后，对当时追随玄宗西逃的官员，安禄山下令统统"诛灭其宗"。这完全不是一个要开创新朝代的皇帝应该做的事情。杀降和滥杀无辜，只会让自己看起来像个屠夫，而不是英明的君主。

而且，安禄山似乎很满足在洛阳称帝，并没有再进一步的想法。向西，他没有全力进攻潼关。他甚至都不愿亲自带兵攻打潼关，只是派了一支数量不多的队伍，由一位不算重要的将领率领，就这样去攻打几十万人把守的要塞。也许他对攻下潼关、拿下长安并没有太多信心，也许大唐的辉煌和哥舒翰的英雄气概，还是让安禄山有所畏惧。

其实，大唐的真正命脉在于南方。因为战事一起，北方基本上都陷入战乱之中，对朝廷的财政支持几乎为零。所以，长江流域，特别是东南地区，就成了朝廷财政的主要支撑地。如果叛军全力往南进军，特别是控制大运河这条大唐生命线，切断南方向关中运输物资的通道，恐怕大唐很难支撑下去。这个战略的可行性在于，南方的军事化程度弱，完全无法抵挡叛军的全力进攻。说到这里，张巡和鲁炅两人顽强拖住了叛军南下的步伐，对于大唐渡过这次危机，其功劳再怎么表彰都不过分。尤其是张巡守睢阳，其过程可谓艰苦卓绝，可歌可泣。[1] 这种牺牲精神，恐怕是叛军所不能想象的，也是无法做到的。

对在洛阳当大燕皇帝的安禄山来说，就好比把高考当作唯一目标的高三学生，一旦高考结束，他就茫然不知所措了，唯一期待的是分数能更好一点。安禄山对于怎么巩固和建设一个新王朝，并无策略。他唯一能够倚仗的就是武力，所行也无非是派遣手下将领四面出击，扩大自己的地盘，掠夺更多财富，让大燕国

1　不过，在睢阳城最艰难的时刻，张巡军队有食人之事。这个道德困境的难题，从唐代一直争议到现在。

看起来面积更大，让自己更富有。他的失败是注定的，只是时间早晚而已。

另一边，唐军则形势大好。如果按这样的趋势发展，平定安禄山叛乱指日可待。在打了一个趔趄后，大唐王朝也将继续维持太平盛世。然而，形势突然间急转直下，唐军出了一个大纰漏——潼关失守。

当时，哥舒翰已经是只病虎，他之前曾经中风，如今也是拖着病体勉强当主帅，无法亲自上战场。当然，凭他的军事才能，守个潼关应该还不在话下。但麻烦的是，玄宗不明形势，一直逼他主动出击。

其实这也不完全是李隆基的过错。真正的原因是，唐朝廷内部严重的不信任、不团结。安禄山造反，不仅造成了帝国版图的分裂，更严重且影响深刻的是对帝国内部造成的裂痕——君臣之间不再相互信任，怀疑的种子疯狂生长。[1]

远在洛阳的安禄山会反，那么近在潼关的哥舒翰就一定不会反？李隆基有点怀疑，杨国忠是大大的怀疑——因为他已经明显感受到来自军方的敌意。就如同马嵬坡之变中，禁军将士们可以不反玄宗，但一定要杀杨国忠（杨贵妃）。

有人劝哥舒翰说："安禄山用杀杨国忠的理由起兵，现在不如留三万兵守潼关，率全部精兵渡过浐水杀死杨国忠，这是汉朝

1　此前退守的名将封常清、高仙芝很快都被处死了，军中皆为之抱屈，对立情绪一直弥漫。

挫败七国叛乱的办法。"[1] 哥舒翰并没采纳这个建议，但这话传到了杨国忠的耳朵里，把他吓出了一身冷汗。于是他立刻向玄宗报告："大军全在潼关，没有后备。万一作战失利，京城就危险了。"这话也挺有道理，有必要加强防御纵深嘛。于是唐玄宗批准他招募三千精兵。此外，杨国忠自己又招募了一万兵，驻扎在灞上，派心腹杜乾运任主帅。杨国忠这招也让哥舒翰心怀疑窦——你这是要背后捅一枪吗？哥舒翰决定先下手为强，先上奏请求将杜乾运的军队划归他统率，然后以商量军情为由，将杜乾运召至前线，并立即在军门将其斩首示众。听到这消息，杨国忠颤抖着对他儿子说："我死无葬身之地了。"

虽然哥舒翰针对的是杨国忠，但唐玄宗会无动于衷吗？所以，唐玄宗派使者催促哥舒翰出兵，使者一个接着一个。显然，皇帝的意思是不出关，就是想反！哥舒翰实在被逼得没有办法，在天宝十五载（756）六月四日，大哭着率军出了潼关。安禄山手下一个并不那么出名的将领崔乾祐，用伏击战术，轻松击溃了并无斗志的唐军，接着顺利攻陷潼关。六月九日这天的傍晚，"平安火不至，上始惧"。六月十三日，唐玄宗仓皇西逃。至此，局势终于恶化到了极点。

奇怪的是，在叛军攻下潼关后，安禄山并没有下令直取长安，而是让他们屯驻潼关，直到十天之后，才派自己最宠信的将

1　西汉的七国之乱打的是"清君侧"的旗号，汉景帝当时也是杀了晁错。当然，杀晁错于事无补。

领孙孝哲进入长安。并且，也没有进一步追击唐玄宗君臣，而是让他们从容逃到了成都，让肃宗逃到了灵武。这其实就为唐朝的反攻留下了余地。而且，安禄山自己也没有亲自前往长安耀武扬威，他只是让孙孝哲做了两件事，一是报仇，搜捕唐朝官员以及宗室等，大肆屠杀他痛恨和讨厌的人；二是搜刮人才和宝物，"搜捕乐工，运载乐器、舞衣，驱舞马、犀、象皆诣洛阳"。原来宫中有一支皇家动物歌舞马戏团，训练马、犀牛、大象，或拜或舞，特别是有舞马百匹，居然能"衔杯上寿"，极是神异。[1] 安禄山当年羡慕得不得了，现在终于得志了，当务之急就是把这些歌舞马戏团先送来洛阳。可见他实在是一个没有政治远见的人。

《资治通鉴》对此评论说："贼将皆粗猛无远略，既克长安，自以为得志，日夜纵酒，专以声色宝赇为事，无复西出之意，故上得安行入蜀，太子北行亦无追迫之患。""远略"需要理想的引领，而对"安禄山们"来说，攻下长安，已经是他们能够想象到的最高目标了吧。

安禄山的成功很大一部分建立在唐玄宗的骄奢昏庸之上，而他自己的"理想"无非是接手玄宗的那些骄奢淫逸。所以，我们可以断言，安禄山的大燕国必然不能长久，甚至他的性命也快要保不住了。

安禄山的健康状况其实很糟糕，政治军事的胜利并没有给

1　西安何家村窖藏出土了一个舞马衔杯纹银壶，验证了传说中那神奇的舞马是真实存在的。非常可惜的是，会闻乐起舞的舞马后来被安禄山的手下田承嗣当作妖异之物处死了，就此绝迹人间。

他带来太多的享受。他本来就有眼疾，现在已经失明了[1]，而且又患上了毒疮，这些病痛让他备受煎熬，原来脾气就不好，现在更加狂躁——经常责骂或痛打身边的人，从贴身侍者李猪儿，到大臣严庄，再到儿子安庆绪，等等，所有人都不放过。这些人本来都是亡命之徒，面对这个魔王，也就顾不得什么上下尊卑了。严庄在劝安庆绪动手的时候，居然说："殿下听说过大义灭亲乎？"他倒是很擅长鼓动别人造反的呢。

至德二年（757，也是圣武二年）正月初五这天，安禄山刚过完生辰，他人生的终点到来了。严庄与安庆绪手持兵器，守住门口，李猪儿手执大刀直冲入帐下，挥刀就朝那个超级大肚子砍过去。安禄山眼睛看不见，慌忙伸手去摸床头佩刀，结果摸了个空。于是安禄山愤恨地用手大力摇撼着帐竿，大喊道："贼由严庄。"一会儿之后，他的肚子中流出数斗血——他曾经跟玄宗说大肚子里都是忠心——忠心怕是半颗也没有。一代枭雄，就这样戏剧性地一命呜呼！

此时离安禄山登上皇帝位，刚满一周年。接下来，杀了父亲的安庆绪很快被史思明所杀，而史思明也同样被自己的儿子史朝义所杀。内乱不断，充分说明了叛军并没有什么远大的理想，也没有什么道义可言，他们的聚合，只有利益。只靠利益黏合的一

1　因为安禄山是个超级胖子，所以有人猜测他得了严重的糖尿病，也有人怀疑他服五石散而导致狂躁。

条船，注定是走不远的。[1]实际上，如果不是潼关失守，安禄山叛乱很可能在一年之内就能结束。很可惜，玄宗一招棋错，导致战争拖了八年之久。

这八年，把整个大唐帝国搅得天翻地覆，彻底伤了元气，而且留下了严重的后遗症。唐后期全国（主要是北方）遍布藩镇，唐朝皇帝再怎么努力，也无法恢复当年的荣光了。[2]

安史之乱，其实并没有什么大目标，而且未必一定会发生——也就是说，这次中国最强盛王朝在鼎盛事情发生的致命叛乱，是个偶然事件。

但这个偶然事件，不仅给唐代留下了一个深可见骨的伤口，也给整个中国古代历史留下了一道醒目的疤痕。这应该是安禄山没有想到的，这也许就叫偶然创造历史吧。

1　唐后期的河北藩镇也不断出现这种情况，以下犯上，骄兵逐帅成为常态，这是藩镇政治的先天缺陷。

2　唐宪宗的元和中兴，一度使得藩镇全部听命于中央，但时间非常短暂。

第十章
李辅国：外事听老奴

飞龙小儿的前半生

中古历史上宦官最嚣张的时代，还得数唐代。别的不说，单就唐后期的皇帝，大多数都是由宦官拥立的，其中两三个还命丧宦官之手。唐文宗就曾很痛苦地说，自己是受制于家奴，此事自古未曾有。唐末有宦官头子甚至说出"门生天子"之语，即天子是自己的门生。总之一句话，唐代宦官常常凌驾于皇帝之上，极其嚣张！

唐代宦官专权始于李辅国。高力士可以算是唐代最出名的宦官，也是第一个有很大权势的宦官，但他绝对不是一个嚣张的人，相反，他对玄宗皇帝可谓忠心耿耿、小心翼翼。有一次他向玄宗进言，说错了话，遭到玄宗训斥，此后数年都诚惶诚恐，言行极为谨慎。李辅国曾经服侍过高力士，他后来嚣张跋扈，某种程度上也算是"青出于蓝而胜于蓝"了。

李辅国是唐肃宗一手提拔起来的，在肃宗时代已经权倾天下；后来他又一手扶持起代宗皇帝，于是地位更进一层，甚至开始和皇帝分庭抗礼。代宗即位不久，李辅国就对代宗皇帝说："大家但居禁中，外事听老奴处分。"[1]这句话的意思是，皇帝您安心地待在宫里就行了，无须操劳，外面朝廷上的大事，就让老奴来处理吧。

垂拱而治，倒也是古代帝王追求的至高境界，不过前提是太平盛世，皇权牢牢握在皇帝手中，玄宗晚年就有点这层意思。可现在，天下大乱未复——安史之乱快要结束了，百废待兴，正是要励精图治的时候。怎么能凭宦官一句话，皇帝就靠边站了呢？套用乾隆帝的一句话："你以天下为己任，置朕于何地？"这简直是逼宫啊！实在太嚣张了。

此时的皇帝——代宗李豫，三十七岁，正是年富力强的时候。前面几年他是天下兵马大元帅，亲冒矢石，是在战斗中成长起来的；他也经历过数次内争外斗，有丰富的政治斗争经验；况且他还是以太子身份继位的，名正言顺。从哪个角度说，这样的皇帝都不应该容忍一个宦官如此罔顾君上吧？可代宗皇帝吞口气，还是忍了。这是为什么呢？史书上说："上内不能平，以其方握禁兵，外尊礼之。"可知代宗心里也是极度不忿的。可李辅国现在手握禁兵呢，所以暂时不能翻脸，只能先忍着。

李辅国这时候到底是什么角色呢？他的官职是兵部尚书，这还不是最要紧的，更重要的是他挂着一个兼职——判元帅府行军

1　所谓"大家"，就是唐代对皇帝的口头称呼。另外，唐代皇帝还常被称为"圣人"，这是后代不多见的。

司马。此外，他是宦官，所以还有一大串宫内的职务，有闲厩、五坊、宫苑、营田、栽接、总监等使，等等。这些使职看看似没什么大的用处，可都处于宫内，特别是闲厩使一职，十分重要，手下领一支精兵，直接负责宫殿安全，可谓大内保镖和御前带刀侍卫。这还没完，他手里还握有一支隐秘的力量，可以做一些见不得人的事。总之，长安城和大明宫几乎所有的军事力量，都在李辅国手里。作为皇帝的李豫，也只有低头的份了。

代宗皇帝和李辅国在这个时候的状态，几乎就是整个唐后期政治态势的缩影。唐后期，皇帝虽然身为九五至尊，但是禁军的控制权，一直都在宦官手里，而且制度化了。也就是说，宦官领禁军成了制度，皇帝也无法改变这个事实，所以真正的实权，也最终掌握在了宦官集团手里。第一个做到这一步的，就是李辅国。所以，也正是他，第一个说出这句骇人听闻的话来："大家但居禁中，外事听老奴处分！"

李辅国，史书没有明确记载他是哪里人。不过从他后来被封为"郕国公"来看，他老家可能在唐代的兖州，即今天的山东宁阳。[1] 李辅国从小就净身入了宫，不过他父亲死的时候，他给立了一块非常精美的墓碑，看来是知道自己身世的。他排行第五，所以他发达以后，人们尊称他"五郎"，甚至"五父"。这让人想起当年张易之，他也被称"五郎"。[2]

1　古代封爵往往会以郡望、籍贯为封地。
2　郎，是奴仆对少主的称呼。

他一开始的名字叫静忠；后来在肃宗身边发达了，被赐名护国；再升官，再赐名辅国。唐代皇帝挺喜欢给人改名字的，肃宗皇帝自己的名字就被他老爹改过四次。

李辅国初入宫，是做"飞龙小儿"。飞龙就是"飞龙厩"，是宫内养马的地方。飞龙小儿，就是在宫内飞龙厩中饲养、训练马匹的小宦官。

李辅国一辈子都打上了深深的"飞龙"烙印，虽然他后来干了很多事，做了很多官，但一直跟飞龙厩保持着非常密切的关系。飞龙厩虽然养马，又远不只是养马，它本身是一支宫内的武装力量。[1]

长安城中，保卫皇宫安全的本来是北衙禁军——驻扎在玄武门之外。但玄武门外的禁军经常被人拉拢，成为政变的渊薮，鉴于此，武则天时就在宫内设置了"飞龙"六厩，让宦官出任飞龙使，手下有一批飞龙小儿。说是养马，其实这些飞龙小儿多是骑术高超、胆艺过人之辈，飞龙厩实际上成了宦官直接控制的一支精锐武装。[2] 从这点来看，李辅国本人可能也是颇有武艺的，也许就是个大内高手。

作为皇帝最贴身的私人武装，必须要由最靠得住的人来掌

---

1 唐代的马政分为两个系统，一个是以"监""牧"为名，是国家养马场系统，分布在全国各地；一个以"闲""厩"为名，是皇家养马机构，处于大内宫中。监、牧系统每年都要选送良马给皇家的闲、厩系统，以保证皇室有大量优良的马匹可以选用。

2 武则天设置宫内的飞龙使武装系统，也算是一个双保险。唐后期，北衙禁军和飞龙使系统都被宦官控制，宦官势力只手遮天。这大概也是武则天始料未及的。

控。唐玄宗的时候，飞龙使就由高力士担任。作为飞龙小儿的李辅国还算机灵，被高力士看中了，所以就成了专门服侍高力士的奴仆，而且这一干就干到了四十多岁。

李辅国应是读过书的，史书上说他"粗知书计"，也就是识点字，会算术记账什么的。所以高力士就让他"掌马厩簿籍"，相当于负责文书和会计，虽然不算什么太好的差事，但也算是独立掌管一职。李辅国在这个平凡的岗位上，干得格外起劲，"能检摘耗欺"，就是说能发现并检举揭发马厩工作中的一些欺诈行为。这说明他既有才干，又不同流合污，最后让马都长得很肥——差事做得很好。

他的出色表现被当时的闲厩使王琪看上了，王琪把他作为一个难得人才，推荐给了太子李亨。不管王琪是什么目的，这个推荐都让李辅国和未来的肃宗皇帝搭上了线。

这次推荐，成了李辅国人生的转折点。他得到了李亨的赏识，即使后来没有发生安史之乱，李辅国多半也会随着李亨的继位而飞黄腾达。不过，安史之乱的爆发，给李辅国的发达带来了更多契机。

李亨和李辅国的关系，颇有点类似李隆基和高力士的关系。李辅国和高力士都是担任了大管家的角色，而且都对主人比较忠心，只不过李辅国的权力欲要大得多。

马嵬坡之变中的联络员

李辅国首次出现在历史镜头中，是著名的马嵬坡之变。

谁都知道，马嵬坡之变中，杨贵妃被缢身亡。但在历史学家的眼睛里，杨贵妃反而是个最不要紧的配角，她只是个可怜的被绑架了的政治牺牲品。

史书上对马嵬坡基本是这样记述的：唐玄宗仓皇出逃，禁军将领陈玄礼及麾下将士，都对杨国忠深怀不满。在马嵬坡这个地方，禁军借机闹事，将杨国忠杀死，并逼着唐玄宗处死了杨贵妃（怕贵妃秋后算账）。随后，太子李亨和玄宗分道扬镳，李亨北上迎敌，并很快自立为帝；玄宗继续南逃，去往成都。

可以看到，马嵬坡之变的结果有二，直接结果是杨国忠和杨贵妃被处死；间接结果是李亨获得了独立的机会，然后自立为皇帝。[1] 很明显，杨国忠、杨贵妃是事变的牺牲品；玄宗受到了挑战，但基本安全；禁军是事件发起者，但他们并没有获得什么利益。最大的利益获得者，是太子李亨。

根据获益者原则来推断，很容易得出这样的结论：这个事变应该不是偶然，而是一次阴谋，一次政变。而幕后的主使者，很可能就是基本没露脸的李亨。李亨和禁军是怎么联络沟通的呢？当然是传信人的功劳。这个传信人就是在史书中一闪而过的那个身影——李辅国。

1　玄宗和禁军最终到达成都，这是既定计划，不是马嵬坡事件产生的结果。

我们从头来分析一下马嵬坡之变的过程吧。唐玄宗仓皇出逃，队伍分为两部分。前队是玄宗、贵妃、宰相，还有宫女、宗室，以及禁军。后队是太子李亨，他率领飞龙军负责断后，太子身边的人有李辅国和太子的长子李俶[1]、次子李倓。

这次出逃的目的地是西川节度使的所在——成都。这是杨国忠的主意。杨国忠出自西川，他培植的势力也大部分在西川，他甚至自己领了西川节度使的头衔。从逃难的角度来说，成都是个不错的选择，易守难攻，人阜物丰，通过长江可以通向东南地区，运送物资也方便。但对太子李亨来说，这却是个最差的去处，因为杨国忠同样是他的死对头。在长安尚且压得他喘不过气来，到了杨国忠的地盘，自己更是死路一条。很显然，成都是万万去不得的。

不过李亨也有好消息。在长安城内，太子就和坐牢没什么差别，动弹不得。而一旦出了长安，又是兵荒马乱的，机会那就多多了。即使没有机会，那也可以趁着混乱制造机会，然后浑水摸鱼。对李亨来说，最低目标是干掉杨国忠，最高目标是让自己成为皇帝。

最低目标的成功，看来是很有可能的。因为禁军上下都对杨国忠极度不满——安禄山造反，几乎就是他生生给逼出来的。狼狈逃亡的禁军将士，痛恨杨国忠甚至可能都超过安禄山。当然，一大堆怒气未必会引发一次事件，但如果一大堆怒气再加上一个煽风点

1　李俶后来改名李豫，即代宗皇帝。

火者，可以瞬间燃起熊熊大火。前队的怒气，和后队的幕后黑手之间，还需要一条热线的连接。这条热线，就是传信人李辅国。

李辅国有一个很好的借口，可以在前队和后队之间不断往来。太子李亨的良娣张氏[1]就在前队之中，而且已有八个月的身孕，李亨不断派李辅国去看望她，实在是很合情理的事。于是李辅国忙碌地前后来回跑着，他的真正任务其实是在太子和陈玄礼之间当传信人。

据史书上的说法，主动提出干掉杨国忠的人反而是陈玄礼，而且提到了很关键的一点：陈玄礼正是通过李辅国向太子提出这个建议的。也有的史书写得比较含糊，"陈玄礼等诛杨国忠，辅国豫谋"。所谓豫谋，那就不仅仅是当个传声筒了，而是参与了意见和策划。透过李辅国的名字，我们不难看到背后李亨的身影。

马嵬坡之变杀了杨国忠之后，有人就对前途提出忧虑，因为成都是杨国忠长久经营的地盘，杀死他之后若还去那里，他的党徒会不会生出谋逆之心呢？众人意见不一，有的说往西，有的说往北，有点干脆建议回长安。最后高力士站出来，分析了一通之后，打消了玄宗的疑虑，还是决定继续向南去成都。这个结果对李亨来说，还是一样糟糕。摆在他面前有两条路，一是跟着走，去成都，继续在阴影下心惊胆战；二是公开分裂，另立中央。

分道已是势在必行，剩下的问题是采取什么方式更好？

这次，李辅国又站了出来。玄宗的前队出发后，太子的后队

1　当时，太子李亨与太子妃韦氏已经因为政治斗争而分开，他专宠张良娣。

迟迟不动。玄宗派人去探看——原来是太子的两个儿子李俶、李倓，还有李辅国，拉住了太子李亨的马缰绳，苦苦劝谏。他们表示，现在是生死存亡之际，太子要担负起重任，讨平逆贼，恢复社稷。这是莫大的忠孝啊！说实话，这番道理是很站得住脚的。如果当时李亨也进了蜀中，那唐军的前线就缺了一个具有号召力的领袖人物。这对唐军来说，是极为不利的。唐玄宗听到回报，心中已是有数，仰天叹道："此乃天意！"随后将后队人马，都留给了太子。

这段情景，《资治通鉴》里描述得更为详细，说马嵬坡上众人都"遮道请留"，须臾之间，众数千人。但毫无疑问，李辅国、李俶、李倓等人是主要的参与者。

拥戴之功

从一开始劝李亨北上，李辅国大概就很明白，接下来的目标就是辅佐李亨登基当皇帝。

这里有个问题需要辨证一下，据《资治通鉴》等书记载，在分道的时候，玄宗皇帝表示要就地就传位给太子，太子不受。而且在后来李亨登基的诏书和其他很多诏书中，都反复提到了玄宗的这个表态，这显然是为了给李亨登基提供合法性。

但这明显是不是真的。最明显的证据就是，玄宗到了成都之后，曾经发过《命三王制》诏书。诏书宣称玄宗要部署整个平叛战争的布局，其中太子李亨为天下兵马大元帅，主要在北方领导反击叛军，负责收复两京；永王璘、盛王琦、丰王珙等三王，分别为一方主帅，特别是永王璘，被派往东南，在当地取得了很大进展。很明显，玄宗并没有传位的意思。他要继续以皇帝身份统领天下，亲自来指挥这场战争。

就在玄宗发出《命三王制》之前的三天，李亨已然在灵州登基做了皇帝。其实大家都很清楚，李亨登基一事，并没有获得皇帝李隆基的认可。某种角度来说，李亨的这个行为，可被视为是夺位，是大逆不道。

但问题是，支持他的人很多。这里面最积极的，肯定有李辅国。道理非常简单，只有李亨继位当皇帝，他才能获得最大的利益。

李亨是在灵武即位的，灵武就是朔方军的总部所在。李亨还在半路上的时候，朔方军统领杜鸿渐、裴冕等就特别清醒地认识到，他们的机会来了。于是特别热情地赶去迎接李亨到来，并且立刻开始劝进。在李亨假意推辞之后，他们表达了自己的意愿，将士们追随殿下，就是希望能立尺寸之功。如果殿下即位，他们会觉得更有希望。不然，一旦离散，不可复集。

这话是有典故的。在当年耿纯劝进光武帝刘秀的时候，几乎也是这样。光武帝刚刚占据河北这块地方，手下将领就忍不住劝进，而刘秀屡加推辞。耿纯指出："天下士大夫捐亲戚，弃土壤，从大王于矢石之间者，其计固望其攀龙鳞，附凤翼，以成其所志耳。今功业即定，天人亦应，而大王留时逆众，不正号位，纯恐士大夫望绝计穷，则有去归之思，无为久自苦也。大众一散，难可复合。时不可留，众不可逆。"很明显，杜鸿渐等人，就是照搬了这套说辞。

事实上，李亨比刘秀更需要得到皇帝这个名分，因为当时玄宗还在位呢，李隆基才是大唐的天子。朔方的文臣武将拼死拼活地干，可到时候万一蜀中的皇帝派人来收拢战果，他们的功劳可就大大缩水了。而如果现在劝进成功，他们可就有了拥戴之功，这件功劳可是比什么都来得大。更何况，现在朔方军是唐军主力，兵强马壮，拥有最大话语权，就是来个先斩后奏，也不怕玄宗不同意。果然，玄宗听到肃宗即位的消息后，立刻发去贺信，表示这是他的夙愿。这样的结果，可谓皆大欢喜。玄宗这个太上皇虽然不是主动当的，不过他很自觉就接受了现实，大概多少受到了其父当年主动退位让贤的影响吧。

肃宗即位后，自然要论功行赏。杜鸿渐等人当上了宰相，而李辅国作为心腹，当然不能落下，他的职位很有趣，"擢为太子家令，判元帅府行军司马事"。

太子家令相当于太子管家，这个职位本来很适合宦官。可问题是，现在已经没有太子了啊——太子李亨已经是皇帝李亨了。肃宗在后宫制度上仍然保持着太子系统的名号，恐怕要表达的信息是，还不敢完全以皇帝自居。所以，李辅国虽然地位已类似高力士，但还得继续领着太子东宫官的头衔。

他的另一个官衔是判元帅府行军司马事，本来李亨是玄宗亲封的天下兵马大元帅，李辅国也给加了判元帅府行军司马事的头衔，相当于元帅的副手和大总管。可有意思的是，现在李亨当了皇帝，元帅的帽子就戴到了长子李俶头上，李俶作为大元帅上了前线领兵打仗，可这个元帅府司马李辅国，还是留在了肃宗李亨的身边。所以，此时的李辅国真正身份是皇帝的御前军事总管。故而史书上说："四方奏事，御前符印军号，一以委之。"地位十分重要。

另一人李泌，后来以肃宗老朋友的身份，担任了判元帅府行军长史事。一个机构中，长史和司马地位相当，都是副手。不过李泌的长史身份，更类似军师，专管出谋划策，接近于皇帝的私人顾问。李辅国的司马身份，更像是行政总管，管的是制度内的一摊子事，拥有实权。从名分上，李泌要体面一些，从实权来说，李辅国权力要大得多。

此时的李辅国可称得上是李亨的第一心腹。有一个明显的证据就是，李亨亲自给他改名字，李静忠变成了李护国。这既反映了李辅国地位的提高，也反映了李亨对他的期待。李辅国以元勋的身份，终于从幕后站到了舞台中间，扮演了一个主要角色。这为他在后来更多的表演，奠定了坚实的基础。

在灵武时期的李辅国，给人留下了相当好的印象。李辅国信佛，从来不吃荤血，空闲的时候，也总是手持念珠，一副慈悲为怀的模样。另外，虽然是实权人物，但李辅国的态度还是比较谦逊的，并没有显示出他咄咄逼人的一面。没想到回到长安之后，他就成了一个让人们都敬畏的强势人物。

走向外朝的宦官

第二年（757）二月，李亨从灵武来到了凤翔，这是长安以西最重要的战略要地，离长安已经相当近了。尽快收复长安，是摆在李亨面前一项重要而紧急的军事和政治任务，李亨不惜冒险亲临前线，只为更好地督战。李辅国自然是亦步亦趋，也来到凤翔。在这里，他除了再次改名为辅国，官位也进一步提升，"授太子詹事"。

太子詹事也是东宫官，看起来与原来的太子家令区别不大，但有个微妙的差异。太子家令管太子后宫的事务，所以常是宦官来担任。而太子詹事，在东宫官中相当于外朝的尚书令，是外朝事务的主管。所以，太子詹事一职历来都是由重要的朝官兼任。一旦需要太子监国，那么太子詹事就相当于宰相了，十分重要。[1]

李辅国的这步提升，意味着他进一步摆脱了宦官身份的束缚，开始走向外朝。这个突破，具有非常重要的意义。

在唐前期，内官和朝官的界线相当清晰。宦官都是局限在内侍省，主管部分后宫事务。与皇帝生活密切相关的殿中监，历来都由外朝官担任的。到了玄宗时期，部分特别受宠的宦官也会任军职，如高力士有将军头衔，玄宗时候的另一位宦官杨思勖也身兼军职，是直接领兵打仗的。但宦官都是从来不涉足文官行列，李辅国的这次跨越，意味着宦官第一次跨过界线，开始侵入文官

1　当年李治当太子的时候，太子詹事一职就是由宰相李勣兼领的。

系统。虽然现在仅是个太子东宫官的职位，但开了这个头，李辅国就能像真正的朝官一样名正言顺地高居朝堂之上。

就在这年的九月，唐军收复了长安。十月，李亨回到长安。这下子，他的政治资本已经足够了，这个皇帝也当得踏实了很多。

回到长安，李辅国继续加官晋爵，先是拜殿中监，然后兼了一大堆使职，包括闲厩、五坊、宫苑、营田、栽接、总监等使，此外，又兼"陇右群牧、京畿铸钱、长春宫等使，勾当少府、殿中二监都使"。总之，几乎所有关于皇帝事务的使职，都挂在李辅国身上了。到十二月，再次"加开府仪同三司，进封郕国公，食实封五百户"，这些荣誉性的头衔，也都加了个遍。

第二年，即至德三年（758），李辅国又兼领太仆卿。太仆卿虽然实权不大，但一来这是三品高官，二来名列九卿，是汉代就有的传统朝官名称，比起他之前担任的太子詹事这样的东宫官来说，又进了一大截。毕竟，朝官又比东宫官更加正式。

对一个宦官来说，走到三品朝官这一步，已经是很具突破性了。没想到，李辅国还能百尺竿头，更进一步。因为李辅国出面，将太上皇李隆基从南内的兴庆宫赶到了西内太极宫[1]，相当于变相软禁，于是，李亨命李辅国做了兵部尚书。而且，李辅国上任的时候，宰相百官都去参加仪式，并且由御厨准备酒席，太常

1　当时长安有三处皇宫，一是太极宫，这是最初的皇宫，因为在大明宫之西，又称"西内"；二是最著名的大明宫，高宗以后这里就成为唐代皇帝最常居住的地方，大明宫处于长安城之外的东北部；三是兴庆宫，在长安城东部的中间位置，因为在大明宫南，所以又称"南内"。

寺设乐。这基本上是宰相的排场了。

兵部尚书，从实权的角度来说，基本已是虚职，而且尚书的官衔也就是三品，并不比殿中监、太仆监高。但是六部尚书有特殊的尊崇地位，一般只用来优待那些德高望重的官员，有点类似现在终身成就奖的意思。

到了这份上，李辅国甚至开始梦想冲击百官之首的宰相，他希望自己能担任同中书门下平章事。毕竟，官居宰相，那是人臣所能达到的极致尊荣了。李辅国也是个心性很强的人，他有这样的期待，很自然。于是李辅国当面向李亨提出要当宰相，结果这次皇帝不肯，说："以卿之功，何官不可为，其如朝望未允何！"意思是，你的功劳本来是够资格当宰相的，但是你在朝廷的人望还不足，恐怕会受到非议。李辅国毕竟是宦官，如果真的做上了宰相，舆论压力会非常大。

李辅国也是昏了头，他一心要做宰相，于是想到动员官员给自己写推荐信，以此来堵皇帝的口。他找了仆射裴冕等人。裴冕与他是灵武时期就熟悉的老朋友了，两人关系不错。李亨听到风声，有些急了，于是找来宰相萧华说："辅国想做宰相呢，如果公卿们给我来个集体上表，那我恐怕不得不给他了。"意思很明显，你得给我顶住。萧华跑去找裴冕，裴冕也当场表态："我手臂可断，他宰相不可得！"于是一场风波消于无形，李辅国的一场宰相梦也就了无痕了。不过，李辅国因此就恨上了萧华。在肃宗临死前，李辅国就迫不及待地将萧华罢相；肃宗死后，李辅国更大权独揽，干脆直接将萧华贬为峡州刺史，萧华不久就死了。

虽然报复了这个不配合自己的人，但宰相之位，李辅国也无法染指了。虽然他在代宗时期官做得更大，有中书令、尚父、太师等一大堆头衔，尊崇无以复加，但这些毕竟都是虚衔，不算正经的宰相。《新唐书》统计唐代宰相和三公的时候，特别把李辅国给单独列出来，表示这是冒牌货。

外事听老奴处分

李辅国虽然没戴上宰相的帽子，但论真正实权的话，他早就是个超越宰相的存在，比宰相还宰相。

肃宗一朝的李辅国，完全当得起"势倾朝野"这四个字。其原因是多方面的，首先当然是李亨的信任有加；其次，是李辅国自己挺有能力，同时他还"能随事觑觑谨密"，嘴巴牢，做事也靠谱；最后，是战时体制还在起作用。

肃宗李亨以最快的速度收复了长安，也将朝廷搬回了长安。但是，安史叛军却很顽固，迟迟无法彻底消灭，所以当时整个唐朝也处在战时状态，灵武时期建立的战时指挥体制，也就一直保持了下来。灵武期间，李辅国就是皇帝的大总管、秘书、副手，"凡四方章奏、军符、禁宝一委之"，凡是四方上给皇帝的奏章，还有皇帝下达的各种命令，包括军事的和行政的，都是李辅国经手。这样的方式，是超越日常制度的，但能提高效率，管用。

回到长安后，朝廷保留这个圣旨流程，皇帝的所有圣旨在送出去之前，都经过李辅国的手。另外一方面，宰相和百官如果不是在朝廷上的奏事，而是临时送到宫内的奏章，也一概要经过李辅国送达皇帝。毕竟，李辅国身为宦官，常年住在宫内。总之，通过对皇帝制敕的把控，李辅国凌驾于宰相和百官之上——这有点类似明代秉笔太监，以至于宰相常常要拍他的马屁才能顺利办事。

李辅国的这些权力，当然是非制度化的，所以在他之后这个模式也就取消了。但是唐后期，宦官又逐渐启用了这一模式，并加以制度化，最终产生了左右枢密使这俩官职。枢密使原本专门负责皇帝和宰相之间的沟通，因为他们总是出席御前会议，讨论军国大事，逐渐就变成了实际意义上的宰相成员。[1] 虽然不能说枢密使出自李辅国，但从权力模式上看，确实是很类似的。

李辅国因为掌控了制敕和奏章的进出流程，于是实际上又侵夺了日常行政的决策权。帝国的日常行政决策，本来应该是宰相的权力，但李辅国常常"口称敕旨"，来代为处理天下事。为此，李辅国还在宫内弄出一个办公地点——"银台门"[2]。他在这里处理各种事件后，可以直接口授，让翰林学士来写成圣旨。如此，李辅国就相当于"独相"，一个人就取代了整个宰相机构。说他权倾朝野，那是实实在在的。

我们可以举个例子，来看看李辅国是怎么弄权的。凤翔府的一个七坊押官[3]，经常在地方上剽劫，因为他的特殊身份，地方州县都无法处置他。终于有一次，他又抢劫并杀人，当地的县尉谢

---

1 这个由宦官担任的枢密使，后来演变成了宋代的最高军事长官枢密使，枢密院和中书门下对掌文武，号称两府，都属于宰执。

2 右银台门是大明宫西门。李辅国在这里处理政务，因为银台门内就是翰林院，非常方便。

3 所谓七坊，就是官方的养马坊，押官则相当于机构负责人。

夷甫为平民愤，就将他抓住后一顿板子给打死了。[1] 押官的妻子向李辅国投诉——因为李辅国出自飞龙系统，而马政又是他所管辖的，这个七坊押官就是他的属下。所以，李辅国就打算包庇此人。他先是派御史孙莹审案，结果是判县尉谢夷甫无罪；李辅国很不满意，再派了御史中丞、刑部侍郎、大理卿三司联合审判，还是判无罪；李辅国不罢休，继续派侍御史毛若虚覆按，结果毛若虚判定谢夷甫有罪。最后案子终于按照李辅国的意思给定案了事。可以看到，李辅国为了包庇自己人，竟先后三次派不同的人来审案子，直到自己满意为止。这明显影响了司法独立和司法公正的原则。

除了掌握司法之外，李辅国还发明了一个特务机构“察事厅子”，这个机构有数十人，平时都潜伏在民间，收集各种情报，甚至小道消息，然后根据这些情况来追查审案，十分厉害。这种机构似乎是为李辅国个人服务的，而不是正式的国家机构。这种利用特务的黑暗方法，让百官非常没有安全感，于是遭到了激烈反对。所以，后来李亨亲自下令，废除了察事厅子。

虽然李辅国的行政权势极大，但细看起来，都是非制度化的。真正属于李辅国的一项最重要的权力，是他掌握了禁军。

早在灵武时期，李辅国就全面负责了李亨的安全。《资治通鉴》中提到，李泌来见肃宗李亨，很受李亨重视，让他当了判元

1　类似的事情，在贞观朝也发生过。县尉刘仁轨把一个犯法的折冲府都尉给杀了，结果让唐太宗很生气，因为折冲府是武官系统，不归县尉管。不过在了解案情之后，唐太宗就将刘仁轨无罪释放了。

帅府行军长史，于是李辅国"请取契钥付泌，泌请使辅国掌之"。就是说，当时李辅国先是将进出宫门的钥匙、符契（通行证）等都交给李泌掌管，李泌则推脱说自己只愿意做个宾客式的军师，不愿意掌管杂务，所以不便担任这些负责皇帝安全的职务。可见，当时皇帝的安全已经由李辅国全面负责了。回到长安之后，李亨也就继续让他"专掌禁兵"。

而且此后，李亨一直让李辅国牢牢地掌握禁军，从来没有被替换。有一次，宰相李岘提出李辅国有专权倾向，李亨就限制了李辅国的行政权。于是李辅国表示要辞去行军司马一职，也就是交出掌管禁军之权，但李亨没有同意。可见，李亨对他的信任从来没有变过。

唐代后期，宦官势力膨胀，其中权势最大的称为"四贵"，即左右神策军中尉、左右枢密使。神策军中尉掌握了军事力量，枢密使则在最高决策层拥有发言权，这些都是宦官势力牢不可破的保障。而肃宗朝的李辅国，他一个人就具备了这"四贵"的权力，可谓权势惊人。

虽然李辅国和"四贵"之间没有前后继承关系，但李辅国的出现和他权力的构成，都是一个非常明显的征兆。这预示着，宦官专权已经呼之欲出了。

皇帝代言人

为什么说，李辅国的强势，预示着宦官势力的崛起呢？这与唐后期皇帝对军事力量的掌控有关。

因为安史之乱，唐后期军事力量的地方化和普遍化，特别北方地区，藩镇林立，一些强藩常有跋扈甚至反叛之行为。皇帝们吸取了玄宗的教训，知道必须要维持一支强大的中央禁军，以保持对地方军事力量的优势对比。而一支强大的禁军，掌握在谁的手里皇帝才放心呢？宦官，显然比武将更来得可靠。

以玄宗皇帝为例，在安禄山造反之后，李隆基对武将的疑心，让他果断处死了封常清、高仙芝，还一个劲地逼着哥舒翰出击。很显然，这点猜疑之心，也一直存在肃宗李亨的心里。安史之乱迟迟不能平定，最大的阻碍就是君臣猜忌。平叛中功勋最卓著的三个人，也是最受猜忌的三个人。三人中，郭子仪屡被怀疑，最后解去兵权，在河东养老；李光弼被派驻徐州，不敢入朝，被人批评藐视朝廷，有跋扈之嫌疑；仆固怀恩在和朝廷的互相猜疑中，最后干脆就反了。这种猜疑只能让形势不断恶化，一次又一次地伤害君臣之间的信任。

相对而言，宦官可以放心一些。宦官是家奴，是依附于皇帝的。历史上常见大将军或文官篡权的，但从来没看到宦官夺位的。肃宗也是拿宦官作为自己替身，来掌管军队。最经典的例子就是平叛时，唐军九个节度使团团包围了安庆绪所在的邺城，克城在即，但肃宗就是不愿意派出一个总指挥，最后硬是派了宦官鱼朝恩做"观军容使"，算是各部的协调员。结果，一阵大风就将九支大军吹得大败而散。

肃宗李亨愿意一直信任宦官李辅国，让他掌控禁军，这是可以理解的。代宗时期，李辅国下台，但皇帝继续信用宦官程元振；德宗时期，经过李怀光等人的叛乱，皇帝就更加信任宦官，终于确立了用宦官做神策军护军中尉的制度。事情发展到这一步，是理所当然的。

那么，对于文官集团，皇帝的态度如何呢？事实上，皇帝对他们也同样充满怀疑。肃宗李亨几乎平反了玄宗朝遭难的所有案子，但李林甫、王𫘧、杨国忠几个人没有平反。这几位除了有宿怨之外，还因为他们过于专权。肃宗还特别定了一条制度："宰相分直政事笔、承旨，旬日而更，惩林甫及杨国忠之专权故也。"就是数个宰相轮流当"执行主笔"，十日一轮换，这样就不会造成李林甫那样的专权。这个制度明显是针对宰相的。

李辅国和宰相文官之间的矛盾，相对来说多一些。某种意义上，这也是唐后期"南衙北司之争"的一次预演。南衙指朝官，特别是以宰相为首的文官系统，北司则是指位于皇宫北部的宦官系统。南衙北司之争，就是唐后期，朝官和宦官之间展开了长期的权力斗争。

从肃宗朝的大臣们的传记中可以看到，很多人都声称被李辅国陷害，原因无非两条。一是不阿附于李辅国；二是太有才，被李辅国妒忌。前者如魏少游、李麟、韦纶，后者如高适、徐浩等，他们都先后被贬官。这里面固然有李辅国公报私仇的情况，但应该也有不少是肃宗的意思，李辅国不过是做了皇帝的代言人罢了。这些人不能怪罪皇帝，所以也就将黑锅扣在了李辅国头上。反正李辅国后来也是政治上失势倒台，诸恶归之，那再正常不过了。要知道，文官可是掌握了话语权的，对宦官自然要鄙视之，唾弃之，声讨之，甚至以被宦官陷害为荣。

逼宫

李亨为什么如此信任李辅国呢？除了对他知根知底，还因为作为宦官，李辅国更方便做一些不太见得了光的事情。比如由李辅国出面，对太上皇李隆基进行逼宫。

李亨在收复了长安之后，立刻请太上皇回归长安。为了表达他的高姿态，李亨表示，请李隆基回来继续当皇帝，自己接着当太子。使者走了不久，李泌来了。李亨跟他说了自己的意见，李泌认为，这样邀请太上皇，他肯定是不敢回来的。李亨应该让使者转告李隆基，请您回来，继续当太上皇。这样太上皇才能安心回长安啊！果然，第一个使者到了成都，一说请太上皇回去当皇帝，李隆基都吓坏了。还好第二个使者很快到了，还是请太上皇回长安养老。李隆基这才踏上归途。这个故事生动地说明了李隆基和李亨之间的微妙关系。虽然皇帝和太上皇的名分已定，但李亨的上台，多少有点夺位的意思，不可能没有后遗症。在残酷的政治斗争面前，亲情往往也靠边站了。

太上皇李隆基回到长安后，住在他最喜欢的兴庆宫。这里本来是李隆基的旧宅，当皇帝后，就扩建为皇宫之一。[1]

在兴庆宫陪伴李隆基的人，主要有陈玄礼和高力士，他们是追随李隆基最久、感情也最深厚的人了，算得上是李隆基的左

---

[1] 为了方便在大明宫和兴庆宫之间往来，李隆基曾经修过一个夹城。就是沿着原来的东部城墙，又砌了一道城墙，这样就形成了一个甬道，称为"夹城"，皇帝可以在其中自由往来而外人不知。

膀右臂。考虑到李隆基是个爱热闹的人，李亨又让好些旧人去陪他，有玉真公主、如仙媛，这是亲人；宦官王承恩、魏悦，这是宫中旧人；又因为玄宗爱乐舞，还派了很多梨园弟子。这样看来，太上皇的生活还是挺惬意的。

李隆基之所以喜欢兴庆宫，有一点是因为兴庆宫不像太极宫、大明宫这样高墙深院，兴庆宫中的勤政楼甚至临街而建，下临通衢，在楼上可以看到市场及街中人来人往。所以，老百姓经过这里，经常会看到李隆基在楼上，于是大家就会下拜，呼万岁，李隆基也常在楼下置酒食赐给老百姓。[1]

若只是和老百姓互动一下，倒也罢了。问题是李隆基还经常搞一些宴会，招待各方人士。甚至有一次，还曾召来将军郭英乂等，上楼赐宴。郭英乂是将门子弟，其父郭知运曾做过禁军将领，他自己也做过陇右节度使，当时也还是禁军将领。也许李隆基真的只是叙叙旧，但郭英乂的这种出身和地位，难免让人多心。

还有一次，剑南奏事官特地跑到兴庆宫来拜见太上皇。[2]剑南道治所就是成都，也是李隆基避难之地，自然会有些特殊关系和情感。剑南道奏事官恐怕还是李隆基旧识呢。李隆基也格外高兴，特别命玉真公主、如仙媛为之"作主人"，设宴接待了奏事

1　有一个故事，讲李隆基登临勤政楼，听到一人在下面哭泣，于是派人去询问。他说："当年皇上在楼上的时候，经常会有群鸟栖息屋顶。今天又看到鸟群，心知太上皇必在楼上，所以感念哭泣。"

2　唐后期各方镇都在长安设有进奏院，即驻京办事处。所谓奏事官，就是藩镇派遣的驻京办事人员。

官。但剑南道奏事官终究是地方官员，李隆基与之交通，在有心人看来，未免有些不大对头。

凡此种种，都一样不落地被李辅国给观察并记录了下来。他收集这些材料的原因有二，一是他痛恨李隆基身边的那些人，因为这些人瞧不起他。李辅国现在虽然位高权重，可他出身低贱，比如高力士原来就是他的主子。这些人自然不会买他的账。李辅国在这些人面前，大概也常常会想起那些难堪的回忆吧。二是当时的地位有所下降。李岘为相时，曾在皇帝面前叩头力谏，具体陈奏了李辅国专权乱政的情形。肃宗也被打动了，因此特别下了一道诏令，宣布所有的诏令制敕，都要由宰相颁布；各种行政公务，也须由宰相来最后定夺。很显然，这是针对李辅国的。

李辅国感觉到了失宠的危险，甚至一度要求辞去所有职务，虽然肃宗并没有答应。李辅国觉得应该制造一点紧张气氛，来展示自己的不可或缺。于是在收集了一些黑材料后，他向肃宗禀报："上皇居兴庆宫，日与外人交通。"而且还危言耸听，报告了一条禁军的动向："今六军将士，尽灵武勋臣，皆反仄不安，臣晓谕不能解，不敢不以闻。"六军将士，就是指他掌控的北衙禁军。他说现在这些人都骚动不安，我做了很多思想工作，都没有用。所以这种潜在危机，不能不报告给陛下。很明显，他想给李亨制造一个李隆基和禁军联合，要搞阴谋的假象。说起来，当年李隆基就是靠和禁军搞好关系上位的，这套路数再熟不过了。

很快，李辅国就"矫敕"取了兴庆宫三百匹御马，只留下十匹。[1] 面对这一很不友好的动作，李隆基对高力士说："吾儿为辅国所惑，不得终孝矣。"显然矛头还是指向李亨的。不能"终孝"，那是无法推脱的大罪。

李辅国的计划当然不止于几匹马，他的目标是将李隆基软禁起来。七月份，李亨生了重病。于是李辅国开始加快动作，上演一次逼宫。

第一步，他假传圣旨，请太上皇到西内游玩。李隆基不疑有他，于是和高力士等人前往。

第二步，等他们进了太极宫大门，突然出现了五百骑兵，刀枪在手，拦住道路。李辅国骑在马上，高声宣称请太上皇"迁居"西内。太上皇大吃一惊，差点掉下马来。高力士跃马而前厉声喝道："五十年太平天子！李辅国不得无礼！"虽然高力士忠心护主，但李隆基还是被软禁在了太极宫的甘露殿。

第三步，将李隆基身边的旧人陈玄礼、高力士以及旧宫人全部赶走。高力士被流放到巫州，王承恩被流放到播州，魏悦被流放到溱州，陈玄礼被勒令致仕；如仙媛被安置于归州，玉真公主也出居玉真观。李隆基成了真正的孤家寡人。这个一生享尽极度荣华富贵的人，是很难耐得住寂寞的，况且他也老了，所以李隆基很快就一病不起。

值得注意的是，逼宫之后，李亨似乎并没有去探望太上皇。有个故事，说这年端午，山人李唐拜见皇帝，此时李亨怀里还抱

1　虽说是"矫敕"，但肯定也是李亨默许的。

着他的幼女，李亨说："朕很念她，所以不离身，你不要怪我无礼了。"李唐回答："太上皇思见陛下，大概也是如陛下之念公主也。"李亨为之泫然泣下。但终于还是没去西内，多半是自己心里有愧，不敢去了。[1]

七月逼宫，八月初，李亨让李辅国升任兵部尚书。这不是重重的赏赐，又是什么呢？其实这时候，李亨还是怕李隆基东山再起。这样的事也不是不可能——明代就出现过一个太上皇复辟成功的例子，巧合的是，那次事件叫"夺门之变"，也称"南宫复辟"。要知道，当时李亨正生了重病，这种时候，正是政变的最佳时机。他提高警惕，无可厚非。

还有一件相当诡异的事。就在肃宗李亨重病之中，李隆基去世了，半个月后，李亨也归天了。虽然没有什么资料能看出这里面有猫腻，但暗中怀疑的人也不少。如果李隆基真是被害而死，那么当以李辅国嫌疑最大。唐人韦绚在《戎幕闲谈》中就提出了这样的疑问："时肃宗大渐，李辅国专朝，意西内之复有变故也。……肃宗先病而明皇之卒甚骤。"矛头直指李辅国，认为是他怕肃宗一死，玄宗会复辟，暗示李隆基是被李辅国弑杀的。宋人就更加直接了，说："李辅国令刺客夜拿铁槌击其脑……乃死。"脑补了一出"刺杀李隆基"的故事。

这些说法未必是真的，但反映了当时人们的看法，都认为李辅国有弑君的嫌疑。李辅国的不忠，掩盖了李亨的不孝。所以李

1　史书上把此事归罪于李亨的皇后张氏——中国古代的史书，总是尽量替皇帝开脱。

辅国不仅要干黑活，还要背黑锅。当然，这也是李辅国后来更加嚣张的资本之一。

拥立之功

肃宗死后，长子李俶顺利继位，即唐代宗。但在这看似正常继位过程中，也发生了激烈冲突，而最终李辅国力压张皇后，再次立下了拥立之功。

这位张皇后，就是在马嵬坡之变中当过配角的张良娣。张良娣聪明乖巧，能言善辩，性格坚强。她到太子身边后，成了李亨真正的左膀右臂。马嵬坡之变后，整个队伍前途未卜，狼狈前行。每至夜晚，张良娣都会睡在李亨的床前。李亨问她为什么，她回答，如果有什么危险的话，自己还可以替他挡一下。要知道当时她还身怀六甲呢！到灵武后，张良娣产子，都顾不得休息，就开始缝制战士的衣服，以实际行动支持前线。张良娣与李亨，可以算是同经患难的夫妻了。这不由得让人想起当年的韦后和李显之间的关系。

这个张皇后和韦后一样有着相当强烈的政治兴趣。有人说她曾暗示群臣给自己上尊号"翊圣"，不过经历过武则天、韦后的大臣们坚决拒绝了。后来张皇后也没闲着，她做了两件事，一是参与了陷害李亨的次子建宁王李倓的阴谋；二是将李隆基迁到太极宫软禁的行动，她也参与了谋划。

但这些说法都不一定靠谱。张皇后陷害建宁王李倓的动机，只是一件小事。太上皇李隆基还在成都的时候，赐给她一个七宝鞍，李泌请将此鞍分了赏赐战士，李俶支持李泌的建议。因此张皇后就恨上他了，以至于拼命上谗言，将其害死。这个理由看起来很牵强，怎么看都像是栽赃。

张皇后最大的罪名是干预皇帝继位。她育有两子，大儿子死得早，小儿子当时又太小，无法对太子形成挑战。肃宗朝太子位置一直稳固，史书上也说"故太子得无患"。但奇怪的是，到李亨病重危急的时候，张皇后突然要废太子，谋立越王李係！这个说法漏洞很多。

按理说，张皇后现在最大的敌人应该是太子，最需要拉拢的人则是李辅国。但奇怪的是，她策略的第一步，居然是亲自出马鼓动太子，让太子诛杀李辅国——理由是李辅国有极大的阴谋，要趁皇帝弥留之际，"阴与程元振谋作乱"，要对付"吾与太子"。

太子拒绝了她，张皇后这才找来越王李係，鼓动他说："太子仁弱，不能诛贼臣，汝能之乎？"李係答应了，于是张皇后让人选了二百多个有勇力的宦官，给他们配上武器，埋伏到长生殿后。干什么呢？准备将太子骗来杀掉！

不曾想，张皇后的这些异常举动，早被人看在眼里。内射生使程元振将所有情况都汇报给了李辅国。射生使就是掌管射生军的指挥者，射生军则是肃宗为了加强殿前警卫新增置的一支心腹军队。上次李辅国对李隆基逼宫的时候，就是率了五百射生军。内射生使程元振就是李辅国的下属。

于是，李辅国和程元振伏兵在凌霄门[1]，太子入大明宫时，被李辅国在半途截住，然后将太子护送到飞龙厩保护起来。飞龙厩是李辅国最放心的老巢了。随后，李辅国、程元振在皇宫内戒严，捕杀了越王李係、宦官朱光辉等人，张皇后也被关押在别殿中，随后被废为庶人，并被诛杀。

一天之后，奄奄一息的肃宗驾崩，太子李俶顺利登基。这次宫廷事变，堪称是代宗版的"玄武门之变"。

这次张皇后意图谋反的事件，史书上言之凿凿，但是疑窦颇多。

首先从动机看，此前张皇后一直没有什么想法，到了太子监国的时候，她才想起搞政变，临时找人找枪，未免过于仓促。这是其一。其二，从整个安排策略看，张皇后简直是头号大傻瓜。首先，她把要搞政变这种事告诉了最大的敌人太子。就算太子真的把李辅国干掉了，掌握禁军的也将是太子，继位的也是太子，那就没她什么事了。再者，她在告诉了太子这个谋划后，居然又想随便就把太子召来杀掉，而且执行计划的都是临时凑的人，这不是拿政变当儿戏吗？就算太子真的被杀，掌控禁军的李辅国难道会放过她？总之，张皇后的作为与自杀无异，想来号称精明强干的张皇后恐怕不会蠢到这种程度吧？

所以，有一个可能，整个事件根本就是李辅国制造出来的。

第一，李辅国存在"作案动机"。他对于肃宗那是功劳赫赫，

---

1 凌霄门在大明宫北边的玄武门之西，大明宫的北门也称玄武门。而且这次政变也延续了武德年间玄武门之变的路数。

多年的心腹。但是他对太子李俶来说，似乎并无特别功劳。李俶是多年的太子，当过天下兵马大元帅，有平叛大功。而且肃宗病危之时，他已经身为"监国"，继位已是板上钉钉的事情。所谓一朝天子一朝臣，等太子上台，很可能就是李辅国失势之时。因此，李辅国为了要保住自己的位子，非得再立"奇功"不可。

第二，整个事件进展极为顺利，涉及人员并不多，后来灭口也很彻底，失败的一方完全没有申辩的机会。太子虽然是当事人，但太子是突然被告知有阴谋的，在事变过程中其实被李辅国"保护"在飞龙厩中，对整个真相并不了解。真正了解整个过程的，也就是李辅国和程元振了。

总之，整个事变的过程，都是被李辅国控制在手里的。我们不妨推测一下，李辅国先是无中生有地"制造"了一起张皇后针对太子的宫廷政变；然后由自己来一次真正的宫廷政变，将张皇后、李係等人干掉。这样，他就用张皇后等的人头，给自己制造出了一场天大的"功劳"。

当然，这个推测基本上是"事出有因，查无实据"，姑妄言之。不过，李辅国通过宫廷政变来取得拥立之功，倒确确实实地给后来的宦官提供了一个样板。唐后期，数次出现宦官拥立皇帝的情况，或许正是李辅国这个"前贤"的示范之功。

黯然退场

太子李俶登基后，改名李豫。此时，李辅国一则是前朝元老，二则再立拥戴之功，一下子到达了权势的巅峰。随后，他迅速跌落下来，而且不明不白地就死了。

代宗上台的第一道圣旨，就是让儿子李适（后来的德宗）当天下兵马元帅。有趣的是，肃宗、代宗、德宗都当过天下兵马大元帅，而且都成功继位了。看来天下兵马大元帅这个头衔，还是很有威力的。

第二道诏令，就是封李辅国为尚父。"尚父"这个称号，来自周代的大功臣姜子牙。尚父有"以父事之"的意思，就是当作皇帝父辈的人来尊敬。这是极为罕见的大臣尊称，郭子仪曾因"再造唐室"的功劳，而被德宗尊为尚父，那算实至名归。而李辅国称"尚父"似乎资格并不够。只不过此时他手握禁军，刚坐上皇帝位子的李豫大概也是怕他三分。

不仅禁军在手，在文官的行政方面，李辅国也恢复了"独相"地位，所有的国家政事，事无大小皆要经过他审阅，甚至群臣上朝，都先去拜见他，李辅国也"晏然处之"。正是在这种巅峰状态下，李辅国对代宗皇帝说出"大家但居禁中，外事听老奴处分"这样的大逆不道之言。他完全昏了头，离完蛋也就不远了。

代宗继续给李辅国升官，让他当司空兼中书令，给李辅国的帽子上又增加两颗闪闪发光的宝石。司空是"三公"之一，是荣誉性头衔；中书令是中书省最高长官，本是实职，但当时也已是一个高级虚衔。另一方面，代宗悄悄扶持了一个替代者，他让程元振做飞龙副使。程元振本是李辅国的副手，但是让副手来做替代者，才是最稳妥的路子。

准备停当之后，六月，代宗搞了一次突然袭击，宣布解除李辅国的行军司马和兵部尚书这两个实权职务，应该还包括诸如飞龙使之类的禁军将领之职。而代替他做判元帅府行军司马的就是程元振，同时，代宗又让李辅国迁出宫外居住。这个诏令，彻底让李辅国失去了实权。

李辅国缓过神来，大惧，上表要求退休。代宗皇帝也就顺水推舟，罢了他的中书令一职，同时又安慰性地封他为博陆王。李辅国原来是郕国公，现在封了王，这是最高的爵位了。不过很有趣的是"博陆"这个封号。汉代有博陆侯，封地在北海、河东两郡，和郕国的地理位置倒也相近。但更有意思的是，博陆侯本是霍光的封爵。霍光是权臣，有废立和操控皇帝之事，而且最后被满门抄斩，下场很惨。代宗拿"博陆"来封李辅国，其用心不问可知。

罢官之后，有一次李辅国想进宰相办公的地方，守门人却拒绝了，说："尚父罢相，不合复入此门。"谁都看得出来，李辅国是彻底失势了。于是他满含悲愤去见代宗，哽咽着说："老奴事郎君不了，请归地下事先帝！"这显然是在抱怨。代宗拿好话抚慰了他一番，送他走了。

过了几个月，十月十八日这天夜里，李辅国在家中被盗贼杀死，被砍了脑袋和一只手。终年五十九岁。

代宗皇帝一方面派人追查捕盗，一方面派人慰问他家人，并且刻了一个木头脑袋，伴随尸体安葬，同时追封他为太傅。太傅属于"三师"，是顶级的荣誉性头衔。代宗对李辅国一直客客气气，但后人一致怀疑，李辅国的死就是代宗皇帝指使刺客干的。《资治通鉴》干脆明确地说："上在东宫，以李辅国专横，心甚不平，及嗣位，以辅国有杀张后之功，不欲显诛之。"意思是李豫在当太子的时候，就对李辅国很不满。只是因为李辅国杀了张皇后，帮自己顺利继位，不能落个恩将仇报的名声，所以就偷偷派人将他干掉了。这个时候李辅国已经失去军权，应该说他的威胁已经不存在了。代宗要杀李辅国，只能归因于皇帝对他不满。司马光的这个说法也有一定的道理。

另外一份史料对此事记述得更为具体。说当时刺客砍了李辅国的脑袋后，丢在了厕所里；然后将右臂拿到了泰陵前面，去做了一番祭祀。关于这个刺客，后来杭州刺史杜济说，他见过一个武将，自称就是杀李辅国的人。泰陵是玄宗的陵墓，拿他的右臂去祭祀泰陵，也许委婉地反映了当时人的看法：玄宗之死，就是李辅国干的，而这个刺客是为了给玄宗复仇。这个说法也有一定的可信度。如果仅仅因为对他的专横不满，不至于将他的脑袋扔到厕所里，这种举动说明凶手对他有着很深的仇恨。

笔记小说中还有一个故事，与此相关。说代宗痛恨李辅国已久，有一天梦见高力士领数百铁骑，冲过来用戟刺辅国的脑袋，流血满地，然后歌呼而去。代宗派人去问这是怎么回事，高力士回答："这是唐明皇的命令。"代宗醒来也不敢说。不久李辅国就被盗贼所杀，代宗这才很惊异地把梦中所见和左右说出来了。这个民间故事，暗示了李辅国杀玄宗和代宗杀李辅国两件事。

李辅国的谥号是"丑"，这个细节完全可以反映出代宗对他的厌恶和不满。因为这件事，后人将代宗称为"阴鸷之主"，就是说他比较阴险。

事实证明，代宗确实是个玩阴谋的高手。李辅国被悄悄干掉后，程元振很是风光了一阵，但后来也被撤职下台；继之而起的是鱼朝恩，继续担任李辅国、程元振的角色，也继续权倾朝野，最后被元载整死；元载则在代宗晚年，被皇帝下旨查办，最后也倒台了。从李辅国、程元振，到鱼朝恩、元载，这些人都是权势极大，基本是后者取代了前者，但最终都被代宗给收拾了。这里面，最大的幕后黑手，其实正是代宗。从这里，我们大概可以明白，代宗此人，确实算得上是个"阴鸷之主"了。

李辅国栽在代宗的手里，也算不冤，起码他还是风光下葬的，比起李林甫死后开棺，那可要好得多了。

李辅国作为宦官，身兼文武，位极人臣，权倾朝野，堪称唐代最为风光的大宦官，但最终还是黯然退场了。一个原因就是，李辅国的权力来源，不是制度化的，不够稳固。唐德宗以后，特别是宪宗以后，宦官专权制度化了，如宦官出任监管禁军的左右护军中尉，参与御前会议的左右枢密使等，而且是"群体领导"，由"四贵"一起作为宦官势力的领袖。这样就有互相呼应的效果，不会出现李辅国被副手程元振取代的情况。

唐朝后期，宦官权势不断增长，而追溯源头，就不得不提李辅国了。所以，李辅国堪称是唐代专权宦官的"祖宗"了。

第十一章

刘晏：大唐钱袋子

名入《三字经》

"唐刘晏，方七岁，举神童，作正字，彼虽幼，身已仕。"刘晏，是一个进了《三字经》的人物，可以算得上是中国文化名人了吧。

刘晏，字士安，曹州南华人。南华县在今山东东明，天宝之前南华县叫离狐县，所以刘晏有个著名的老乡，就是英公李勣。李勣是唐朝最出色的军事天才之一，刘晏则是唐朝最出色的经济天才，没有之一。

刘晏七岁举神童，就是说他七岁的时候考中了"童子举"，相当于今天的少年大学生。[1]

《新唐书》记载，开元十三年（725），玄宗去泰山封禅，路经刘晏的家乡。才八岁的刘晏写了一篇歌颂封禅的《东封书》献给

1　唐代科举很盛，甚至有专门针对儿童的"童子举"。按照制度，凡是十岁以下的儿童，能通一经及《孝经》《论语》等，就算中举。成绩合格的，给予出身，就是给予做官的资格；成绩好的，甚至直接可以做官。虽然十来岁的孩子做官很吓人，倒也体现了不拘一格的精神。可见唐代人就是比较开放，比较有创意。

玄宗。[1] 皇帝让宰相张说去试试此子才情的真假。宰相回来向玄宗皇帝禀报说："这是国瑞啊！"张说本人就是大才子，能得到他这样的评价，那刘晏之才自然非同小可。神童刘晏，名震一时。

其实中童子举难度并不算特别大，基本上靠死记硬背，就是熟读一部经书，大概能通讲即可。但是写就一大篇文章，那就是需要良好的文学能力了。如果没有相当的功底，而且对知识融会贯通，是很难完成的。

"彼虽幼，身已仕。"《新唐书》说刘晏是做了太子正字，《旧唐书》说是秘书省正字，二者差了一阶，前者是从九品上，后者是正九品下。

正字是童子举出身授官时最常见的官职。因为这个官是不需要处理政务的，其职责是"刊正经史子集四库之书"，类似于今天的校勘人员。说白了，就是让他们待在图书馆继续读书，为国家储备人才，将来可以大用。

正字算是个闲官，有一次宰相张说跟他开玩笑说："你既然做了正字，那你正得几字啊？"小小年纪的刘晏回答："天下字皆正得，唯有'朋'字未正得。"让张说大感惊异。所谓"朋"字未正得，暗指朝廷中朋党现象严重，宰相张说应该负责。刘晏以此来讽谏张说，所以张说觉得刘晏人虽小，但胸怀很大。

唐代中童子举的人，不在少数，但后来成名的，却是寥寥，正应了那句话："小时了了，大未必佳。"比较出名的还有初唐四

1　有人考证，这年刘晏应该有十岁了。

杰之一的杨炯；高宗时候有个员半千和他孙子都中过童子举；开元年间的裴耀卿也中过童子举，而且此人在财政经济方面，还算是刘晏的前辈老师呢。

刘晏大概是唐代神童中最出名的一个了，而且他对大唐的独特贡献堪称无人可及，因为他是大唐最低谷时候的钱袋子。

刘晏以神童出名，小小年纪就在朝为官，而且是被玄宗亲自发掘出来的人才，所以有时候会得到不一般的待遇，比如可以到宫中游玩。刘晏还常到内宫去，获得了大家的喜爱，宫女常将花果扔到他怀里呢，可见刘晏是个很讨人喜欢的孩子。

有一次，玄宗在勤政楼前盛设乐舞和百伎杂耍，就特地让他到楼上观看。此时，一个叫王大娘的杂技高手正在表演百尺高竿的节目。就是将一根很高很粗的竹竿竖着扛在身上，上面装有木山，比喻瀛洲、方丈等仙山，还有一小童在上面钻来钻去，算是神仙。玄宗让他写首诗，他应声答道："楼前百戏竞争新，唯有长竿妙入神。谁谓绮罗翻有力，犹自嫌轻更著人。"意思是说，这么多表演，只有长竿最好看，没想到女子这么有力气啊，竹竿太轻，所以还要让人爬在上面呢。这首诗不算很出色，但颇有童稚之趣，引得玄宗哈哈大笑。

这个故事中，有个特别有趣的细节，说是当时杨贵妃也在场，她也很喜欢刘晏，甚至让他坐在了自己的膝盖上。贵妃喜爱幼童，这样一个颇为亲民的故事，但可惜是假的。刘晏出生在 715 年（也有人认为是在 716 年），而杨贵妃生于 719 年，刘晏比杨贵妃年纪还要大一点。杨贵妃入宫的时候，刘晏已经是二十几岁的大男人了。当然，如果这个贵妃换作武惠妃，倒也不是不可能。

刘晏的仕宦之途起步虽然早，但走得并不顺利。一直到天宝年间，经过数次迁转，他才做到了县令。首任是夏县县令，他从来不催督税收，但夏县的赋税从来都没有拖欠过。对催税这样一个老大难问题，刘晏对付起来却如此轻松，初步展示出了他超强的理财能力。

不久之后，刘晏中了"贤良方正"的制举。制举也是科举的一种，只不过并非像进士科那样每年都有，制举都是临时性的，同时也是开放性的——官员也可以应举，如果能考中，会得到提拔，或者缩短待选时间。[1] 中制举之后，刘晏还是被任命为七品的县令，来到温县。对此他仍是愉快赴任，而且做了很多有利于百姓的事，以至于老百姓要给他立德政碑。

这几次出色的成绩，让刘晏得到了提拔，他回到朝廷后，被任命为侍御史。侍御史属于"清官"，这等于说他的仕途开始进入了快车道。

但是，就在刘晏准备在官场上大展身手的时候，意外来临——安禄山发动叛乱，唐朝上下一片混乱。官员也和老百姓一样，开始逃难，最多的是逃往南方。刘晏也逃往了襄阳，在避难襄阳期间，他还得到过一次意外做官的机会，不过这是一个坑，因为给他封官的是永王李璘。

1　唐代的低级官员在满一任之后，必须空缺几年，然后才能得到一个新的任命，这叫"待选"。县令这样的品级，任满可能会空缺好几年。如果中了制举，则可以立刻再授官，堪称一个升官捷径。

太子李亨在灵武即位的时候，在成都的玄宗并不知情，他还任命了另一个儿子永王李璘去南方征集军队和物资。永王李璘趁机大肆招兵买马，准备给自己拉起一支队伍。李璘拉拢了不少人，其中就有著名诗人李白，李白等这个做官机会已经很久了，二话不说就上了贼船。刘晏虽然也被力邀，但他非常坚决地推辞了。这位理财天才显然比浪漫的诗人头脑更清醒。

刘晏虽然是神童，但他的才能显然不在写诗上。他留下的诗，除了上面那首《王大娘诗》，还有一首所谓的《享太庙乐章》应制诗，味同嚼蜡：

> 汉祚惟永，神功中兴。凤驱氛祲，天覆黎蒸。
> 三光再朗，庶绩其凝。重熙累叶，景命是膺。

不过，刘晏是最好的理财专家，又何必一定要写好诗呢？他之所以名垂青史，是因为理财能力天下第一。若不是因为他后来的成就，他对大唐中兴的巨大贡献，仅凭七岁神童一事，他的名字应当是入不了《三字经》的。

才华初现

刘晏在官场上经历了玄宗、肃宗、代宗、德宗四个皇帝。玄宗时期，他以神通出名，然后蛰伏；肃宗时期，则是他崭露头角之时。

至德元载（756），刘晏重新回到朝廷做官，这时候他的朋友房琯是宰相。[1] 刘晏不仅继续担任侍御史，还兼职度支郎中，这是他第一次掌管财政事务。度支郎中是掌管天下财政支出的，责任重大。尤其是当时政局不稳，财政更是头等繁忙而重要的大事。

刘晏算是受命于危难之际，此时整个大唐的财政状况已经远远偏离了正常轨道，一片混乱。为了搞清楚地方真实情况，刘晏刚一上任，就直奔江南去考察。因为此时江淮地区是国家财政的基本来源地，是首要之区。刘晏亲赴江淮地区，很能体现他的务实态度和掌握一手材料的工作作风。后来的盐铁使王播说过："刘晏领使时，自按租庸，然后知州县钱谷利病虚实。"说明刘晏亲自去考察地方的具体情况，各种数据一清二楚。这是做好财政工作的前提。王播说这些话，说明刘晏为大唐财政官员留下了非常宝贵的工作经验和一套工作准则。

这次去江南，刘晏还临时客串了一回地方长官。江南也出了乱子——永王李璘公开造反了。当地的采访使李希言就地让刘晏去临时代理余杭太守。刘晏到了杭州后，积极防御，召集当地义兵，坚壁清野，有效抵挡了叛军的侵扰。[2]

刘晏干得很出色，但他还是被贬官了。因为在官场上，很多时候并不是只看个人才能。此时房琯因为打了大败仗而被撤掉了

1　杜甫也是房琯的好朋友，当时他得了一个拾遗的职位。官品不高，却属于"清官"，非常有前途。

2　唐朝的江南地区虽然经历了好多次兵灾，但杭州都很幸运地躲过去了，这大概也是杭州后来能够崛起的重要原因吧。

宰相，刘晏也受到了牵连。[1]刘晏因此去遥远的彭原郡当了太守[2]，随后在很短时间内又连续做了陇州刺史、华州刺史。可以看到，其位置是逐渐向长安靠拢的。这个时候，朝廷实在是太需要有真才实学的人了。

朝廷再次遇到财政困难的时候，刘晏自然被人记起了，于是他被任命为河南尹。但刘晏其实管不了河南地界的事，他要管的是漕运。当时洛阳城还在史朝义手中，史朝义的军队还占领了运河边上的宋州，所以南方物资无法通过运河运到北方，漕运船只能沿长江，再经汉江上溯到达关中。刘晏身为河南尹，只能在洛阳下面的长水县办公。长水位于在洛水上游，可以通达汉江流域。可见，刘晏实际就是掌管大唐漕运的"转运使"。

任务出色完成后，刘晏不仅升任京兆尹，还兼职户部侍郎，专判度支，负责度支、铸钱、盐铁等方面事务。这些都是实权职位，责任也很重大。刘晏很明智地将京兆尹的事务都交给属下张群、杜亚处理，自己只是"综大体"，对属下"不苛"，就是不苛求小毛病。他将主要精力放到了擅长的财政事务上。这又体现了刘晏的善于管理的特点，一是会用人，抓大放小；二是专注一项工作。另外，这也反映了刘晏并不热衷于权势（京兆尹的地位更重要），他只想把事情做好。虽然刘晏和文学之士、经学之士走得很近，关系很好，但他做事风格上，他似乎更接近"吏干派"

---

1 房琯是个书呆子，食古不化，居然照搬古代的火牛阵来对付叛军，结果是一败涂地，损失惨重。

2 彭原郡就是宁州，当年狄仁杰就当过宁州刺史。

官员，非常有实干精神。

但在肃宗末年，他再次被诬陷贬官，当了通州刺史（今四川达县）。不过，这次贬官时间更短，马上到来的代宗朝，正是刘晏盛装出场，全面施展才华的辉煌时期。

奸臣与忠臣

很有趣，也很诡异的一个事实是，刘晏在被贬官之后，代替他的是元载；代宗朝刘晏受到重用，又是元载推荐的；再后来，刘晏受命审讯元载；元载被杀后，刘晏受到杨炎痛恨，被报复丢了性命。刘晏与元载可谓是"相爱相杀"，一生纠缠。史书上明确提到元载"素与刘晏相友善"，刘晏自己给元载的书信中，也说"相公终始故旧"。但在后代历史记载的人物谱系中，两人是分属不同集团的。刘晏是忠臣，元载是奸臣，而且是大名鼎鼎的奸臣。

说元载是奸臣是有道理的，他本人是抱着李辅国的大腿爬上来的。元载和李辅国搭上关系，是因为李辅国的妻子。[1] 李辅国的妻子姓元，正是元载的本家。在李辅国的帮助下，元载做上了宰相。后来代宗继位，元载又暗中帮代宗整倒了李辅国。

元载和刘晏的交往，则早在肃宗初年。刘晏去江南督催租庸赋税时，元载就在江南，是李希言的副手。当时两人同为李希

1　唐代宦官娶妻是很常见的，李辅国的妻子还是肃宗皇帝赐婚的呢。唐代宦官也有很多儿子，当然是干儿子。这些干儿子也基本上都是小宦官。所以，唐代的宦官也构成了各种家族，和普通士大夫一样。

言下属，肯定打过交道。事实上，刘晏绝对不是一个迂腐的书呆子，他的交际能力非常强。

元载是奸臣，但不是佞臣，他其实是个很有吏干的人才。[1]他得到肃宗的欣赏，就是在做度支郎中的时候，所以刘晏被贬官后，元载接管了财政大权。不过元载在理财方面的能力毕竟不能与刘晏相比，甚至很快就犯下了大错。

在国家财政困难的情况下，元载的思路放在了扩大赋税的征收量上面。因为安史之乱中，江淮一带没有遭到严重的兵灾，老百姓比较富裕，可刮的油水比较多。于是元载打算在江淮一带追查"逋税"，即之前老百姓拖欠的国家赋税，而且一口气要追查八年，这个压力实在太大了。[2]这种政策显然会遭到严重抵制，但地方上为了执行命令，采取了几乎算是掠夺的方式。他们先组织起一些豪吏到百姓家查看，只要有粮食绢帛的人家，就派一堆人包围起来，然后计算家产，一般都直接取走一半，多的甚至取走十之八九。遇到不服的，就严刑伺候。这哪里是征税，简直就是明晃晃的抢劫啊！

这个政策执行不到一个月，江淮地区的人就纷纷聚众造反了，而素来少有军队的南方也无法制止和镇压，形势眼看着要恶化。而且一旦形成大规模叛乱，唐中央甚至有失去江南财赋之地的危险。

1　历史上的奸臣，其实大都是有才之人。佞臣是指那些靠拍马屁得宠的人。

2　古代征收赋税向来是个大难题，每年总有不少应收的赋税会被拖欠，收不上来。正常情况下，过了一定期限国家会下令免除。这也算是给穷苦百姓一点活命的空间吧。

　　在这危急时刻，元载第一时间就想到了刘晏，于是将刘晏召回来，官复原职，京兆尹、户部侍郎，当然还有一大堆的财政使职，都复职了。此后，刘晏一直牢牢地掌控着唐朝的财政大权，为唐朝创下了一个又一个财政奇迹，堪称大唐真正的钱袋子。

　　不得不说，在刘晏创造这些财政奇迹的时候，作为宰相的元载是他最大的靠山，为他所有这些政策、措施的切实实施，起到了协调、保护的作用。比如刘晏要实施漕运改革的时候，他就将所有计划先报告给元载。[1]后来，刘晏被牵连贬为太子宾客，但元载迅速让他重新出来主持财政经济大局。元载和刘晏，是一对官场上的好搭档。

　　大历十二年（777），一贯信任元载的代宗突然将他下狱，并且派了刘晏去审问。耐人寻味的是，刘晏推辞说他一个人不敢审这么大的案件。于是皇帝一口气派了七个人来审。而且，当时所有质问元载的问题，都是宫中直接传出来的，史书上明确说"责辨端目皆出禁中。遣中使临诘阴事，皆服"。也就是说，代宗直接掌控着整个审判过程。刘晏等七人是表面上的审判官，不过是个摆设而已。代宗之所以让刘晏当主审官，不排除让他和元载划清界限的意思。所以，当时人和后来史书上，都把主审元载这件功劳记在了刘晏头上，造成刘晏害死元载的假象。这给刘晏埋下了一颗后来被人"复仇"的种子。

　　虽然元载确实不是好人，而刘晏确实是个好人，但刘晏内心可能是很不情愿去主审元载的。忠奸是不是自古同冰炭？也许在

1　刘晏的传记中记载了这个报告，这是一篇非常著名的经济思想方面的论文。

历史书上、在戏曲中，从来都是这样的。但对刘晏来说，恐怕多半不是如此的吧。

顶着忠臣形象的刘晏，却有一个长期"行贿"的坏习惯。在宦官程元振倒台的时候，刘晏也被贬官，理由就是他和程元振交通。可见，在程元振得势的时候，刘晏没少跟他套近乎。事实上，有大量权贵官员都收到过刘晏的贿赂。用金钱来解决问题，对刘晏这个经济高手来说，正是本行。元载被抄家的时候，有一个很著名的细节，他家胡椒有十八石之多。或者这里面就有几石是来自刘晏的呢。

刘晏与元载，或者程元振等人交往，反映了刘晏与达官显贵们的关系，有很大一部分是通过行贿受贿建立起来的，无须讳言。但这其实反映了刘晏做事的特点，不纠结立场，而是广结人脉。而广交朋友的目的，则是在于下好全国财政一盘棋。

漕运新局面

刘晏虽然受程元振的牵连而被贬官，但很快就又重掌财政大权——"领东都、河南、江淮、山南等道转运租庸盐铁使如故"，实在是因为朝廷真的离不开他。

此时安史之乱刚刚结束，全国整个经济财政都很糟糕。特别是长安和关中地区，京师米价每斗至一千钱[1]，甚至官府也没有第二天的粮食，禁军的粮食都靠老百姓"掊穗以供之"，就是将还

1　开元盛世时，斗米不到二十钱。

没成熟的稻穗都弄下来吃。民以食为天，粮食问题亟待解决！

刘晏认为解决粮食问题，关键是要解决漕运问题——把南方的粮食顺畅地运到关中。而要解决漕运，就必须去现场考察。于是广德二年（764）三月，他再次亲自南下，沿着漕运路线走了一路，也考察了一路。他不仅考察自然状况，如河流、堤堰等，还考察地方州县的状况，如人口分布、差役船工等。然后，他给元载写信分析了当前漕运状况，并提出解决方案。

他的解决方案，既宏观，又具体。宏观就是全面周到，通盘考虑；具体就是细节问题都考虑到了，因地制宜，不一刀切。他的解决方案分四个部分。

一、解决漕运的基础——保证水道畅通

在北方，修整河道主要是针对汴河（从淮河通到汴州）。这段河道受到黄河水的影响，泥沙淤积，此时已经湮塞相当严重，所以要大力疏浚。

在南方，刘晏也做了很多修整。如当时在润州（今镇江）以南的运河边上，有一个练湖。这个湖周长有四十里，规模较大，并与运河相通，能起到补充运河水源的作用。但后来大片湖面被本地百姓围湖造田了，面积大为缩小。于是刘晏特别给宰相提交了一份报告，请求宰相给当地刺史发布一个禁令，不许再围湖造田。值得注意的是，在这个报告中，刘晏除了提到运河的问题外，他还提到保证练湖的规模对百姓有诸多好处，一是灌溉，二是泄洪，而且这些议论后面都附上了很具体的数据做证明。

这个细节反映了刘晏做事的风格，要追求"双赢"。关于运河，历来都有"灌溉派"和"漕运派"的争论，是先照顾农田用水，还是先保证漕运的水位？这是个难题。而刘晏在处理问题时，既保证了漕运的需求，同时也照顾到地方用水的利益。刘晏考虑的，不仅仅是他职责有关的范围，还考虑到了整体利益。这种心胸，绝对是宰相之才啊。

二、解决漕运的运输工具——造船

基本方案是分段运输，不同的水路，使用不同的船只。漕运路线中，经常要利用自然江河，但不同的河流，水文情况也不同，深浅、宽窄、水量、含沙量等都不一样。若是用一条船从头运到底，很难适应不同水情，容易发生翻沉、搁浅等事故。船一翻，整船粮食都没了，损耗很大。为此，刘晏在各地广建造船厂，根据不同水道的情况分别制造不同的漕船，分段运输，不同段的衔接处则设立仓库周转。长江的漕船不入汴水，只达扬州；汴水的漕船不入黄河，只达河阴；黄河的漕船不入渭水，只达渭口。虽然增加了上下搬运的功夫，但从整体来看，还是大大提高了效率的。分段运输这个主意并不是刘晏原创的，"知识产权"应该归于玄宗时候的财政大臣裴耀卿，刘晏是继承和发扬了裴耀卿的创意。刘晏的原创性贡献在于船只的建造。刘晏并不是建船专家，但他的造船理念，却会让人不由得感叹他的想象力和气魄。

首先，建造船厂，他采用了承包法。建立十个造船厂，就挑选十人全面负责，"竟自营办"。造船人员全部选雇，造船的费用全部由国家提供，相当于官资民办。

其次，刘晏对造船成本提出了独特见解，即"每造一船，用钱百万"。要知道，当时造一艘船的费用远远不到一百万，大约只要十分之一。所以，他的建议立刻遭到众人一致反对。但刘晏坚持说："不然。大国不可以小道理，凡所创置，须谋经久。船场既兴，即其间执事者非一，当有赢余及众人。使私用无窘，即官物坚固，若始谋便，安能长久？数十年后，必有以物料太丰减之者。减半，犹可也；若复减，则不能用。船场既堕，国计亦圮矣。"刘晏的意思是，治理大国，就不能小气。凡是创置东西，都要把眼光放远。既然开办了船场，那方方面面牵涉的人可不只是一个负责人啊！一定要有足够的赢余，能够满足众人（让大家都有从中获利的空间），那么官船自然会有质量保证。假若一开始就想着如何俭省，又怎能长久呢？我料定数十年后，一定有人会减少成本，觉得一半就足够了。到那个时候，船就不可用了啊！

果然，刘晏下令造的船只都非常坚固，一直用了五十多年。但之后再造的船，就真的不行了。刘晏不幸言中了！道理也许不难懂，但真的敢这么做的人，却太少了。这就是刘晏的难以企及之处。他不仅目光长远，对人性洞察也很透彻，而且就这份气魄来说，几人能及？

三、解决漕运的人员问题——雇人

刘晏用雇佣的方法解决了劳动力问题。漕运是朝廷的事务，其运输所需的船工水手这些都是通过徭役的方式来解决的。其征派过程自然是弊端重重，百姓苦不堪言。而且，此时运河沿岸地区都不同程度地受兵灾，人口稀少，难以征派。

刘晏的解决方案是一揽子计划。漕船由军队负责押运，十艘漕船为一组，这就是"一纲"。[1]如果十次运输安全无误，押运官兵就可以得到奖励。若是需要使用民工，一律改为"和雇"，就是在自愿的前提下由政府出钱雇人。

这样，提高了效率不说，还大大减轻了沿岸百姓的负担，这可是一件功德无量的事。就是沿岸官吏，对此也大大欢迎。对于刘晏的这个创举，时人认为是前所未有的奇迹，"不发丁男，不劳郡县，盖自古未之有也"。

四、解决漕运的经费问题——盐铁支持

造船、雇佣，这大量经费又从哪里来呢？费用问题也是由刘晏解决的，他绝不会摊派，也不要国家额外支出。这个费用，就从盐铁收入里面出。因为刘晏还兼着另外一个使职——盐铁使。刘晏就像一个集团公司的老板，可以在不同的子公司之间进行资源的调配，于是整个集团运行良好，盈利丰厚。

正因为刘晏开创了这样的模式，所以唐朝的转运使和盐铁使这两个本来不太相干的使职照例互兼，于是出现了"盐铁转运使"这样的使职名称。[2]

总之，经过刘晏的大力整顿，漕运效率大大提高，南方的粮食源源不断地运到长安，保证了首都和前线的需要，昂贵的米价跌落下来，社会的安定也有了保障，危机终于度过了。当第一批

1　纲，就是一组运输船队。比如宋代的花石纲，就是用一组运输队来运送花石。生辰纲也是这个意思。

2　这个使职和户部使、度支使，共同组成了唐后期三大财政使职，到了宋代，就合称"三司使"，号称"计相"。

船队到达长安时，代宗皇帝非常高兴，派出皇家卫队和皇家乐队到渭水桥上去列队欢迎，并对刘晏说："你是我的萧何啊！"

刘晏开辟了漕运的新局面，也成了后来所有漕运主持者的榜样，后人基本上都以他的法度为准。虽然后来有时候运输的粮食货物规模超过了刘晏，但大家还是一致认为，刘晏才是真正的漕运第一功臣。

盐铁新篇章

要说刘晏最大的贡献，还得数他的盐业新政。因为盐业新政深刻地改变了古代财政的组成结构。这个改变，不仅对唐代有巨大意义，甚至也深刻影响到了后面所有的朝代。

通过盐业来获得财政收入，早已有之，并不是刘晏的发明。汉代著名的《盐铁论》，就是专门讨论盐铁专卖政策的。甚至就是唐朝的盐业新政，也不是从刘晏开始，而是由第五琦开创的。刘晏的高明之处在于，能将别人的创意发展完善，并真正获得巨大的利益。这也反映了刘晏有远高于一般人的经济才能。

唐前期的国家财政，主要依靠租庸调，也就是直接出自农民，商税之类的比例很小。一来整体商品经济不发达，商品总量不大，二来商税很轻。

唐前期的盐业生产，可以分为三部分，即山西等地的池盐、四川的井盐、沿海地区的海盐。池盐多是官营为主，而井盐则缴纳定额税，出产海盐的沿海州，每年直接交纳海盐二万斛——这相当于交纳定额的实物税。

　　玄宗时出现了征收商业贸易税，其中就包括盐。如果是大宗盐的买卖（零售的盐买卖不收税），"量除陌钱每贯二十文"，一贯是一千文，那盐税就是百分之二。这个数额还是很小的，完全不引人注目。早在开元十一年（723）就已经有人提议，要将盐业都控制在国家手里，以获取高额利润。不过，财政状况不是太困难的情况下，这种"与民争利"的建议往往无法得到太多支持。

　　安史之乱开始后，国家财政状况发生了巨大变化，原来的租庸调模式已经撑不住了，因为户口在迅速减少，一年赋税收入也直线下降为只有400多万贯。[1]此时，处于战争状态的国家，财政开支却直线上升。这一减一增，国家财政明显入不敷出，几乎已经破产。完全靠老路子来维持国家财政，显然不行了。

　　实际上，地方上早就实行了许多新的政策来增加收入，这其中，盐利无疑是很容易被关注到的。最开始的盐业改革由盐铁使第五琦主持，他全面推行了食盐专卖制度——榷盐，就是对盐实行国家专卖，获取垄断利润。

　　第五琦在产盐区普遍设立监院，专门负责盐务工作。第一，监控盐户的生产，每个盐户都有规定的生产定额，而产品全部由官府定额收购。第二，将食盐加高价后再由官府统一组织运输和销售。

1　除了战争带来的人口减少外，户口脱离了地方户籍控制也是重要原因，逃户很普遍。代宗的时候，户部上报的全国户口统计数是三百多万户，只有天宝时户口（九百多万户）的三分之一。这并不是说真实人口减少了三分之二，而是统计在册的户口大为减少，甚至只是上报到中央的户口数减少，地方手里还是有数的。

简单说来，第五琦的办法就是民产、官收、官运、官卖。除了生产这一环节由专职产盐户（亭户）负责以外，其他收购、运输、销售各个环节全由朝廷盐务部门垄断经营。这样，国家就可以定下垄断价格，获得垄断利润。所以，食盐的价格原来是每斗十文铜钱，现在则在此基础上加价一百文，变成了每斗一百一十文。

但这样的模式并没有给国家带来可观的财政收入。因为庞大的盐务垄断部门自己就吞噬了大部分收益，国家每年从盐获利不过 60 万贯。这个数额，相对于之前的盐利，已经有了很大提高，但对于缓解全国性的财政危机来说，属于杯水车薪。

刘晏接替第五琦主管盐政后，做了非常巧妙的改革调整，虽然只是"完善"了第五琦的方法，但从效果看，却不啻于一次革命，定下了此后千年的盐政基调。

刘晏的改革针对的是销售环节。在生产和统购这两个环节，依然是民产，官购，但之后的运输和销售环节，就让商人参与进来。也就是国家收购了盐后，加价转卖给盐商，而盐商在缴纳盐款和盐税后，由他们自行组织运输和销售。这样，统购统销模式就变成了统购分销模式。

这一模式转变带来的好处是多方面的。

首先，国家可以精简大量盐务机构和工作人员，经营成本大大降低。国家固然是和盐商分割了利润，但总体来看，成本也还是大大降低了。因为商人逐利，让商人贩盐，效率比官府高得多。国家出让一部分利润，就可以大大降低经营成本，这是非常划算的。

　　其次，有利于扩展食盐的销售网络，方便民众购买。原来的官营模式中，盐的销售点是固定的，虽然也有网络，但绝对不可能很细致深入，老百姓购买很不方便。而商人逐利，无所不往，盐商会主动地跑到各个地方去卖盐，不怕山高路远，也不嫌弃利润微薄。这样，一个细致的销售网络也就自然而然地建立起来了。

　　第三，多方获利。这一体系中，盐商成了获利巨大的群体，自不必说。另外，刘晏还想方设法让盐户增产，比如组织官府给他们提供煮盐工具；又比如随时根据天气变化情况发出指令，让官吏去指导盐民，非常勤快，关心程度"倍于劝农"。这样，盐民必然获得更多的收益。总之，刘晏让各方都获得了实实在在的好处。实际上，一举多得的"双赢"思想，几乎是刘晏经济思想的核心。

　　相对于第五琦的官方垄断模式，刘晏的"官产商销"模式非常先进。关键在于刘晏引入了市场机制，在几乎没有什么商品经济的时代，在对商人、商品都带有明显歧视的时代，刘晏敢于引入市场机制，这完全应该归功于他超越时代的智慧。

　　尤其值得注意的是，刘晏很注意对"食盐市场"的保护。他请求朝廷颁布法令，禁止地方官吏再向盐商另外收税；还在淮南淮北等交通枢纽设置了十三所巡院，专门打击走私。这大概是最早的缉私机构了。

　　从表面上看，刘晏保护了商人利益。实际上，刘晏这是用法律来保护市场的完整性，避免受到行政的干扰。只有在这样的市场，他的措施才能发挥作用。有理由相信，刘晏对于"商品和市场"是有着很深刻的理解的。

当然，刘晏并不是市场万能主义者。市场，或者说商人的经营活动，既然是自由的、自主的，那么市场、商人的行为和后果，有时候就是无法控制的。比如说产品供不应求的时候，商人可能就会哄抬价格，伤害百姓的利益。又比如，尽管商人构建起了食盐销售网络，甚至能深入偏远乡野，但这是建立在有利可图的基础上的。如果没有利润，或利润实在太薄弱的话，那他们也不会去的。因此，盐的销售肯定也存在一些"被遗忘的角落"。

针对这些问题，刘晏又做了相应的布置，他建立了食盐常平仓。就是在产盐区和交通要道设立了许多盐仓，由官府储存相当数量的食盐。其作用有二。一是调节盐价，当市场食盐供不应求、价格过高时，官府就可以抛出低价盐平抑物价。有一次，供应京师食盐的河东地区因为久雨成灾，食盐严重减产，于是长安盐价上涨。刘晏立即从外地盐仓中调食盐三万石入京，迅速平抑了上涨的盐价，"自扬州四旬至都，人以为神"。二是卖平价盐，这是专门针对那些盐商不愿去的偏远地区，有"官收厚利而人不知贵"的效果。

刘晏一方面通过食盐获得巨利，另一方面又照顾到了百姓的利益，所以他虽然也从食盐中获得了巨额财富，但不仅没有受到什么责难，反而好评如潮。这种境界，就比只顾赚钱的第五琦高明很多，甚至对我们今天也有启发之处。

经过刘晏改革的新盐政，产生了巨大的经济效益。到他主持盐业的末期，每年经营利税等达到了600万贯，是第五琦时期的10倍以上。这对缓解国家财政困难，意义无疑是巨大的。

更重要的意义是，经过刘晏之手，食盐这个小东西居然改变了中国传统财政收入的结构。中国是个农业国家，财税收入大头向来都来自农业。但刘晏改变了这一传统，他的改革，让盐利在整个国家财政收入中的比例大幅度上升，甚至一度占据半壁江山。也就是说，盐利——来自手工业和商业领域的赋税收入，已经堪与农业赋税平起平坐了。这无疑是有划时代意义的突破。

刘晏通过卖盐来获得巨利，实际上最后的税费承担者还是老百姓。但刘晏的这种榷盐模式是一种间接税，国家通过商人之手间接从百姓手中获利。在当时人眼中，这就成了"民不加赋而国用饶"的奇迹。

表面上看，也许会觉得这是一个巧妙的"骗局"，但仔细分析就发现没那么简单。刘晏的榷盐，也是一种消费税，是一种更加公平的税收模式。盐是必不可少的日用消费品，每个人在吃盐的时候，实际上都交了税，都为国家财政做了贡献。百姓买盐，都是自愿行为。虽然盐价上涨，也会导致一些贫困的人"淡食"，但起码在盐价面前，大家还算是公平的。所以，史书上说"人无厌苦"。相比之下，那些直接征收的赋税，如租庸调等，可谓弊端重重。很多有权有势的人家，会通过各种方式来避税，从而让赋税分摊到了下层的百姓身上。

刘晏虽然能赚钱，但他的目标不仅仅是赚钱，而是让社会处于多赢的状态，这恐怕是刘晏的改革没有受到非议最重要的原因吧。

"理财常以养民为先"

刘晏主管经济后，非常漂亮地解决了政府缺粮（整顿漕运）、缺钱（改革盐法）的问题，也给后世留下了很好的参考。但这个成功绝对不是偶然，不是靠运气撞出来的。刘晏的制度设计背后，有他深刻的理论和超前的意识。他的经济理论并不是简单的一个理念，一句话，而是一整套经济理论体系。刘晏的经济思想，不仅是金钱意义上的经济概念，而是广义的经邦治国、经世济民，也就是为国家、为社会、为人民谋利益的意思。

基于这样的"经济"概念，刘晏经济思想的第一条就是整体观念、全局观念。刘晏在考虑任何问题的时候，都是从国计民生的高度来看，从全国、全局的角度来解决问题。在他向元载提交的整顿漕运的报告书中，明显可以看到其思路、视野并没有局限于运输问题，而是全面考虑了漕运带来的各方面影响。关于漕运的积极意义时，他认为有四个方面。一是有利于减轻关中地区人民过重的负担；二是有利于东都洛阳这个中心城市的恢复重建；三是有利于加强中央政府的权威，巩固国防；四是有利于整个漕运沿线地区经济的发展繁荣，所谓牵一发而动全身，便是如此了。

刘晏经济思想的第二条，是"理财常以养民为先"。先贤云："民为邦本，本固邦宁。"短短八个字，清晰地说明了"民"与"邦"的关系。当时，在刘晏主管的地区，户口增加了二百万，而其他地区并没有增加（很大程度上是地方增加了人口却没有上报）。但是上报户口的工作，是由地方州县来做的，刘晏并不能插手。这说明，他的功劳是实实在在的，绝对不是靠做假账做出来的。

刘晏经济思想的第三条，是"二胜"理念。"二胜"，就是双赢。如果说前两条不算原创，是古已有之，那么"二胜"思想可谓非常超前的创新了。

刘晏在一千多年前就通过赈灾安排明确提出"双赢"思想，是个奇迹。在古代的财政问题上，百姓交纳，国家收取；在赈灾问题上，则是国家支出，百姓收取。所以在这里，国家和百姓，是对立的两方面。百姓得利，国家财政就会紧张，反之亦然。但这样对立的两方面，在刘晏眼里，照样可以做到"二胜"。

其实刘晏的赈灾方法也很普通，古已有之，就是设置常平仓。他认为"王者爱人，不在赐予，当使之耕耘织纴"，就是说，国家爱护人民，不是靠赈灾的时候赐予钱物，而是保障百姓能正常地生产，然后在丰收的年份收取部分粮食，储备起来，在荒年的时候拿来赈济灾民。这就是一种"保险"，是国家主持的一种社会保险。到刘晏晚年，各州储存的粮食一度达到三百万斛，这是一个非常惊人的成就。仅是这一项，就为唐朝提供了一个强大的减震器。刘晏的下属不由感叹说："岂所谓有功于国者邪！"

刘晏的高明之处，更在于他对赈灾的具体操作。他先是分析了以往赈灾活动中的误区。以往赈灾，都是直接发放物资给百姓，这种做法其实会带来很多弊端——赈灾量少了，"不足以活人"；赈灾量大了，"则阙国用"，如果国用不足，又反过来加重税赋，同样把压力给到了百姓。此外，赈灾过程中也不能完全避免官吏串谋、侵吞之事，"吏下为奸，强之过多，易其杂货"。这种赈灾的结果，就是"二害"，国家和老百姓都受损失，是"双输"。

刘晏的做法是"善治病者，不使至危惫；善救灾者，勿使至赈给"。

一是做好预防。每当地方州县出现了荒歉的苗头，就早早地开始准备赈灾计划，调配物资，统计赈灾对象。灾荒刚开始，就按部就班地施行计划。这就像一个善于治病的医生，要提前做好预防，而不是让病人奄奄一息了才出手治疗。到那时，病人就是不死也脱层皮。

二是引入市场机制。首先，在灾区保证充分的粮食供应，同时开放粮食市场。这样，粮食自然就会通过买卖方式流通到所有地区，不至于出现堵塞的现象。其次，受水旱灾害的村庄，最缺的是粮食，但其他的物产还是有的。所以，政府运平价粮去灾区卖，而农民可以用当地的土产杂货来换。那些土产杂货，或者政府自用，或者运到其他地方卖掉。这样下来，既解决了灾民的困难，也使国家财政不至于紧张。

"二胜"思想，具体见于《彭城公故事》[1]。这是刘晏的老下属为上司辩护的一部著作。他们是刘晏的崇拜者和追随者，为其著书扬名，其实也是在推广一种崭新的经济理念。这份苦心，今天我们仍然需要去细细体会。

---

1 这本书是在刘晏冤死后，他的老下属（以陈谏为首）集体写的纪念文集。在书中，他们不仅赞扬了刘晏的巨大贡献，也阐述了刘晏的一些重要经济思想，是很珍贵的文献。

如见钱流地上

刘晏曾经说过一句话，"如见钱流地上"，就是我仿佛能看到钱在地上流。对于这句话的理解，朱熹曾说："刘晏见钱流地上，想是他计较得熟了，如此。某而今看圣人说话，见圣人之心成片价从面前过。"朱熹认为这是刘晏整天在思考钱的问题，所以出现了这样的幻觉，就像他自己每天体会圣人的语言，然后仿佛看到圣人之心一片一片地从面前飞过。这个理解倒是有趣，不过未免流于皮相。

刘晏说如见钱流地上，其实应该是他观察商品经济的一个独特感受，也是他经济思想的一种表达方式。北宋沈括提出了一个"钱利于流借"的理论，就是说如果让货币更多更快地流通，那么利润也会增加。现代经济学称之为"货币流通速度"理论。当然，刘晏只是偶发一言，阐述得很不充分。但以他对市场和商品的理解之透彻，能悟出"货币流通速度"这样的理论，应该是很正常的。况且，他在货币、商业方面的成就，更能说明他是个商业奇才，比如下面这两条措施。

一个是通过铸币来稳定货币。在肃宗朝，第五琦为了解决国用不足，采取了通货膨胀的方法。他铸"乾元重宝"钱，以一当十；后又铸"重轮乾元重宝"钱，以一当五十。结果货币贬值，货价腾飞，而京师几乎人人私铸。这次币制革新，不仅使得市场一片混乱，也招致民怨沸腾，非常失败。

刘晏接任后，努力填上了这个大漏洞。他允许盐商用其他物品来换盐，以物易物；接着又将这些物品换买成大量的铜、锡、薪、炭等；然后在官炉中烧制大量新货币；最后输入长安和扬、荆二州这些商业中心，使其进入流通领域。结果，币值稳定下来，物价下跌，良币驱除了恶币。他稳定了金融，准备了足够的流通货币，为商业发展提供了良好的基础。

第二个是推行平准法，控制商品价格。平准法是汉武帝时期大商人桑弘羊的发明。刘晏推行平准法，有非常好的基础条件。他担任转运使，本来就承担为国家转送物资的任务，能解决商品各地运输的问题。他还是盐铁使，此职利润丰厚，所以手里有大量资金可供调配。但真要把"生意"做好，还需要良好的经营。

刘晏的经营思想，就是要尽快获得商业信息，抢先一步，于是他构建了一个覆盖全国的经济信息网。

这个网络首先要建立信息通报制度。刘晏手里其实已经有了一个网络，就是巡院。所谓巡院，即盐铁、转运使分布在各地的办事机构。刘晏特别做了额外的规定：各地的知院官（巡院的负责人），每十天要向朝廷报告一次区内各州县下雨、下雪和丰收、歉收等情况，朝廷根据各地汇报的情况，及时做出反应。

其次是建立一个快速信息通信网。古代的信息传递是相当困难的，不仅没有电报电话汽车火车飞机，就连马匹也很稀缺。最常用的通信网是国家的驿站。但使用驿站，就意味着要和别的官僚部门打交道，成本且不说，效率也是个大问题。于是刘晏干脆就自己办了一个全新的"驿站网络"。他用重金在各地募集了一批善于跑路的人，称为"疾足"，每隔一段路设一个站，专门负责侦查报告四方的物价情况。

这些"神行太保"的效率非常高，全国范围内的信息用不了几天就能传递到京师。然后刘晏会及时调配商品，从价格便宜的地方运到价格贵的地方去卖。可以想见，在全面而迅疾的信息网支持下，刘晏想不赚钱都难。

当然，刘晏的目标不仅仅是赚钱，更在于调控物价，避免因为价格过高或过低伤害了民众。比如粮食价格，如果过高，那买家就吃不消；如果过低，那么卖家利益也受到损失。刘晏做到了两全其美，时人予以高度评价："朝廷获美利，而天下无甚贵贱之忧。"

后来宋代有人也做过实验，按照刘晏的方法进行市场调节。可见，刘晏是中国经济学的先驱。

再次是控制成本。刘晏在该付出的成本上毫不吝啬，如上面说的重金招募疾足，在全国布置一个网，成本之高可想而知，但他毫不犹豫地做了；在可以缩减的成本上面，刘晏也是锱铢必较。在运输成本上，他就亲自做了细节的改进，比如从润州到扬州的扬子这段路。

从润州过了江之后，粮食要下船，然后用车运到扬子。运输费很高，平均下来一斗米要十九文钱。刘晏经过亲自考察，提出了一个新的运输方式，就是将米装入袋子中，然后用船运。因为这样就可以调节船的吃水，适应河道的变化，可以一直用船运送到扬子。这种用袋装米的做法，类似于今天用集装箱运输。改进之后，这段运输费用单价节省了十五文，也就是说，现在成本只有每斗四文。可见这个运输方式创新带来的收益非常之大。

接下来这段路，是从扬州到河阴。用原来的运输方式，一斗米费钱一百二十文。刘晏将船制为船队，十艘船为一纲。每纲配备三百人，篙工五十人。改进之后，成本减少了九十文，只需要三十文即可。

除了漕运之外，有时候还需要运输"轻货"。所谓轻货是相对粮食而言，就是价值高而重量轻、体积小的物品，比如绢帛、钱等。原来从扬子到汴州，每"驮"费钱二千二百文，经过刘晏改进后，减少九百文，成本降为一千三百文。一年下来，能节约十余万缗。

除了改进运输方式外降低成本外，刘晏也很注重节约。比如他曾调运巴蜀、襄汉等地的"麻枲竹筱"等物资到运河边，编制成纤绳。而等这些物品朽腐淘汰了，还可拿来做柴薪，所以史书上说他是"物无弃者"。后人曾拿刘晏和陶侃相比，认为他俩都是能够物尽其用的典范。

可以看到，刘晏改进运输细节后，运输成本有了惊人的下降。虽然这主要是针对国家赋税转运而言，但运用到商业经营上，想来效果也是一样的。

看了刘晏的种种神奇操作，不由得让人幻想，他若是生在今天，应当也是商场上一位举足轻重的人物。

用人之道

刘晏的贡献中，不得不提的还有一条，就是培养了大批的经济人才。

刘晏自己说过"办集众务，在于用人"，做好事情，关键在人。刘晏死后的二十多年内，韩洄、元琇、裴腆、包佶、卢征、李衡等人相继掌管财政大权，这些人无一例外，都是刘晏故吏。史书上说："其经晏辟署者，皆用材显，循其法，亦能富国云。"一方面，这是刘晏有识人之明；另一方面，刘晏通过言传身教，让这些人都成了国家的栋梁。

关于言传，今天我们无法看到刘晏的精彩言论了。前面提到过，陈谏等人写过一部纪念刘晏的文集，如果此书可以流传到今天，想必就是一本经济学经典。

说到身教，例子也很多。如元琇在主持财政工作后，"国无横敛而军旅济"，很有刘晏的风格。再如李若初，本来也是刘晏的下属，后来在地方做官。当时天下钱少货轻，所以地方州县都禁止钱出境，就是不让人把钱从自己的地盘拿出去。这种愚蠢的做法导致商贾不通，经济形势更加恶劣。李若初就上奏朝廷，要求下旨，不能禁止钱的流通。李若初这种经济头脑，显然超过了普通地方官员。从他身上，可以看到刘晏的影响。

早在刘晏做租庸使的时候，他就挑选了很多人才，任命官吏数百人之多。这数百人，就是他为以后的财政工作准备的干部人才。

刘晏挑选人才主要看重两点，一个是年轻新锐，另一个是聪明机敏。年轻人有理想，容易接受新思想，喜欢新事物，而刘晏的所作所为，几乎无一不是新鲜的思想和创意。同时，年轻人积极进取，精神可嘉。还有一点，相对来说，年轻人关系更简单。

刘晏所用者，多为士人。他自己说过："士有爵禄，则名重于利；吏无荣进，则利重于名。"在刘晏看来，士人既然有爵禄，有恒产者有恒心，他们就会重视名声多于重视实际利益，士人贪污的可能性小得多；而吏员基本上没有什么升官机会，因此他们会关心"钱途"多于关心前途。所以，刘晏将"检劾出纳"等工作，一概都交给士人来负责，而吏员们只是做些例行的公事，无法利用职权营私舞弊。刘晏之所以这样说，是因为他世事洞明，看透了人心。士人的道德优秀，并不是天生的，而是因为他有自己的追求，有对名声的追求。换句话来说，刘晏是"利用"了士人好名的特点，让他们来主管经济，比较放心。

从技术上来看，可能吏员比士人更加熟悉具体事务，一般来说，与经济有关的职位，往往会被歧视，不是士人所宜涉足的，所谓君子口不言利。但刘晏偏偏反其道而行之，正是他的高明之处。这说明，刘晏在重视品质上，更先于重视能力。

这方面的例子，戴叔伦显然是最典型的。戴叔伦是唐代一位著名诗人，他本来是师事萧颖士（萧是开元之际的一位文化名人），为门人之冠，是个典型的书生文人。可是，后来刘晏主管盐铁事务，就任用他主管湖南地区的经济，他做得十分出色。有一次，地方军阀杨惠琳造反，他派人劫持了戴叔伦，威胁他说："把钱货都给我，可以让你缓死。"面对赤裸裸的威胁，戴叔伦很硬气："身可杀，财不可夺。"坚定地保护了国家财产。

在管理上，刘晏也有他独到之处。据史书上说，他的下属"虽数千里外，奉教令如目前，频伸谐戏不敢隐"。虽然离得很远，但执行起刘晏的命令，都坚决彻底，如同刘晏就在眼前，就是平时的小动作，在刘晏面前也不敢隐瞒。显然，刘晏对属下的控制能力是非常惊人的，而且属下对刘晏也都非常佩服和尊敬。但有趣的是，史书上说，"惟晏能行之，他人不能也"。这很能说明刘晏此人具有的强大人格魅力和超强的手段。

讲了刘晏用的人，还要讲讲刘晏不用之人。刘晏在这方面的精彩之笔，不比他用人之道逊色。

由于刘晏能赚钱，所以他管辖的财政部门成了大家心目中的"好单位"。也就有很多权贵纷纷找他走后门，要把自己的子弟安排到刘晏主管的地方工作。刘晏的做法很有趣，他来者不拒，但只给这些权贵子弟安排非常清闲的职位，收入很丰厚，却没有实际职权。等于是花了很大一笔钱，养了一帮闲人。虽然表面上看，是损失，但他得了权贵的暗中支持，也不能说完全没有效果。可以想象，如果刘晏不花这笔钱，那么权贵们暗中的阻挠会带来什么样的恶果？

从这个事例中我们可以看到，刘晏很懂得变通，绝对不是个死守教条的人物。

也许有人会觉得，既然刘晏不是个道德家，那他可能也是个贪官。确实，历史上那些灵活而又才能的人，基本上都会中饱私囊，不会亏待自己。但刘晏恰恰是个例外。刘晏死后被抄了家，却发现他家里居然并无余财，只有几石米麦，这确实令天下人震惊。

对他的清廉，他的亲人更是心里有数。他有个妹夫，曾经偷偷地给他家做了一个门帘，但是好几次拿到他家门口，又退了回来，终于没有送出手。这个故事虽然小，但真真切切地反映了一个事实，刘晏是真清廉，绝对不是做表面功夫。

皇帝的防范

刘晏对于唐朝可谓立下了天大的功劳，可皇帝给他的回报却不够相称。刘晏在宝应二年（762）当上了吏部尚书、同中书门下平章事，这是他唯一一次入相。两年后罢相贬官，随后又重新主持财政大局，兢兢业业地干了十六年。

在这十六年中，刘晏是大唐不可或缺的顶梁柱，可他的官位并不高，大历元年（766）是户部尚书，大历四年（769）升为吏部尚书，大历十三年（778）升为左仆射这样的虚职。难道他在十八年前可以做宰相，而后来十六年的功绩都不足以做宰相吗？

同其他天才人物一样，刘晏的付出是异于常人的。他每天从早忙到晚，工作时间超长，而且假日也不放下工作。每天上朝的时候，也骑在马上思考工作。而且，他所有的事情都是当天完成，不会留到第二天。

代宗应该最清楚刘晏的价值和地位，所以一直信用他主持财政。那么，代宗是有意不让刘晏当宰相的了？这种防范，也有一定的道理。这些年内，刘晏虽然没有再任宰相，但长期担任财政使职，是朝廷的"钱袋子"。在皇帝看来，刘晏的能力如此突出，无人可及；而且他人脉极广，各路人马都有交情。这一切使得刘晏在朝廷上的地位和人望，都足以压宰相一头了，以至于史书上评论说刘晏"势轧宰相"。对此，皇帝不能不有所防范。

刘晏自己当然是忠心耿耿，不过代宗却应该一直记得他和程元振交通的事。以刘晏这样的才智、人脉，如果他有野心，那无疑会是一个可怕的人物。从代宗的角度来说，压着刘晏不让他出头，未尝不是一个好办法。

仅就这样倒也罢了，麻烦的是，代宗还要给刘晏下套子。大历十二年（717），他让刘晏主审元载。为什么说这次审元载是个阴谋呢？

代宗皇帝表面看起来虽然宽仁明恕，但骨子里却是个阴鸷之主，玩弄权术是很拿手的。代宗朝，李辅国、程元振、鱼朝恩、元载，这三个权势熏天的宦官和一个权相，都死在了他手里，而且基本上都是用后一人之手除掉前一人，一切都在代宗的掌控之中。

除掉元载，是代宗的主意，也是他一手布置的，根本不关刘晏的事。但是代宗偏偏要让刘晏来主审。当时刘晏既非宰相，也不是掌管刑狱的官员，代宗之所以让刘晏来做这个事，除了想掩盖自己之外，可能还打算给刘晏树立一些敌人。事实上，代宗硬拉刘晏下水，果然给刘晏带来了杀身之祸。

两年之后，代宗去世，太子李适继位，是为德宗。所谓一朝天子一朝臣，德宗上台，自然任用新人。在这样的背景下，刘晏就请求辞职。实际上，早就有人公开表示，刘晏久居重任，威权过甚。不过德宗没有准许刘晏辞职，反而加任他为关内、河东转运盐铁及各道青苗使，基本上把所有有关财政的使职都加给了刘晏。从这里看，德宗是相当看好刘晏的。只不过，德宗新任的宰相杨炎，却很是痛恨刘晏。

　　杨炎为什么痛恨刘晏？因为元载。元载是杨炎的恩人，而且他认为刘晏也受过元载的恩惠，但却主审元载案件，这无疑是叛徒行径，是恩将仇报。所以，杨炎要为元载报仇。

　　杨炎文人气质很重，而且恃才傲物，性格特别偏激。有个故事也许可以说明他不顾一切的冲动性格。杨炎第一次做官，是当河西节度掌书记。当时有个叫李大简的同僚，早前曾经在酒醉之后侮辱过杨炎，杨炎一直怀恨在心。有一次杨炎找到机会，把李大简绑住后，拿铁棍猛打了二百下，血流了一地，李大简奄奄一息。

　　杨炎是元载同乡，而且他的文学才望也非常出众，所以元载就大力提拔他，他一时官运亨通。元载倒台时，他也被牵连而贬为小官，这已经是深仇大恨。

　　其实在这之前，杨炎就对刘晏积怨已久。大历九年（774），杨炎做上了吏部侍郎，他的上司就是吏部尚书刘晏，二人同在一部，难免磕磕碰碰。有一段时间，刘晏任用令狐峘判吏部南曹事。令狐峘每次分阙的时候，一定选那些好的官阙送给刘晏，不太好的送给杨炎，杨炎心中很是不平。

　　奇怪的是，后来杨炎做宰相了之后，对令狐峘很大度，并没有报复他，而刘晏却成了他一心除去的对象。这说明杨炎对付刘晏，还有争权的因素。实际上，当时前任宰相常衮就已经感受到刘晏"德高望重"的压力，将他升为左仆射的虚职，想要借此架空刘晏。杨炎相对刘晏而言，是个新进之人，原来还做过刘晏的副职，名望人脉也都远不及刘晏。面对刘晏，他自然会感到很大的压力，甚至还会带有一些妒忌之心。对于令狐峘，杨炎是有优势心理的，所以也就轻轻放过了。

更重要的是，杨炎计划推出一种新的税制——两税法，这就涉及财政经济领域。当时不仅财政大权在刘晏手里，而且整个财政系统基本上都是刘晏一手打造出来的，可以说这块就是刘晏的势力范围。杨炎如果想顺畅地推行新税制，必然要和刘晏合作，或者干脆将刘晏取而代之。显然，后一个方案是杨炎期待的。

建中元年（780）正月，下诏定两税法的时候，刘晏被罢去使职；二月，杨炎上《起请条》，制定详细的两税法条款，刘晏被贬为忠州刺史；三月，杨炎就将原来的财政使职系统都废除了，做了大调整（调整很不成功，很快又恢复）。这些绝对不是一种巧合，而是杨炎争权的确凿证据。

刘晏虽然主持财政多年，但他是个不折不扣的清廉官员，行为端正，口碑极好，就像一个没有缝的鸡蛋。于是，杨炎绞尽脑汁制造了一个"动摇东宫"的政治罪名，安在刘晏头上。

在德宗李适当太子的时候，代宗很宠幸妃子独孤氏，也因此喜爱她的儿子韩王。当时就有一些人想鼓动代宗立独孤氏为皇后，以此来动摇李适的太子之位。这种政治阴谋在唐代层出不穷，杨炎根据当时的一些传闻，认定刘晏也参与了这个阴谋，要求将刘晏处死。立储之事，是最大的忌讳，对皇帝来说，宁可错杀一千，不可放过一个。这个借口，算是很有效了。德宗不一定真的相信，不过也同意将刘晏暂时贬官，贬为忠州刺史。[1]

1　忠州在今重庆市忠县，地处三峡腹心，历来是贬官之地。贬到此处的名人，除了刘晏外，还有陆贽、白居易。

"天下冤之"

刘晏不明不白地被贬官，所有人都替他抱不平，包括宰相崔祐甫、大臣朱泚、崔宁等，其中崔宁尤其积极。朱泚本是河北幽州节度使，崔宁本是西川剑南节度使，此时都入朝为官。崔宁本来与元载长期结交，是元载一党的，所以也和杨炎关系很不错。但这个时候他偏偏站出来极力替刘晏辩护，让杨炎特别生气——自己人也反对自己。这个事情也充分说明，刘晏在朝中的人脉实在是太深了。

认识到这点之后，杨炎就更欲除之而后快。因为刘晏翻身的机会很大——仅仅贬到忠州做刺史，在官场来说，是小菜一碟。于是杨炎又布置了一个阴谋。

这次杨炎安排了庾准去做荆南节度使——当刘晏的上级（忠州归荆南管辖）。庾准向来和刘晏有矛盾，心知肚明的他到任后马上"收集"刘晏的黑材料。很快他就报告说刘晏给朱泚写信，请求救解，书信中有很多"怨望"之词，这是不敬之罪。更严重的是，他还搜集了许多罪证——训集军人、擅取官物、胁迫诏使等，都证明刘晏要谋反啊！宰相杨炎当然很热心地站出来"作证"说，这些指控全部属实。

鲁莽冲动的德宗皇帝居然稀里糊涂地相信了，就这样，刘晏居然以"谋叛"的罪名被下诏处死。刘晏可以称得上是唐代最优秀的官员之一，能力、操守、功绩，都是上上之选。可这样一个人，居然以一个莫须有的罪名给处死。史书上说，"天下冤之"。

这个事件，当时就引起了非常大的舆情，就连不服中央管辖的强藩都站出来喊冤。尤其是淄青节度使李正己，上表要求公开刘晏的罪名，甚至因而"指斥朝廷"。杨炎没有料到会带来这样大的反应，一时慌了神，因为他深知那些罪证都是诬陷之词，完全站不住脚。于是杨炎又走了一招臭棋，他派了一些心腹之人，到各个藩镇去解释此事，说杀刘晏是德宗自己的决定，不是杨炎想干的。这是典型的推过于上。于是就有人向德宗密报，德宗很生气，特别派了人去向李正己核实。得到回报，果然如此。德宗这下可动了杀心，明明是你干的破事，还要我来背黑锅，实在太可恶了。于是第二年，杨炎就被撤职并杀了头。[1] 刘晏被杀，后续影响非常深远，特别是使得唐王朝的公信力大大下降。建中初年，野心勃勃的德宗希望能平定所有强藩。但强藩都说："刘晏这么大的功劳，都被杀了，何况我们这些人呢？"结果德宗终于是以惨败收场，可算是一个报应。武宗的宰相李德裕曾经就向皇帝进谏，说因为错杀了刘晏，使得"两河不臣者由兹恐惧，得以为辞"，就是让藩镇从此对中央朝廷心怀恐惧，离心离德。

　　刘晏被杀带来的影响如此之大，鲁莽的德宗恐怕是怎么也料不到的。贞元年间，德宗终于替他平反了，也算是迟来的后悔吧。

　　宋人对刘晏的评价也很高，但主要都集中在刘晏高明的财政能力上。因为宋代虽然富裕程度明显超过了唐代，但是财政赤字很严重，有积贫之弊。虽然也经过王安石变法等改革，但财政终

1　杨炎的死，后来人都认为是卢杞为刘晏报仇。这样，故事就变成了"刘晏杀元载，杨炎报仇杀刘晏，卢杞复仇杀杨炎"冤冤相报的故事。元载和杨炎一党，而刘晏和卢杞一党，此乃皮相之论。

究捉襟见肘，大概宋人非常期待有刘晏这样一个钱袋子。

但是宋人对于刘晏的一些不那么"君子"的行为，也有微词。比如说刘晏"多任数，挟权贵，固恩泽，有口者必利啖之"。意思就是，刘晏通过行贿方式，结交权贵，以及讨好有名望之人，尽量给自己减少阻力，并控制舆论。有人甚至认为，这是刘晏行为不够君子，导致最后被杀的原因。宋代有王安石，他才能极佳，眼光深远，意志坚定，但他同时也是个君子，甚至是个书呆子，刘晏的这些"灵活"做法，他肯定是不屑为之的。结果王安石遭到的反对是如此之多，变法是举步维艰，效果也不太好。

刘晏虽然在宋人眼里不是一个道德完人，但是他的道德水准远高于绝大多数人。他的道德不是说出来的，是做出来的。特别让人惊叹的是，作为大唐钱袋子的刘晏，居然是个地地道道的清官——有他的家产为证——只有几石米麦。刘晏死后，杨炎还不罢休，要将刘晏抄家，他大概猜测刘晏家产丰厚，敛财可以成为他的一个污点。等手下将刘晏家财产登记完毕，杨炎真的无话可说了。两柜子书，几石米麦，这就是刘晏的家产！

刘晏，是大唐的钱袋子，帮唐朝渡过了最低谷的阶段。只可惜，如此大才未能得到善待。刘晏被杀，当时天下冤之，今人思之，尚有余恨。

第十二章
李晟：虎父无犬子

一箭射出万人敌

玄宗时期的唐朝，武功鼎盛，拓地万里。不过唐朝始终有一个极为强悍的对手——吐蕃。唐代的名将，除了开国功臣之外，几乎都与吐蕃交过手，胜负也对半开。玄宗时期算是压了吐蕃一头，但也充满了血雨腥风。

王忠嗣是玄宗时期的名将，他驻守河西的时候，屡次与吐蕃交手。有一次，唐军攻打吐蕃的一个城堡，有个守城的吐蕃猛将射术高超，射杀了无数进攻的唐军。王忠嗣见状大怒，于是在军中发布召集令，让善射的战士来对付他。这时候，一个叫李晟的战士应声站了出来。只见他弯弓搭箭，但听一声霹雳，箭已离弦。再看那边，原来还气势汹汹的吐蕃将领，已一头栽倒。李晟一箭中的！三军为之沸腾欢呼，士气大增，一鼓作气攻下了城堡。王忠嗣眼见这一幕，也不由感慨，他抚摸着李晟的后背，说："小伙子，你可真是万人敌啊！"

这件事发生在天宝五载（746），这年李晟才十九岁，是一个刚刚从军的新丁。

就是这个年轻人，在此后的岁月中，一次次为唐朝立下战功，最后居然成了唐朝的救难功臣，挽狂澜于既倒，《旧唐书》称赞他是"一清宫掖，德比伊、周；再殄凶渠，功超卫、霍"。这个话有点夸张，不过后人确实经常将他和"再造唐室、平定安史"的郭子仪相提并论，认为他曾经挽救了唐朝。特别是宋代开始，他地位上升，乃至取代了李勣"十哲"的地位。李晟在庙堂之上地位如此之高，但名声却不大，后人历数名将时很少提到他，不要说卫、霍，就是比郭子仪也远远不如。之所以出现这种反差，是因为李晟的政治加成极多，大幅度拉升了其军事地位。[1]

李晟可以称名将，但与军神还差得很远。他最重要的功劳——收复长安，多少来得有点虚，算是捡了个大便宜。而他庙堂地位高，关键在于身份，李晟是神策军将领，是皇室军队的代表人物，而且他一直"政治正确"，忠心不二。所以他就成了唐皇室全力打造的榜样——名将加忠臣，所向无敌。

从李晟的成功之路中可以清楚地看到，唐后期皇帝为了打造一支真正属于自己军队——禁军，是多么努力。

李晟虽然军事地位虚高，但他有个好儿子叫李愬，此子比他更配得上名将的头衔。"李愬雪夜入蔡州"，堪称古今军事史上最精彩的一次奇袭，历来被军事家津津乐道。而且这次奇袭，是唐

1　其实郭子仪也是如此，他的军事才能远不如李光弼，但历史地位比李光弼高很多，也有很大的政治加成。

宪宗元和中兴关键、平淮西之战的点睛之笔，就重要性来说，在唐后期无出其右者。

这对父子，一同为大唐皇室效忠，功劳赫赫，前后辉映，真算得上"虎父无犬子"。唐前期，薛仁贵开创了一个"薛家将"；唐后期，可与之媲美的大概就只有"李家将"了。单论功劳的话，李家军比薛家将要大得多。

李晟，字良器，洮州临潭（今甘肃省临潭县）人。洮州，又称临洮郡，秦朝长城的西端就在这儿，所以这里是秦的西境。到了唐后期，也是唐朝的西境，是唐朝和吐蕃的交界处。

所谓临洮，就是临着黄河的支流洮河。洮河发源于吐蕃，流出高原后进入唐朝，最后汇入黄河。沿着洮河上溯一点，在唐前期的唐蕃边境上，就是著名的神策军原始驻地。后来，李晟在神策军杀出一片天，率神策军立下不世功勋。他和神策军的缘分，可真不是一般的深厚。也许早在他出生的时候，这份缘分就注定了。

临洮属于陇右。陇右在陇山之西，大致地区相当于今天的甘肃省。玄宗时期，设陇右节度使和河西节度使，驻防河西走廊，共同遏制吐蕃的东北部。

李晟家在边境，世代从军。实际上，陇右从汉代起就是出将才的地方。汉武帝时候的禁军大部分出自这里，号称"六郡良家子"，可知此地民风彪悍，自古尚武。再加上这里长期是争战之地，从军是很自然的事情。不过李晟的祖父李思恭、父亲李钦，都只是陇右的裨将。所谓裨将，就是小将、副将，估计功劳不大。有人根据流传至今的《李晟碑》说，李晟的祖上做过不小的官。

确实，《李晟碑》上记载，李晟的曾祖父、祖父都曾当过刺史、都督之类的官员，那级别确实不低。但仔细看这些官名，都是诸如岷州刺史、叠州都督之类，岷州、叠州都是洮州邻州，是李晟本乡。显然，这些官衔是因为李晟飞黄腾达之后，朝廷给予祖先的赠官，用以彰显荣耀而已。

李晟很小的时候，他的父亲就去世了。李晟家乡旁边，就是李唐皇室的老家——陇西成纪。李晟自幼失祜，后来皇帝为了表示恩赏，就让李晟家入皇家属籍，也就是说，承认李晟家和皇家是本家。这是李晟家族的至高荣誉。

李晟自然是从小习武，练就一身好武艺，善于骑射。史书上说他性格"雄烈"，所谓雄烈，就是说性格刚烈，但并不鲁莽，而是很有英雄气概。而且还提到他"有才"。所谓有才，当然不会是有文才，而是指他比较有头脑，是个帅才。总之，从各个方面来看，李晟有名将的底子。

李晟十八岁时，就去投军了。

他刚投军，就遇到了好机会。就在这一年的九月，陇右节度使皇甫惟明与吐蕃战于石堡城，大败而归。玄宗很生气，将皇甫惟明贬官并处死，这还不够解气，玄宗需要一次大大的军事胜利，才能平息怒气。于是皇帝指派了一个新的前线指挥官，这就是大名鼎鼎的王忠嗣。此前，王忠嗣在北方战线上表现十分优秀，可谓四十多年来最出色的唐军将领。于是王忠嗣被任命为河西、陇右节度使，而原来所领的朔方、河东两个节度使，也没有解除。这样，王忠嗣一时身兼四镇节度使，可谓是空前绝后。

　　王忠嗣走马上任后，立刻发动了一次报复性的战役，与吐蕃战于青海、积石两地，皆大捷；又征讨吐谷浑于墨离军，虏其全部而归。就是在这次战争中，李晟一战成名，出现了开头"万人敌"的一幕。

　　被主帅王忠嗣看上了，似乎预示着李晟将前途无量，有靠山，好升官。但可惜的是，靠山王忠嗣自己很快就倒了。第二年，也就是天宝六载（747），王忠嗣就被李林甫暗算，给撤了职。哥舒翰被任命为新的陇右节度使，而安思顺则接任河西节度使。此后的十多年内，李晟似乎失去了踪迹。要知道，这段时间，正是唐朝和吐蕃连番打仗的十年，唯一的解释就是，李晟没有被重用。

　　但是乱世之中，英雄必然会有用武之地。李晟的崛起，只是时间迟早的问题。

奇袭定秦堡

　　天宝十四载（755），安禄山叛乱，石破天惊！唐朝西北的大批精兵都东赴前线，参与平息叛乱的战斗。在失去大部主力部队的情况下，陇右、河西的留守军队根本抵挡不住吐蕃的进攻。所以，不久之后，李晟随河西、陇右的留守军队，撤出了河西走廊，驻扎到关中地区。

　　虽然军队撤回关中了，但编制依然保留。陇右、河西、安西（四镇）、北庭等节度使并没有取消，不过都只能暂时侨寄在西线附近的州县中。其中陇右军队就驻扎在凤翔。凤翔包括今宝鸡一带，是长安西部最重要的战略要地。而陇西之地尽入吐蕃之后，凤翔已经成为面对吐蕃的最前线，身后不远就是长安，凤翔的重要性可想而知。

因为军队在凤翔的地盘上，所以，陇右军实际上归凤翔节度使管辖。之前默默无闻的李晟被凤翔节度使高升看中了，这位未来的将星终于脱颖而出，回到了他原本的人生轨迹上。

最初，唐朝在西线遇到的主要麻烦反倒不是吐蕃——他们此时还在消化刚刚占领的大片地盘呢。唐朝的麻烦来自羌人和党项人，他们本来是夹在唐朝和吐蕃之间的。

羌和党项集中在唐朝西部的陇右一带，原来都臣服于唐朝，建了很多羁縻府州。天下大乱后，唐朝自顾不暇，对此地也失去实际统治力，而吐蕃一时也还没来得及控制这一带，于是党项和羌就趁机四处活动，对唐朝西线的骚扰相当严重，甚至一度攻入凤翔。李晟就是通过镇压党项和羌作乱，逐步积累军功的。

李晟先是出击"叠州叛羌"于高当川，又攻打宕州"连狂羌"于罕山。叠州、宕州，原来都是陇右道的州，羌水流经这两个州，从名字就可以知道，这里是羌人聚居区。此地在李晟老家洮州的南面，对这一带的地理环境、民族情况，想必李晟是相当熟悉的。他领兵攻打这个地区的羌人，也算是恰到好处。

这些战功并不显眼，但积少成多，李晟很快就升到了左羽林大将军。这是正三品的官，在唐前期，有这个头衔的都是宿将了。不过这是非常时期，朝廷大力奖励军功，所以"大将军"这种头衔也就相当普遍。按理说，在武官的序列中，官至大将军基本已经升到顶了，再立功的话，该怎么奖赏呢？接下来，高级武官就会转到文官序列里来，继续升迁。

广德初年，李晟又因为击党项有功而升官，被授特进、试太常卿。特进是文散官，试太常卿则属于试官，太常卿是三品文官。因为是试官，所以并不能实际上任，纯粹是虚衔。当然，这个虚衔的品级地位都算比较高了。

代宗时期，朝廷终于平定了安史之乱。可还没等唐朝喘口气，唐朝最大的外部敌人吐蕃再次压过来了。之前吐蕃没有发动大规模攻势，一是内部需要调整，就在安史之乱爆发那年，吐蕃旧的赞普去世了，新任赞普赤松德赞需要花些时间稳固地位；二是要将占领的唐朝河西、陇右乃至安西、北庭等大片土地消化掉。虽然唐朝从河西走廊撤军了，但安西和北庭还有一小部分唐军继续留守，他们对吐蕃的进攻进行了异常顽强的抵抗。最顽强的唐军据点一直坚持到德宗贞元时期，这些完全与唐朝本土隔绝的孤军，堪称军人之光，可歌可泣。

代宗初年，唐蕃重新确定了边境。这条边线，差不多是今天陕西和甘肃的分界线再往西一点，可以分为北、中、南三段。北段基本沿着黄河一线，主要据点是灵州（在今宁夏银川一带），即朔方节度使的总部所在。中间段则是从今固原到今天水一线，有三个节度使的地盘接境，一是庆州、宁州，属于邠宁节度使；二是泾州、原州，属于泾原节度使；三是陇州，属于凤翔节度使，在今天甘肃天水一带。南段与吐蕃接境的有凤州（今陕西凤县）、文州（今甘肃文县），属于山南西道节度使。

这条分界线上有五个节度使辖区，中间三个节度使防区特别重要，因为后面不远就是长安。这里的防线一旦被突破，那吐蕃大军就很容易兵临长安城下。

广德元年（763），长安城就不幸被吐蕃攻占过。这一年，吐蕃在例行进攻泾州的时候，意外俘获了刺史高晖，高晖为了活命，投降了吐蕃。更麻烦的是，他还当上了吐蕃大军的向导，有了带路的人，吐蕃大军一路畅通，突破防线，直逼长安城。唐朝根本来不及召集勤王的军队，空城计也不敢唱，唐代宗仓皇出逃，一口气逃到了陕州。此时在陕州驻防的就是神策军，后来神策军护送代宗回到长安，也就在长安驻扎下来了。

代宗痛定思痛，决心大力发展禁军，以便自己手里也能掌握一支可靠的、有战斗力的军队——这支禁军就以神策军为底子。就这样，神策军最早在洮河，后来到陕州屯驻，因为历史的巧合，从边防军变成了中央禁军的主力。不久之后，李晟就进入了这支中央军队。

回到长安，惊魂稍定的代宗重新部署了西线的防守，其中凤翔节度使一职，改由李抱玉担任。李抱玉是平定安史之乱的一员名将，战功显赫，忠心耿耿。

李抱玉刚上任，就任命李晟为右军都将，他成了军中的主要将领。大历三年（768），吐蕃再次大规模进攻，这次主攻的方向是北段的朔方灵武。吐蕃出动十万大军，再加上侧翼的二万人马，一齐进攻中段的邠州。南北两路大军来势汹汹，形势十分紧张，长安也一度戒严。作为凤翔节度使，李抱玉自然要出兵协防，不过他没有直接派兵正面堵截，而是玩了一招"围魏救赵"的巧计。

他要围的"魏"，是吐蕃在洮州的定秦堡。定秦堡是吐蕃吞并了唐朝土地之后新建的一个堡垒，所谓的"秦"就是指唐朝，定秦堡，有"志吞秦土"的含义，显示了吐蕃的野心勃勃。这个定秦堡就在唐蕃古道上，显然是吐蕃的军事要塞。

这条道路，可以从青藏高原上顺着洮河下来，离渭河上游很近。所以，吐蕃先利用洮河运输军粮军资，经过一小段距离的陆路运输，就可以转入渭河，再顺渭河东下，就能直达前线，因为渭河直通长安。总之，定秦堡就是一个吐蕃军队的军粮物资的中转站，是作战的大后方。奇袭定秦堡，类似于官渡之战中，曹操奇袭乌林，烧掉袁绍的军粮。

计策定好，还需要一员猛将来实现。毫无疑问，最佳人选就是李晟。因为这次作战要深入敌后，更像是游击战，所以熟悉地理环境是第一要求。李晟就是洮州本土人，而且此前他领兵打击羌和党项，转战于叠州、宕州，对这一带的情况了如指掌。

李抱玉一开始打算给李晟五千人，李晟却回答："这次任务，如果要力取的话，那五千人就不够；如果要巧夺，那五千人就太多了。"他请求只带一千人，既然是巧取，那就在精不在多。

李晟的这次奇袭是从过大震关开始的。大震关处于陕西、甘肃的交界线上，出大震关就是天水的清水县，再向西南行60千米，便到了天水。天水就在渭河上游，顺着渭河河谷一路向上走，可直达渭河源头。渭河源头离洮河只有咫尺之遥。

这一路上走的都是唐蕃古道。但可能因为吐蕃大军倾巢出动，留守力量非常有限，更可能是吐蕃没有料到大兵压境的情况下，唐朝还能派出奇兵突袭，所以李晟一路顺利前行，成功到达了定秦堡。

在激烈而短暂的交战之后，李晟攻克了定秦堡，并俘获了首领慕容谷种。从"慕容"这个姓氏上看，这个首领很可能是吐谷浑人。进一步推测，这支镇守定秦堡的后方军队很可能也不是吐蕃军队，而是吐谷浑的军队。

最后，李晟一把火将定秦堡积聚的物资烧了个干干净净。定秦堡是吐蕃重要的粮草储存点和转运中心，物资被烧后，吐蕃前线的供给肯定会出问题。因此，吐蕃听到这个消息后，当即撤兵了。不久，长安也解除了戒严，唐朝又度过一次潜在的危机。

这一战，打得非常精彩。孤军深入敌后，成功打击战略目标，是一次极为有效的突袭。凭着这一役，李晟完全有资格进入大唐名将之列。

这次战役的成功，不由得让人想起李晟儿子李愬的经典之战——雪夜入蔡州。从重要性而言，自然是李愬的这次更加经典。但李愬此战，会不会有他父亲李晟的影子呢？如果说，这真的是儿子继承了父亲的军事思想，那我们对这次奇袭经典之作的理解，就更有趣味了。

经过这次战功，李晟又升官了，迁开府仪同三司。这是个从一品的文散官，不过已经是文散官最高品级了。至此，李晟也算位极人臣了。但是，他前进的脚步，还远远没有停止。

进入神策军

立下这次战功不久，李晟换防了，从凤翔节度使麾下调到泾原节度使麾下当大将。当时安西四镇、北庭两节度使的编制都在泾原，李晟到了泾原后，就以右金吾卫大将军的身份，担任泾原、四镇、北庭兵马使。

之所以要调李晟到泾原，可能是想调和安西四镇和北庭的这批军队。安史之乱爆发后，这两支军队万里远征，来到中原。作为客军，他们本来就无固定驻地，已经来来回回地换防了好多地方，将士们辛苦疲惫，早已牢骚满腹。大历三年（768），为了加强泾原的军事实力，再次将这批军队换防到泾州，将士们已经忍无可忍，于是策划了一次作乱。幸好当时的都虞候段秀实英明果断，提前制止了谋乱。不过这次引而未发的阴谋活动并没有平息将士们的怒火，终究还是留下了隐患。马璘将李晟和其他镇的将领调来泾原，就是为了调和矛盾。[1]

在泾原期间，李晟表现出色，获得了很高威望。有个故事提到，后来李晟率神策军和叛乱的泾原将士作战时，总是穿着锦衣，很是显眼。李怀光觉得很奇怪，因为这种战场上自我标异的做法是军中大忌。李晟却回答，自己当年在泾原待过，而且在军士中威望很高。现在他就是要特别穿这身旧衣服，以起到震慑敌人军

---

[1] 在李晟的带领下，泾原镇这批将士还算稳定。可后来，这个隐患终于在德宗年间爆发出来，在长安酿成了一次极为严重的"泾原之变"。曾经的泾原兵马使李晟也因为平定这次动乱而成就了自己的不朽名声。

心的作用。这说明李晟是个很出色的领导人才，带兵很有一套，也不乏政治头脑。

在泾原镇期间，李晟还救过节度使马璘一命。大历八年（773），吐蕃再次以十万之众入侵泾州，唐败。马璘和吐蕃在盐仓会战，结果大败，陷入了重围。此时又是段秀实站了出来，组织败军去救马璘。李晟是援军中的重要人物，最终援军将马璘救了出来。不久之后，马璘就投桃报李，推荐李晟入朝，当上了神策军的将领。

这次入朝为官，对李晟意义重大，是他人生中一个最重大的转折点。李晟要不是成了神策军的将领，他未来可见的最好前景，也就是一个藩镇节度使，那他很可能就与后面那场救难大功无关了。因为这场功劳的背后，神策军本身就起着很微妙而关键的作用。

李晟进入神策军，刚好赶上了皇帝要大力建设禁军的好时机。自从安史之乱后，唐朝的战争都是藩镇的军队在打，与藩镇军力的日渐强大相反，中央禁军力量却一直不显，只能算是长安城的治安队伍。这让皇帝有心无力，十分郁闷。代宗将神策军带回长安后，就一心要将神策军打造成一支精兵。这支军队的目标，除了保卫长安、保卫皇帝，还要担负起对外战争，以及威慑藩镇的作用。

在李晟当神策军将领不久，就获得了一次立功表现的机会。这次又是打吐蕃，不过他的身份不同了。德宗继位后，吐蕃再次入侵，这次他们改变了策略，攻打南方的西川，扬言"吾欲取蜀以为东府"。如果吐蕃真的吞并四川地区，对唐朝威胁就太大了。朝廷动荡时，皇帝都会逃到成都避难，可以说，四川地区是对唐中央有特殊意义的战略大后方。[1]

但这个时候，四川地区一片混乱。之前在西川当节度使的崔宁，是个厉害角色，将西川整治得服服帖帖，几乎就成了他的独立王国。他后来入朝，就被软禁在了长安，朝廷不敢放虎归山。而失去了主心骨的西川军，面对吐蕃和南诏联军，节节败退，溃不成军。看来只有让崔宁回去收拾局面了？宰相杨炎认为万万不可，如果这次让崔宁回去，就算击败了吐蕃，那西川也将成为崔宁的天下，这和失去西川有什么区别呢？杨炎提出新的解决方案，由中央直接派一支劲旅去，这支劲旅由神策军当主力，再配以其他各藩镇兵力。杨炎的思路，正是德宗君臣一直在努力的方向：藩镇的问题，要由中央出面来解决！神策军就是中央力量的代表，养兵千日，总要到战场上检验一下。

在神策军中，李晟大概是实战经验最丰富的将领之一，尤其是他远袭定秦堡的战绩，足以证明他是一位善于长途奔袭的名将。所以这次德宗调拨了四千神策军，就由李晟率领。李晟军的目标是解决雅州、黎州（今川西高原甘孜一带）一线的敌军，这条线路不仅路途遥远，而且地势险要，行军难度极大。

李晟进军神速，很快越过"漏天"[2]，再过邛崃山，直逼黎州，经过激战，拿下了黎州的飞越三城[3]，击退了吐蕃、南诏联军。李

1　安史之乱中的玄宗、黄巢起义时的僖宗，都曾成功地到四川避难；后来德宗也打算逃往成都，只走了一半，这算半次。

2　漏天，指四川雅安。雅安地区是中国降雨天最多的地方，"漏天"一词倒是十分形象。

3　大渡河边上有飞越山，山上有飞越城、三碉城和孤城三座城堡，合称"飞越三城"。

晟率四千神策军精兵，漂亮地完成了任务。

随后，李晟跨越大渡河，继续往南追击。在唐朝全盛时期，大渡河再往南的嶲州（即今西昌地区）也都属于大唐，不过唐后期，唐和南诏以大渡河为界，大渡河以南地区就逐渐被南诏占据了。虽然李晟这次跨过大渡河追击并没有什么战果，但也足以扬威了。可以看到，唐朝即使在实力下降的情况下，也保持了勇猛精进的大唐雄风。[1]

虽然这次抗击吐蕃取得了胜利，但德宗还是积极谋求和谈，因为他的主要目标不在于对付外敌，而是首先要削平藩镇。

苦战河北

唐德宗的第一个年号叫"建中"，显示出了他要"重建中兴"的政治野心，再现大唐盛世的辉煌。德宗上台的时候是 37 岁，年富力强，而且他当过天下兵马大元帅，几乎是在战争中成长起来的，比较有武人气质。因此，他上台后，就对藩镇采取了强硬的姿态。

德宗的祖父肃宗、父亲代宗，对藩镇的政策都是相当软弱的，当时就有人批评说这是姑息政策。比如代宗时期，藩镇节度使经常十几年不换人，这自然会大大助长藩镇的割据倾向。德宗对此

1　多年以后的宋太祖，在听到入蜀的宋军前方战报说"已到大渡河"时，拿起手中的玉斧，在地图上的大渡河处划了一道说："就到这里，不要渡河了。"这就是"玉斧划界"的故事。从这里，可以看出唐宋人之不同。

早就心怀不满，于是继位之后，就打算改变这一状况。

　　本来，有雄心、有毅力是件好事，但也要懂得量力而行。德宗把削藩想得太简单了，他一心要实现目标，在获得了初步成功之后，不懂得恰当的妥协，只知道一条道儿走到黑。

　　另外，德宗相当鲁莽草率，还很固执，不太能听得进去别人的意见。这些缺陷，最终使得建中年间轰轰烈烈的削藩酿成了一场又一场的大祸，差点不可收拾。

　　但是李晟却是在削藩过程中一步步积累军功，成就名望的。

　　事情要从魏博节度使田承嗣的死讲起。田承嗣是安禄山手下的大将，也是后来藩镇割据最核心的人物。[1] 建中二年（781），田承嗣去世，他的儿子田悦想继位。割据藩镇时期，节度使父死子继，在代宗朝已经成了一个潜规则，皇帝向来不干涉。这也是藩镇势力确立的最重要的标志。但现在，德宗皇帝不想继续看到这种局面，于是他很强硬地直接拒绝了田悦继任节度使的请求。田悦非常不满，联络各方势力，暗中策划叛乱。双方关系紧张，一触即发。

　　同一年，成德节度使李宝臣去世了。[2] 德宗照样没有承认他的儿子李惟岳继任。终于，朝廷和割据藩镇的战争不可避免地爆发了。

　　这次动乱有好几个战场，但关键战场在魏博镇。魏博地处黄

1　《新唐书·藩镇列传》第一个就是他，堪称割据藩镇第一人。

2　所谓藩镇割据，并不是全国藩镇都割据，真正长期割据的只有"河朔三镇"，即魏博、成德、幽州。

河北岸，德宗就近派了河东节度使马燧和昭义节度使李抱真去镇压叛乱，另外还派遣了一支神策军的精兵，由李晟率领，与马燧、李抱真联手围攻田悦。这三位都是能征善战的名将，军队也是精锐之师，可见德宗志在必得。

战争初期很顺利，特别是洺水一战，三军用命，将魏博军打得大败，几乎全歼主力，形势一片大好。这时如果乘胜追击，消灭魏博并非难事。可是，李抱真却偏偏采取了消极作战的策略，他拖拖拉拉，不愿全力进攻。

这种行径叫"玩寇"，就是要留着一部分敌人，不能全给消灭了，否则以后就没有立功的机会了。"狡兔死，走狗烹"这句话，武将们最清楚不过。特别是在唐后期，藩镇军队出工不出力已是顽疾。安史之乱末期，平叛统帅仆固怀恩不愿将田承嗣等安史余部彻底消灭，终于留下了藩镇割据的祸根，也是这个原因。所以，只要皇帝还要用藩镇的军队，就无法彻底实现自己的目的，除非所有战役都由神策军来打。但这个时候，单靠神策军显然是不可能的。

总之，李抱真等人态度微妙，给了田悦一个喘息的机会。等他恢复元气，就联合了其他割据强藩的力量，再次反扑。洹水一战中，唐军大败，之后双方就陷入僵局，一直对峙。就这样，本来大好的形势转变为遥遥无期的磨洋工。这对李抱真等人来说是有利的，因为只要在打仗，他的军队就会有补贴。[1]不过李晟心里就很不是滋味了，他属于中央军队，这么干耗粮草说不过去啊。于是他要求换个战场，北上攻打幽州朱滔和成德王武俊。

1　唐后期，只要藩镇军队出境作战，就能获得大量朝廷补贴，类似于今天的出差补贴。

其实李晟也很清楚，幽州和成德都是强藩，并不比魏博更容易对付。于是他就领军围攻了幽州镇下的小县城清苑，想着好歹立点小功。可没想到，小小的清苑县也是块硬骨头，从正月一直打到五月，也没有能啃下来。随后，幽州节度使朱滔亲率援军，一战击溃神策军。

李晟只好退兵，退到定州后，一点想法都没有了。于是在这里从五月待到十月，从夏天待到了冬天。

从清苑一战来看，李晟和神策军战斗力似乎并不强。其实，这和整体形势、士气都有关。在当时的情形下，所有人都明白，单靠这一支神策军孤军，在河北战场是绝对没有可能打开局面的，败局已定。唯一有信心的，大概只有那有点偏执狂的德宗皇帝了。

一心觉得胜利就在眼前的德宗，此时已经进入疯狂的赌徒状态，他差不多把老底都掏出来了。自从战争打响，他一次又一次地把神策军派往全国各地的战场，前后率军的有阳惠元、莫仁擢、曲环、哥舒曜、尚可孤、刘德信等人。到最后，神策军已经无兵可派，以至于当时的神策军使白志贞提出，让曾经当过节度使的将领自己募兵，再由神策军将领刘德信带队，赴前线作战。仗打到这份上，危险随时会爆发。《资治通鉴》里说，此时"人心浮动"，大臣陆贽和段秀实都直接向皇帝提出过警告，德宗完全听不进去，其实危险真的临近了。

前线的胶着让德宗很是上火，但真正起火的地方却在他的大本营长安。一支本来要去河北前线的泾原军队，在路过长安时，突然爆发了叛乱。仓促之间，德宗逃到了长安西北的县城奉天。叛军尾随而来，围攻奉天。对唐朝来说，这次危机甚至比安史之乱还要凶险，因为这次皇帝本人被围困孤城。

此时，在定州无事可做的李晟，突然收到了一份十万火急的圣旨——泾原兵变，皇帝出逃奉天，放下一切，立刻赶回去救驾！

奉天救驾

严格来说，奉天救难的功臣之中，就重要性而言，李晟并不是第一号人物。第一当属浑瑊，第二肯定要算李怀光，第三才轮得上李晟。不过李晟是最后的也是最成功的一个功臣。李晟就是让德宗皇帝吃饱的那最后一碗饭，所以他的光辉掩盖了前面所有人，几乎成了救世主。

这次平定泾原之变，对李晟来说，几乎是天上掉下来的机会。因为泾原兵变纯属意外，而且这桩意外居然是招待不周引发的。

德宗在几乎派遣了所有神策军去前线后，开始动用西部藩镇的军队，其中就包括泾原镇，征兵五千。泾原军队是防守吐蕃的重兵，居然也被调到东边去，足见德宗已经把所有的力量都用上了。

十月三日，泾原军来到了长安城外，统帅军队的节度使姚令言离开大军，单独进长安城内，他要去面辞皇帝。招待这支军队一事，则由京兆尹负责。可能是因为当时战争不断，财政困难，也没有太多余粮了，也可能是因为过于马虎，总之京兆尹对泾原军队的招待很是不周，说是犒赏军队，结果端上来的都是粗茶淡饭。这与泾原镇将士的期待相差太远。他们本来期待有很多赏赐，所以这次出征，军队中还有很多"子弟军"，都是准备吃奖赏的。[1]

这支泾原军本来就很有骄兵之风，面对粗茶淡饭，失望迅速变成了怒火。一干将士当场就踢翻了案桌，嚷道："我们就要上前线去送死，居然还吃这等猪食！"愤怒的情绪来回激荡，很快就成了熊熊烈火，整支军队一下变成了红眼的公牛。众人恶从胆边生，干脆打到长安城去，打到皇宫去，亲自去要钱！于是，大队人马转换方向，朝长安城奔去。城里的姚令言听说后，急忙跑出来制止，但已经完全控制不了愤怒的将士了，反而被裹挟着去攻城。德宗皇帝急忙又派中使（宦官使者）来赏赐他们，每人两匹绢！将士们被气得发笑，这是打发叫花子呢？他们纷纷拿箭射中使。

其实德宗皇帝此时已经没有军队可用了，只能赏赐财物。禁军主力早就派往前线，剩下的都是些无赖市井之徒。因为当时禁军收入特别高，所以有大量长安人通过行贿进入禁军，他们拿着饷银，却完全没有军人素质。所以当时事情危急，皇帝急召禁军，居然无人听命！

就这样，德宗皇帝仓皇逃往奉天，而叛军异常轻松地进入皇宫，然后开始大肆劫掠宫中库藏。他们抢得满足了之后才回过神来，这下闹大了，怎么收场呢？姚令言自己就是被胁迫的，他

1　唐后期，军队的编制都是定额的，称为"官健"，相当于"正式工"。不过作战的时候，士兵数量数往往会超过正式编制，这些新增人员相当于"临时工"。虽然他们不能领军饷，但朝廷会发给他们很多补贴。当然，这些人基本上都是"正式工"的子弟，所以称为"子弟军"。在有些情况下，子弟军人数甚至超过官健。比如李怀光的军中，正式编制军人只有五万，而子弟军就有十万。

也没有主张。不过他知道该找谁，找朱泚。朱泚原来做过泾原节度使，更重要的是朱泚的弟弟朱滔，现在正是河北的叛军首领。[1]显然，当时的形势，朱泚是能说得上话的人。

朱泚一开始也颇为犹豫，但很快，他手下幽州兵纷纷叛唐，从各处投奔于他，一时声势浩大，兵强马壮，给他吃了定心丸。[2]八日，朱泚干脆称帝了，登基后第三天，朱泚亲自率军猛攻奉天。

此时唐德宗和大唐朝廷，可谓内外交困，岌岌可危。除了近处朱泚打出了旗号称帝，远处河北一带的强藩也连成一气，纷纷称王，更狠的还有淮西李希烈，也自立为帝。[3]

忠于朝廷的藩镇，此时也多进入了观望期。东南一带的节度使都固守本镇，按兵观望。西北诸藩镇，虽然也有部分勤王，但大多出工不出力，以徘徊观望为主，甚至就连神策军也没有起到应有的作用。神策军中最早赶回来的一支就是刘德信军，他在十月十九日就从汝州回来了，一直驻扎在东渭桥，当时的物资转输都集中在这里，算是守住了军资。但对十万火急的奉天之围，显然是没有起到应有的作用。

当然，以刘德信的军队数量，直接对抗朱泚军队必败无疑，甚至李晟率领的神策军主力也远不足以平叛。实际上，李晟的军队是在十一月二十九日才"赶到"的，这离收到救驾的命令，已经过去了四十多天。在救援诸军中，算是到得最迟的，比李怀光

1　朱泚本是幽州卢龙镇的节度使，后来入朝投诚了，可见朱泚本是想效忠朝廷的。

2　朱泚入朝的时候还带了一支幽州军，基本上都被安置在西北一带。

3　如果只是称王，那还是有余地可以挽回；如果称帝，那就是你死我活，不死不休了。

还晚九天。

从十月十日开始，朱泚的军队猛攻奉天小县城，一直打到十一月二十日，前后有四十天之久。在这最困难的阶段，奉天城内军队的全权指挥是浑瑊，他的英勇顽强和智慧，为坚守住奉天立下了第一战功。

朱泚军队的进攻无疑凶猛无比，最后的一次进攻，甚至箭都射到了德宗皇帝身前三步之遥，让皇帝大惊失色。在这最紧要的关头，救世主李怀光拍马赶到。[1] 李怀光虽然路上用了几乎一个月的时间，但他一路上招兵买马，等出现在战场上时，已经有五万之众，加上子弟军，实际人数居然达十五万之多，可谓是声势浩大。朱泚听到李怀光军的战鼓声，不觉从榻上滚落，而后立刻收军，退回长安。

时人认定，如果李怀光再迟到三天，奉天必然失陷。李怀光这次立下的功劳，可谓高比泰山。他率领朔方军及时到来，不仅改变了长安地区战场的态势，更重要的是改变了全国的政治态势。之前一直在观望的很多藩镇，一下子都改变了嘴脸，特别是东南藩镇，纷纷运输物资，"贡赋山积，争功效死，如百川之赴沧海"，唯恐落后。岌岌可危的唐朝，显然已经度过了最大的危机，朔方军再一次挽救了大唐。

第二年元旦，德宗皇帝改年号为"兴元"，并下了《罪己诏》，

1　李怀光是朔方军节度使。朔方军立功无数，军力强大，但正因为功劳大、实力强，才让朝廷一直对朔方心生忌惮，生怕朔方军中会出现第二个安禄山。

承认一切都是自己的错，并宣布免除朱泚之外所有叛将的罪过。[1]
这份《罪己诏》的政治作用非常大，一下子就把全国局势给扭转
了，同时也把朱泚给孤立起来了。后来李抱真入朝说，他听到了
这个《罪己诏》就知道"山东不足平也"。自此，德宗建中之战转
入第三阶段。

再造唐室之勋

第三阶段的战争，又掀起了新的高潮，李晟这才算真正登台，
开始大放光彩。

这一阶段最让人意外和不可理解的是，已经立下了不世之功
的李怀光，居然也"叛乱"了。他葬送了自己的前途，同时也给
李晟带来了一份不世之功。

李怀光的叛乱过程可以分为两个阶段。

李怀光和朝廷的对立，始于他和宰相卢杞等人的对立。李怀
光在救驾途中，就表示了对卢杞等人腐败无能，以致误国极为不
满。所以，尽管他立下大功，但德宗在卢杞等人的谗言之下，居
然没有接见李怀光，而是让他立即投入收复长安城的战斗。这让
李怀光非常之失望不满。他屯兵咸阳，根本不打算进攻，转而连
章上书，痛斥卢杞等人。最后德宗不得已为他贬逐了好多位大臣，

1　这个《罪己诏》是陆贽拟的。当时他是翰林学士，负责起草诏书，但在奉天之难时，
陆贽成为德宗最重要的秘书兼谋臣，重要性超过宰相。所以从陆贽开始，翰林学士
获得了"内相"的名号。陆贽的政论文非常出名，因此也成了苏轼的偶像。

包括他一直信任的宰相卢杞。[1]李怀光的诉求暂时得到满足，但双方的矛盾和猜忌已经无可挽回。

第二个阶段的主要矛盾，则来自军队之间的对立，就是李怀光的朔方军和李晟的神策军对立。

唐军围攻占据长安的朱泚时，李怀光算是总指挥，但实际上，众部单独驻扎，各自成军。其中李怀光军在咸阳，李晟军在东渭桥，后来李怀光为便于统一指挥，要求双方联营。两军联营后，又出现了大问题，导致双方矛盾加深。矛盾的关键就是两军军饷不同。

李晟军是神策军，属于中央禁军，所以历来待遇优厚，将士的军饷比地方藩镇高很多，这本来也不难理解。但问题是，现在双方都在攻打长安，做的是同一件事。况且作为藩镇军队的朔方军，战功赫赫，不久之前还解了奉天之围呢，可待遇却远不如李晟军，这就让人难以接受了。

当时还出现了一个很有意思的现象，李怀光军军纪很差，总是掳掠抢劫不止；而李晟军总是纪律严明，不干这种事情。不过，李怀光军常常要将劫掠的物品分给李晟军。李怀光军的这种表现，生动地反映了他们微妙的心理状态，他们希望两军互惠互利，平起平坐，甚至希望拉神策军下水，大家同流合污，只是李晟军从

1　卢杞是唐代著名的奸臣，陷害过很多人，最出名的就是颜真卿。卢杞被贬之后，德宗还很想将他召回，大臣们一致反对。唐德宗问："众人议论卢杞奸邪，我为什么不觉得他奸呢？"李勉回答说："卢杞奸邪，天下人都知道。唯有陛下不知，这正是他的奸邪之处！"李勉的回答可谓至理。

不接受。史书中记载了这个细节，自然是想说明李晟军比李怀光军纪律严明。这大概也是事实。但问题是，两军之所以有这样的差距，恐怕主要是因为他们待遇不同。

这个问题，德宗也看在眼里，他曾经让大臣来讨论解决办法。德宗先是希望各军都得到与神策军相同的待遇，可这完全无法做到，因为财政根本不能支持如此巨大的支出！这从一个方面说明，当时神策军的待遇是非常优厚的，实在超过藩镇诸军太多。

李怀光则提出另一个方案，即削减神策军的待遇。可见，李怀光的目的主要是希望平等，这样大家也可以达到心理平衡，他也可以给朔方将士一个交代。但这个想法也不可能实现。

在这种情形下，李怀光军消极怠工，一连几个月，攻打长安几乎没有进展。李怀光与朝廷的矛盾再次加深，同时李晟不停向朝廷进奏，认为李怀光要反。

果然，不久之后，李怀光公开声称自己已经和朱泚联兵，让德宗圣驾远避。居然一边造反，还一边让"圣驾远避"，李怀光的造反，也算是无比奇特了。不管李怀光怎么想的，他造反的事实已经认定了，于是德宗再次从奉天仓皇出逃，这次往南，一路逃到了梁州。

这时候，最危险的要数李晟的军队。这支军队正好驻扎在咸阳的李怀光和长安的朱泚中间，如果李、朱双方真的联手，左右合击李晟，那么神策军必将全军覆没。

后来的史书中，都将李晟描写得英勇顽强，坚强不屈，是力挽狂澜之人。李晟的忠心孤胆，固然值得夸赞，但有记载表明，当时李晟卑辞厚币，向李怀光示好。

其实，李怀光本身摇摆不定，并没有彻底和朝廷撕破脸，也没有真的和朱泚联兵，而是存了坐山观虎斗的心思。一个月之后，他主动退出关中，撤到了山西。李晟算是躲过一劫。

李怀光退出之后，关中地区就成了李晟和朱泚两军决战的战场。此时，李晟大大占优，关中地区各支军队已经全面包围了长安，现在都受李晟节制，统一指挥。而朱泚军队基本龟缩在长安一城，败亡只是时间问题。即便如此，唐朝的进攻还是很困难。为了尽快收复长安，德宗甚至还引来了吐蕃军队做外援，这实在是有点饥不择食了。

五月，在河北战场上，朱滔遭到决定性的失败，失去了最后一丝希望。趁此机会，李晟也发起了最后的总攻，一举攻破长安城。战争非常顺利，以至于史书记载说，攻下长安之后，"公私安堵，远坊有经宿乃知官军入城者"。胜利的消息传到梁州，群臣都表示祝贺，奏称："古之树勋、力复都邑者，往往有之，至于不惊宗庙，不易市肆，长安人不识旗鼓，安堵如初，自三代以来未之有也。"德宗也感动地说："天生李晟，为社稷万人，不为朕也。"

至此，泾原之变这一场大戏算是基本收场了。李晟虽然登台晚了点，却是收网之人。

收网的人

李晟的成功，是建立在李怀光的失败上。李怀光的军事功劳非常大，但政治上比较幼稚，犯了错误，这点无可推诿。但所谓的李怀光“叛乱”，是值得推敲的。

李怀光及其军队对朝廷不满是真实的，但说到要造反叛乱，有点言过其实。李怀光在反与不反之间，只能称得上跋扈。

首先他没有对德宗怎么样，他公开宣称“吾今与朱泚连和，车驾且当远避”。但是一个真心要叛乱的人，怎么会说这样的话呢？也有资料说他曾经派了一支军队追击逃往骆谷的德宗，但这些人中途居然逃走了。这也有点不可思议。

其次，与朱泚联兵之举，应该不是事实。可能李怀光曾经和朱泚沟通过，但很明显双方并没有合作。

李怀光的行为颇有奇怪和矛盾之处。究其原因，一方面他对朝廷很不满，这个不满，有他自己的不满，也有他部下军队的不满。实际上，他的属下有很多胡人，他们对唐皇帝的忠诚度是相当可疑的。显然，李怀光承受了巨大的压力。另一方面，他个人又不想真的造反，造反名声不好，下场也让人担忧。总之，李怀光心中充满了矛盾。

最后，李怀光往东撤退，一路进军，占据了山西的河中地区——此前，德宗任命他为河中节度使，他这也算是“回归本镇”了。李怀光到河中去，可能是想效法河北藩镇，占据一块地盘后自立为王，成为可以自己做主的一方军阀。这倒不失为一条退路。

毕竟李怀光曾有大功，虽然也有大过，但功大于过。其实德宗也知道李怀光的苦衷和无奈，他后来也一直对李怀光抱有期待，希望李怀光能重新投向朝廷。所以后来德宗曾经悄悄地派宦官去河中和李怀光联系，想赦免他。

结果事情暴露后，李晟公开弹劾宦官尹元贞“矫使”，将德宗的这个企图给挡了回去。因为，如果李怀光得到赦免，那他的奉天救驾之功恐怕还在李晟收复长安之上呢，如此李晟就不再是最大的功臣。这一步，李晟是非争不可的。

李晟立刻上言，宣称"赦怀光有五不可"，这些道理都没什么错。这个时候，李怀光是不能赦免了，否则朝廷的权威更是丧失殆尽。李晟此举，总有点落井下石的意味。

事实上，李怀光的"叛乱"，一半是由李晟促成的。在李怀光军和李晟军联营期间，双方矛盾加深，李晟固然无法解决这个问题，但他也没有积极弥合双方，没有促进朝廷和李怀光和解，反而是拼命向朝廷揭发说李怀光要反，可以算得上煽风点火。

如果说到吞并军队，反而是李晟自己开了这个先例。他进军东渭桥的时候，这里本来驻扎着刘德信军（就是那支神策子弟军），李晟到来之后，找了一个借口杀了刘德信，合并了这支军队。当时，李晟身为神策军行营节度使，是所有神策军的上司，指挥刘德信军本来也是合情合理。但他为什么要杀了刘德信呢？恐怕还是有抢夺功劳之嫌。其实刘德信也算是神策军大将，李晟说杀就杀了，实在可算得上跋扈。

李晟军收复长安的时候，其实也干了很多坏事。当时朱泚伪朝官员的所有家产，都被将士们都吞并了。这明显是擅自做主的行为，与李怀光军的公开劫掠，其实也相差不远。

如果李怀光没有被认定"反叛"，那么李晟力抗李怀光军这项功劳，应当就一笔勾销了。这样，属于李晟的军功，其实就是收复长安一项。收复长安固然重要，但这基本上是板上钉钉的事，换个将领，肯定也能拿下。即便这样，李晟还花了好几个月的时间才搞定。只不过后来李晟攻下长安时，形式主义十足，长安城一片祥和，而且他去接驾的时候，首先表示自己收复长安时间太迟了，罪该万死。他这个态度，是李怀光远远赶不上的地方。

　　总的来说，和李怀光相比，李晟功劳不及李怀光，就罪过而言，除了没有公开不服朝廷之外，其他杀将并军等行为，也是差不多的。李晟最大的优点，就是对朝廷顺服。从结果来看，李晟是一步登天，而李怀光则一失足成千古恨，差别何止天壤。但政治就是这样，关键之处不能犯错。李怀光是个武夫，不懂政治；李晟有功，更因为他懂政治，所以他成功了。

　　此后每次宴会及赏赐，排第一的总是李晟，第二总是浑瑊，其他的将相都在他们之后。这个座次，显然是奉天定难功臣的座次了。此时李怀光则还在河中，苦苦守着他的一亩三分地，这等座次，他怕是连末座也不要想了。

　　尽管李晟政治上非常成功，非常风光，但是德宗很快就剥夺了他的大权，将他派去镇守边疆。很显然，这是变相贬了他。德宗的心态，颇可玩味。

将相不和

　　德宗后期，李晟在政治上并不顺畅。除了德宗本人的原因之外，还因为将相不和——李晟与宰相张延赏之间出现了很深的矛盾。说起来，张延赏和李晟还是同年生的，可以互称一声老庚了。

张延赏出身书香门第，是开元名相张嘉贞之子，他博涉经史，也很有政治手腕，还能领兵打仗。建中四年（783），全国一片混乱，张延赏时任西川节度使，当时部将要趁乱造反，将他赶出了成都。没想到张延赏一点没慌，不动声色地杀了个回马枪，一举平定叛乱，稳定了唐朝的西南，可谓立了大功。

张延赏确实有宰相之才，德宗也颇为欣赏他，在贞元元年（785），皇帝准备起用他为宰相。可就在任命将要下达的时候，被半路杀出的李晟坚决挡住了。

李晟对张延赏意见这么大，竟然因为一个营妓。大历十四年（779），李晟率神策军入蜀击退了吐蕃和南诏的进攻，大获全胜。凯旋时，他偷偷带上了一个叫高洪的西川营妓，节度使张延赏听说后，大怒，立刻派人将此女追回。

当时将领之间互送女子，屡见不鲜，李晟为什么要偷偷带走她呢？想来是张延赏不愿意，他甚至不惜为此和李晟翻脸也要追回高洪。而李晟武将出身，内宠也不少，但他自诩家风严谨，何以对此事如此难以忘怀呢？自然也可以理解为他对高洪恋恋不舍吧？这样说来，两人就是为了一个女子而争风了，想必高洪颇有过人之处，以至于迷倒了这样两位大人物。总之，多年之后的李晟，不惜力阻张延赏当宰相，大概还是此时结下的梁子。要知道，挡人人相，便是与人结仇，古人就颇有批评，认为李晟不该太小题大做了。

德宗为了照顾李晟面子，硬是将任命收回。不过他又特地将韩滉找来，让他来调和两人之间的矛盾，因为韩滉和李晟关系不错。一番说和之后，皇帝终于还是任命张延赏为宰相。

不久之后，在一次宴席上，皇帝又亲自做调和工作。他拿出一段瑞锦，让两人分别系上，表示和解之意。皇帝出马，那是天大的面子，两人可以借机下台，握手言欢。

不过接下来的一幕，却是大出意外。李晟当场表示，为了表达和解的诚意，他愿意和张延赏结为儿女亲家，没想到张延赏断然拒绝。李晟很生气："我是武夫，有什么旧恶，一杯酒也就烟消云散了。你们这些所谓的文人，脾气倒是大得很，冒犯不得呢！虽然表面笑眯眯的，其实心里还是含恨。你不许婚，肯定是因为你心里愤怒未解！"这可真是戏剧化的一幕，二人旧怨未销，新恨又结，矛盾越发严重了。[1]

此后张延赏一直身居宰相，主持大局，李晟自然是遭到了抑制。表面上，李晟仍然不停地加官，宠荣不断，但在重大决策上，基本没有参与的权力了。甚至在一些军政大事上，张延赏都要和李晟背道而驰。

最大的问题出在和吐蕃和谈上。李晟一直是强硬派，对战吐蕃也颇有胜绩。但德宗对吐蕃一向抱有好感，几次三番打算和谈。贞元三年（787），张延赏力驳李晟的反对意见，积极促成了唐蕃和谈。万万没想到，就在双方会盟时吐蕃突然翻脸，把唐朝将官们杀的杀，抓的抓，唐朝方几乎全军覆没。一场"结盟"变

1　张延赏的儿子张弘靖在宪宗朝担任过宰相，可谓是"三相张家"，堪称是文官集团的代表性人物。张延赏拒绝联姻，可能是自恃门第，不愿屈就将门。

成了"劫盟"。张延赏因此惭惧交加，不久就去世了。

张、李二人的将相不和，正是唐后期文、武对立的典型反映。

李愬雪夜入蔡州

李晟在军事方面算不上名将，但地位崇高，有"再造唐室"之誉。李晟有个儿子，却打出了可能是唐朝历史上最出名的一次战役，这就是"李愬雪夜入蔡州"。李愬是李晟的第八个儿子。

李晟儿子挺多，有十几个，很多都做到了高官，其中，愿、宪、愬、听四子皆任节度使。李晟这些儿子基本上都是骄奢淫逸之徒，都是二世祖，李听一口气做过十个藩镇的节度使，都是收受贿赂，赋敛百姓，穷奢极欲，无所不为。最后居然还能官居一品，得以善终。史书上也不禁感叹："非西平之遗德，焉能及此乎！"[1] 其他儿子大多类此。老大李愿除了做高官，一事无成，"务在声色，不计其余"；李憼"累官至右龙武大将军，沉湎酒色，恣为豪侈，积债至数千万"。其实这种情况也不算特例，高官显贵之家，往往也会出一些无德无才的败家子。

这些儿子中，李愬算是一个另类。李晟内宠很多，李愬的母亲大概出身不高，而且很早就死了，所以李愬一直不太受宠。

可能是因为从小不受重视，所以李愬对自己要求特别严格。

1　李晟封爵西平郡王。郡王是唐代武将最高爵位（郡王以上就是王），最早封爵郡王的正是安禄山。

与其他兄弟们骄奢淫逸完全不同，他洁身自好，而且"有筹略，善骑射"，可谓是有德有才，有勇有谋，是个非常出色的人物。虽然自幼不显，但元和年间朝廷攻打淮西镇的时候，他终于脱颖而出，成就传奇，维系了家族的将门威风。

元和是唐宪宗的年号，宪宗是德宗的孙子（中间的顺宗做皇帝不到一年就死了）。他一上台，就完全改变了德宗后期姑息节度使作风，积极谋求平定跋扈割据的藩镇。元和十一年（816），这个计划到了最关键的一步——平定淮西。

淮西是淮南西道的简称，治所在蔡州（今河南汝南），常领申、光、蔡三州。这里地处中原腹地，位置很重要。同时淮西也是个老牌的强藩，早在德宗建中年间，李希烈就曾在淮西叛乱称帝，后被手下将领吴少诚干掉，算是平定了叛乱。但接着吴少诚上位，仍旧不服朝廷，可谓换汤不换药。就这样，淮西的割据状态持续了六十年之久，整整两代人的时间，以至于老百姓只知道有节度使，而不知道有皇帝。"虽在中原，心如貊异"，对唐朝廷和唐宪宗来说，这块骨头异常难啃。

但宪宗决心还是要啃一啃这块硬骨头。元和十一年时候，吴少诚死，儿子吴元济想继承节度使之位。宪宗坚决不同意，于是双方开战，这一打就是四年，战事一直胶着。以至于宰相裴度也亲自上前线督战，出发前辞行，裴度对宪宗说："臣誓不与此贼俱生"，"若贼灭，则朝天有期；贼在，则归阙无日"。就是说，如果不搞定淮西，那我死了也不回来！这简直就是生死状。

就在这样看似遥遥无期的对峙中，一直不声不响的李愬突然带来了一个石破天惊的突破：奇袭蔡州成功，俘虏吴元济！淮西藩镇非常戏剧性地被消灭了，取得了元和时代最为关键的一次胜利。"雪夜入蔡州"这一役，综合其重要性，以及其精彩程度，可以算是唐后期战役中首屈一指的。这一战，足以让李愬名垂青史。

当然，雪夜入蔡州的成功，并非幸致，李愬为此做了大量前期准备工作。从一开始，他就打定主意，准备搞奇袭。其实这招也是他父亲李晟的拿手活，当年奇袭定秦堡，着实是一桩奇功，非常精彩，只是重要程度不高而被人忽视了。作为儿子的李愬，对这次战役一定烂熟于心，他要以父亲为榜样，重演一次奇袭。

李愬是主动请缨，要求去当蔡州西部的唐邓节度使的。到任后，他却完全不整顿军队，一副混资历的样子，麻痹了敌人。李愬虽然是名将之子，此前却从未担任过军职，是个无名之辈。他的一切准备都是在暗中进行的，比如悄悄准备了一支三千人的敢死队，取名叫"突将"，大概是特种突击队的意思。

此战最关键的工作是收集情报，其过程十分曲折。李愬先是降服了一名叫丁士良的淮西将领，丁士良献计抓了猛将陈光洽，再通过陈光洽劝降了吴秀琳，吴秀琳则给李愬提供了一个重要情报：李祐是淮西的特种机动分队将领，对淮西情况十分熟悉，是最佳人选。于是李愬精心设计了一个圈套，抓住了李祐。之后，李愬花了大力气来降服李祐，他将李祐当作心腹，让他带刀宿卫，同吃同住。李祐终于被感动了，对李愬死心塌地。这下，向导也有了。

李愬一直等了十个月，等到淮西东线战事趋于白热化，裴度亲自督战，将淮西精兵主力牵制在东部。时机终于成熟，于是李愬出手，一击致命。

李愬亲率精兵，从边境直插淮西的中心蔡州。在风雪中行军一夜，四更时分，这支军队才到蔡州城下。鸡叫的时候，雪停了，李愬军已经团团围住了蔡州第三重内城牙城，此时吴元济从睡梦中醒来，听到外面的吵闹声，还以为是自己手下从前线回来要冬衣呢！

一场持续数年的生死大战，被李愬伸出一个指头，给摁灭了。

有趣的是，吴元济投降后，李愬进入蔡州城，却一切照旧，未做变动，包括官员也都照常任职。可以看出，李愬这又是在极力模仿当年李晟攻克长安城的作为，史书上因此赞美说："晟克复京城，市不改肆；及愬平淮蔡，复踵其美。"功名之奇，近世所未有。也许在李愬心目中，李晟是最光辉的英雄人物吧。事实上，因为有了李愬这样的儿子，李晟的地位从此就越发高大了。

总之，李愬这个"虎子"，替其他"犬子"遮了丑，为"虎父"添了光。

赢得生前身后名

贞元九年（793），李晟病逝，享年六十七岁，谥号忠武，赠太师。唐德宗下诏要为李晟"存保世嗣"，申告枢前。

李晟功成名就后并不是很得志，但死后，其地位却随着时间的流逝而不断抬升。唐僖宗避难四川的时候，朝廷编辑《兴元圣功录》，就以李晟为主角，将其匡扶大唐的丰功伟绩"遍赐诸将"，希望他们都以李晟为榜样，无私无畏，效忠大唐。李晟的忠义地位，算是被官方正式认定了，而且牢不可破。

到了宋代，他的地位继续提高。北宋徽宗的宣和五年（1123），礼部提出来要调整武庙的陪祀人员，这次主要是增加了很多陪祀人员。在"十哲"中，增加了郭子仪，如此，唐人就占了三个名额，为李靖、李勣、郭子仪。在"七十二贤"中，李晟也首次挤进了名单，不过排在了最后一位。

到了南宋，李晟居然进入"十哲"之列，挤掉了军神李勣。宋孝宗乾道六年（1170），皇帝下诏，李晟升格为"十哲"，李勣则降为"七十二贤"，两人换了个位置。这次换位的建议，是一个叫都民望的小官提出来的。他的理由是："李勣邪说误国，唐祀几灭，李晟有再造王室之勋，宜升李晟于堂上。"说白了，纯粹从军事的角度来说，李晟是拍马也赶不上李勣，但李晟占据了政治正确，他的标签是"忠"，所以能够取代政治不正确的李勣——李勣因为支持武则天做皇后，所以说他"邪说误国"。

这一思路打开之后，李晟的地位就持续上升。到了明代，武庙祭祀的标准趋向严格，唐朝有资格陪祀的人只有房玄龄、杜如晦、李靖、郭子仪、李晟五人，李勣直接榜上无名了。而房、杜两人，其实并不能算军事家，所以明代的名将的名单叫"忠臣榜"更合适些，完全名不副实了。

从这个"名将榜"的变化，其实不难看出宋以后思想观念的变化——"忠"字越来越要紧，压倒一切道德。李晟很幸运地被打造成一位忠心无比的将领，所以他的地位一路上升。时至今日，旧时代的"忠"已经被扫入故纸堆，李晟也就难怪要泯然众人了。

第十三章

李德裕：会昌真贤相

长安秋夜的定场诗

会昌年间一个秋夜，长安城万籁俱寂，只有一轮明月挂在空中，照耀着人间的一切。突然马蹄声传来，踏破了寂静，一群骏马正轻快地奔在长安大街上。马队正中的人，穿着紫袍官服，风标清粹，垂鞭按辔，姿态潇洒。似乎有感于眼前的清风明月，紫袍者诗兴大发，他望望天上的明月，又看看身上的朝衣，然后吟道：

内宫传诏问戎机，载笔金銮夜始归。
万户千门皆寂寂，月中清露点朝衣。

此诗就名《长安秋夜》，而诗人正是大唐一代名相李德裕。这首诗虽然不算名作，却非常符合其身份、地位、心情以及场景，很生动地描写出了他宰相生活的一个片段。[1]

"内宫传诏问戎机"，是说传李德裕入宫。从"内宫传诏"来看，他这是临时被宣诏入宫，而不是日常入朝。入宫的原因是"问戎机"，当是皇帝遇到紧急的军机大事，拿不定主意，需要咨询他的意见。这一句，既交代了当时的情况，实际上也点出了李德裕的非凡地位和皇帝的宠信。

"载笔金銮"则点出了李德裕职位的重要性，他在皇宫中与皇帝商讨军国大事，还要亲自草拟诏书。[2]"夜始归"，则说明他繁忙辛苦，在宫中议事到深夜才能回家，很有些日理万机的自豪感。

"万户千门皆寂寂"，既直接描写了眼前的景色，也暗含和平宁谧、天下太平的感受。对于当朝宰相来说，这种感受的意义自是与常人不同。明言万家"皆寂寂"，其实也是隐言一己之不眠。而一己不眠正是为了万家寂寂安眠，此话由李德裕说出来，自然有着一种心怀天下的博大气概。

"月中清露点朝衣"，意境美而清，同时也是写实。秋夜清晨，是下露的时候了。他从皇宫回到宅邸所在的安邑坊，也有很长一段路程，所以他低下头看到，不知什么时候朝服上已经缀上亮晶晶的露珠了。这句诗，不由让人联想起陶渊明《归园田居·其三》中的几句："晨兴理荒秽，带月荷锄归。道狭草木长，

---

1 有学者认为这是李德裕当翰林时期的诗作。但从"问戎机"一语看，当是宰相身份更恰当。

2 "载笔金銮"一句，有人以为李德裕是专门草诏的翰林学士，但宰相亲笔写诏书的情况也屡见不鲜。

夕露沾我衣。"陶渊明的诗作表达了自己安然满足的心情，李德裕大概也是借此诗意来表达同样安然满足的心情吧。不过最后点到"朝衣"，又显示了自己和陶渊明之不同，陶渊明是"处江湖之远"的自然心态，自己则是"居庙堂之高"的自豪心情。

戏曲中，一个人物出场总要吟诵四句唱词，为"定场诗"。若是用这四句给李德裕做亮相的定场诗，那再恰当不过了。

李德裕是唐后期最杰出的宰相，功勋卓著。宋人说他"功烈光明，佐武中兴，与姚、宋等矣"，将他与开元名相姚崇、宋璟相提并论。著名诗人李商隐甚至夸他是"万古之良相"，虽然有拍马的嫌疑，但有唐一代，如果算名相，李德裕绝对是数一数二的人物。不过，李德裕在后代最知名的，反倒不是他的宰相功业，而是作为李党的党魁，这实在是一大遗憾。所谓的"牛李党争"，是唐后期重要的政治现象，影响广泛。

牛李党争是客观存在的历史事实，但就李德裕本人而言，恐怕是不屑为了私利而结党倾轧的。所以有人提出"李德裕无党"之说，他如果泉下有知，也许会赞同这个观点吧。

大唐第一等门第

德宗贞元三年（787），李德裕生于长安万年县的安邑坊。曾有风水家说，他家宅院呈"玉卮"之型，必出大富贵之人。果然，后来这一家子出了两个宰相。李吉甫在宪宗朝两度任宰相，而李德裕也在文宗朝、武宗朝两次任宰相。父子宰相，这在犹有贵族之风的唐代，也是不多见的。

李德裕出身名门望族，为赵郡李氏。唐代的门第高贵者，首推"崔卢李郑王"这五家，这个"李"又有两家，赵郡李氏和陇西李氏。赵郡李氏中，尤以李德裕家族这一支最为显赫，他家是赵郡李氏的嫡支赞皇李氏。[1]

虽然这些高门本身就有较高的社会声望，但是他们要真正显赫起来，还是得进入统治阶层——去当官，当高官，这样才能真正保障家门的崇高地位。拿赞皇李家来说，他们真正的辉煌，就要从李德裕的祖父李栖筠起。李栖筠的父亲李载，其实也是个很厉害的人物。唐代笔记中提到，李载"燕代豪杰，常臂鹰携妓以猎，旁若无人。方伯为之前席，终不肯仕"。而且，李栖筠虽然"磊落可观"，"然其器不及父"。要知道，李栖筠在官场上是以性情气度闻名的，但和老爹李载相比，好像还是差了一筹。李载没有做官，但方伯（地方长官）仍旧很给李载面子，要跟他处好关系。因为李载自身很优秀，而且世代高门，在地方上有很强的力量，是所谓的地方豪强。

不过到了李栖筠的时候，形势有了很大的变化，那就是陈寅恪所说的河北地区"胡化"之风比较严重。李栖筠把家族从赵郡迁徙到了卫州，即从今河北迁到了河南。不仅籍贯变了，而且祖坟也迁到了卫州，显然是把家族根基都迁走了。"自赵徙卫"的背后，揭示了当时重要的社会变化，即一直以来扎根地方的势

1　赞皇是赵郡的一个属县。

力，转而拥抱朝廷，聚集到两京地区（长安和洛阳）。

李栖筠到卫州，也是为了更好地谋求科举入仕。[1] 高门大族的底蕴自然是深厚的，他后来一举高中。李栖筠仕途不错，在肃宗、代宗两朝做到了御史大夫，差点还当了宰相（只是运气不够好，被人挡了道），不过他的声望很高，时人都以宰相视之。[2]

李栖筠入仕之后，儿子李吉甫的官场之路就顺利多了。李吉甫不仅当上了宰相，还是个实干型的宰相。李吉甫爱著书，《元和国计簿》是记录全国财政状况的统计册，《元和郡县图志》可以说是现存最早的全国总志性质的地理书。这些书都是非常重要的历史文献，与国计民生、治理天下息息相关，具有极高的价值。[3] 李德裕虽然文才非常出色，但他也完全继承了李吉甫的实干精神，非常痛恨浮华风气。李家家风重视真才实学，志在经邦济民，自然会对那些只会吟花弄月、无病呻吟的文学之士很排斥。而牛党分子，基本上都是科举出身的文学之士。这也是后来牛李党争在价值观上的分歧。

李德裕继承的另外一个家族传统，是祖父、曾祖父的性情气度。这大概是后来李德裕卷入所谓"党争"的旋涡的又一个重要原因。他品性清高，是不愿低头的人。虽然他有才有德，但为

1　这些地方考科举更容易一些。

2　李家虽然只有两代宰相，但经常被视为"三世宰相之家"，这可能是李栖筠给人的错觉。

3　可惜《元和国计簿》失传了。《元和郡县图志》原来有图，后来图失传了，该书也叫《元和郡县志》。

人清冷孤傲，人际关系不太好。比如白居易是个相当德高望重的人，才德都不错，但基本上属于文学之士，所以李德裕就不爱跟他打交道。这方面，李德裕做得很不好。

李德裕不仅出身名门，而且自小就才智非常。他小时候，就很受宪宗皇帝的喜欢，有一次，皇帝甚至还抱着他坐在自己的膝盖上，逗他玩。此事很可能是谬传，但李德裕打小就天资出众，当是可以想象的。

有一次宰相武元衡问小李德裕喜欢读什么书，他却缄默不言。李吉甫知道此事后，责问他为何不回答，太过失礼了。没想到李德裕却振振有词："武公身为宰相，不问理国家调阴阳，而问所嗜书，其言不当，所以不应。"大家听到此事后，无不称奇。李德裕的高傲和气概，于此可见一斑。对宰相都不搭理，这个性格着实有曾祖风范。而他对父亲的回答，则完全显示了自己的远大抱负和气概，说得夸张点，是对政治充满了勃勃野心。

李德裕生在这样的一个高门大族中，他的人格性情很大程度上受了家族的影响。李德裕一生，可以归结为一句话：出身决定性格，性格决定命运。

在李德裕出生的这一年，他一生的对头牛僧孺已经八岁了。和他完全相反，牛僧孺出生寒微，本人还是个孤儿，他没有什么依靠，只能靠自己拼命努力。这一点上，他和李德裕可以说是两个极端。

李德裕的少年时代，其实也有些奔波之苦。因为父亲李吉甫的仕途开始并不顺利，贞元八年 (792) 就被贬斥到地方，这一贬就是十四年。李德裕也就一直随着父亲到处飘荡，倒也增长了很多见识。等德宗一死，李吉甫也翻身了，回到朝中做官，他跟随父亲回到了长安。这一年，李德裕刚好十九岁，马上就是弱冠青年了。

此时，所谓的牛党核心人物如李宗闵、牛僧孺、杨嗣复等人，也都在长安，而且他们都在这一年登科——都是科场中的佼佼者。

尤其是牛僧孺，文采极好，以至于韩愈、皇甫湜两位当朝文坛领袖都很欣赏他，甚至不惜放下架子，联手为他扬名。这两人故意趁牛僧孺不在家的时候上门拜访，然后就在门口写上一行大字：韩愈、皇甫湜同谒畿官先辈不遇。凭着韩愈、皇甫湜的巨大名头，牛僧孺这下想不出名都不行了。[1]

可以想见，牛僧孺、李宗闵等都是春风得意、意气风发的年轻人，他们对未来有着巨大的期待。此时李德裕也在等待机会崭露头角，一切都刚刚起步。

"好骡马不入行"

李吉甫回到长安，从此在政治上翻身了，而李德裕也到了要踏入仕途的年纪。本来凭他的文才，考个进士，应该是绰绰有余。

---

[1]　唐代科举中，事先获得好名声，是非常重要的环节。所以，唐代有很多为人扬名的典故。

　　李德裕写得一手好文章，还精通《左传》和《汉书》，底子很扎实。即使在文人又多又好的唐代，他依然是一个排得上号的文学家。但是他却不乐意参加科举考试，父亲劝他去考科举时，李德裕却回答："好骡马不入行。"[1]他是匹好马，需要别人来认识他，起用他，而不能自己送上门去，掉份儿。言下之意，他是不屑与士子们一道去参加科举的。

　　这个态度充分展现了李德裕的贵族式的傲慢。他对科举取士有一个成见，认为科举中第者都是浮华之士，用他自己的话说，就是"祖尚浮华，不根艺实"。科举考试确实有个弊端，关键一场是考诗赋，也就意味着只要诗文写得好，就能做官。而做官，需要的是行政和政治才能，需要治理国家的才干，诗文水平不等于行政才干。李德裕显然是个性格比较偏激的人，同时又相当傲慢，这就导致他在处理问题的时候，容易走极端。本来，李德裕反对的只是科举中的浮华之风和轻浮的文士，但他自己将这种厌恶情绪放大到了所有科举出身之人，甚至放到了科举本身。

　　李德裕这种讨厌科举的观点，逐渐形成了人们对他的固有印象。李德裕的自我认定，以及外人的固有印象，共同造就了这样一个事实：李德裕反对科举。但具体分析李德裕的举动和本意，他似乎更应该是一个科举的改革派，而不是反对派。等他后来执政的时候，科举高中的人，大多是寒门之士。所以唐人有诗说

1　其实李吉甫自己也是门荫出身。高官子弟，如果才能出众，即使门荫出身，也还是有很多机会的，不过到宋代就基本没戏了。

"八百孤寒齐落泪，一时回望李崖州"[1]。这大概可以看作他对科举改革的态度和行动方向。

李德裕不想参加科举的第二个原因，大概是怕因此沾了老爹的光。元和二年到三年，以及六年到九年，李吉甫两度拜相，相当得意。有这么一个宰相老爹，李德裕只要文才稍微过得去，就肯定能中举。这种潜规则，其实也早就出现在科举中。吴宗国老师就认为，唐代后期，科举事实上已经成了制造"新贵族"的工具——大量高官子弟占据了科举之途，以至于后来高官世袭化现象相当严重。[2]这种不公平也是科举考试的另一个弊端造成的，即考试卷子不糊名，考官可以直接知道考生是谁。而诗文的好坏标准又是相当主观的，所以，考官想要徇私非常容易。这看似公正的考试，早就已经充满了不公平，充满了潜规则。

与祖父李栖筠"仕进无他途"不同，李德裕不参加科举，也可以通过"门荫"入仕。大概连宪宗也听说了李德裕不愿考科举，于是在元和八年（813），宪宗特别下旨，准许李吉甫一子做官。李吉甫的儿子不止一个，但这个出身显然是特别为李德裕准备的。说起来，李德裕还是沾了父亲一回光。

李德裕的第一个官职是秘书省校书郎，其职责是"雠校典籍，刊正文章"，官居正九品上，品级很低。但这是一个清官，

1　孤寒，就是没有背景的普通人家。李德裕最后被贬死崖州（海南），所以被称为"李崖州"。

2　可以参看吴宗国老师《唐代科举制度研究》一书。

在六朝门阀贵族时代，校书郎是标准的世族子弟入仕之官。[1]这很合李德裕的胃口，他做校书郎颇为怡然自得，还留下了不少诗篇。但作为宰相之子，毕竟还是受人关注的，为了避嫌，李德裕干脆主动要求放了外任。接下来的几年，他好几次被藩镇节度使辟署为幕僚官。

唐后期低级文官的升迁途径，最好的选择当然是在朝中担任清官；其次就是去当大藩镇的幕僚，经过一段时间的历练和资历积累，再回到朝廷，就可以做到中层官员。这样可以避免一直在低级官员序列中徘徊，而且藩镇节度使也都以招揽到有声望又有才华的文士为荣。事实上，这种辟署关系，往往就是编织政治关系网的开始。

元和九年（814），李吉甫在宰相任上去世，李德裕守孝三年。元和十一年（816），李德裕出孝，继续做官。他这时还是做藩镇的幕僚，为太原的张弘靖当掌书记，专门负责起草各种文书、信件往来等，显然，李德裕的文笔足以胜任。三年之后，李德裕随张弘靖入朝，顺利地当上了监察御史，这是一个清官快车道的起步官位。

这段时间内，裴度主持平定了淮西叛乱，取得了"元和中兴"最大的一次胜利。实际上，李吉甫死之前，已经在筹备逐步

1　不过到了唐朝，校书郎这个官清而不要，地位一落千丈，一般的权贵子弟都不喜欢，甚至称之为"监察御史病坊"，意思是监察御史这样任务繁重的官，如果不称职，那就来当校书郎吧，就当是养病休息。显然，像监察御史这样的实权官，才是他们所钟爱的。

平定强藩的计划，如果他不是在元和九年就去世了，那么接下来的平叛大任，肯定会交由他来主持。这样完成这一中兴伟业的，将会是李吉甫，而不是裴度。这份遗憾，也一样深深地刻在了李德裕心上。等李德裕当宰相的时候，他是如此坚定地要平定强藩泽潞镇，恐怕与此事有极大关系。最后李德裕终于完成了平藩任务，也替父亲了了一段遗愿。

党争的旋涡

李德裕回到朝中不久，宪宗就去世了，穆宗继位。穆宗在当太子的时候，就久闻李吉甫大名，对李德裕也格外欣赏，所以登基后立刻就提拔李德裕为翰林学士，重要的朝廷诏制典册，大多都委于他。德裕一时宠遇非凡，接连升官，很快就做到了中书舍人。这一阶段，可以算是李德裕仕途的初春时节。

值得一提的是，这时候翰林院中除了李德裕，还有元稹、李绅，三人文才都非常出色，而且关系很好，并称为"翰林三俊"。后来这三人在政治上也基本是盟友关系。

这一年，李德裕和后来的政敌李宗闵发生了第一次碰撞。当时是钱徽"知贡举"[1]，中书舍人李宗闵私自以女婿苏巢相请托，于是西川节度使段文昌告发选举不公。穆宗向诸学士询问有关情况的时候，李德裕、元稹、李绅等人都回答："诚如文昌言。"于

1　知贡举，就是主持科举考试，当主考官。这是临时任命的职务，每年都会有变化。

是穆宗下令复试，结果是贬钱徽为江州刺史，李宗闵也由此被贬为剑州刺史。

　　《资治通鉴》上说，"自是德裕、宗闵各分朋党，更相倾轧，垂四十年"。司马光认为，这就是牛李党争的起点。当然，如果从后面的事追溯来看，这个事件无疑可以算双方交恶的一个起点。但是，当时来看，这样的一次冲突与后来的牛李党争有着本质的区别，说是党争的起点是不合适的。

　　首先，这次事件本身带有偶然性，穆宗征求的并不是李德裕一个人的意见，而是向所有翰林学士征询，只不过这时候李德裕恰好是翰林学士之一而已；其次，这次事件对立的双方是段文昌与钱徽、李宗闵，李德裕不是主角。另外，李宗闵请托钱徽这件事肯定是存在的，李德裕等人不过是照实回答罢了，完全合情合理。

　　事实上，此时牛李党争的条件完全没有具备。因为牛李两党的党魁（李德裕对牛僧孺、李宗闵）地位都不高，完全不足以左右政坛局面。即使有恩怨，那也是个人恩怨。

　　但是，不久之后发生的"入相"一事，却为牛李党争埋下了种子。

　　穆宗初年，李德裕很受宠，人望也很高，才干又杰出，所以很有入相的希望。虽然李德裕年轻了点（36岁），但从翰林学士入相是很常见的。当时能与李德裕竞争的人选，就是牛僧孺。两人都有机会，就看谁机遇更好罢了。

　　就在这时，政局出现了大变动。长庆二年（822），河北地区藩镇再次叛乱，朝廷一片狼狈。主持削藩的裴度因此下台，李逢吉开始掌权。李逢吉是个很会耍阴谋的老官僚，他对李德裕这种特立独行、桀骜不驯的才俊之士深怀忌恨，所以第一时间就把李德裕打发出去，让他去做浙西观察使。[1] 随后，李逢吉就引荐牛僧孺做了宰相。李德裕和牛僧孺算是间接过了第一招，李德裕落败。

李德裕这一去，自然很是失落。而且他这次到浙西，一气待了八年之久，说没有怨恨是不可能的。不过，在朝做官，要拉拢谁，排斥谁，以至于各种政治小团体林立，也是无可奈何的事。

对于党争，关键问题是，对立的双方能不能保持一定的平衡。这种互相倾轧能不能控制在一定范围内。实际上，很多时候皇帝会有意识地扶持一些反对派，以制衡得势者一派的权力。这样的情势下，就算出现小小的党派之争，也不是个问题，甚至还能发挥一定的作用。但是如果范围扩大，党争膨胀，甚至影响到整个官僚阶层，那就是大问题了。牛李党争，正是这样的大规模党派之争，到后来，几乎每个人都要注意自己的立场和站队，一不留神就会卷入到党争的旋涡中去。[2] 因此，牛李党争也成为唐后期政治中一个非常引人注目的问题。

为什么会形成这种局面呢？关键的问题还在于皇帝，因为皇帝镇不住局面。

1　裴度与李吉甫关系很好，所以算是李德裕叔伯辈，李德裕也算被裴度下台波及了。

2　文人中最著名的就是李商隐，因为在牛李两党中站错了队，而一辈子蹉跎，仕途不顺。不过，诗人的不幸，也许正是诗歌的幸运。

　　唐后期自宪宗以后，穆宗、敬宗、文宗等都不是英主，不大有自己的主张，立场也受大臣的影响，经常动摇。皇帝拿不定主意，就一会儿提拔这方，一会儿又提拔另外一方，对立双方就像跷跷板一样，起落无常。这样，就持续给双方提供了互相打击的机会，仇怨也越结越深，牵涉的范围也会越来越广，结党自然就根深蒂固了。尤其是唐文宗在位时，他性格最是犹豫不决，所以文宗朝是党派之争的高潮期。可怜的文宗自己尚无觉悟，还很烦恼地说："去河北贼易，去朝中朋党实难"。到了宣宗时，皇帝很有主见，李德裕被贬并死在当地，李党也就不得翻身，而所谓的党争局面立刻烟消云散，不复存在。所以，在皇权时代，几乎所有问题的症结，都可以从皇帝和皇权上找到答案。

　　另外一点，牛李党争的出名，还在于党争双方都积极占领舆论阵地，写了很多的书，制造了很多的八卦、内幕互相攻击，造成了非常广泛的社会影响。某种意义上说，牛李党争已经从政界走向了社会，走向了市井民巷。比如非常著名的唐代传奇《李娃传》，表面上看是个爱情故事，其实却是党争的攻击武器。陈寅恪在分析了故事内涵之后，不由感叹说党争无孔不入，堪称恐怖。

　　在占领舆论领域方面，牛党要比李党成功得多，因为牛党更擅长文艺创作。牛党人物都是科举出身，他们写传奇故事可谓是本行。据陈寅恪的研究，唐代的科举士子中非常流行一种综合性的文学体裁，包括传奇故事、诗歌等，他们利用这个来展现自己的才华，从而达到扬名的目的，最终当然是为了能够被考官看中，得以高中。比如著名的《莺莺传》《长恨歌传》之类，都是科举士人的作品。因此，利用虚构故事来制造舆论，对牛党来说简直是驾轻就熟。牛僧孺自己就操刀写过不少传奇类的故事，比如《玄怪录》，里面充满了政治性的暗喻。文学和政治，在这里成了一体。

而且，牛李党争最后是牛党获得了胜利，所以书写历史的人都是牛党，这就导致李德裕的名声不太好。后来司马光在写《资治通鉴》的时候，也受到很大影响，对不利于李德裕的叙述，多加采纳，明显戴了有色眼镜，导致李德裕名声更加恶劣。

单纯就政治品质而言，李德裕比牛党分子要好；至于政治才能，那更是不可同日而语；再说到政绩的话，李德裕一人就胜过所有的牛党分子。

三镇浙西

李德裕很失落地去浙西赴任了。他和浙西大概很有缘，不仅第一次去就待了八年之久，而且前后一共做过三次浙西观察使。浙西的范围相当于今天的苏南浙北地区，治所在润州（今镇江）。

他在镇江留下来颇多故事。据说他要喝扬子江心的水，甚至能分辨出镇江江心水和南京江心水的区别。这大概是他作为贵族子弟豪奢的一种表现。还有故事说，李德裕习惯了镇江的水，以至于回到长安之后，也设置了水驿，派人专程从镇江运水到长安。这肯定是无稽之谈，多半是牛党编造用来污蔑李德裕的。

李逢吉让李德裕任浙西观察使，其实颇有点不怀好意。因为

　　就在李德裕赴任之前，这里刚刚发生过一次兵乱。事情倒是很快平息了，但前任观察使窦易直为了讨好将士们，竭尽府库，把财物分赏给将士，导致财政极为拮据，而且也养出了将士们的骄横贪图之心。这个局面相当棘手，一不小心，再次发生兵乱的可能性也很大。可以想象，如果李德裕应对不当，再次造成兵乱，那他的下场会很惨。

　　李德裕上任后，政务做得很到位，他并没有想着去搜刮百姓，而是努力从节流入手。他以身作则，躬行俭约，尽量减少开支；同时也大幅度减少了将士们的军饷，但是只要财政允许，他就尽量先保证将士们的收入，同时对他们晓之以理，因此将士们也都没有抱怨什么。这样过了两年，财政状况终于好转了，潜在的危机总算消除了。

　　对于治理浙西，李德裕也做了很多努力。浙西是鱼米之乡，物产丰富，人口众多，经济状况相当不错，只需顺势而为就能蒸蒸日上。李德裕所做的主要是移风易俗，努力革除一些有害的陈规陋习。

　　他还追仿当年狄仁杰大毁江南淫祠的壮举，将浙西境内的淫祠整顿了一番。除了一些名臣贤后的祠堂外，先后拆毁淫祠1010所，同时又拆毁私邑山房1460处。这一行为，充分反映了李德裕不迷信、务实的风格。在他看来，这不仅是移风易俗，更是大量减少资源浪费，其实有很多经济方面的考虑。后来李德裕在会昌年间执政的时候，主持了全国的轰轰烈烈的"灭佛"活动，这与他早年"毁淫祠"是一脉相承的。

史书上对李德裕在浙西记载最多的，其实还是他和敬宗皇帝的关系。李德裕这种身在浙西而心忧朝廷的表现，说明他还是很希望再次获得皇帝赏识，回到朝廷施展政治抱负的。不过，以李德裕骄傲的性格，他想引起皇帝注意的方式也与众不同。他并不是拍皇帝马屁，而是反其道而行之，积极进谏。

敬宗年少，刚继位就追求奢侈无度的生活。他曾下诏，让浙西造银器上贡，共需用银 2.3 万两，金 130 两。对一般大臣来说，这正是取得皇帝欢心的好机会，但李德裕却一封奏章给挡了回去，请求朝廷罢造银器。不久，朝廷又诏令浙西上贡高级丝绸一千匹，李德裕再次力谏，请求停止进贡。

因为敬宗游幸无常，朝政荒废，李德裕很是担忧，于是精心撰写了《丹扆六箴》来规劝皇帝。箴在古代是一种文体名，专以规诫为主题。他这《六箴》使敬宗深受感动，甚至亲笔写诏书，称赞了李德裕一番。敬宗这人倒不算糊涂，但想让他从此循规蹈矩、奋发图强，恐怕也是李德裕一厢情愿罢了，皇帝更不会因此而重新提拔他。

就这样，一直到敬宗去世，李德裕还在浙西做他的观察使。不过继任的文宗上台后，李德裕终于迎来了仕途转机。文宗虽然性格犹豫不果决，却有一颗励精图治之心。这样的皇帝，当然会欣赏李德裕这样的人才。

维州事件

文宗太和三年（829）八月，李德裕终于再次被召至京城，任兵部尚书。这是因为四朝元老裴度举荐他做宰相。

眼看这次入相几成定局，但是好事多磨，吏部侍郎李宗闵因得宦官相助，抢先做了宰相。他感到才干非凡的李德裕实在是个巨大的威胁，于是再次将李德裕排挤出去做节度使，而且又一次地引荐了牛僧孺为相。历史重演了，牛僧孺再次占用了李德裕入相的机会。而后，牛、李两人又合力排挤名相裴度，使之罢相，出为节度使。从此，"牛、李权赫于天下"。[1]

李德裕被派去做西川节度使，其实也不是一个好差事。因为西川刚刚遭遇了一场战争，气势汹汹的南诏洗劫了成都平原。

西川节度使前身为剑南节度使，是唐朝最早设立的"天宝十节度"之一。设置剑南节度使主要是针对吐蕃，想从西部牵制吐蕃，与陇右、河西两个藩镇形成夹攻形势。但是杨国忠经营剑南道的时候，想通过攻打南诏（今云南一带）来建立功勋，可惜一败涂地，丧师数十万，狼狈不堪。自此之后，南诏居然逐渐壮大，成了唐帝国在西南方向的一大劲敌，双方交战，唐朝败多胜少。

李德裕面临的形势相当严峻，既有内忧，更有外患。文需要能治国，武又需要能安邦，不过李德裕恰好是一个文武双全的人

1　有学者据此认为，真正的"牛李"指的是牛僧孺、李宗闵，他们结党营私，号称"牛李党"；而李德裕是君子，君子无党。

才。牛党给李德裕出的难题，反而成了他施展才华的绝佳舞台。

李德裕到任后，除了在内政方面加强生产，恢复经济之外，第一要务就是整顿边防，防备外患。他首先从调查研究入手。李德裕只用了一个月的时间，便对当地的山川、城邑、道路、关隘都了如指掌。在此基础上还绘制了与南诏、吐蕃有关的军事地图，并写成一本书，叫《筹边图》。[1]

第二步是大力整顿军队。李德裕认为军队在精不在多，于是他裁减了老弱病残，选用善战之士卒；同时又抽调百姓作为民兵，免除其赋役，在农闲时习武，平时务农，有事则征发作战，称为"雄边子弟"。用今天的话来说，相当于预备役武装。再就是强化武器装备，到全国各地去订购最好的装备，有安定的盔甲、河中的弓、浙西的弩等，李德裕用最好的武器装备军队，让他们战斗力直线上升。

第三步，增修了很多军事设施。比如在与南诏、吐蕃交界的险要之处，修筑了很多城堡，有杖义城、御侮城等，西拒吐蕃，南拒南诏，大大巩固了防守能力。另外，他在后勤运输方面也做了很多改良，既降低了费用，又加强了供应保障。

总之，经过李德裕多方筹划改革，在很短的时间内，就让西川的军事水准有大幅度提高，面貌几乎焕然一新。从此，吐蕃、南诏再也不敢轻举妄动。在太和五年（831）五月，南诏还主动

---

1 编撰地理图志可谓李氏家学，他父亲李吉甫当年写过一本全国性的《元和郡县图志》，就是图文并茂的一本奇书。

放还了以前所掳掠的四千多人；九月，吐蕃发生了维州守将率部投降唐朝的事件。这个边防事件，很快就演变成了一次震动朝野的政治大辩论。

维州（在今天四川汶川县境内）地理位置十分重要。首先，这里地势非常险要，维州城就建在高山绝顶之上，三面临江，易守难攻。其次，维州地处交通要道上，吐蕃如果出兵西川，这是必经之路。所以吐蕃对维州志在必得，但屡次强攻不得，于是就设了一个计谋，一个长达二十年之久的"东方木马计"。吐蕃先悄悄地把一个女人嫁给了维州的守门人，经过漫长的二十年后，这个吐蕃女人所生的两个儿子长大了。终于在一个黑夜，两人偷偷打开城门，把吐蕃军队引入，维州城陷。吐蕃欣喜若狂，将此城命名为"无忧城"，从此对西川有了强大的攻击力。后来，猛将韦皋在做西川节度使的时候，发动了最猛烈的攻势，想夺回维州。虽然战役大有斩获，但终究无法攻克坚城。

就是这样一个意义极为重大的维州城，居然在此时发生了叛变投降事件，实在让人惊讶。维州的吐蕃守将叫悉怛谋，大概因内部纠纷不满，于是愤而率部投降唐朝，向李德裕示好。李德裕喜出望外，一面上奏朝廷，同时派兵迅速入据其城，于是唐朝不费一兵一卒，就拿回了沦丧四十年之久的维州城。更重要的是，李德裕甚至认为唐朝可以趁势进兵，轻松"坐收千里旧地"。

对唐朝来说，这是一个天大的喜讯；对李德裕来说，这是一份巨大的功劳。但是对当朝宰相牛僧孺来说，却不是什么好事。试想，维州成功收复，甚至拓地千里，那是何等辉煌？那么，李德裕入相将是必然之事，那也必然意味着自己要让贤。出于私心，牛僧孺决定要阻止此事。

牛僧孺提出来的借口是，"中国御戎，守信为上"。他认为，此前唐朝已和吐蕃和谈，双方各守边界，和平相处。所以维州投降事件，属于"违约"，不守信用。他的方案是拒绝受降，不仅将维州归还吐蕃，甚至要将叛将悉怛谋及其部下统统押回吐蕃，宣扬大唐当以德服人。[1] 这真是愚不可及，蠢到家了。

虽然李德裕据理力争，但文宗耳根子软，经不住牛僧孺反复劝说，同意了他的办法。于是唐朝将悉怛谋及其三百部下送还吐蕃，这些人当场就被吐蕃屠杀在边境上，"极其惨酷"。这件事给李德裕的刺激是非常深刻的，以至于多年之后的会昌年间，他独掌大权，对牛僧孺一贬再贬，毫不留情。于公于私，李德裕都有理由痛恨牛僧孺。

就维州事件而言，牛僧孺以私害公，其政治品质是非常恶劣低下的。其实从私德的角度来说，牛僧孺倒也有可取之处。他被皇帝赏识，就是因为在一次地方节度使贿赂朝中百官的事件中，几乎所有大臣都接受了贿赂，唯独牛僧孺清白。在公事方面，不涉及自己利益的时候，牛僧孺也算是循规蹈矩，勤政爱民。如果牛僧孺仅仅是个普通官员，那大概是个好官，但牛僧孺作为治理天下的宰相，实在是非常之不合格。

1　司马光在《资治通鉴》中支持牛僧孺，胡三省批评说，这是司马光以当时的宋夏政治立场来评判历史事件。

　　某次在延英殿议事时，孜孜求治的文宗对宰相说："天下何时当太平，卿等也有志于此吗？"牛僧孺回答："现在天下无事，也可以算是小康了吧？如果陛下要求太平，那就超出我的能力了。"退朝以后，他接连三次上表，请辞相职。当时，内有宦官专权，外有飞扬跋扈的强藩，战事连年，赋敛日益加重，牛僧孺却称之为小康，岂不是欺人之谈！就是明显偏向牛党的司马光也严厉地批评说："当文宗求治之时，僧孺任居承弼，进则偷安取容以窃位，退则欺君诬世以盗名，罪孰大焉！"牛僧孺当政，完全是暮气深重，苟且偷安，是非常不合格的宰相，甚至是大唐的罪人。

　　本来，牛李党争，其事态是逐渐发展的，但维州事件却是两党相争正式形成的标志性的事件。因为正是在维州事件上，李德裕和牛僧孺直接对立，而且此事充分显示了两人的分歧之大，也让两方的矛盾从此不可调和。

　　维州事件以李德裕失败告终，但真正为此付出政治代价的是牛僧孺。在事件之后不久，唐文宗脑子清楚了，非常后悔听从了牛僧孺的建议。牛僧孺也深知自己的罪过，主动求退。

　　第二年，也就是太和六年（832）十月，李德裕入朝，当了兵部尚书，入相已是不可阻挡。太和七年，李德裕第一次当上宰相。

如鱼得水的会昌时代

　　李德裕第一次当宰相，时间很短。因为文宗是一个相当摇摆不定的人，他的目标又转移到消灭宦官势力上去了。于是他开始重用提拔李训和郑注这两个政治新人，当时，这是朝廷中的第三方势力。李训、郑注都是文宗一手新提拔的，与旧势力没有太多瓜葛。事实上，他们自以为得到皇帝的支持已经足够，也不愿意和旧势力联手，免得他们瓜分自己的功劳。于是两人执掌大权之后，对旧势力中牛、李两派人物，都加以贬斥。因此，李德裕在当了一年多的宰相后，就被罢相了，再次出任浙西观察使。

不过也算李德裕因祸得福。太和九年，李训、郑注发动了一次政变，试图清除宦官势力，但是宦官头子识破了他们的计谋，并且逃脱了。随后，宦官势力开始疯狂反扑，几乎将朝中大臣屠杀干净，酿成了一场血雨腥风的惨剧，史称"甘露之变"。如果李德裕还在朝中，十有八九也会遇害。

甘露之变四年之后，唐文宗郁郁而终。武宗继位，改年号为会昌，会昌年间是李德裕大展身手的时代。

第二次入相之前，李德裕在淮南节度使任上。[1] 关于李德裕再次入相，有个流传颇广的故事，说这次入相是监军推荐之故。[2] 淮南镇的监军叫杨钦义，杨钦义被召回朝廷时，有传闻说他将任枢密使一职，李德裕为他饯行，而且在席上送了无数金银珠宝，可谓一份非常厚的大礼。杨钦义喜出望外，也感激不尽。但是，没想到杨钦义只是去述职，回来后仍任旧职。沮丧的杨钦义要将

1　巧合的是，他从淮南镇入相，时年 53 岁。他父亲李吉甫当年也是从淮南镇入相，也是 53 岁。

2　唐后期，每个藩镇都配备一个监军，例由宦官担任。

那份大礼还给李德裕，没想到李德裕不收，并说："既然是送给你的，我怎么能再收回呢？"这下杨钦义彻底折服了。不久之后，杨钦义再次入朝，真的当上了枢密使，他就极力向武宗推荐了李德裕，李德裕因此入相。

这个故事中所说的，未必不是真事。尤其是李德裕那个做派，非常肖似。而且李德裕与宦官有所沟通，也是情理之中。陈寅恪就说过，牛李两党的背后，其实都有宦官的势力在。

但是，李德裕入相并非偶然，关键还是武宗对他的赏识。武宗是一个颇有主见，也颇有头脑的人，而且他有着一颗积极进取之心。武宗在位六年，对李德裕基本是言听计从，而李德裕也当仁不让地"大权独揽"。在唐朝君臣相得的例子中，武宗和李德裕算是相当突出的一对了。毫无疑问，武宗对李德裕早就熟悉，而且知之已深。因此，提拔李德裕为相，必是武宗早有成算的事情。

会昌年间，李德裕终于是如鱼得水，可以大展身手，也可以长舒一口胸中闷气。不过有趣的是，他上任后做的第一件大事，却是极力挽救两个牛党分子的性命。

武宗继位，是宦官拥立的。文宗去世前，本来要委托宰相杨嗣复、李珏拥立陈王的，所以武宗上台后，马上将他俩贬官。第二年，武宗还悄悄派出中使去贬逐地，要将二人处死。这个消息泄露之后，李德裕率领众大臣，要求面见皇帝。在皇帝面前，李德裕据理力争，认为皇帝刚继位，诛杀大臣会导致人情不安，说到激动之处甚至落泪。经过反复苦劝，武宗终于松口，免了两人死罪。其实杨嗣复、李珏两人是牛党骨干分子，虽然和李德裕没有太大恩怨，毕竟也属于对立的一派。李德裕却不惜冒犯天颜，为两人争得性命。他并不是以德报怨的老好人，只不过他不会以私害公，而是要顾全大局。皇帝刚上台就诛杀大臣，确实不利于政治安稳，不得不说李德裕的政治胸怀比较广大。

当然，无须讳言，会昌年间，随着李德裕权势越来越大，他对牛党的两位核心人物牛僧孺、李宗闵的打击也越来越狠。

会昌元年（841），汉江大水，溢过堤防，冲坏了襄阳城郭和民舍，造成严重水灾。当时襄阳的地方官就是牛僧孺。李德裕趁机以"治水不力"的罪名，将牛僧孺罢了官，仅让他挂了个太子少保的虚衔。谁都看得出来，这是小题大做了。

会昌四年（844），李德裕主持平定了泽潞镇反叛之后，权势更盛。他追论旧事，认为泽潞镇之所以形成数十年割据之势，牛僧孺与李宗闵曾为宰相当政，难辞其咎，而且他还找出了牛僧孺不满对泽潞平叛的"证据"。结果牛僧孺、李宗闵两人连续被贬，牛僧孺先贬为汀州（今福建长汀）刺史，又贬为循州（在今广东惠州）长史。

这些罪名颇有点欲加之罪的意思，后人因此认为李德裕气量狭窄，似乎也不无道理。其实，李德裕早就多次羞辱牛李二人，再这样穷追猛打，并没有太大意义。在官场上，原本一派得势打击另一派，也无可厚非，但会昌四年这次对牛李的打击报复，已经破坏了潜规则。

之前牛李党互相排斥，一般都不会太过分，比如李德裕被贬，基本上都是当藩镇节度使，虽然失势，地位还在。这种留住底线的做法，应该是比较正常的政治状态。李德裕因为自己权威日盛，反而气量狭小起来，以至于要将对手往死里整，这确实是失招。所以牛党再次掌权后，对李德裕的反击也就更加厉害，而李德裕也最终病死在贬逐之地崖州（今海南岛）。说他"咎由自取"有点过，但最终客死异乡，确实也有自己的原因。他在会昌年间如日中天，有点忘乎所以了。

不过话说回来，他在会昌年间的政绩，确实是非常值得骄傲的。短短六年之内，他主持完成了三件大事，令人惊叹不已。

大破回鹘

武宗在位这六年，宰相李德裕掌管政务，大事小事接踵而至，内政、外交、军事、经济……各种问题仿佛一下子都冒出来了。当然，面对如此严峻的考验，李德裕的答卷是异常完美的。

开成五年（840）的十月，李德裕刚当宰相一个月[1]，第一个大难题已经出现了，回鹘犯边。北方边境上的天德军紧急报告说，一支回鹘溃兵侵逼边境，其人马众多，以致"亘六十里，不见其后"。

回鹘，原来叫回纥，是继突厥之后的大草原霸主。在强横上百年之后，也终于出现了衰败迹象。在文宗时，回鹘曾被更北方

1　开成五年五月，武宗已经登基。一般来说，都是登基后的次年改元，即新皇帝会在当年内沿用旧年号。

的一支草原新势力黠戛斯打得大败。此后，回鹘部族四散，其中的嗢没斯部则往南迁徙[1]，来到了唐朝边界上。

这支绵延六十里的队伍，其实并不完全是一支军队，而是包括了男女老幼的整个部落。这是一支刚刚离开故土，希望找到新家园的队伍。来到边界后，嗢没斯向唐朝请求内附，也就是想在长城以外的草原上获得一块栖息之地，并获得唐朝的庇护。

等明白了回鹘嗢没斯部的意图后，唐朝边将消除了惊慌，又产生了新想法。天德军使田牟向朝廷报告说，周边一些原来受到回鹘欺压的部族，想与唐朝联手，趁机消灭嗢没斯部。对此提议，朝臣也多赞成。这个建议不无道理，虽说现在回鹘衰亡，但作为纵横百年之久的草原雄主，余威尚在。那来去如风的回鹘精骑，仍然是让唐朝军队望而生畏的强劲对手。所以趁现在这个机会，联合各方力量将其一举消灭，以绝后患，可谓明智之举。但是李德裕却断然拒绝了。他的对策就四个字：先礼后兵。

李德裕的第一个理由是"穷鸟入怀，犹当活之"。就是一只走投无路的鸟，我们也要拯救，何况是这么多"难民"呢？这是一种人道主义的精神，也是大国的气派。李德裕一再强调，要给嗢没斯正名，认为他们并不是叛将。他指出，这次嗢没斯率部来降，秋毫无犯，理应予以安抚，这算是给事件定了性。

而且从道义上讲，唐朝也该帮一把。回鹘族和唐朝的关系一直都不错，从来没有发生过大冲突，是罕见的能够与中原和平相

1　这一队伍的领袖人物是原来可汗的弟弟嗢没斯，故名。

处的草原民族。而且在唐朝危急的时候，比如安史之乱时期，回鹘也坚决支持唐朝，立下了很大的功劳。可以说，回鹘一直是唐朝的朋友。

李德裕甚至提出，应该答应嗢没斯借粮的请求，资助二万斛粮食，帮他们渡过难关。这时候，就连跟李德裕关系很好的陈夷行也站出来反对说，你这岂不是"借寇兵，资盗粮"？显然，在他看来，以后嗢没斯部肯定是要反叛的。送粮给他们，绝对是养虎遗患啊！

李德裕当然不会不考虑这些。他之所以是个杰出的政治家，就是因为他比其他人更加成熟，能充分考虑到现实性和可操作性，看问题也更加全面和深刻。

李德裕指出，现在唐朝能立刻动员的军队很少，天德军只有一千多人，联手吐谷浑、沙陀、党项等部族更不靠谱。因为这些部族虽然和回鹘有世仇，但他们基本上唯利是图，完全没法统一协调作战。况且，若激怒了这支回鹘残部，他们困兽犹斗，攻陷天德军驻地也不是不可能的。一旦天德军被打败，那北方防线将如同大堤决口，到那时候，局面就无法收拾了！听了李德裕的分析，陈夷行也沉默了，他不敢也不能去冒这个风险。

按先礼后兵的方针，李德裕做出了决策：一方面派遣使者，直接沟通，同时送去急需的粮食；另一方面，加强戒备，严令边军不得主动出击，邀功生事。命令中提到"毋得先犯回鹘"，可见是采取了"人不犯我，我不犯人"的方针。另外，他还非常仔细地提到，如果吐谷浑等部族和回鹘发生了小的冲突，可以不理会，但绝不能去帮助他们报仇。可以看到，李德裕的整个对策，是有礼有利有节的。

事实证明，李德裕的决策非常英明。后来他成功地将嗢没斯部化敌为友，整编为唐朝军队，并让他们投入到抗击回鹘乌介可汗的战斗中去。这样一来一回，敌我力量的对比就差得太大了。他就像一个精明的商人，要将成本降到最低，将利益提到最高。

如果说嗢没斯部是第一波大浪，那么继之而来的乌介可汗可谓一次气势汹汹的海啸。在嗢没斯等部纷纷四散之后，留居的十三个回鹘部落重新推选了一个新可汗，称乌介可汗。就在第二年，乌介可汗纠合了十万之众，也南下来到唐朝边界。他的态度可要强硬得多，除了人多势众之外，他手里还有张政治王牌，就是太和公主。她是真正的公主，穆宗的女儿，当朝皇帝武宗的姑姑，当年为了与回鹘和亲而嫁到了草原上，现在落入了乌介可汗的手里。乌介可汗声称，要"借"唐朝的振武城来奉养太和公主。这是赤裸裸的政治讹诈。

振武城，即东受降城。与天德军城一样，是北方边防重镇，地理位置非常要紧。如果真被回鹘占据，那回鹘军队进可以直接威胁河东，甚至关中，退也可以很快到大漠碛口。

毫无疑问，唐朝是绝对不会答应的，但李德裕也没有放弃外交斡旋，同时更加积极地进行军事准备，调兵遣将，构筑了一个大大的包围圈。就在这年年底，乌介可汗兵临振武城下，而李德裕也指挥各路军队缩小了包围圈，准备收网。

会昌三年（843）的正月，唐军准备停当，决定先下手为强，发动了突然袭击。亲自指挥的将领叫石雄，原来是徐州藩镇的裨将，李德裕看中他是将才，一手提拔上来。这次石雄身先士卒，立下了奇功。他早就派人悄悄地在振武城中挖掘地道，一直通到回鹘的军营下面。月黑风高之时，一支幽灵般的军队从地下悄悄钻出，突然之间，喊杀声震天动地！对回鹘军来说，死神现出了它狰狞的面孔、锋利的爪牙，目之所见都是血腥场面，这是一次一面倒的屠杀。乌介可汗身受重伤，拼命逃出，他不敢回头，一口气逃到了万里之外的黑车子族。石雄这一战，非常精彩，颇有当年李靖奇袭东突厥的风采。

天亮了，但屠杀仍然没有结束。前线总指挥刘沔率大军赶到，一路追击，最后在杀胡山再度大破回鹘军，并"降其部落二万余人"。另一批往东奔逃的回鹘军，则被东路包抄的幽州军再次击溃，前后俘获三万余人。就这样，纵横大漠南北百余年之久的回鹘政权，彻底崩溃了。[1]

有一件事不能不提，太和公主被石雄顺利救下，随后送回长安。当公主回到阔别二十多年的长安时，武宗皇帝准备了极为隆重的欢迎仪式。说是欢迎，其实更是一个庆祝凯旋的仪式。是啊，还有什么比让一个被迫和亲的公主高调归国更能证明大唐的再度辉煌呢？

在一片欢呼声中，一位诗人写下了这样的诗句："庙谋宏远

1　这件事的后续也许值得提一笔。三月份，刘沔报告说，归义军回鹘（即改编后的嗢没斯部）三千多人因为抗命，已经被全军诛灭。

人难测，公主生还帝感深。天下底平须共喜，一时闲事莫惊心。"在这一刻，人们有理由兴奋，他们几乎以为这是一个天下底平的时代了。而且，他们都知道，这个功劳应该完全归于那位"庙谋宏远"的大唐宰相李德裕。

但是，当兴奋的武宗提出趁胜前进，要进取安西、北庭时，李德裕及时泼了冷水，他说唐军尚力不能及，不宜"用实费以易虚名"。可见，当年支持占取维州的李德裕，并非如司马光所说，是见利忘义之徒。他应该算是一个现实主义者，比牛僧孺这种空谈义利的，不知高明多少倍。

武宗是个年轻人，比较冲动，而李德裕可以适时阻止他。

平定泽潞

会昌三年（843）正月，对回鹘的战争取得了决定性胜利，不过善后工作还需要一段时间。三月，李德裕特别下了一道命令，让各方尽快完成对回鹘收尾之事，务必在本月结束。之所以要这么安排，是因为李德裕已经在筹备另一件事。根据情报，泽潞节度使刘从谏眼看不行了，而李德裕等这一天已经很久了。

泽潞镇，下辖五个州，地跨太行山，太行山以西是泽州、潞州，太行山以东是邢、洺、磁三州。在河北地区的三州，与当时割据的河北三镇幽州、成德、魏博相邻。很明显，朝廷赋予了泽潞镇特殊的重要任务——防控河北三镇。德宗时期，唐朝廷和河北强藩开战，魏博节度使田悦就曾说过："邢、磁如两眼在腹中，不可不取磁州！"泽潞的山东三州对于河北三个强藩来说，真如针芒在背。

既然泽潞镇极具战略意义，那自然要牢牢控制在朝廷手中，所以泽潞的节度使非常关键。可是在敬宗时期，节度使刘悟死后，他儿子刘从谏想模仿河北强藩，图谋世袭。他拼命贿赂当权者，包括宰相李逢吉和宦官头子王守澄，于是刘从谏居然顺利得到了朝廷的新任命，泽潞镇自此也进入了半割据状态，与河北三镇越来越相似。李逢吉身为宰相，如此以私害公，实在是严重渎职。这里提一句，李逢吉与牛僧孺、李宗闵是一党的，算是牛党前辈。

李德裕对此事非常不满。因为从他父亲李吉甫开始，就是采取积极加强中央集权、削弱藩镇的政策。德宗后期，长期姑息藩镇，"有终身不易地者"，藩镇节度使在任时间很长，甚至常常到死不换，大大强化了藩镇的割据倾向。而到了元和时期，李吉甫当宰相一年多，"凡易三十六镇"，就是将三十六个藩镇的节度使都加以调换。其实只要中央能够顺利调换节度使，藩镇势力就不可能坐大。"元和中兴"的成功，李吉甫有很大的贡献。李德裕延续了父亲对藩镇的强硬政策，非常希望能在自己手里解决泽潞这个历史遗留问题。

会昌三年（843）四月，刘从谏去世，他的侄子刘稹上表，要求袭任节度使一职。李德裕断然拒绝。对于这样一个天赐良机，李德裕是绝对不会放过的。从一开始，他就不惜一战，他甚至向武宗表态说："如有不利，臣请以死塞责。"这可与当年裴度亲征淮西时下生死状相提并论。

朝中反对的官员出乎意料地多，借口也是五花八门。这说明，此时整个官僚阶层都暮气沉沉，不再有积极进取的精神了。说到底，是绝大部分官员唯以个人利益为重，因循守旧，对国家大局漠不关心。李德裕有虎一样的对手，也有猪一样的队友。他要在这种环境下建立不世功勋，何其难哉！所幸皇帝一如既往地、毫无保留地支持了他，使他得以完成了几乎不可能完成的任务。

李德裕以最快的速度开始做准备，他早就成竹在胸，因为他对整个藩镇局势了解得非常深刻透彻，能准确地抓住要害。

问题的要害就是河北三镇。唐后期藩镇割据经历了三个阶段：代宗、德宗时期，藩镇势力形成；宪宗时候，几乎将所有藩镇收服，称为"元和中兴"，但也留下了隐患；穆宗时期矛盾爆发，此事称为"河朔再叛"——河北三镇恢复了割据状态。此后，中央和割据力量双方就形成了稳定的平衡，中央再也不干涉河北三镇的事务，河北以外的藩镇则基本听命于中央。

实际上，唐后期河北三镇就成了除长安之外的另一个中心，任何一个藩镇想成功割据，就必须靠近这个割据中心，并获得他们的支持。而泽潞镇恰好在地理上符合这个条件，因此它具备了割据成功的条件。其实，如果刘稹不是遇到了李德裕，他成功机会很大。

所以，李德裕首先要做的就是把河北三镇拉到自己一边，不能使之与泽潞联合。刘稹还没来得及动作，李德裕就在第一时间给河北三镇发布了一道诏令，直接点破："勿为子孙之谋，存辅车之势。"意思是，你们三镇的世袭，朝廷向来不干涉，而现在泽潞情况和你们三镇不同，所以坚决不能允许。如果你们要帮泽潞，那以后就不要怪我不客气了！三镇也不愿惹火上身，表示听命。这样，泽潞镇就失去了最为关键的成功条件。完成这一步，李德裕已经成功了一半。

其实，早在会昌元年（841），李德裕已经布下了一枚棋子——幽州。这一年，幽州卢龙镇发生了兵变，大将陈行泰杀死节度使史元忠，然后向朝廷请求新的任命。这种情况在河北三镇屡见不鲜，朝廷本来就不打算干涉三镇"内政"，通常都是立刻同意新任命。但这次李德裕却没有按惯例做，而是用了"拖"字诀。他很清楚，这种兵乱是相当不稳定的，朝廷稍微施加压力，就容易生变。果然，幽州方面不久就杀了陈行泰，另立张绛，再向朝廷求新任命，但李德裕还是继续观望。终于，幽州的雄武军使张仲武站出来，表示自己愿意领军杀掉张绛，平定军乱。这次，李德裕终于点头首肯。就这样，张仲武做上了幽州的节度使。可以说，张仲武和李德裕达成了不错的"盟友"关系。在平定回鹘军的时候，幽州军就是东路军，立下了很大功劳。而这次针对泽潞的平叛，张仲武也积极响应。对于拉拢河北三镇，张仲武这枚棋子起到了非常关键的作用。

李德裕帮张仲武上台，根本就没有出什么力气，只不过在同意任命一事上拖了一段时间而已，但效果却好得不得了。当然，看似容易的一招棋，非高手不能出。李德裕实在是个高明之极的政治家。

会昌三年（843）七月，李德裕正式对泽潞镇用兵，他采取了分而击之的策略。在河北的邢、洺、磁三州，就放手让河北三镇攻取，朝廷军队则集中兵力对付泽州、潞州。以全国兵力对付二州，就容易多了。

河北三镇自然不大肯卖力进攻，对此李德裕也有些妙招。一是规定各军不许去攻打县城这种小据点，而是要直接进攻州城。二是让平叛军队之间相互竞争，比如魏博的军队进展缓慢，李德裕就给魏博节度使写信说："你不卖力，干脆就让位吧！我让王宰率领忠武军[1]，向魏博借道攻打磁州，如何？"开玩笑，让另外一支劲旅穿过魏博腹地，这不是要端我老巢吗？所以，魏博不得不对磁州发动一顿猛攻。三是大力奖励军功。如成德的王元逵进击尧山，又击败了刘稹的救兵，立了战功，李德裕立即奏请武宗，加授王元逵同平章事。这是挂了宰相头衔，有良好的激励作用。

这些招数确实管用。战争持续了三年，叛军中最先崩溃的不是泽、潞二州，而是东部的邢州守将先投降了，接着洺州、磁州也很快投降。半壁江山已去，泽、潞二州再也支撑不住，叛军势力终于瓦解。

这个结果大概也出乎李德裕的意料。因为按他的设计，河北三镇不是主攻方向，突破口应该在泽、潞二州。潞州是今长治，北接太原，即河东节度使；泽州是今晋城，南接河阳节度使。李德裕派遣了主力军队在南边，猛攻潞州，吸引叛军主力；北边他则派自己的心腹石雄率一支精锐，随时准备突袭叛军的心脏潞州。

1　忠武军由陈许节度使指挥，历来忠于朝廷，战斗力也是十分强悍，人称"黄头军"。

大概李德裕很想重演一遍"李愬雪夜入蔡州"的奇迹，当时石雄驻军离潞州只有一百五十里，与当年李愬奇袭的路程差不多长。

其实平叛的过程比李德裕想象的要难很多，甚至中间还出了点岔子，差点让平叛活动半途而废。会昌三年（843）年底，河东节度使下属的横水戍军，因为赏赐不足，发生哗变，他们推都将杨弁为首，反过头来攻占了太原。这场兵变在朝中掀起了一场轩然大波，群臣纷纷建议休兵——当年泾源之变的教训还在眼前呢。但李德裕硬是顶住了一切压力，很坚定地坚持到底，堪称逆天改命。在整个战争过程中，李德裕处置得当，不犯错误，不断地排除一个又一个的障碍，终于迎来了胜利。

平定泽潞，让李德裕的声望达到了顶点，后人常将李德裕与主持元和中兴的名相裴度相提并论。其实从个人能力来说，李德裕要超过裴度。裴度的成功很大程度上依赖于李愬的成功，有较大的偶然性；而平定泽潞，一切都在李德裕的掌控之中，成功几乎是必然的。

武宗因李德裕劳苦功高，进封他为太尉、卫国公，加食邑一千户。李德裕一再推辞，武宗就说："恨无官赏卿耳！卿若不应得，朕必不与卿。"这话很值得玩味，皇帝的意思是，不该给你的，我肯定不会给你，现在给你这些，我还觉得不够呢，你就老老实实地收下吧！

这话说明了一点，武宗与李德裕有朋友般的关系，甚至有知己的味道。武宗显然很了解李德裕的个性，他知道李德裕是个孤傲的人，对于这些虚衔荣誉并不是太看重。但是皇帝认为，他们两人之间，不需要客套推辞那一套。这种话，确实是朋友之间才说的。这大概也可以解释为什么武宗和李德裕如此君臣相得了吧。

会昌灭佛

李德裕和唐武宗还有一个共同点，那就是信奉道教。

李德裕的祖父、父亲都与道教徒往来密切，李德裕和妻刘氏、姜徐氏都有道号。唐武宗也有道号，自称道家弟子。比起后世宋徽宗自称"教主道君皇帝"，唐武宗倒是谦虚得多。

李德裕之所以信仰道教，除了追求"长生术"之外[1]，大概是相信道教徒会算命。他晚年回忆往事说过，自己一生中，曾经有三个道教徒预言他的官运。所以，虽然他信仰道教，但并不喜欢装神弄鬼的道教徒，比如在浙西的时候，敬宗皇帝听闻浙西有个叫周元息的道士很神奇，就命李德裕将此人送去长安。李德裕为此上奏劝谏，力证此人不值得信任。

但是武宗却沉溺于道教的长生之术，因此而宠信一个叫赵归真的道士，赵归真声称自己有几百岁，还向武宗推荐了各种有"长年之术"的道士。李德裕对此很不以为然，指出："小人看见有利可图，就会如飞蛾扑火。现在听说赵归真家门口车马辐辏，希望陛下要警惕啊！"武宗在其他方面对李德裕言听计从，但信

---

[1] 唐代后期的上层社会中，道教非常流行，可以说是时代风气使然，李德裕家族的道教信仰其实很平常。而且李德裕幼时体弱，长而多病，故长期服药，甚至也相信炼丹术。

仰方面却一心听从赵归真。武宗原名叫李瀍，后来患了重病，结果道士们认为这是因为名字取得不好。"瀍"字带水，而唐朝属于土德，土克水，所以不宜。火可以生土，所以应该改名，于是武宗就成了"李炎"，炎字两个火，总算与土德相配了吧？可武宗还是很快一命呜呼了。唐代皇帝中，颇有受惑于道教神仙长生之术的，一律都受其害而短命。

总之，李德裕对于道教信仰是比较节制、比较有限的，因为他毕竟还是个儒生，儒家认为"子不语怪力乱神"。李德裕本人并不算迷信，比如在浙西时，他就毁了一千多座淫祠。

虽然对待道教的态度有分歧，但君臣二人在限制佛教这点上，却达成了共识。会昌期间禁止佛教运动，一般称"会昌灭佛"，或称"武宗灭佛"。也有学者认为，会昌灭佛的主持人是唐武宗，幕后指使者是道士赵归真。但整个运动的具体策划和执行者，无疑是宰相李德裕。早在李德裕在做浙西观察使的时候，就好几次和佛教僧侣活动"过招"。

有一次，亳州僧人谣传亳州出现了"圣水"，病人喝了即病愈。虽然一斗水要卖三千钱，贵到离谱，但江南一带去求取"圣水"的人还络绎不绝，甚至壅塞了道路。李德裕知道后，直接派人在路口拦截劝阻，同时奏状朝廷，要求杜绝此事。另外，他还通过一个巧妙的实验揭穿了"圣水"骗局。他公开用"圣水"来煮肉，宣称如果真的是"圣水"，那肉就不可能煮熟。结果"圣水"骗局自然破产。

其实李德裕并不是反对佛教的教义。有记载表明，他与佛教徒有所交往，在遇到大德高僧的时候，也会表示敬意。他反对佛教主要是因为过度崇佛带来了经济和社会方面的问题。

长庆四年（824）十二月，徐泗观察使王智兴借口给敬宗祝贺诞辰，在泗州公开剃度僧尼。自宪宗以后，已经禁止僧尼剃度很久了，现在一开放，人们就从四面八方蜂拥而至。百姓如此趋之若鹜，不是因为看破红尘要出家，而是以此避税。因为僧尼是免税的。交二千钱，就可以买到一个"度牒"，就等于拿到了终身"免税证"[1]，对个人而言，这可是一笔划算的买卖。但从长远看，国家受到的财政损失是巨大的。李德裕立即向朝廷揭发，并且警告说，如果再不加以禁止，江、淮以南将会失去纳税人口"六十万丁"。唐后期，江淮地区是唐中央财政的主要承担地区，一旦失去大量纳税人口，那足以引发中央财政危机。

唐代佛教非常繁盛，寺庙也都积累了巨大的财富。可以说，佛教是与国争利。李德裕早在西川节度使任上，就已经将当地小的寺庙毁去数千之多。所以他一执政，就有计划、有步骤地开始禁佛。

会昌元年（841），开始淘汰部分僧尼，对僧尼活动也有所限制，同时拆毁小寺山房、兰若等。小寺山房、兰若都是指很小的寺庙，从小寺庙开始，阻力会比较小。

会昌二年，再度淘汰不合格的僧尼，"天下所有僧尼解烧炼、

1　唐宋时期，卖度牒成了国家财政应急的法子之一，比如战争、救灾等情况下，常靠卖度牒筹钱。苏东坡在给西湖清淤的时候，主要就是靠朝廷给杭州救灾的二百道度牒。

咒术、禁气、背军、身上杖痕、鸟文、杂工巧、曾犯淫养妻、不修戒行者，并敕还俗"[1]。同时，还下令不许僧尼无限制地占有奴婢，规定僧限留奴一人，尼留婢二人。

会昌三年，废除了摩尼寺，杀摩尼师，财产没入官府。所谓摩尼寺，就是摩尼教的寺庙。摩尼教来自波斯地区，当时信众多为回鹘人。禁废摩尼寺应该是与当时与回鹘作战有关。[2]

会昌四年，下令禁止各寺院供奉佛牙，并拆毁天下山房、兰若、普通佛堂和村邑斋堂。这时候，大约中等规模的佛寺也要拆毁。而且，凡所拆毁寺院的僧尼一律勒令还俗，送归原籍。

会昌五年，灭佛运动达到了高潮。因为此前几年，战争不断，李德裕没有太多精力做这件事，现在他终于腾出来专心解决这个问题了。三月，展开寺院经济方面的调查，将天下所有寺院的奴婢和财产占有情况都做了登记。四月，开始淘汰僧尼，凡五十岁以下的僧尼不论有无官照，都勒令还俗，并遣送原籍。七月，出台新的佛教政策，规定全国只保留少数寺庙，定额之外的一概销毁；销毁的佛寺土地收归国家，佛寺铜佛像等拿来铸钱，

1　烧炼，指合炼金丹；咒术，即念咒语行术法；禁气，是修身练仙的法术；背军，指离开军队为僧的；身上杖痕、鸟文，指受官刑的人；杂工巧，指各种特殊的手工技艺。
2　这次运动虽然称"灭佛"，但打击对象也包括其他宗教，如三夷教（祆教、景教和摩尼教）等。

铁佛像则用以制造农具 [1]；此外，普通老百姓家里所有的金、银、铜、铁佛像，也统统要没收上交国库。

整个运动如疾风暴雨，非常迅猛，效果也非常惊人，统计报告说："拆寺、兰若共四万六千六百余所，还俗僧尼并奴婢为两税户共约四十一万人，得良田数十万顷。"会昌末年，全国两税户比宪宗"元和中兴"时增加了两倍多，是安史之乱以后国家户口最盛的时候。显然，这个运动给国家带来的经济效益非常之大。这也是李德裕灭佛的初衷。

但第二年，宣宗皇帝一上台，就彻底改变政策了，灭佛成果并没有能巩固下去。

从文化的角度来说，会昌灭佛运动，不啻一场大劫难。大唐是中国佛教发展的极盛期，出现了中国化的八宗，如天台宗、禅宗等。本来这些宗派已经出现由盛转衰的迹象，经过"会昌灭佛"，更是雪上加霜。

中国历史上曾出现过四次大规模的灭佛运动，号称"三武一宗"灭佛事件。唐武宗会昌年间这次，并不是最激烈的，没有屠杀僧侣，只是逼迫还俗。但这次的规模最大，影响也最深，对佛教的打击最厉害。这主要是因为李德裕决心强，手段干脆而有效。

1　甚至拆灭佛寺的建筑材料，也都被用来建造其他建筑。杜牧的《杭州新造南亭子记》就提到，杭州刺史李播拆灭佛寺，并用佛寺的木料修了一座"南亭"。文中提道："凡除寺四千六百，僧尼笄冠二十六万五百。其奴婢十五万，良人枝附为使令者，倍笄冠之数。良田数千万顷，奴婢口率与百亩，编入农籍。其余贱取民直，归于有司，寺材州县得以恣新其公署、传舍。"

流放崖州

很可惜，君臣相得的会昌政局，时间太短。会昌六年（846）三月，武宗就去世了。继位者是武宗的叔叔光王李忱，是为宣宗。

宣宗也是由宦官拥立的，之所以拥立他，是因为李忱善于装傻，韬晦极深。无能的皇帝在位，自然便于宦官弄权。可谁都没想到，宣宗是个乾纲独断、察察为明的厉害角色，甚至有"小太宗"之称。其实这完全是过誉，宣宗自鸣得意的一点就是"御臣之术"十分高超，李德裕就是他第一个权术牺牲品。

李德裕当时是第一重臣，所以在宣宗即位之日，是由李德裕在太极殿奉册。事后，宣宗对左右说："适近我者非太尉邪？每顾我，使我毛发洒淅。"宣宗这里用了典故，明指李德裕就是霍光。当年汉武帝死后，霍光为顾命大臣，逐渐大权独揽，甚至可以废立皇帝。汉宣帝去祖庙谒见先人的时候，霍光陪侍在旁，宣帝和人说，霍光在侧，自己就如芒刺在背那样难受。从唐宣宗此语可知，李德裕的厄运要来了。

李德裕被贬是迟早的事情，但谁也没想到来得这么快。宣宗听政的第二天，李德裕就被贬出朝廷，去做荆南节度使，真是迅雷不及掩耳。虽说是一朝天子一朝臣，但李德裕毕竟执政多年，特别是他的几件大功勋，那都是实实在在的。但就是这样一个位重功高的大臣，没有什么过失，却罢斥得如此之快，百官"莫不惊骇"。宣宗要的就是这个效果。他要让百官们明白，自己是个心狠手辣、不讲情面的人。

宣宗专制欲很强，李德裕也是个说一不二的性格，两个强人，自然不能相容。另外，李德裕素来不喜欢科举之士，而宣宗恰恰是个"科举迷"，两人性情意见多有相左之处。宣宗每次接见大臣，都要问是哪一年中举的。如果有才华出众，却又不是科举出身的大臣，他就会很遗憾。宣宗曾经在宫中的柱子上题名说："乡贡进士李道龙。"李道龙就是宣宗自己的化名。他身为皇帝，却期望进士及第，可知是一个十足的进士粉。李德裕为相时，曾经做过不少很好的科举改革，比如禁止请托走后门，废除新科进士的"曲江宴"活动等。宣宗一上台，就统统给恢复过来。想来，宣宗已经不满李德裕很久了。

李德裕被贬的日子还远没到头，在短短三年中，他不停被贬。这期间，落井下石最起劲的，正是新宰相白敏中。白敏中是李德裕在会昌年间大力提拔的人。按常理，应该算是"李党"中坚人物，偏偏宣宗在贬斥李德裕之后，提拔他为宰相，确实意味深长。宣宗的意思很明显，我不把你当李党分子，给你一个机会，你要证明给我看。所以，别人都可以不打击李德裕，白敏中为保住官位却只能大力打击陷害李德裕，李德裕是白敏中的投名状。队伍从内部瓦解，才最快最彻底。

白敏中不遗余力地收集李德裕的黑材料，然而实在是有限。李德裕是个公德、私德都非常不错的人。执政期间，他不接交宾客，后院也没有什么私宠。当然，他生活并不算俭朴。[1]但这也不足以成为贬官的理由，最后白敏中只好利用一个旧案子，做起了翻案文章。

这个案件被称为"吴湘案"。会昌五年（845），淮南节度使李绅[2]审了一个案子，案犯是其下属江都县令吴湘，罪名有二：一是盗用国家粮钱，二是强娶县民颜悦女为妻。李绅判吴湘死罪。朝廷派监察御史崔元藻等人复审，结果是赃案属实，而娶妇一事不实。李德裕看到报告，认为结论不当，就将崔元藻贬为端州司户，维持李绅的原判。

李德裕失势后，吴湘的弟弟吴汝纳乘机诉冤。白敏中判定，李德裕在此案中枉法附会李绅；然后以这个罪名，一下子将李德裕贬为潮州司户。其实，吴湘案中，定为死罪主要是因为贪污。县官强娶本县民女是犯法的，但不是重罪。也就是说，即使没有第二条罪状，吴湘也犯下了死罪。李德裕就算有错，也只是个小错误。当然了，这个案子本身不过是个借口。欲加之罪，何患无辞？

李德裕刚到潮州，又被贬到崖州，这次干脆没有任何理由。大中四年（850）正月，李德裕抵达崖州（今海南海口），他写下了这样的悲凉诗句："独上高楼望帝京，鸟飞犹是半年程。青山似欲留人住，百匝千遭绕郡城。"十二月，李德裕郁郁而终，时

---

1 李德裕在洛阳的平泉山庄，是唐代著名的私家园林。后来，"平泉朝游"成为洛阳八景之一。

2 李绅与李德裕同做翰林时，就是密友。

年六十四岁。

李德裕的平反来得挺快。宣宗死后，儿子懿宗继位。咸通元年（860），唐懿宗从延资备边库路过，见锦帛堆积如山，惊问左右，有人回答："这个仓库是当年宰相李德裕创立的。他将每年的财政结余都存在这里，这为缓解国家应急开支，起到了极大的作用啊。"接着懿宗又听闻李德裕居然因为吴湘案贬死崖州，不禁说道："有如此功，微罪岂合诛谴！"于是下诏恢复李德裕原官爵，并追封左仆射。

宣宗算是个明君，而懿宗基本算是个昏君。但在李德裕的问题上，昏君懿宗比明君宣宗头脑可清楚多了。其实只要不感情用事，李德裕的功过再明白不过了。

李德裕在武宗朝确实算得上权倾朝野，但是，在相位上的李德裕偏偏提过两个建议。第一个是"台阁常务、州县奏请，复以舍人平处可否"，就是宰相不要管太多，日常事务，由中书舍人处理即可。这显然是要给宰相限权。

第二个建议是，"开元初，辅相率三考辄去，虽姚崇、宋璟不能逾。至李林甫，秉权乃十九年，遂及祸败。是知亟进罢宰相，使政在中书，诚治本也"。他的意思很清楚，宰相再优秀，也要有任期，有权又久任，迟早出问题。这是要给宰相——也就是自己，限制任期。

这样的李德裕，何止是宰相之才，简直是有圣人之德啊！如此贤相，而不得善终，可知大唐灭亡之日不久矣！

第十四章

高骈：末世一道徒

武将之中文才第一

先来看一首《山亭夏日》：

绿树阴浓夏日长，楼台倒影入池塘。
水精帘动微风起，满架蔷薇一院香。

这首诗描写夏日即景，诗情画意，静中有动，精细入微，有活色生香之感，确实算得上是一首好诗。而且这首诗纯用白描手法，笔触细腻，没有相当的文学功力是写不出来的。这是一首有着浓郁文人气息的佳作。

但是，这首诗的作者是一位武将，而且堪称名将，叫高骈。高骈是入了《唐才子传》的人物，书中评价道："在整个唐代，武将之中，高骈的文才第一。"[1]

　　一般的武将出身的人，写诗都带硝烟气息，多是军旅诗。高骈也有不少这样的诗作。比如有一首《寓怀》：

　　　　关山万里恨难销，铁马金鞭出塞遥。
　　　　为问昔时青海畔，几人归到凤林桥。

　　还比如《赠歌者》：

　　　　公子邀欢月满楼，双成揭调唱伊州。
　　　　便从席上风沙起，直到阳关水尽头。

　　两首诗都颇有肃杀苍茫之气，很符合其武将气质。

　　但高骈的作品中，更多的还是标准的文人诗，正如前面提到的《山亭夏日》。此类诗歌还有，如《寄僧筇竹杖诗》："坚轻筇竹枝，一杖有九节。寄与沃州僧，闲步秋山月。"《残春遣兴》："画舸轻桡柳色新，摩诃池上醉青春。不辞不为青春醉，只恐莺花也怪人。"甚至还有批判战争的《闺怨》："人世悲欢不可知，夫君初破黑山归。如今又献征南策，早晚催缝带号衣。"都富有文人趣味。

1　同时也可以反过来说，在唐代诗人里面，高骈军事才能第一。这样能文能武，都达
　　一流的人物，整个历史上也是不多见的。只可惜高骈最后身败名裂，连带着他的文
　　武全才也落得个寂寞。

　　高骈的诗在《全唐诗》中占了一卷，共 48 首诗，大多是佳作。唐代是一个诗的朝代，诗人无数。高骈能入《唐才子传》，就已经说明他的诗才超过了很多文人，书中也说当时"秉笔者多不及之"。甚至他的一首《对雪》还曾入选今天的中学语文教材呢。

　　六出飞花入户时，坐看青竹变琼枝。
　　逡巡好上高楼望，盖尽人间恶路岐。

　　这首诗言辞通俗，明白晓畅，构思巧妙，寄托深远，确实是一首难得的好诗。

　　名将高骈爱写诗，并不是想当一个文学青年，他的目标是要迈出将门，当上宰相！本来，他是有这个机会的，如果他成功剿灭黄巢军的话，未尝不能登上相位。但是，说是功败垂成也好，说是力不从心也罢，总之，他失败了。朝廷免去了他的"都统"头衔[1]，转而让其政治对手王铎任新的都统。高骈听到消息，忍不住写了一首《闻河中王铎加都统》：

　　炼汞烧铅四十年，至今犹在药炉前。
　　不知子晋缘何事，只学吹箫便得仙。

　　高骈认为自己劳苦功高，却还是在炉前烧火，而王铎只会拍拍马屁，就一步登天成仙了。诗作写得不错，"炼汞烧铅四十年"，

1　都统可以指挥其他藩镇的军队，相当于剿灭叛军的总指挥。

更是直接说明了高骈的道教徒身份。在名将、诗人的身份外，高骈还是个重度痴迷的道教徒，实际上，他晚年的失败很大程度上也由此而来。若从事后结果来看，高骈是黄巢手下败将，而王铎后来率领各军平定了黄巢起义，功劳有天壤之别，高骈没资格口出怨言。

事实上，原本朝廷非常信重高骈，将其倚为长城，但高骈不但没有挡住黄巢，反而间接成就了黄巢。不止如此，在黄巢攻占长安后，高骈不仅没有勤王，反而成为最早谋求割据的军阀，阻断东南漕运。甚至可以说，大唐的灭亡，高骈算是掘墓人之一，那么说高骈是大唐的终结者，其实也不算错。

这既是高骈的个人悲剧，也是大唐的时代悲剧。

将门世家

高骈出身禁军世家，他的祖父高崇文是唐宪宗时期名将，元和中兴就是从高崇文平蜀开始的。

高崇文是棣州渤海县（在今山东省滨州市）人，渤海也是高氏最著名的郡望，所以说起来高家出身不低——如果不是假冒的话。[1] 高崇文一开始投身平卢军，后来成为神策军将领。宪宗上台之后不久，西川发生了刘辟叛乱，朝廷决定出兵平叛。宰相杜黄裳力荐并不出名的高崇文出征。高崇文治军极严，途中有一个士兵折了旅馆的筷子——估计是闹了点事，立刻就被砍头示众。高崇

1　后来高骈就被封为渤海郡王，在一些文献中，高骈直接被简称为"渤海"。

文一路进兵，八战皆捷，尤其是鹿头山一战，破敌二万，结果成都不战而克。平蜀之役可以说是打得非常漂亮，震动全国，也为元和中兴开了一个好头。高崇文因此还获得了陪祀唐宪宗的殊荣。

高骈文采一流，他的祖父高崇文却是纯粹的武将，甚至不通文字。但是他也做过一首咏雪诗呢。有一次下大雪，高崇文的下属文官都在喝酒赏雪，当然也少不了吟诗作乐。正高兴着，高崇文突然来到席间，笑着说："你们在这里娱乐，也不告诉我啊。我虽是一介武夫，也有一首咏雪诗。"于是口里念道：

崇文崇武不崇文，提戈出塞旧从军。
有似胡儿射飞雁，白毛空里落纷纷。

这首诗很简单，但也很有趣，想象力挺丰富的。大家听了都夸奖他，说是诗意中肯，把他比作北齐将高昂。[1]说不定高骈的写诗才情，也有祖父的一点遗传呢。

将门世家的高骈，自然也是神策军出身。有趣的是，高骈一开始是当神策军的"打球军将"。唐代军队中盛行打马球，这是一项非常激烈的对抗性军事体育活动。当时在神策军的左、右二军之间还经常进行对抗赛，事关荣誉，争夺十分激烈，堪比今天的

---

[1] 高昂是北齐的一名猛将，文化水平不高，但颇爱写诗，比如有一首《征行诗》："珑种千口羊，泉连百壶酒。朝朝围山猎，夜夜迎新妇。"语言相当粗鲁，但诗意直率。就像《红楼梦》里的王熙凤是个文盲，但她出口一句"一夜北风紧"，就赢得了满堂喝彩。

顶级足球联赛。而高骈想必也是"怀挟星弹，挥击应手"的高手。

高骈的武艺非常出众，射术尤其精妙。有一次他去打猎，看到二雕并飞，就说："如果我以后能飞黄腾达，就一定能射中。"但见一箭破空，双雕落地，自此赢得"落雕侍御"的美名。高骈一箭双雕，是当之无愧的射雕英雄。

要富贵，对高骈来说，自然是从军功中取。《全唐诗》中高骈的第一首诗题为《感怀》：

> 恨乏平戎策，惭登拜将坛。
> 手持金钺重，身挂铁衣寒。
> 主圣匡扶易，恩深报效难。
> 三边犹未静，何敢便休官。

这应该是他早年的作品，很能体现出他对建功立业的渴望。而一句"三边犹未静，何敢便休官"，更是暗示了他今后立功边陲的辉煌战绩。

高骈人才出色，又加上背景深厚，所以到四十来岁的时候，他就被委以重任，独当一面。当时西部的羌人叛服不定，很多将领都束手无策。高骈受命出征，率领禁军万人屯戍长武城，坐镇西境。[1]高骈善于用兵，出兵总有斩获，唐懿宗对他很欣赏。

不久，因为吐蕃寇边，高骈移镇秦州，成为秦州刺史、本州

1　高骈祖父高崇文也曾在长武城领兵十余年。

经略使。秦州是边防重镇，与吐蕃交界。高骈上任不久就立下大功，诱降了河州、渭州一带的吐蕃守将尚延心，于是颇具战略意义的河、渭二州自此重归唐朝，而且唐军还收复了凤林关这个很重要的关口。高骈对自己的这次功勋十分得意，在他后来的诗中屡次提及"凤林关"，可谓念念不忘。

《塞上曲》：

二年边戍绝烟尘，一曲河湾万恨新。

从此凤林关外事，不知谁是苦心人。

《赴安南却寄台司》：

曾驱万马上天山，风去云回顷刻间。

今日海门南面事，莫教还似凤林关。

定安南

安南一战，是高骈的成名之作。

唐代疆界最南端，在今越南国境内的交州（大概相当于今越南首都河内的范围），后升为安南都护府。[1] 这块区域虽然远离关中地区，不过一直没有出什么大乱子，唐朝统治较为稳固。但是自从南诏逐渐东扩，安南地区就出现了危机。

1　安南都护府下辖 12 个正州，以及 40 多个羁縻州。羁縻州由少数民族的酋长统治，
　　在唐代被称为"土蛮"。

南诏政权的核心统治区在今云南一带，北面与唐的西川交界，东南方向则与唐安南相邻。南诏渐渐强盛起来，主攻方向放在了东部。经过十多年的反复争夺，在咸通初年，安南终于落入了南诏手里，南诏也设了南安节度使，由大将段酋迁坐镇。对此局面，唐朝廷非常恼火，调兵遣将不断，但局势一直未见好转。咸通五年（864），唐懿宗决定派他欣赏的高骈出征安南。

当年五月，高骈就在邕州大败敌军，取得开门红，并乘胜进军，屯驻海门镇（在今越南海防市）。接着高骈率领自己带来的五千禁军，一路横扫过去，肃清了交州以北的州县据点，从北部对交州实现了半包围态势。

安南不甘退出这个地区，也不断调兵遣将，先后派出猛将杨缉思、范昵些、赵诺眉等前往增援。咸通七年（866）六月，经过一番苦战，高骈终于拿下了交州，大胜南诏，斩首三万级。这个战绩可能有所夸大，不过南诏确实损失了一大堆将领。这对南诏来说无疑是一次巨大的战略性失败，他们不得不暂时退出了安南地区。

唐懿宗非常高兴，甚至为此下令大赦天下，高骈也一下子名扬天下，成为当朝名将。不过功成名就的高骈没有立刻回兵，而是在安南坐镇了两年之久。安南的地方长官升级为静海军节度使，由高骈任第一任节度使。在这两年的任内，高骈没有闲着，而是充分发挥了他的治理才能。其中有两件事情，意义重大。

一是修筑交州罗城。罗城"周三千步"，防守设施也一应俱全。此外，他还修造了五千间房屋给百姓居住。让居者有其屋，无疑是一件大惠政。[1] 尤其是南方湿热，经常用木柴茅草做房子，十分简陋，所以为民盖房成了南方官员常见的惠政。

二是改进了从广州到交州的水路。唐代去往交州基本上都走海路——因为陆路都是崇山峻岭，跋涉艰难，至于辎重运输，那就更加不便了。海路从今北海港出发，沿着海岸线行进，最后到海门镇登陆。不过海路也有很多问题，最头痛的就是沿岸的巨石暗礁太多，运粮的大船经常翻沉，损失巨大。高骈决定改进水道，主要的工程就是修建一条运河，以绕过一个半岛。

这个工程非常具有传奇色彩。开工一年之后，工人们遇到了大难题，两处有巨石，而且质地非常坚硬，斧凿根本不起作用，连续开凿了一个月，也不见功效。就在大家一筹莫展的时候，咸通九年（868）五月二十六日，突然乌云密布，并有数声惊雷，还扬起黑雾，不久黑雾散去，人们惊异地发现，大石头崩裂了。六月二十一日，再次出现霹雳巨响，大石头彻底破碎。人们都传言，这是老天显威帮忙呢，于是高骈就将这条通道称为"天威径"[2]。因其神异，这条天威径名气很大。高骈自己也很得意，写了《天威径》诗："豺狼坑尽却朝天，战马休嘶瘴岭烟。归路崄巇今坦荡，一条千里直如弦。"

其实，这所谓"雷电开石"的神迹，很可能是高骈用了火药。火药的威力，正是唐代道士们在炼丹的时候发现的，而且唐

1　《资治通鉴》居然说是建房 40 万间，这恐怕是夸张了。

2　今天在广西防城港市防城区月亮湾附近还可以看到这条运河，称为潭蓬古运河。

代已经运用到军事上了。高骈既是狂热的道教徒，又是禁军将领，所以他掌握火药的秘密是极有可能的。我们单从这个过程来看，也很像是用了火药，否则怎么可能有两次雷电都打在一块大石上的巧事呢？事实上，高骈确实很爱搜寻各种神仙方术类的东西，为此还会做实验。由此可以推想，正是某个道士拿火药的秘方给高骈献宝。高骈可能是有记载的第一位将火药用于工程爆破的人，他应该在中国古代科技史上占有一席之地。

高骈是一个很喜欢装神弄鬼的家伙。他虽然用了火药，但故意将功劳归于上天之威，这显然可以大大地为他增加威望，以此服众。后来高骈在安南获得了很大的声威，以至于当地人给他立了生祠，并称呼他为"高王"，恐怕与他这些招数不无关系。只是高骈因此也失去了使用火药进行工程爆破第一人的称号，十分可惜。

高骈在安南做的两件事情，都是很具战略眼光的，特别是疏通路线，对于加强交州和内地的沟通都很重要。只可惜这些能够造福后世的工程，对于衰亡的唐朝来说，意义也不大了。[1]

就在高骈离任安南之前的一个月，唐朝发生了一件大事——庞勋叛乱。这次兵乱，可以说是真正敲响了唐王朝的丧钟。[2]唐朝廷费了九牛二虎之力才将叛乱平定下去，但是整个王朝的基本统治秩序，已经摇摇欲坠了。

---

[1] 到了宋代，中央就失去了对安南地区的控制。

[2] 《新唐书》有"唐亡于黄巢，而祸基于桂林"之说，陈寅恪赞同这个观点。这里的桂林指的就是庞勋之乱。

高骈于咸通九年（868）八月卸任回长安，半年之后被任命
为天平军节度使。天平军治所在郓州（今山东东平），与徐州相
邻。显然，高骈是朝廷用来震慑防备徐州的。这也可以看出，高
骈此时是唐朝廷十分倚重和信赖的一员大将了。

西川救火

874年，懿宗死，僖宗上台，改年号为乾符。就在第二年，
王仙芝、黄巢起义爆发。唐朝君臣大概没想到，这次造反最后会
让大唐土崩瓦解。

内忧尚未燎原，外患先成大灾。咸通十年（869）开始，西
南方向失利的南诏连年入侵西川，蜀地民不聊生。僖宗上台后，
立刻加高骈为同平章事[1]，看来要重用他。果然，乾符二年（875）
正月，高骈就被任命为西川节度使——要去救火。因为就在上个
月，南诏再次大举入侵，一路猛攻到雅州，前锋已达新津，眼看
就要打到成都了。高骈立刻走马上任，他有一首诗，正是描写这
一路的所见：

> 亚夫重过柳营门，路指岷峨隔暮云。
>
> 红额少年遮道拜，殷勤认得旧将军。

1　节度使挂宰相头衔，称为"使相"，是节度使的极高荣誉。当然，"使相"不是真
　　宰相，只是挂名。

看来高骈此去是充满信心，要当个唐代的周亚夫，再建大功勋。

正月二十一日，高骈已到剑州（今川北剑阁），此地离成都还有数百里之遥。高骈先派了一个使者，快马赶到成都，下令打开成都大门。有人问他说，蛮寇逼近成都，相公你还远着呢，发生意外怎么办？高骈笑笑，说："我当年在交趾破南诏蛮二十万众，他们胆子早已经吓破了，听到我来，逃都来不及呢！"果然，高骈一到，南诏就开始退兵。高骈也不含糊，第二天就领兵五千，追击敌军，一直追到大渡河，杀伤大批敌军，并抓获数十名将领，大胜而归。南诏的这次入侵就这样被摆平了，高骈堪称南诏克星。

与在安南的时候一样，胜利后高骈也没有闲着，开始修整了军事设施。他在南诏入侵的路线上建造了很多城堡，每个城堡都屯驻数千兵力。此后，南诏再也不敢轻举妄动了。局势稳定之后，高骈也打算给成都建造一个罗城。在成都城市发展史上，这个罗城也是一个里程碑式的事件。

成都罗城规模巨大，其周长说法不一，少的说有二十五里，多的说有四十三里。修筑罗城，绝对是个宏伟的工程。高骈安排得井井有条。首先，他革新了修城墙的方式。唐代的城墙一般都采用夯土版筑的方式[1]，但是鉴于当地的土不适合版筑，高骈创造性地用砖砌了外墙。其次，在取土烧砖时，规定不再就地挖坑而是专找那些土丘，这样就不会破坏农田了。再次，征发劳工也安排轮换制，每批人工只工作十天就换。

　　建筑的过程，更是伴随着一场精彩的计谋。因为高骈怕南诏趁机来骚扰，他就先派使者去南诏，假意要和谈，进行外交斡旋；同时又放出话来，说要去巡边。开工的那天，他下令从成都到大渡河都燃起烽火，做出一副立刻要出兵的样子。就这样，烽火烧了九十多天，一直到整个罗城完工。有人不禁感叹说："兵以诈胜，斯之谓也。"善于用计，正是高骈的一大特色。

　　罗城建成后，大大加固了成都的防卫能力。后来僖宗逃到成都，还特别下诏表扬了高骈，说他建罗城有先见之明。高骈恐怕完全没想到，有朝一日，预防边寇修的罗城成了皇帝落难的避身之所。

　　高骈为蜀人建了一座坚固的城池，固然有功。不过他治理西川过于严酷，搜刮自肥，也是让蜀人相当不满。特别他是对蜀地将士处理不当，导致发生了一次兵乱，差点送命。过后，他又大肆屠杀，显示了残酷无情的一面。

　　蜀人向来被视为怯懦之人，有笔记说，南诏入侵时，有一个士兵落单迷路，进了村中。几百个蜀人跟着他，呼叫嘶喊，就是

1　全部用砖砌城墙，要直到明代才流行开来，之前多是城门部分砖砌，大部分墙体只用夯土。

不敢上前动手。南诏兵一回头，大家就四散逃开。高骈显然对蜀军相当看不上。当时蜀军有一支精锐部队，号称"突将"，相当于敢死队，立有不少战功，待遇自然特别优厚。高骈借口财政困难，将他们的额外津贴都停发了。其实高骈只是想克扣军饷，以中饱私囊。说起来，这种事他的祖上也做过。当年高崇文从西川撤离的时候，几乎席卷一空，能拿的都拿了个干干净净，害得下任节度使武元衡节衣缩食，过了好几年才恢复过来。

高骈是道教徒，所以他还经常搞些法术。比如每次发兵之前，都要做些道家仪式，对着将士们焚烧画在纸上的人马，撒小豆，还说："蜀兵怯懦，现在我先派遣你们这些神兵天将前往。"对于这种侮辱，蜀地的勇士们更是切齿痛恨。

终于在四月的一天，突将发动了叛乱，一举冲入节度使府中。高骈惊慌地躲到了厕所中，才逃过了突将的搜索。等事情平息之后，高骈跑出来，假惺惺地表示要悔过，给突将补发了津贴，但暗地里却记下了所有突将的名册，要秋后算账。在一个月黑风高的晚上，高骈派了亲兵队，将突将们全部击杀，甚至接着又灭其族，就连孕妇、婴儿也都不放过。流血成渠，号哭震天，一夜死者数千人。高骈还不放心，还将那些出戍在外、没有参与作乱的突将，也都逐一登记，又杀害了很多人。真是滥杀无辜！

高骈的行为，确实令人发指。在那个年代，很多武将都是如此，贪财、好杀，这不仅是高家的习气，更是当时很多武将的习气。而正是这样一些人，被唐朝倚为国家之长城，社会之栋梁。这显然昭示着，整个朝代已经病入膏肓了。

招降纳叛

　　高骈在西川任上四年，西南一直风平浪静，而此时中原的农民起义，已成燎原之势。更加麻烦的是，这一时期，各个藩镇内部也不断发生兵乱，此起彼伏。很多藩镇都自顾不暇，根本无心作战，只要把起义军赶出自己的地盘，就万事大吉。所以，王仙芝、黄巢等人的势力逐渐朝长江流域发展，因为相对于中原地区，这里的军事力量更弱一些。

　　乾符五年（878）正月，高骈再次被调任荆南节度使，兼盐铁转运使[1]，负责围剿王仙芝起义。调任高骈还有一个因素，王仙芝等军队中，郓州人很多。而当年高骈曾做过五六年的天平军节度使，在当地很有威名——想必也是以严酷出名，所以朝廷想借他的威名去吓唬起义军。

　　实际上，真正立下大功的不是高骈，而是招讨使曾元裕，他一战击杀了王仙芝。随后起义军大部归于黄巢，黄巢则继续往东南方向逃窜。

　　跟随黄巢的动向，高骈又调任镇海节度使。这显然是要高骈继续追击黄巢。在浙西地区，高骈成效很大，他用了软硬两招。一招是派出两员得力大将张璘、梁缵，分道出击，屡次打败黄巢；一招是诱降了黄巢手下数十个将领，如秦彦、毕师铎、李罕

1　兼盐铁转运使是唐后期最要紧的一个财政使职，掌握了全国大宗的财政收入。一般情况下，往往是淮南节度使兼盐铁转运使，因为淮南治所在扬州，是漕运的一个枢纽之地。高骈兼任盐铁使，大概是朝廷希望他能一举搞定渐成气候的王仙芝军队。

之、许勍等，他们都是悍将。

招降纳叛，是高骈在和黄巢军作战时使的重要策略。招降有诸多好处，不需要硬战，可以减少自身损失；能化敌为友，增加自己的兵力；还可以作为军功，为自己增彩。[1]另外，高骈也有这个能力，因为他身兼盐铁使，有的是钱，足够养活这些归附的叛将及其部下。高骈纳降的这些将领，基本都是率本部投降的。也就是说，他们都是带着自己的兵力来的，在高骈手下实际上依然是一支相对独立的军队。后来高骈势力崩溃，跟这个特点有很大关系。高骈力量足够强大的时候，还能压住这些叛将，一旦情势变化，那他们的忠诚度就非常靠不住了。实际上，最后高骈就是死在了当年降将秦彦和毕师铎的手里。

由于高骈是长江下游一支非常强悍的力量，黄巢无法立足，于是一路往南奔窜，从浙江、福建，一直来到了广东。最后攻下广州，作为新的据点。因为南方这些地区军队配备向来不足，所以黄巢如入无人之境。

高骈赶跑了黄巢，功劳十分突出，所以皇帝加封他为诸道行营都统。这个官衔可以统一指挥各方军队，可以整编军队，负责军需，还有司法大权，"刺史以下小罪辄罚，大罪以闻"，相当于总司令。至此，高骈的权势达到了巅峰。

既然是"总司令"，自然要想办法解决还盘踞在广州的黄

1　当年的安禄山就非常善用化敌为友这一招。所以他虽然真实战力一般，却屡有战绩上报，取得了玄宗信任。

巢。对此，高骈提出了一个大规模围剿方略。具体做法是：派张璘屯兵郴州，守住北面的大门；王重任从海路登陆潮州，扼住东路；王铎领兵屯驻在桂林、邕州一带，挡住西去的路径。这样就在三个方位分别关好了门，然后高骈亲率大军，直取广州。

应该说这个方略还是很有针对性的。因为黄巢军最大的特点就是流动作战，打得过就打，打不过就跑。黄巢军南下的时候，曾经生生地辟出七百里山路。其机动性之强，可见一斑。对于这样一支军队，最好的方法就是先将其围住，限制住，然后再打。广东地区在地形上，也是为山海包围，是完全有条件实施该策略的。如果真能实行，成功的可能性会很大。

当然，这个策略并没有实施。关于原因，不同的史料有不同的记载。《新唐书》说，皇帝采纳了，但高骈没有动；《资治通鉴》则说"诏不许"，被否决了。《新唐书》的说法有问题，既然高骈自己提出的策略，他为什么不愿意实行呢？当时黄巢新败，龟缩在广州，基本上是垂死挣扎，高骈以优势力量攻打，有必胜的理由。眼看天大的功勋唾手可得，高骈没有任何理由退缩。

《资治通鉴》说"诏不许"，这是很有可能的。因为当时的宰相，正是与高骈不合的王铎，王铎自己想抢占这份大功，所以亲自以宰相之尊当了荆南节度使、南面行营招讨都统。他大概是想学一下名相裴度吧，可惜，他没有裴度的水平，也没有裴度的运气。他这次出征，生生让黄巢死里逃生了。黄巢从岭南冒死往北突围，很快就直逼江陵。

说到这里，可以插个小故事。说王铎此人非常惧内，这次出征江陵，他只带上了爱妾，没有带上夫人。黄巢北上之时，手下突然来报：夫人已经离京，往江陵赶来了。王铎不由地对属下诉苦说："巢贼渐渐近南来，夫人又悻悻自此至，旦夕情味，何以安处？"有属下开玩笑说："不如降巢。"王铎不禁大笑。总之，王铎就是个书呆子，怎么可能打得赢黄巢呢？

前度黄巢今又来

当王铎在为黄巢和夫人苦恼的时候，高骈又迁官了。这次是一江之隔，他从江南的润州（今镇江）来到了江北的扬州，当上了淮南节度使。这是他领的第六个节度使（安南、天平、西川、荆南、镇海、淮南），也是最后一个。

高骈仍然兼任盐铁转运使，这时他正在为富人说话。因为财政非常困难，当时度支使向朝廷提出向富户及胡商借贷。皇帝同意了这个计划，并下旨，借全国富人财产的一半。朝廷借钱，还能指望还吗？这分明就是白拿啊！这时高骈站出来了，他说："现在天下盗贼蜂起，都是因为饥寒交迫。现在不反的只有富户、胡商了。"言下之意，如果这钱一借，那国家就要彻底完蛋了。于是这个计划就终止了。高骈的话也没错，不过还可以追问一句，那些饥寒的盗贼又是哪里来的呢？还不是因为这些富户们吗？其实，高骈自己就是最大的富户之一，他根本就是全国富户的代言人呢。[1]

朝廷对高骈言听计从，主要还是因为眼下正要仰仗于他，因为前度黄巢今又来！黄巢大败王铎之后，本想趁势北上，结果在荆州被刘巨容军击退，北上之路不通，于是立刻转向东，一路来到了江西地界。这里，有一个克星在等着他——张璘。高骈已经主动出击了。

王铎失败，反对派就得志了，兵部尚书卢携当上了宰相，高骈自然也被重新起用，再次当上了消灭黄巢的总指挥。在当时的情况下，高骈绝对是最佳人选。他本人百战百胜，声威早著；手下强将如云，张璘更是黄巢克星；而且他坐镇的淮南，扼住了长江、淮南两道防线，向来是东南一带实力最强的藩镇。一句话，舍高骈其谁？

高骈也觉得此事非他莫属，再建不世功勋就在眼前。他一边征集天下各道兵马，一边自己也招兵买马，很快就聚集起了七万军队。那是铠甲鲜明，旌旗招展，威震一时的雄师。面对这样的军队，朝廷也是信心大增。

为了制敌先机，高骈决定派张璘渡江而击，显然高骈是想在长江以南解决问题。在江西境内，两军撞上了。然而刚一交战，黄巢手下的王重霸一部就投降了；黄巢退到饶州，又有常宏帅数万人投降；接着张璘攻克饶州，黄巢退到信州。这时黄巢军中还

1　明末有相似一幕。江南武生李琏曾上书请令江南富家报名助饷，结果被满朝文武否决，最后坐看亡国。郭沫若的《甲申三百年祭》中详细讲了这个故事。

遇到了疫病，士卒多死。眼看黄巢节节败退，大家都松了口气，宰相以下都开始上表祝贺，上上下下都觉得这回总该结束了——就像以往发生过无数次的兵乱、起义一样，总有它结束的时候。

可是，起义军最低潮时，双方形势非常诡异地来了个彻底的大变。黄巢以哀兵之势出战，一战杀死了朝廷大将张璘，唐军大败。随后，黄巢声势大盛，全军渡过长江，直逼扬州。

非常诡异的是，此时损失并不大的高骈却高挂免战牌，闭门不战，眼睁睁地看着黄巢往西北——长安的方向——绝尘而去。这年年底，黄巢就攻克了首都长安，唐政权就此瓦解。用一句峰回路转，实在不足以描述这样一个令人目瞪口呆的事实。

但事情总是可以解释的。最大的罪人，当然是高骈。

首先是懈怠。在最困难的时候，黄巢采取了诈降的招数。对此，之前已经招降无数的高骈深信不疑，放松了警惕，没有穷追不舍。

其次是自私。高骈私心很重，在黄巢表示投降后，他怕其他军队分了自己的功劳，于是当即要求遣散诸军，所以诸道七万大军就散了。

再就是轻敌。黄巢缓过劲来之后，又反悔不降了，要求再战。高骈大怒，立刻再下令张璘出击。其实这时候，恰恰是最危险的。因为黄巢已经走投无路，准备死拼，而这时候还追随在黄巢左右的人，大都是亡命之徒，战斗力绝对非同小可。虽然张璘部屡战屡胜，但犯了骄兵的大忌，非输不可。

最后是怯懦。黄巢军杀死张璘后，气势大盛，在采石过江，直逼扬州而来。这个姿态，显然是要和淮南军决战。所谓两军相遇，勇者胜。黄巢已经亮剑在手，但高骈却怂了，不敢亮剑。其实此时高骈绝对有一拼的实力，淮南当地的军队数量就很多，而且还有高骈多年积累下来的精锐之师。[1]

再说了，消灭黄巢是高骈当仁不让的责任。如果就此放过，必定后患无穷。降将毕师铎就很恳切地向他建议说："现在你要是放过了黄巢，等他们渡过淮河，那就是纵虎归山，再也制不住了！必为大患。"高骈不可能不知道这点。结果怎么样呢？高骈给朝廷上表告急，称："贼六十余万屯天长，去臣城无五十里。"这是一句颤抖着说出来的话，是一句懦夫之言。本来朝廷百官对高骈还有一丝期待，等这道表一到，"上下失望，人情大骇"。

此话一出，一个名将就变成了一个懦夫。也许是因为他老了，也许是他的胆气早已被他的文人气给消磨掉了。高骈自此声威大减，可笑的是，他后来还想图谋割据，压服各道。而他现在的作为就注定了，割据也不会成功。

高骈应该也知道，这一举动会让他名声扫地。但是相对于名誉，他更希望保全的是自己的身家。高骈大概也清楚，面对黄巢的挑战，如果没有必死之勇气，那多半是输定了。而他手下的千万将士，又有几个抱定必死决心的呢？又有几个有一死报君王的信念呢？其实这个时候，唐军之中，基本已经没有什么忠勇之

1　高骈到了各个藩镇，都会挑选一些精锐作为亲军，让他们跟着自己走。这也是当时
　　节度使普遍的做法。

士了，有的只是贪财好杀之辈。在高骈之前，也有过大败黄巢的刘巨容，当时手下也劝他乘胜追击，他却摇摇头，说："何苦呢？我打赢了，朝廷也没几个赏钱。"于是转身喝茶去了。高骈的心思，大约也是如此。富贵险中求，可我已经大富贵了啊，我已经是一方诸侯了，再去拼命，何必呢？

黄巢过了高骈这一关，就像是一下打通了任督二脉，他明白了自己的目标是什么。所以，渡过淮河后，黄巢军再也不掳掠，只是抓丁壮来充实军队；然后改了称号，黄巢自称"天补大将军"；最后，向各个藩镇发布了一个公告，说："你们且看好自家，不要来冒犯我。我先要去东都，然后上京师。我要去朝廷讨个说法，不关你们的事。"黄巢很清楚，现在朝廷和藩镇，早已经是两条心了。大概黄巢就是从高骈身上，悟出了这个道理。

黄巢军来到函谷关前时，得意扬扬地发公告给守关将领说："我们经过淮南，赶高骈就像赶老鼠进洞一样，你们别挡我的道！"

总之，高骈放黄巢渡河一事，对双方来说，都是重要转折点。

割据野心

事实证明，经过黄巢这一役，高骈完全变了一个人。

转变的原因很复杂。但结果是明确的，那就是高骈也有了新的目标——割据一方，做土皇帝。原来的建立功勋、当上宰相、青史留名的想法，已经被他扔到脑后去了。也难怪后来《新唐书》就将他入《叛臣传》，也不算冤枉了他。此后，高骈被钉在了道德的耻辱柱上。后人多有为他遗憾者，觉得他聪明一世，糊涂一时。

　　或许高骈自己无所谓，但割据没有成功，他倒是没有料到。

　　高骈割据的努力及其失败的整个过程，基本上发生在中和年间（881—885）。这段时间在扬州，有一个外国人在他身边，亲身经历、目睹了这一切，还留下了很多记载。

　　这个外国人叫崔致远，新罗人。崔致远十二岁就来到唐朝读书学习。他很聪明，后来参加科举，中了进士，并且在唐朝做了两任地方官。黄巢攻克长安之后，天下大乱，崔致远不得不投靠高骈，以求庇护，前后四年时间，刚好是中和元年至四年。崔致远在高骈手下做的是秘书工作，给高骈起草了大量公私文书。回国之后，他将这些文书整理成《桂苑笔耕集》，相当于"高骈私人档案选（881—884）"。[1]这些记载对于我们复原高骈试图割据的整个过程，有很大帮助。

　　高骈的割据计划，分两个阶段。第一阶段，他试图利用手里的政治资本，吞并邻近几个道；第二阶段，则干脆直接使用武力，强行夺取地盘。

　　第一阶段他想利用的政治资源，其实主要还是来自朝廷。比如在军事方面，他还挂着"都统"的头衔，就曾以都统名义征集

---

[1]　崔致远的文笔很好，他回到新罗之后，俨然就是第一高手，后来被尊为"东国文宗"——相对于中国而言，韩国是东国；文宗，是说他的文章极好，其地位相当于韩国的韩愈。高丽时期著名文臣李奎报在《白云小说》中说"崔致远孤云，有破天荒之大功，故东方学子，皆以为宗"。

邻近诸道军队，吞并后为己所用。

他还兼任盐铁转运使，任此官职，他不断地督促各道将军需、粮食都运送到淮南。这些物资基本都被他私吞了，成为他的储备物资。

还有朝廷授予他的"墨敕授官"权，就是说他有任命官员的权力，授官权限从监察御史（七品）到常侍（三品），这些官职大都是授予军队中将官的。所谓"墨敕"，就是没有皇帝印玺的敕旨，等于代行皇帝权利。这是一项最最顶级的特权，只有在军情最紧急的时候，才会赋予。这个权利，给高骈确实带来了很大方便，《桂苑笔耕集》中就有好多条墨敕授官的命令。

不可否认，这些政治资源，给了高骈很大的便利，使得他一开始就有凌驾于附近诸道之上的资格。但是他只是利用这些资源，为自己割据服务。

中和元年（881）的夏天，高骈有过一次大规模的出兵行动。事先他向天下发布了《讨黄巢檄》（这檄文就是崔致远的大作），声称要北讨黄巢。随后他动员了整个淮南的军队，共八万人，舟船二千艘。整军出扬州城，屯于扬州城东的东塘，摆出一副立刻开拔的姿态。

与此同时，高骈征集各道军队，并且想组织一次军事会议，召集各道节度使来商量出兵之事。不过他是"醉翁之意不在酒"，真实意图是将附近的节度使一网打尽，吞并各道。其中与淮南扬州一江之隔的镇海节度使周宝，也是神策军出身，是高骈当年球队的队友。周宝开始信以为真，他的幕僚却对他说，高骈有"吞并江东之志"，让他提防。刚好这时又有高骈亲兵从淮南叛逃到了浙西，向周宝透露了高骈的阴谋。于是周宝大怒，写信去骂道："我不是李康，高公还想作家门功勋来欺骗朝廷啊？"[1]经过周宝这么一闹，高骈的阴谋也算是大白于天下了。其他各道也纷纷指责高骈，高骈弄了个灰头土脸，好不狼狈。

果然，高骈五月十一日出屯东塘，九月六日打道回府，前后一百六十三天，收获了一地鸡毛。

此后，高骈不仅遭到了邻近诸道的侧目，与朝廷的关系也日渐恶化。朝廷日夜盼望淮南出军，但等了半年之久，希望还是落空了。于是就在第二年正月，剥夺了高骈的都统头衔，任命王铎为都统。不久之后，朝廷又罢免高骈的盐铁使。高骈既失兵权，又落利权，于是大怒，上表为自己辩护，指责朝廷，其言辞不逊，有"奸臣未悟，陛下犹迷"之类的话。朝廷回复诏书，针锋相对，其中有："'奸臣未悟'之言，谁人肯认？'陛下犹迷'之语，朕不敢当！"双方居然打开了笔战，双方关系算是到了冰点。

无可奈何的高骈不甘心，于是开始了割据的第二个阶段。他打算直接动武，抢夺周围各道的地盘。

比如江西发生了动乱，本地土豪钟传赶走了观察使，高骈连忙跟他通好，替他争取到观察使的任命。高骈也很想吞并相邻的宣歙地区（今皖南地区），干脆就任命手下孙端为宣歙观察使，

---

1 高骈的祖父高崇文进兵西川的时候，借口与东川节度使李康会谈，结果趁机杀了他，以此为自己表功。

让他率自己的武装去抢宣歙这块地盘。不久之后，高骈的另一个属下和州刺史秦彦又派了数千军队袭击宣州，终于占据成功。

除此之外，高骈自己也调兵遣将，和北边的强藩徐州好好打了一架。这一架的目的是争夺夹在两镇之间的泗州。

泗州本来是徐州镇的属州，不过僖宗上台之后，就提升泗州为防御州，由中央直辖。泗州位于淮河与汴河（即通济渠，隋唐运河南段，从汴州到泗州）的交叉口，是大运河上的一个重要中转站。泗州南边就是淮南镇，北边则与徐州镇交界。高骈想扩大地盘，泗州自然是最好的吞并对象——地位重要，而且距泗州仅一州之地，力量弱小。

高骈先买通了泗州防御使，让泗州倒向了淮南镇，然后趁势派出淮南军队，入驻泗州。这时徐州镇不干了，因为泗州向来是属于徐州的，独立也就数年时间。徐州不能眼睁睁看着泗州落入淮南手里啊！于是徐州也派出军队，进攻泗州，要将淮南军队驱逐出去。双方战事相当激烈，到中和三年（883），泗州内部发生动乱，军中实力派最终倒向了徐州，淮南军队无奈撤出了泗州。这场争夺泗州的战争，以徐州的胜利告终。

中和年间，高骈非常期待割据一方，但由于与朝廷交恶，其政治资源逐渐散失。这是他割据扩张的阴谋没有得逞的重要因素。这一时期，对外，高骈未能有尺寸之功；对内，他也逐渐失去了控制力。淮南一道有八个州，在中和年间，淮南八州各自割据的局面逐渐变成了既成事实。

"广陵妖乱"

如果说不与黄巢决战，是高骈堕落的开始，那么中和年间的高骈，已经坠入深渊。

广明年间，面对黄巢，高骈丧失了勇气；中和年间，高骈阴谋对外扩张又处处碰壁，与朝廷公开对抗，丧失了名誉；中和四年（844），他很看不上的王铎终于赶走了黄巢，收复京城，高骈悔恨万状，他已经失去了自信。

勇气、名誉、信心都丧失的高骈，已经开始当鸵鸟了。高骈的鸵鸟是神仙，但他并没有那么好的运气遇到神仙，反倒招来了一个妖。

高骈一开始就是狂热的道教徒，他经常装神弄鬼，既能吓人，也可以安慰自己。不过这个时候，宗教已经成了高骈心灵的避难所。高骈沉溺于道教的时候，有奸邪之人乘虚而入，这人叫吕用之。所谓国之将亡，必有妖孽，吕用之就属于这样的妖孽。所以后来有人写了一本小书，专门描写唐末扬州的这段历史，名字就叫《广陵妖乱志》。

其实吕用之在高骈门下已久。早在高骈还在浙西的时候，吕用之就混在扬州。他是茶商之子，从小就随父亲来到了扬州这个唐代顶级的商业中心。[1] 因为曾经修习过道教知识，懂得一点皮毛，他就靠此混饭吃，成了江湖人士。后来吕用之投靠了高骈，

1　唐代后期有"扬一益二"之说，除了长安洛阳两京外，全国一线城市就数扬州、成都。

高骈虽然很上心地找会法术的人，但并没有对吕用之"一见钟情"。[1] 到中和年间，高骈在政治上渐渐失败之后，才开始渐渐信用起吕用之，并且一下子就沉迷了。所以，根本上来说，还是高骈自身出了问题。

这二人，高骈是个昏聩的主子，吕用之也是个不折不扣的刁奴。他的招数，与历史上其他奸佞谄媚之人并无不同，有时候还更加拙劣。他入了高骈的眼，也不过就是那些招数。

第一招，投其所好。高骈好神仙，他就造一些神仙物品给他。比如他在一块青石上刻上奇字"玉皇授白云先生高骈"，然后偷偷放在道院的香案上。高骈"发现"后，非常惊喜。吕用之趁机忽悠他说："这是玉皇送给你的。不久之后，你就可以成仙了。"于是高骈就越发寄希望于成仙，这是他唯一的救命稻草了。

高骈和宰相郑畋有矛盾，吕用之就恐吓他说，郑畋要派剑客来刺杀他。高骈很紧张，吕用之就找来同党张守一，说他有法术，可以抵挡刺客。晚上，他们让高骈躲到密室中，让张守一住在卧室里，偷偷拿袋子盛了狗血，洒得到处都是，伪造成格斗的样子。第二天，高骈看到满地的血迹，不由感动到落泪。

还有一次，吕用之的诡计暴露，成了民间笑话。当时朝廷允许高骈立生祠，并刻石碑自我歌颂。于是高骈就派人购买了一块非常大的碑石，通过水路运到扬州来。到了码头之后，晚上吕

1　高骈广招有异能奇术之人，但他总是要多次试验，确实有效才采纳。估计他的火药技术就是这么得来的，这点与当年的王莽挺像。

用之偷偷派人用五十头健牛将碑石拉到了城内。第二天再报告给高骈，声称碑石是被神人移来的。高骈深信不疑，亲自下令，立一根大木，并用金粉书写八个大字：不因人力，自然而至。结果第二天，扬子县有一个老太太跑到官府去告状，说："昨天晚上，胥吏来借耕牛去牵碑，误损其足。"远近闻之，莫不绝倒。但就是这样的伎俩，层出不穷。其实这种伎俩都相当拙劣，高骈会信，只能说他是选择性的失明，在自我麻痹。

第二招，拉帮结派。吕用之得势之后，又引其党羽如张守一、诸葛殷等人，一起蛊惑高骈。诸葛殷自称是神仙下凡，他口才很好，对着高骈谈笑风生，让高骈深信不疑。高骈本来有洁癖，而诸葛殷有严重的皮肤病，经常抓搔不停。但高骈却与他非常亲近，不以为嫌，他觉得这就是神仙在考验他。高骈有只宠物狗，闻到诸葛殷身上的腥秽，常靠拢闻嗅。诸葛殷趁机说："这只狗是我在玉皇面前见过的，一别数百年，现在还认识我吧？"真是鬼话连篇。

第三招，打击异己，瞒上欺下。吕用之深知，要真的迷惑高骈，就不能让高骈和其他人多接触。对于高骈身边的人，他都一一买通，让其成为自己的耳目。然后骗高骈说，你要成仙，那就轻易不能见凡人。于是高骈成天就待在内院，焚香祈祷；外面大局，都由吕用之等说了算。

这些人还大力打击异己。高骈的老部下们，要么被他们用计赶走，要么被他们杀害。所以到后来，整个扬州几乎都落入了吕用之等人的控制之中，高骈被架空了。

另外，吕用之还设置了特务机构——察子。[1]这些人潜伏在各个地方，窃听一切鸡毛蒜皮之事。将整个扬州都笼罩在他们的耳目之下，让人不寒而栗。

第四招，占据要位，把握实权。渐渐地，吕用之开始培植自己的势力和武装。他先是选募了骁勇之士二万人，组成左、右莫邪都两支精兵，吕用之和张守一分别为左、右莫邪军使。

然后吕用之开始建牙开幕，成立了一套自己的机构。他的幕府大肆收拢各方人才，积极培植自己的势力。很快，吕用之在扬州，基本上就能和高骈分庭抗礼了。等高骈有些明白过来的时候，吕用之羽翼已成。

吕用之之流，都是彻头彻尾的小人。所以，他们得志之后，就成了地方一巨大祸害。别的不说，光是他们强抢民女的事，唐代传奇里就记载了两起。一则记于《北梦琐言》中，是有关诸葛殷的。故事说，一个女侠叫荆十三娘，帮助李三十九郎从诸葛殷手里夺回了自己喜欢的女人。一则是有关吕用之的，说商人刘损的妻子因为貌美被吕用之抢去，后被一虬髯老叟救回。故事很生动，金庸的《三十三剑客图》中就讲过这个故事。传奇故事其实正反映了人们的无奈之情，面对这些横暴的家伙，人们只能寄幻想于那些剑客侠客。故事中的大快人心，反衬的其实是现实的无奈和残酷。

扬州城其实早就陷入了恐怖气氛之中。惶恐的空气，就是危

1　这一招，与李辅国当年设察事厅子如出一辙。

机的前提，一旦出现一颗火星，立刻就能引爆扬州城，而高骈的末日也就来临了。

灭亡的终局

这一天的到来，其实很快。高骈大概没想到，最后灭亡自己的，一半是吕用之，一半是降将势力。

在扬州城逐渐被吕用之等人控制的时候，城外的淮南，也在逐渐摆脱高骈的控制。淮南下属八个州，除了扬州是治所所在，其他的七个州，很多都由高骈部将掌控。

在正常情况下，部将自然会服从高骈指挥。但是高骈与朝廷交恶之后，他本身的政治资本急遽下降，威望顿失，于是形成了"部下多叛"的局面。

高骈指挥各州，本来就是依赖朝廷的命令，双方是公家的关系，是上下级。而现在高骈失去了朝廷的信任，实际上他指挥部下也失去了合法性。他现在只能靠私人关系来拉拢这些旧部下。但是，现在又出现了一个吕用之。高骈的昏庸糊涂，吕用之的倒行逆施，最终导致部将与高骈离心离德。扬州之外的七州，实际上已经基本上不听命于扬州了。

此外，在高骈的这些部将中，有不少是当年从黄巢军中投降过来的。他们投降的时候，往往带着自己的部下。高骈为了安抚他们，通常任命他们为刺史，因此他们又有了地盘。所以，这些人都是名副其实的"实力派"。秦彦就是典型的一位，他本来被

任命为和州刺史，后来趁乱攻占了宣州。于是高骈又让另外一个
降将孙端去和州。事实上，孙端是凭着武力去和州"上任"的。

　　总之，在淮南内部，实力派占据了主导地位。可以想见，这
些降将对高骈本来就没有太多忠诚。现在这种混乱的情势下，他
们更不愿听命于高骈了。对此，高骈也无可奈何。

　　揭起造反大旗的，正是一位当年的黄巢降将，叫毕师铎。与
其他人不同，毕师铎一直没有到外面领军，而是在扬州城带兵，
因为高骈特别宠信他。后来高骈听说黄巢手下大将秦宗权要来攻
打扬州，很是紧张，于是派他去扬州北面的重镇高邮驻防。没想
到毕师铎这一去，很快就引爆了淮南的局势。

　　在此之前，毕师铎和吕用之已经有了很深的矛盾。因为毕师
铎有个小妾很漂亮，吕用之这个好色之徒很想见见，毕师铎不答
应。结果吕用之趁毕师铎外出的机会偷偷前往他家看这名女子，
毕师铎又羞又怒，连这个美妾都舍弃了。这下，双方结下了不小
的梁子。

　　偏偏在毕师铎出屯高邮的时候，不知道为什么，吕用之对他
很是友好。无事献殷勤，定然没安好心。毕师铎更加疑惧，觉得
吕用之肯定有害自己的阴谋。恰好当时高邮镇的军事长官"镇遏
使"张神剑[1]，是毕师铎的儿女亲家。两人一拍即合，决定造反。
于是两人打着"清君侧"的名号，回兵进攻扬州。

　　可扬州城毕竟是重镇，城池坚固，而且吕用之也有一支忠于

---

[1]　这是他的外号，因为用剑如神，故称神剑。

他的军队，一时攻克不了。于是毕师铎就想起了以前的老战友秦彦，派人向他求援。秦彦自然求之不得，立刻从宣州发兵。生力军一来，终于攻破了扬州城。最终鹬蚌相争，渔翁得利，秦彦反客为主，成了扬州城的真正掌控者。

但螳螂捕蝉，黄雀在后。秦彦、毕师铎等人刚刚占据扬州，真正的胜利者杨行密登场了。

杨行密并不是降将，而是地方土著。他是淮南道庐州合淝人，二十来岁的时候，曾经为盗贼，是个草莽英雄，后来就成了庐州的军将。天下大乱的时候，杨行密毫不犹豫站了出来，赶走庐州刺史，将庐州据为己有。高骈对此也无可奈何，就任命他做了庐州刺史。杨行密代表的是真正的地方势力。他手中的权势并非来自高骈，而是自己夺取的，自然也不会真正忠于高骈。现在扬州一片混乱，正可浑水摸鱼。于是杨行密也打出"勤王"的旗帜，率军直奔扬州而来。接下来，杨行密和秦彦又展开了一番激烈的争夺战，最后以杨行密胜利告终。

这一番争斗不要紧，扬州这个富甲天下的城市，自此被蹂躏得一塌糊涂，不成样子了。唐后期的城市，就数"扬一益二"，论繁华，扬州城天下第一，益州（成都）天下第二。唐诗还有"天下三分明月夜，二分无赖是扬州"的优美句子，还有"腰缠十万贯，骑鹤下扬州"这样的俗语。总之，扬州在唐人心目中，几乎就是天堂。可惜，现在的扬州已经成了地狱。对此，高骈要负重要责任。

就在扬州城再次被攻陷之前，毕师铎很是焦虑地向一个自称能通神的尼姑奉仙（从这个名字看，倒是更像道姑）讨教。奉仙说："扬州有灾祸，当有大人物死去来应之，他死了就好办了。"这等言论，根本就是道家的"禳灾"之术啊。毕师铎和秦彦居然也是深信不疑，大人物，那不就是高骈吗？两人二话不说，直奔高骈所居的道院而去。高骈一辈子崇道，最后居然死于"禳灾"之说，实在是命运的捉弄。

当攻打大门的声音传到高骈那里，他镇定地说，这肯定是秦彦来了。于是整好衣服，静静等待。他大概也明白，自己的末日要到了。人到临死，脑袋往往就清楚了，可惜总是明白得太迟了。

过了一会儿，乱兵闯入，拉过高骈，训斥道："公上负天子恩，下陷扬州民，淮南涂炭，公之罪也。"高骈还没来得及说话，脑袋已经"扑通"一声落地。文武全才，一生叱咤的高骈就此谢幕。

二十年后，公元 907 年，大唐，这个持续了 289 年之久的王朝，也终于落幕了。